JN299059

ACT（アクセプタンス＆コミットメント・セラピー）を実践する
機能的なケース・フォーミュレーションにもとづく臨床行動分析的アプローチ

著
パトリシア・A・バッハ
ダニエル・J・モラン

監訳
武藤 崇　吉岡昌子　石川健介　熊野宏昭

星 和 書 店

Seiwa Shoten Publishers

2-5 Kamitakaido 1-Chome
Suginamiku Tokyo 168-0074, Japan

ACT in Practice
Case Conceptualization in Acceptance & Commitment Therapy

by
Patricia A. Bach, Ph.D.
and
Daniel J. Moran, Ph.D., BCBA

Translated from English
by
Takashi Muto, Ph.D.
Masako Yoshioka, Ph.D.
Kensuke Ishikawa, Ph.D.
Hiroaki Kumano, M.D., Ph.D.

English Edition Copyright © 2008 by Patricia A. Bach, Ph.D.,
and Daniel J. Moran, Ph.D., BCBA, and New Harbinger Publications,
5674 Shattuck Ave., Oakland, CA 94609

Japanese Edition Copyright © 2009 by Seiwa Shoten Publishers, Tokyo

はじめに

　あるクライエントが最近,「私は『恐れること』を恐れているので，人生が自分の思ったようにうまくいかない」と話した。このようなパラドックスは，セラピーに訪れるクライエントにはよくあることである。実際に，すべてのセラピストが，そのような経験を持っているだろう。また，セラピストがよく遭遇するパラドックスは「ACTを実践に移すことは，見た目より簡単でもあり，難しくもある」というものだ。場合によって，ACTは「常識」のようにも思われる。さらに，トリートメントにおける文脈や機能の重要性を度外視すれば，「何も目新しいものはない」あるいは「私はすでにそうしている」と言うことも簡単だろう。反対に，注意深く考察すれば，多くのACTの原則がシンプルで優美であるのに，ACTとその基盤にある理論は，とりわけ難しいものに思えるだろう。本書『ACT（アクセプタンス&コミットメント・セラピー）を実践する』（原題：ACT in Practice）は，ACTについてのケースの概念化に対するアプローチである。そして，本書によって，あなたがクライエントとワークできるようになり，多くの価値づけられた方向に動くようになることを切に願っている。

　ACTは，実証的な知見や臨床的な実用性が証明され，蓄積されつつある。また，ACTは一般にも知られるようになってきている。査読付きの学術雑誌でも，セラピー・アプローチとしてのACTの有用性に関して，多くの報告が発表されるようになり，最近のメタ分析（Hayes, Luoma, Bond, Masuda, & Lillis, 2006）によって，その有効性が支持されている。「第3の波」の行動療法やマインドフルネスの出版物・ワークショップが，広範囲（不安から怒りまで，喫煙からてんかん発作障害まで，境界性パー

ソナリティ障害から親のコーチングまで)にわたる臨床上の問題に対して利用可能になっている。ACT は一般大衆向けの出版業界からの注目が高まり,国際的な行動科学コミュニティ出身の実践家や研究者で ACT に関心を示す数は,安定的に増加している。ACT への関心は,ベテランのセラピスト,インターン生,学生の間でも生まれてきている。これは,ACT に関する有効性のエビデンス,行動的な面と並んで存在論的な面での問題への焦点,理論と実践の間の緊密なつながり,哲学とマインドフルネスの伝統との接点などが理由となっている可能性が高い。

ACT の研究知見の数は増加を続けている。これは,実証的に支持されているセラピー(ESTs)の重要性を確立した科学的伝統と同じ流れの中にある。そして ACT は,これらのセラピー・メソッドに,人生の価値,マインドフルネス,人間の苦悩に対する言語の影響への焦点を含むスタンスを新たに吹き込んだのである。ACT の研究者は,ACT を構成する応用的な介入を開発しているだけではなく,人間の行動と認知の基本原理,そしてこの探究に関連する理論的・哲学的土台を記述してもいる。目標は,正確性,幅,深さを伴って,人間の苦悩に取り組むためにより適切で包括的な心理学となることである(例えば Hayes & Berens, 2004)。

ACT に接するセラピストの数が増えるにつれて,各人が不可避的に抱えるようになる質問は「私は,どのように ACT を自分のクライエントに適用すればよいのか?」というものである。その答えは,トリートメント・マニュアルには部分的にしか与えられていない。実践家はしばしば,そのようなマニュアルを批判する。というのも,一般的すぎて,非常に限定された症例だけをターゲットにしているからである。このような治療マニュアル的なアプローチは,臨床研究を行うには必須である。しかし,セラピーに対する「このように実施しなさい」的なアプローチは,セラピーがしばしば必要とされる柔軟性や,それぞれの治療関係が展開していく流動的なやり方とは,なじまないものである。

本書は,セラピストが ACT の枠組みと臨床行動分析をさまざまなクライエントに適用することを援助するように作られている。読者であるあな

たは，問題となる行動レパートリーに影響する「6つの行動プロセス」——フュージョン，体験の回避，脆弱な自己知識，概念としての自己に対するとらわれ，「持続的な行動の欠如，衝動性，回避」，「価値の明確化」の不足——に対して自覚的になるだろう。また，これらの行動レパートリーに対処するトリートメント・アプローチをフォーミュレートするために，ACTの6つのコア・プロセス——脱フュージョン，アクセプタンス，「今，この瞬間」との接触，視点としての自己，コミットされた行為，価値——を活用する方法も学べるようになっている。ケースの概念化は，個人の臨床的関連行動に影響を与える過去の環境と現在の環境に関して，個別化されたアセスメントのデータを収集し，トリートメント・ゴールを明確にし，そのゴールを目標としたトリートメント・プロセスのプランを促進するものである。また，各人の行動的な問題は観察される必要があり，これらの問題を改善するために立案されたプランと臨床上のゴールを達成するためにどの程度進展があったのかということは，定期的に再アセスメントすべきである。本書は，クライエントの苦悩との格闘において，どの要素がアクセプタンスを要求し，どの要素がチェンジ（変化）を要求するかを発見し，このようなゴールの設定と達成においてクライエントと協働する方法を発見するという点で，あなたをサポートすることだろう。

　本書は，有効なACTを，個々のトリートメントに生かしていく方法を探究し具体的に説明するものである。それは，体験の回避によって特徴づけられるような，さまざまな臨床上の問題に対して，どのようにケースを概念化していくか，ACTを実施していくか，ということを，詳細な事例を具体的に説明し，記述しながら，行っていく。また，本書は，行動を見るための新鮮な方法も紹介することになるだろう。

　一部のセラピストからは「ACTは理解しにくいもの」と思われているところがある。というのも，ことばが持っている破壊的で，有害で，非機能的な影響力をくつがえすことに焦点があるからである。また，部分的には，ACTが脱フュージョンや脱言語化といったなじみのない概念を使うためでもある。そこで本書は，「前線にいる」セラピストにも理解しやす

いように，あるいはクライエントにアセスメント・介入する場合にACTの枠組みを適切に適用できるように，症例，使いやすいエクササイズ，実用的なスタイルを用いることにした。換言すれば，「言語は苦悩を生み出す」というのはACTの自明の理ではあるものの，私たち著者が目標としているのは，読者の苦悩を最小限にするために，ACTをアクセス可能な言語と例示によって論じることでもある。ACTは，厳密な行動分析学の科学と機能的文脈主義の哲学に基礎を置いている。そのため，このような科学や哲学を，この本で初めて知ることになる読者にも理解できるようにした。その結果，ACTになじみのないセラピストにも，ACTにアクセスできるようになるはずである。本書はそれも目的としている。

第1部の「ACTの原理に関するイントロダクション」では，ACTの短いアウトラインを提供し，ケースの概念化，応用行動分析，ACTが基盤を置く言語と認知の理論である関係フレーム理論の基本的なマテリアルを含んでいる。そこには，いくつか臨床症例も入っており，その症例は本書を通じて何度も言及されていく。さらに，セラピストとクライエントのやりとりや症例は，各章を通じて織り込まれている。このような臨床症例は，新たにACTセラピストとなった人たちにとって「複数の範例を用いて（トレーニングする）」という機能を持つことになるだろう。本書のすべてのクライエントは架空のクライエントである。とはいえ，それは現実のクライエントの情報を組み合わせて作られた。そのため，実践でよく見られる典型的なクライエントとなっているはずである。

第2部の「ACTにおけるケースの概念化に関する基礎」では，ACTのケースの概念化を実行する場合のイントロダクションを提供している。さらに，6つのコア・プロセスと，それらの臨床関連行動との関係をより深く記述している。ACTにおけるアセスメントで配慮すべき事項についても触れている。

第3部の「ACTを実践する」では，どのようにACTを実践で応用していくかということを強調していく。これらの臨床に方向づけられた章は，2つの注目すべき「コーナー」を含んでいる。それは「セラピストのスタ

ンス」と「チェックイン」である。「セラピストのスタンス」は，ACT を学ぶためのガイド役である。ACT の原理をあなた自身の人生に応用することによって，その原理を理解できるようになるだろう。このように自分自身に対して実際に適用してみて探求していくということは，セラピストとしてのあなたが ACT ワークの完全なモデルをクライエントに示すために重要となってくるはずである。このような情報を「コーナー」として取り上げていくことで，指導書的なケースの概念化マニュアルが自然に流れていくようになり，あなたが自分自身のペースで個人的なワークを行うことができるようになるはずである。ACT セラピストは，徹底的なアクセプタンスのアプローチをとっている。そのため，私たちセラピストもクライエントと同じ言語環境で生活しており，そのような者同士として，同じ回避やフュージョンに陥りやすい，という認識を持っている。そのような認識を体現していくために，クライエントと共に ACT のワークを行う方法だけでなく，ACT の原理を自分自身に適用する方法の例も提供していく。一方「チェックイン」は，あなた自身の学習をテストするチャンスを与えるだろう。症例の状態に新しい知識を応用するような機会や，著者が考えるベスト・プラクティスと比較検討する機会が設定されている。

　ただし，本を 1 冊読んだり，ワークショップに 1 回参加したりするくらいで，ACT セラピストとなるのに十分な情報が得られるなどということはない。本書は，オリジナルの ACT テキスト（Hayes, Strosahl, & Wilson, 1999）と，その他の新しいテキストの魅力を広げ，その実践的な応用を支援するものである。オリジナルの ACT 本は，この治療的な努力の礎を敷くのに役立った哲学的・基礎科学的な情報で満ちている。しかし，本書は，あらかじめ ACT の知識を持ち，行動分析学のトレーニングを受けたことのある人にも，そうでない人にも，ACT の原理をフレンドリーな方法で紹介することを目的とした実践的な志向性を持っている。そのため，オリジナルの ACT テキストを内容的に補完しているはずである。私たち著者は，コーチがものごとを説明するように記述することもあるだろう。つまり，直接指示的で，動機づけを高めるようなスタイルである。あ

るいは，私たちはレポーターのように記述することもあるだろう。つまり，客観的なデータと原理に焦点を当てたスタイルである。このようなスタイルを組み合わせていくことによって，読者はACTにおけるケースの概念化について，「どのように」と「なぜ」を学ぶことになるだろう。

目 次

はじめに iii

第1部　ACTの原理に関するイントロダクション……1

第1章　ACTをはじめるにあたって 3

ACTと他のトリートメント・アプローチの効果の差異　4
ACTの根幹的な要素　8
　ACTのコア・プロセス　10
　　アクセプタンス　10／脱フュージョン　11／「今，この瞬間」との接触　12／コミットされた行為　13／視点としての自己　14／価値　15
ケースの説明　17
　シャンドラの紹介　18
　リックの紹介　22

第2章　臨床行動分析と行動療法の「3つの波」 25

臨床行動分析へのイントロダクション　26
ACTと行動療法の「波」　28
　行動療法の「第1の波」　29
　　「第1の波」へのチャレンジ　32
　行動療法の「第2の波」　33
　　オペラント心理学：その基礎原理と応用のはじめに　33
　認知革命：その原理と応用のはじめに　40
　「第2の波」へのチャレンジ　45

行動療法の「第3の波」 51
哲学的な視座の中枢 52
　機械主義 53／機能的文脈主義 54
価値に沿った生活 vs. 症状の軽減 57
チェックイン 60

第3章　機能分析とACTのアセスメント 61

アセスメント：構造的アプローチ vs. 機能的アプローチ 62
　構造的アプローチ 62
　　医学における構造主義のアプローチ 62／心理学における構造主義アプローチ 63
　機能主義的アプローチ 65
　　目的 65
機能主義からの考察 66
機能分析の実際 68
　結果を分析する 69
　　物質的な強化 69／社会的注目機能 71／身体的強化機能と自動的強化機能 72／回避あるいは逃避の機能 74
　✵ケース・スタディ：ロベルタ 75
　✵ケース・スタディ：アントン 78
　✵ケース・スタディ：ブレイク 79
　チェックイン 83
　先行刺激を分析する 83
　　セッティング事象 84／動因操作 85／刺激性制御 87
　機能分析のプロセス 89
　　機能分析の6ステップサイクル 89
　チェックイン 92
　　機能分析を機能的に分析する 92
　ACTにおけるアセスメント 93

コミットされた行為　93／価値　95／アクセプタンス　97／脱フュージョン　98／視点設定と「今，この瞬間」との接触　99／他の測定　101

第4章　関係フレーム理論　103

ACT セラピストと RFT　103
RFT は何が違うのか？　104
関係フレーム理論とは？　105
　関係反応　107
　　条件性弁別　107／派生的関係反応　109
　「恣意的」と「恣意的に適用可能な」とは　110
　相互的内包　113
　複合的内包　114
　刺激機能の変換　115
　　刺激機能の変換と臨床的応用　116
　RFT の専門用語：話すことについて話すこと　119
　関係フレームと関連事象　119
　関係的文脈と機能的文脈　121
　ルールとルール支配行動　122
　　ルール支配行動のタイプ：トラッキング，プライアンス，オーギュメンティング　124／ルール支配行動の重要性　126
RFT の ACT への適用　127
　ACT と認知再構成法の違い　128

第5章　ケースの概念化とは何か？　133

精神分析におけるケースの概念化　136
クライエント中心療法におけるケースの概念化　137
認知療法と行動療法でのケースの概念化　140

実証的に支持されたトリートメントとケースの概念化　141
　　EST はケースの概念化に難題をもちかける　142
　　ケースの概念化は EST に難題を課す　142
「ケースの概念化」を利用するときの注意　144
　　ケースの概念化の有用性について対立する見解　144
　　ケースの概念化における臨床的バイアスの懸念　145
ACT とケースの概念化　147

第2部　ACT におけるケースの概念化に関する基礎　149

第6章　機能的にケースを概念化する　151

ケースを概念化する　151
精神病理の ACT モデルによる概念化　152
　体験の回避　153
　認知的フュージョン　157
　概念としての自己に対するとらわれ　161
　持続的な行動の欠如，衝動性，回避　165
　「価値の明確化」の不足　168
　　価値を特定する　169／認識されていない価値　170／障害を持ったクライエントの価値の概念化　171／些細なことが重要である　172／苦痛を検討することで価値を明確にする　172
　プライアンス，回避的なトラッキング，問題のあるオーギュメンティングの優位　174
　脆弱な自己知識　177
　　プロセスとしての自己　178／文脈としての自己　178／自己と臨床上の問題　179
　過去と不安な未来という概念の優勢　181
　　過去に支配される：ヒト vs. イヌ　182／精神病理と失われた「今，この瞬間」と

の接触　183
　セラピストのスタンス　184
　　未来に支配される：臨床例　184
　✵ケース・スタディ：肥　満　184
　✵ケース・スタディ：ギャンブル依存症　186
　✵ケース・スタディ：虐待被害者　186
　インフレクサヘックスの領域間の相互関係　187
　FEARで「非」柔軟性をアセスメントする　188
インフレクサヘックスの「ケースの概念化」ワークシートを使う　188
　リックにACTを実践する　190
　リックの実践におけるABC機能分析シート　194
　リックの実践でイベント・ログを使う　197
　シャンドラに対する機能分析　201

第7章　「今，この瞬間」との接触と視点取り　207

「今，この瞬間」との接触　210
　「時」についての機能的文脈主義の見解　212
　　体験的な「時」　213／言語的な「時」　215／「今，この瞬間」の臨床的な関連性　218／実践における「今，この瞬間」エクササイズ　219
　ケースの概念化と「今，この瞬間」との接触　221
　「今，この瞬間」との接触の欠如における臨床的な関連性　221
視点取り　223
　指示的関係　223
　自己の3つの体験　224
　　概念化された自己　225／プロセスとしての自己　227／視点としての自己　229
　チェックイン　231
　セラピストのスタンス　233

ケースの概念化と視点としての自己　233

第8章　価値，コミットメント，そして行動の変化：3つのプロセス　235

価　値　235
　ゴールと価値を明確にする　237
　　「結果」とは？　240／「希求される」とは？　242／「包括的」とは？　243／
　　「言語的に解釈された」とは？　244
価値を明確化し特定化する　246
　「価値」の意味とは何か？　247
　価値は「好良的に」定義する　248
　✧ケース・スタディ：子育てをするという価値　248
　価値は「嫌悪的に」定義しない　251
　行為の中にある価値（まるで他の方法があるかのようだ！）　253
　✧ケース・スタディ：広場恐怖　253
コミットされた行為　255
　✧ケース・スタディ：公の場で話すことへの恐怖　256
　リスクを冒すことに対するウィリングネス　257
　柔軟性とコミットメント　258
　コミットされた行為と実証的に支持されたトリートメント（EST）　260
　ACTとESTを統合するトリートメント・プラン　261
ケースの概念化：価値とコミットされた行為　263

第9章　アクセプタンスのプロセス　267

アクセプタンス　267
　理由づけ，「原因」，そして回避　269
　セラピストのためのエクササイズ：理由づけ　270
　私的出来事と理由づけ　271

理由づけと「そして／でも」の区別　274／すべての回避が問題なのか？　275／
　　　トラップ（罠）としての回避　278
　ケースの概念化とアクセプタンス　280
　脱フュージョン　281
　　セラピストのためのエクササイズ：フュージョンと「両極端に考えてみる」　284
　　脱フュージョンは認知再構成法ではない　286
　　セラピストのスタンス　290
　ケースの概念化と脱フュージョン　290

第3部　ACT を実践する　293

第10章　「絶望から始めよう」：「解決策」が問題である場合　295

　「絶望から始めよう（創造的絶望）」を定義する　296
　　セラピストのためのエクササイズ：感情をコントロールしようと試みる　297
　　感情をコントロールする　298
　　問題となる解決策の臨床例　300
　　　回　避　300
　　◈ケース・スタディ：心配　300
　　　理由づけ　302／解決策が問題の一部となりうるようないくつかの形　302
　　◈ケース・スタディ：問題のある飲酒　303
　　　短期的強化子 vs. 長期的強化子　303
　　◈ケース・スタディ：仕事中毒　304
　　解決策の代償　305
　「絶望から始めよう」をどのように伝えるか？　306
　　◈ケース・スタディ：パニック発作　306
　　セラピストのためのエクササイズ：機能しない変化のアジェンダ　308
　　「絶望から始めよう」のメタファー　311

セラピストのスタンス　314
　　臨床家が「問題」で犯す誤り　315
　　チェックイン　317

第11章　マインドフルネスを臨床的なワークに取り入れる　319

　ACTにおけるマインドフルネス　319
　　今日のマインドフルネスの伝統　320
　　　執着せずに抱きかかえることとしてのマインドフルネス　321／気づきとしてのマインドフルネス　322
　　クライエントのためのエクササイズ：マインドフルネスをガイドする　323
　　　洞察としてのマインドフルネス　325
　　⊛ケース・スタディ：茶　会　326
　マインドフルネスを実践の中で行う　327
　　セラピストのためのエクササイズ：マインドフルネス　330
　　視点としての自己　332

第12章　価値のワーク　345

　なぜ，価値を追求するのか？　345
　価値を定義する　346
　価値のワークを導く　347
　　価値を探求する：子育ての例　348
　　価値を探求する：仕事の例　349
　トークをウォークする：クライエントの話を検証しよう　352
　　価値は行動に反映されているか？　353
　　その行動は感情に基づいているか？　それとも価値に基づいているか？　354
　　クライエントのためのエクササイズ：価値を実践する　354
　　クライエントのためのエクササイズ：選択をする　357

判断か，選択か？　358
プロセスそのものが結果となるとき，結果はプロセスである　359
 セラピストのスタンス　361
 ✴ケース・スタディ：倫理と価値　362
 セラピストにとっての価値の「罠」　362
 セラピストのためのエクササイズ：判断の習慣に打ち勝とう　363
 セラピストのスタンス　364
 価値は完全である　365

第13章　脱フュージョンと脱言語化　367

脱フュージョンを定義する　370
 フュージョン再訪　370
  「良い」という思考とのフュージョンは問題を起こしうる　371／思考とのフュージョンは問題を起こすとは限らない　372／フュージョンと価値　373／さらなるフュージョンへの焦点化　375
 脱フュージョン　377
  言語の自動性　379
 クライエントのためのエクササイズ：言語の自動性　379
  フュージョンのスピード　380
 クライエントのためのエクササイズ：「その数字は何？」　380
 評価の恣意性　381
 ✴ケース・スタディ：うつと評価　382
 思考のプロセス vs. 思考の産物　387
  同じ流れを泳いでいるというスタンス　388
 ひつじ，レモン，そして壊れたコピー機　389
 セラピストのスタンス　390
 ものごとを違って捉える（もしくは，HOK ANOD ATSUGE NGO KAN OHOHO）　395

言語行動を見る　396／言語行動の文脈を見る　398

　チェックイン　400

　セラピストのスタンス　403

　　マインドフルネスと脱フュージョン　404

　チェックイン　405

第14章　ウィリングネス　407

　回避 vs. 非ウィリングネス　409

　　「回避」再考　409

　　「非ウィリングネス」初考　410

　　✺ケース・スタディ：広場恐怖　411

　　ウィリングネス　414

　　回避の機能は文脈に依存する　415

　言語と非ウィリングネス　417

　　ケースの概念化における非ウィリングネス　419

　　✺ケース・スタディ：うつに対する言語行動の影響力　419

　　クライエントのためのエクササイズ：縮んでいく部屋のメタファー　421

　　あなたが「何かをすること」にウィリングネスではないために…　423

　　　あなたがそれを持つことにウィリングネスではないために，（結果的に）それを手に入れてしまう　424

　　チェックイン　425

　　　あなたがそれを失うことにウィリングネスでないために，（結果的に）それを失ってしまう　426／さまざまな臨床的な問題の中にみられる「体験の回避」の類似性　426

　　チェックイン　428

　　セラピストのスタンス　429

　非ウィリングネスのためのウィリングネス　429

　　ウィリングネスと価値　431

❀ケース・スタディ：低い動機づけ　432
　　ウィリングネスとコミットされた行為　433
　　クライアントのためのエクササイズ：アイ・コンタクト　433
　　❀ケース・スタディ：汚染の恐怖　437
　　❀ケース・スタディ：罪悪感　438
　　ケースを概念化するときにウィリングネスをどのようにアセスメントするか　444
　　　　フュージョン　444／評価　445／回避　445／理由づけ　446
　　スケートをする（「ウィリングネスである」ということ）　447
　　セラピストのスタンス　449

第15章　アクセプタンスとチェンジ　451

　　コントロール vs. アクセプタンス　451
　　　コントロールとアクセプタンスについてリックに話す　453
　　クリーンな不快とダーティな不快　457
　　　リックの体験におけるクリーンな不快とダーティな不快　457
　　　クライアントのためのエクササイズ：モノ化　459
　　　アクセプタンスと似ているがアクセプタンスではないもの　461
　　アクセプタンスと臨床家　462
　　　セラピストがアクセプタンスしていない　463
　　　❀ケース・スタディ：判断的な（評価的な）インターン生　463
　　　セラピストのためのエクササイズ：「アクセプタンス」vs.「コントロールとアボイダンス（回避）」　467
　　　アクセプタンスのモデルを示す　468

第16章　ACTというダンスの踊り方　471

　　どこからセラピーを始めたらよいのか？　471
　　　実践的するときの注意点　472

「絶望から始めよう」から始める　474
　　「価値とコミットされた行為」から始める　475
　　　動機づけ面接　476
　　マインドフルネスから始める　479
　拡張されたメタファー：バスの乗客たち　481
　　脱フュージョンとアクセプタンス　482
　　価　値　483
　　「今，この瞬間」との接触　484
　　視点としての自己　485
　　コミットされた行為　485
　新たにメタファーやエクササイズを作る　486
　　✥ケース・スタディ：過度なシャイネス　487
　　野球のメタファー：アボイダンス（回避）とアクセプタンス　488
　　野球のメタファー：価値，ウィリングネス，そしてコミットされた行為　489
　　野球のメタファー：「今，この瞬間」との接触と脱フュージョン　492
　　野球のメタファー：視点としての自己　494
　どのように，私は…　500
　　どのように，価値に到達したらよいのか？　500
　　どのように，アクセプタンスに到達したらよいのか？　501
　　どのように，脱フュージョンに到達したらよいのか？　502
　　どのように，「今，この瞬間」との接触に到達したらよいのか？　503
　　どのように，視点としての自己に到達したらよいのか？　504
　　どのように，コミットされた行為に到達したらよいのか？　505
　　ヒントと示唆：サジェスタフレックス・ダイアグラム　507
　ACTワークの第一歩を踏み出す　510

エピローグ　511
付録　513
　付録A：ABC機能分析シート　513

付録B：インフレクサヘックスの「ケースの概念化」ワークシート　515
付録C：イベント・ログ（出来事の記録）　517
付録D：サジェスタフレックス　519

文献　521
監訳者あとがき　537
索引　539
著者紹介　541
監訳者・訳者紹介　542

第 1 部

ACT の原理に関するイントロダクション

第 1 章

ACT をはじめるにあたって

　往々にして臨床家は，人間が抱える苦悩を一生懸命に減らそうと，日々，努力を重ねている。臨床場面で働くソーシャル・ワーカーや教会の牧師カウンセラー，結婚や家族の問題を専門に扱うセラピスト，あるいは，人生の悩みの解決を助けるライフ・コーチ，彼らは皆，直接的なサービスによって人々を助けようと「前線で」戦っている。一方，行動科学者が明らかにしようとしているのは，人間の苦悩を引き起こし，悪化させ，持続させる要因であり，行動的健康を促進したり，苦悩を緩和したりする要因である。「フロントライナー（第一線で戦う人たち）」である臨床家たちと，研究者たちの協働は継続的になされ，それによって，人間の苦悩を強めている要因と，最も効果的な直接的サービスの方法について，重要な発見がなされてきている。そして，今，ACT（アクセプタンス＆コミットメント・セラピー）のコミュニティにおける実践家（プラクティショナー）と研究者は，時に人の人生をとても困難にする要因と，その援助のために何ができるかということについて，今までより，もっと深く踏み込めるようになったのである。

　ACT が今日のように広く知られるようになった，最大のきっかけは 2 つある。1 つ目は，2005 年に Steven Hayes が一般の読者向けに初めて執筆した Get Out of Your Mind and Into Your Life（Hayes & Smith, 2005）（訳注：邦訳はブレーン出版より 2008 年に出版された）が出版されたこと，2 つ目は，Time 誌が ACT の特集を組んだこと（Cloud, 2006）である。

ACT は，大手の出版業界では比較的に新参であるが，1980 年代の初めからすでに存在しており，当初は主に学術関係者の間で議論が交わされていた。また，予備的研究が学術誌や専門家の会合で報告されていた。しかしながら，2007 年までには，1 万人以上のメンタル・ヘルスの専門家が ACT のトレーニングを受け，100 以上の実証的研究が公刊されている。これらの研究は，特定のメンタル・ヘルスの問題のトリートメントにおける，ACT のプロセスの影響とその有用性の検討，および，ACT の基盤をなす言語と認知の基礎モデルである，関係フレーム理論の検討を行ってきた（Hayes et al., 2006）。研究は今も継続的になされ，初期の効果研究は，広範囲の臨床の問題に対する，ACT トリートメント（訳注：treatment は一般的には「治療」と訳出されるが，ACT の特性上，日本語の「治療」が持っているニュアンスと異なるため，そのまま「トリートメント」として訳出した）の有用性を支持している。

　心理療法を必要とするような，多くの典型的な精神障害や，臨床的な問題を抱えた人を対象に，ACT の研究は行われてきた。包括的なリストではないが，公刊された ACT の効果研究がある臨床分野のいくつかを挙げると，社交不安障害，うつ，薬物乱用，広場恐怖，精神病，職場のストレス，慢性疼痛，喫煙，抜毛症（自分で毛を抜いてしまうこと），自傷などがある（Hayes et al., 2006）。これらに加えて，多くの基礎研究が特定の ACT のプロセスについて検討している。興味深いことに，ACT の効果は，たいてい，他のトリートメント・アプローチの研究で見られる効果と，意外な点で異なっている。

ACT と他のトリートメント・アプローチの効果の差異

　ACT と他の多くのトリートメント・アプローチの明らかな差異は，人間の苦悩への接し方である。ほとんどのトリートメント・アプローチは，不安やうつ，強迫観念，妄想といった，ネガティブに評価された思考や感情は，除去すべき問題であるという前提が基本にある。対照的に，ACT

はこうした好ましくない思考や感情をトリートメントの第一の標的とはみなさない。むしろ，こうした好ましくない思考を避けようとする試みこそが，非機能的（dysfunctional）であると考える。つまり，このような回避行動は機能することがほとんどなく，それどころか，クライエントが人生で望む結果を体験することを妨げかねないからである。人間の苦悩に対するACTのモデルは，困難な思考や感情は，除去すべき問題なのではなく，人間である限り不可避な側面であると示唆している。実のところ，痛みを避けようとする試みは，痛みを除去するよりも，肥大化させる傾向がある。(Hayes et al., 1999, pp.60-62)。

　ACTは，個人の行動とその行動が起こる文脈に焦点を置く。そのため，アセスメントは，個人の過去や現在の環境を考慮しつつ，クライエントの現在の問題に焦点を置く。ACTの効果の基準は，「うまく機能すること（successful working）」である。このことばは，次のことを意味する。それは，ACTのゴールが，現在の個人を形成する，これまでの体験すべてを念頭に置きながら，現在の文脈において，個人の価値と果たそうとする目的に沿って，個人の行動が十全に機能するようになることを目指すということである。これは，アセスメントにおける診断名の決定を強調し，症状の軽減を効果の第一の基準とする，より機械論的な医学モデルとは対照的である。たとえば，医学モデルのもとで不安のアセスメントとトリートメントをする場合，社交不安障害と全般性不安障害のどちらかといったように，診断名を明らかにするという目的のために，不安が生じる文脈の同定を重視するだろう。診断名の決定後は，不安の軽減というゴールのもと，実践家が不安を軽減するため，薬を処方したり，認知再構成法を使って（合理的でない信念をより合理的な信念に置き換えること），トリートメントを進めるだろう。対照的に，ACTのセラピストは，不安が生じる文脈を査定し，不安を感じたときに，クライエントがしていることを同定しようとするだろう。たとえば，「クライエントは不安を回避したり，不安から逃避したりしようとしてはいないだろうか？」といったようにである。不安を最小限にしたり，回避しようとするために，ある状況を回避したり，

儀式的行動をするといった，不安行動の機能は，ACT の臨床では中心的な問題となるのである（ここでは，行動の機能とは「その行動の目的」という意味として捉えておいていただきたい。行動の機能に関する詳細な説明については第 2 章と第 3 章で述べる）。ACT において，機能を中心に置くということは，DSM の診断カテゴリーの重要性を相対的に下げる（もちろん，DSM は，他領域の専門家や保険会社などの第三者支払人とのコミュニケーションを助けてくれる実践的なツールとしては役に立つものである）。ACT のトリートメントでは，不安の軽減だけが望ましい効果であるとは考えない。そうではなく，クライエントが不安から回避や逃避をしているがために，人生に好ましくない結果を生み出してしまっているような文脈において，彼らがより効果的に機能できるよう，自らの不安との関係を変化させることを重要視している（Hayes et al., 1999, pp. 151-152）。たとえば，シャンドラというクライエントは，次のような悩みを抱えている。彼女は，成人した息子に，ヘロインの購入代へと消えてしまうお金を渡すのをやめたいと望んでいる。この場合，次のうち，どちらが効果的なアプローチになるだろうか？　「彼女が息子にノーと言うときに感じる罪悪感をなくすことを援助する」，それとも，「彼女が息子にノーと言って，そのときに感じる『罪悪感』というレッテルが貼られた自然な感情に，ただ気づくことを援助する」。もうひとりのクライエント，リックは社交不安を抱えている。彼に対して，臨床家は，赤面と「緊張」という感情の軽減をトリートメントの標的とすることと，心理的な変化や感情に関係なく，社交的行動を増やすことのどちらが必要だろうか？（シャンドラとリックについては，本章の後半でより詳しく解説する）。

　症状の軽減に重きを置かない ACT は，その研究において直感に反した発見をもたらしてきた。たとえば，慢性疼痛のトリートメントを受ける個人は，ACT のトリートメントにおいて，わずかな痛みの軽減しか示さない一方で，活動と QOL の増大，および，痛みに関連した行動の軽減を示すだろう（Dahl, Wilson, & Nilsson, 2004）。また，ACT のトリートメントを受けるうつのクライエントは，うつの尺度では何ら変化を示さなか

ったが，それまでは痛みを避けるために，従事していなかった活動へのウィリングネスの高まりと活動の増大を示した。しかしながら，トリートメント終了から数カ月後には，彼らはうつの尺度でも減少を示したのである（Zettle & Rains, 1989）。さらに，ACTのトリートメントを受けた精神病の患者たちは，妄想的な信念や幻覚を報告することが実際に増えていても，ACTのトリートメントを受けていなかった患者たちよりも病院の外に出かけている時間が長かった（Bach & Hayes, 2000）。もちろん，これらの発見は，ACTとは異なる視点から考察されたときに直感に反するものとなる。しかし，いずれの研究結果も，ACTの狙いという文脈においては，完全に納得のいくものなのである。なぜなら，ACTの効果は，うつを感じながら，仕事に行くことや，不安を喚起するとわかりつつ，社交的な場への誘いにイエスと応えるといったように，外的な行動における変化を強調する。したがって，クライエントの行動を変えるためには，うつや不安や他の症状が減らなければいけない，という考え方を採らない。ACTのトリートメントによる好ましい変化は，症状の変化それ自体よりも，個人が症状にどのように関係するのかというレベルにおいて現れるのである（今の段階では，まだこの点がはっきりしなくても，本書を読み進めるなかで，徐々に明らかになるので，このまま読み進めてほしい）。

　しかしながら，これはACTが症状の緩和をもたらさない，と言っているのではない。ACTの臨床例では，症状の程度が緩和したという報告もある。多くの場合，症状の軽減はトリートメントの経過にともなって徐々に始まり，トリートメント終了から数週間後に現れることもある。言い換えると，ACTトリートメントを受ける参加者は，早期に行動変容が生じ，後に症状が緩和するというのに対して，他のトリートメントを受ける参加者は，行動変容はわずかしか示さないが，早期に大きな症状の緩和を示すということである（Hayes, 2007）。さらに自己報告される不安や幻覚といった症状の変化が，ほとんど何もないようなケースであっても，ACTのトリートメント中に行動変容は観察されている。ACTのセラピストと研究者は，他の認知行動療法の長い研究の歴史に目を向けており，それら

のトリートメントが効果を持ちうるものであると理解している。そのうえで，ACTのセラピストと研究者は，ACTもまた効果を持ち，その効果は他の認知的，行動的なトリートメント・アプローチとは異なるメカニズムで作用すると考えている。残念ながら，臨床研究は，未だ「どのトリートメントがどのようなタイプの個人に，どのような条件下で最も効果的であるのか？」(Paul, 1969, p.44) という問いに答えていない。第一線のトリートメント提供者と研究者との絶え間ない協働がこの問いに答えるには不可欠なのである。

ACTの根幹的な要素

　ACTの根幹的な要素に話を移し，ACTの非常に包括的な定義から始めよう。ACTを始めたばかりの人々にとっては，この定義は少々難解かもしれないが，そのまま読み進めていただければ幸いである。本書を読み終えた後，もう一度，この定義に戻ったなら，ACTの全体を簡潔に表した要約であるとはっきりわかっていただけるに違いない（この段階では，定義の最後の文を初めに読むと理解しやすいだろう）。Hayes (2006b) は，ACTを以下のように定義している。

　　（ACTは）関係フレーム理論にもとづく機能的文脈的セラピーのアプローチである。この理論は，人間の心理的な問題を，第一に認知的フュージョンと体験の回避がもたらす心理的非柔軟性の問題としてみなすものである。治療関係の文脈において，ACTは高い心理的柔軟性を体験的に生み出していくために，直接的な随伴性と間接的な言語のプロセスを用いる。その主なプロセスは，アクセプタンス，脱フュージョン，超越的な自己の確立，「今，この瞬間」との接触，価値，価値と結びついたコミットされた行為のより大きなパターンの構築である。もっと簡単に言えば，ACTは，さらなる心理的柔軟性を生み出すために，アクセプタンスとマインドフルネスのプロセスと，コミットメントと行動変容のプロセスを用いるアプロ

ーチである。

　ACTにおいて，期待される効果は症状の軽減ではない（症状は軽減する可能性があり，実際に軽減することは多いのだが）ということを念頭に置いてほしい。ACTにおいて好ましい効果は，心理的柔軟性を高めることである。つまり，価値に沿ったゴールや結果を達成するために，クライエントが何かをやり抜いたり，行動を変えたりする機会を増やすということである。

　ACTが基づいている前提は「多くのクライエントが直面している問題は『体験の回避』（experiential avoidance）である」というものである。体験の回避とは，自分にとって好ましくない思考，感情，感覚，他の私的出来事を回避する，ということである。回避は，橋のかかっていない道を避けて運転したり，熱いストーブに触るのを避けたり，といったように，外的な世界においては役に立つだろう。しかし，思考や感情の領域では，好ましくない私的出来事を避けようとする試みは，逆説的に好ましくない私的出来事を増大させ，薬物乱用，広場恐怖，強迫行動，攻撃的な変化といったより問題のある形態の回避を生み出すようになる。この点でACTは，これまでに蓄積されてきた知見を覆すものである。ACTにおいて，私的出来事をコントロールする試みは，解決というよりむしろ，問題としてみなされる。言い換えれば，私的出来事をコントロールするために使われる方略は，解決することより，さらなる問題を生み出すことのほうが多い。本書を通じて，私たちは，ACTセラピストがどのようにして，クライエントが自らコントロール方略の無用な側面を体験するのを援助するのか，また，それまでコントロールしようとしてきた体験に，自身を触れさせながら，より高い柔軟性を培うために，伝統的な行動療法の介入とともに，どのようにメタファーやパラドックスや，体験的エクササイズ，価値の明確化，マインドフルネスの技法を使うのかを説明していく。

ACTのコア・プロセス

ACTの実践は，6つの相互に関連するプロセス――アクセプタンス，脱フュージョン，「今，この瞬間」との接触，コミットされた行為，文脈としての自己，そして価値（Hayes, Strosahl, Bunting, Twohig, & Wilson, 2004）――，および，これらのプロセスに関連した，精神病理に取り組むための中心的な介入方略から理解することが可能である。中心的なプロセスは，相互に重要な結びつきがあり，6つのうちどれも完全に分離されるものではない。ACTの文脈的アプローチが，他の原理なしでは定義できない相互に関連したプロセスから成り立っていることは，そう驚くことではないだろう。

ACTの中心となる6つのプロセスのモデルを図1-1に示した。これは，ユーモアをこめて，「ヘキサフレックス（hexaflex）」モデルと名づけられている。この用語は，柔軟性に影響するプロセスを説明するために用いられる，六角形（ヘキサゴン）の形をしたモデルについて議論をする際に，わかりやすく呼びやすい用語として付けられた呼び名である。この用語は，遊び心をこめて作られたものだが，ACTを使う人たちの間ではすでに定番の愛称になっている。本書の中でも，ケースの概念化のモデルを説明する際は，この用語をいくつかの派生語とともに用いることとする。

アクセプタンス

アクセプタンスは，誤解されることの多い概念である。アクセプタンスは，自分の体験や現在の状況を好きになる，あるいは，欲するようになるという意味ではない。そうではなく，**アクセプタンス**は，「十分に防衛することなく」自分に生じていることを体験することへの積極的な態度を意味している（Hayes, 1994, p.30）。クライエントのこれまでのヒストリーと本人が歩くと選んだ道に目を向ければ，ある種の出来事（不安や怒りといった）は必ず起こってくるだろう。ACTのセラピストは，クライエントが自分の人生の道を歩むときに生じる，避けがたい感情を持つことに

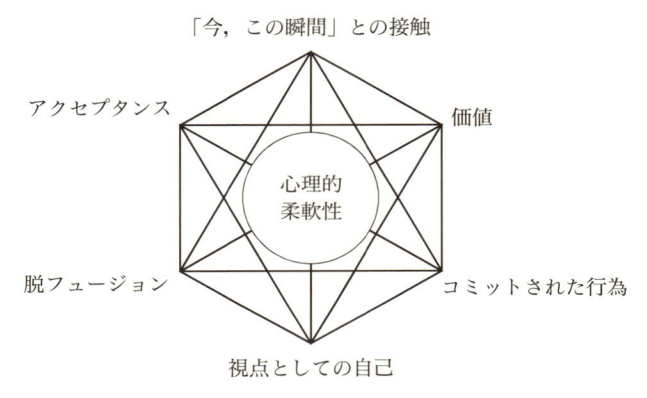

図1-1　6つの中心的なプロセス：ACTのヘキサフレックス・モデル

前向きになり，そして，その感情を避けなければいけないものとしてではなく，ただそれらとして（ただの感情として）体験する機会を提供する。アクセプタンスの介入は，ウィリングネスと同義である。この介入によって，クライエントは，問題について自分自身を責めないことを学び，私的出来事をなんとか変化させようともがくことをやめ，価値に沿った方向のもと，選択された道を前進する際にアクションに伴う恐怖や，好ましくない心理的事象に直面することを前向きに受け入れるようになる。

脱フュージョン

　脱フュージョンの方略は，言語と認知の有用でない効果を減じることを狙いとするセラピーの技法である。**認知的フュージョン**は，思考が単なる考えや思いではなく，それらの語ることがそのまま事実であるかのように，字義どおりに思考を受け入れたときに生じる。この認知的フュージョンの影響を受けると，「今，この瞬間」に生じている出来事より，言語的なルールや評価に反応してしまうことがある。たとえば，「誰も私を好きにならない」という思考と一体化しているクライエントは，それが単なる考えであるとは思わないだろう。むしろ，その考えが字義どおり，真実であると捉えるだろう。そのため，そのようなクライエントは，出会う人々みん

なを「誰も私を好きにならない」というレンズを通してみることになる。そのことによって，実はクライエントに対して好意を持つようになったかもしれない相手との，社会的な関わりまでが避けられてしまうことがある。フュージョンは，言語の副産物である。思考が字義的に捉えられたときには，自己破壊的行動にいとも簡単に陥ってしまう（Hayes et al., 1999, pp.72-74）。たとえば，バイ菌に対する強迫観念や，ドアの外に出るといった単純な行動で死に至ると考える偏執性妄想を体験している人を考えてみよう。脱フュージョンによって，世界に関する字義どおりの真実として思考を捉えるのではなく，思考はただの思考にすぎないという見方ができるようになる。バイ菌についての思考や，外界についての危険は，ただの「おしゃべり」であり，これまでのヒストリーの認知的な副産物として捉えられる。脱フュージョンによって，現実と一体化した言語の内容に基づいてではなく，個人の価値と現在の環境の随伴性に基づいて，クライエントは自由に行動できるようになる。

「今，この瞬間」との接触

「今，この瞬間」との接触は，体験的に定義するのが一番よいだろう。あなたは，たった今，単語を目で追いながら，本書を読んでいるということについて十分に意識し，注意を向けることができるだろうか？　たった今，あなたがいる場所で，本書を読んでいるということを十分に意識してほしい。少し時間をとって，ここでの体験に注意を向けて，そして，何度も何度も繰り返し，「今」を意識しよう。その時に，「今」というのは，すぐに「その時」になり，そして，手の届かぬところに行ってしまうことにも，気づいてほしい。今，いる環境で，目に入るもの，匂い，音とともにそこにいてほしい。自分の体が他のものと接していることに気づいてほしい。たとえば，床や椅子に接している感覚を。感情や体の感覚に気づいてほしい。今，意識したように，あなたはその瞬間に起こる自分の体験に気づいただろう。しかし，ことばは，現在の瞬間から私たちを引き離してしまう傾向がある。何かを考えている途中に，自分の使っていることばが，

ほとんどの場合，過去の振り返りか，未来の計画であることに気づいたことがあるだろうか。たとえば，誰かに「今すぐに来て」というときにさえ，相手がそのことばを聞いて，「今」と知覚するときには，あなたの言った「今」はすでに過去なのである。「今，この瞬間」と接することを学ぶと，瞬間が与えてくれるすべてのこと（たとえば，うつ的な思考や喜ばしい思考，不安を喚起したり，笑いを呼ぶイメージなど）を受け止められるようになり，思考，感情，身体的な感覚を浮かんでは消える，終わりのない流れとして捉え，私的出来事それ以上でも，それ以下でもないということに気づけるようになる。そして，好ましくない私的出来事を体験している最中でさえ，選択した価値に沿って，マインドフルに行動できるようになる。ウィリングネスのエクササイズとメディテーションのようなマインドフルネスのエクササイズは，「今，この瞬間」との接触を増すために用いられる2つのタイプの介入である。

コミットされた行為

　コミットされた行為とは，選択した価値に沿って行動するということである。多くの概念化において，コミットされた行為は，セラピーにおいて「タイヤが道路に出会う」場所である。つまり，新車がはじめての路上走行に出るときのように，実際の効果のほどをみる重要な瞬間である。そのような瞬間は，クライエントが，人生を再び軌道に乗せるような，重要かつ臨床的に妥当な外的行動に実際に従事するときに訪れる。それらは，クライエントが以前には回避していた行動かもしれない。あるいは，新しく学習したスキルかもしれない。人生を価値あるものにするゴールのもと，クライエントは，今までは柔軟性が低すぎて実現できなかった行動を実行していく。コミットされた行為の介入は，ACTに特有の技法というよりは，伝統的な行動療法の技法を用いることが多い。

　ここまでACTの中心的な方略について述べてきたが，ここでは，ACTの構成要素間の重なりに着目しよう。コミットされた行為は，アクセプタンス，価値，「今，この瞬間」との接触を含むことに注意してほし

い。また，アクセプタンスは，脱フュージョンを含み，脱フュージョンはアクセプタンスを含むなどといったことに注意してほしい。この重なりは，第2章でACTの機能的文脈的なアプローチについて学べば，もっと理解しやすくなるだろう。また，精神病理のモデルにおける，領域の重複についても理解できるようになるだろう。別の言い方をすれば，中心的な方略は，ひとつひとつの方略として説明することの有用性はあるけれども，完全に分離されるものではない。また，中心的な方略は，介入としてだけ記述することが難しい点にも注意しよう。なぜなら中心的な方略のひとつひとつが，他の介入の効果として記述されることがあるからだ。たとえば，脱フュージョンのエクササイズは，アクセプタンスを高めるだろう。また，アクセプタンスのエクササイズがコミットされた行為を増大することもあるだろう。これは，ややこしいようにも思えるが，ACTに親しんでくれば，中心的な方略の柔軟性に気づくようになるだろう。個人はそれぞれに問題とゴールと価値を持っているので，それらに応じて異なる文脈下では，方略の適用の仕方も異なってくるのは自然な流れである。

視点としての自己

　視点としての自己を知るには，自己と「自己についての知識（自己認識）」とは異なるという体験を持つことが必要である。ACTの文献によれば，自己には3つの捉え方がある。内容としての自己，プロセスとしての自己，そして，文脈としての自己である。**内容としての自己**とは，個人の言語的な記述や評価を含んでいる。たとえば，あるクライエントが，自分は33歳で，会計士で，犬好きで，社交恐怖があって，人づきあいが苦手だというように記述する場合がこれに当たる。**プロセスとしての自己**とは，継続的な自己認識，あるいは，「不安である」や「頭痛がする」といったように，思考や感情，身体的な感覚などのプロセスの進行を意識する自己の感覚を指す。**視点としての自己**は，文脈としての自己，あるいは，観察者としての自己とも呼ばれている。それは，自己の超越的な感覚である（本書では，「視点としての自己」と「文脈としての自己」を相互に交

換可能な語として用いる)。この自己は,言語的評価の対象となるモノではなく,形や言語的な内容は持たない。そうではなく,個人が観察を行い,そこから個人の体験が展開していくような場所という見方がなされる。そのような性質であるため,最も語られることが少なく,境界線を持たない自己の体験である (Barnes-Holmes, Hayes, & Dymond, 2001)。「視点としての自己」を感じる体験は,それ自体がポジティブに評価される体験であるとともに,ウィリングネスとアクセプタンスを高める絶好の機会となりうる。そのような効果が期待されるため,ACT は,クライエントが「視点としての自己」に触れる,体験的な機会をトリートメントにおいて導入する(第 7 章と第 11 章)。

価 値

　価値とは,言語的に構築された包括的な人生の目的,あるいは選択された人生の方向である (Hayes et al., 1999)。ACT のセラピストは,クライエントに次のような質問をよくする。「あなたは自分の人生をどのようなものにしたいですか? どのような方向にあなたは進みたいですか?」価値の性質を表すために,「ある方向に向かって進む」(あるいは,コンパスの指す方向に向かって進む)というメタファーがよく用いられる。ゴールの達成は,価値に沿って進むことを助けるが,価値は,ゴールとは区別されるものである。定義としては,ゴールは今,ここにあるものではなく,未来において達成されるものである。一方,価値は,常に「今,この瞬間」に存在するものである。価値づけるという行為は,常に今,ここにおいて生じるのである。また,ゴールは多くの場合,人生に足りないものという観点から明確化される。しかし,価値は,個々の成果というより,もっと生活全般において自分はどうありたいのかという観点から明確化されるものである。たとえば,友人を増やす,結婚する,子どもを持つというのはそれぞれゴールであり,価値は,誰かと親密な関係を築くという,もっと包括的なものである。価値に沿って前進するというメタファーは当を得ている。なぜなら,自分の人生を「西の方向へ」進みたいと方向づけれ

ば，それは決して終わりがなく，永遠に西という方向に歩み続けることが可能になるからである。西に向かう途中では，いくつかのゴールに辿り着くことがあるだろう。たとえば，ブダペストやシカゴを通過するように。しかし，西に「到着する」ことは永遠にない！　より実践的に言えば，生涯にわたって人は価値づけるということを学ぶとも言えるだろう。たとえば，「僕は，一生，新しいことを学び続けていたいんだ」という人もいるだろう。そして，新しいことを学ぶという価値に沿って，大学の学位をとったり，難しい科学の本（ニュートンの『プリンキピア』やHayesらの『関係フレーム理論』のような）を読むというゴールを達成したとしよう。しかし，価値は，こうしたゴールの達成とは異なり，永遠に達成されることはない。なぜなら，世の中には，学ぶことはまだたくさんあり，生涯にわたって学ぶという方向にさらに進むことができるからである。このように，ACTのセラピストは，それが言語化されていようといまいと，クライエントは常にある方向に向かって進んでいると考える。不安を避けようと，日々，奔走する生活を送っている人のような場合でも，ACTの観点からは，望ましくない結果をもたらす方向に，人生を進んでいると捉えられる。

　価値は，好ましくない思考や感情を持つことへのウィリングネスを高め，それらに伴う痛みを意味あるものにする。ACTについてよくある誤解は，セラピストが，好ましくない思考や感情に伴うクライエントの痛みを考慮しないというものや，セラピストは，思考や感情を取り除く援助を重視すべきだというものである。対照的に，ACTの位置づけは，好ましくない思考や感情，感覚というのは，価値に沿った方向へと進むときには，ほぼ必ずといってよいほど，ついて回るものだというものである。たとえば，デートに誘うときには断られるという結果も考えられる。誰かと親しい関係にある人は，相手からの愛を失うかもしれないし，別離や死によって愛する人を失うこともありうる。新しいことを始める人は，疑念や不安を体験するだろう。これらの不可避の痛みを伴う思考や感情を避けることは，堅苦しく，多くの場合，喜びに乏しい生活をもたらすことになる。一方で，

価値に焦点を置くことは，よく生きるという体験に，どのような痛みが伴おうと，それに触れることへの活力とウィリングネス（第14章）をもたらすのである。

　価値は，選択されるものであり，それは正しいも間違いもないという意味で，常に「完全」である。つまり，自分の価値は自分だけで選ぶことができるのである。セラピストは，クライエントの価値を批判したいという衝動にかられることもあるだろう。そうなると，自分の選んだ価値の視点から，クライエントの価値を批判するだろう。たとえば，セラピストは，自分にとっての教育に関する望ましい結果という視点に基づいて，学校を中退することを選んだクライエントを批判したくなったとしよう。このようなとき，セラピストがすべきことは何だろうか？　そう，こういうときこそ，アクセプタンス，脱フュージョン，コミットされた行為を実践するまたとないチャンスなのである！　これぞまさに「実践の中でのACT（ACT in practice；原著のタイトル）」の実践である。

　私たちは，本書を通じて，このようなACTへの導入をさらに掘り下げていく。あなたは本書をケースの概念化をするときにも用いることが可能である。6つの中心的なプロセス——アクセプタンス，脱フュージョン，「今，この瞬間」との接触，コミットされた行為，視点としての自己，そして価値——は，ACTの豊かな土壌をわずかに見せているだけで，ここでの概説がACTの実践方法の全貌を十分に示しているわけではない。次の数章では，ケースの概念化と臨床行動分析について掘り下げていこう。そして，また再びアクセプタンスとコミットメントの方略に戻ってくることにしよう。

ケースの説明

　ケースの概念化が具体的なトリートメント場面において，どのように機能するのかを示すために，本書を通じて，数名のクライエントにおけるトリートメントの進め方について解説していこう。本書では，すべての章に，

会話のトランスクリプトと事例が盛り込まれている。また，本章の前半で簡単に紹介したシャンドラとリックについてもう少し丁寧に軌跡を追ってみよう。シャンドラとリックは架空の人物であるが，いずれも実際のクライエントをもとに描かれており，彼らは私たちが日々の実践で出会う典型的なクライエントである。

シャンドラの紹介

シャンドラは，ACTを取材した雑誌の記事を読んだ後，ACTのセラピストを訪ねてみようと決めた。彼女は，大人になってからの大半をうつと格闘することに費やしてきた，という。彼女は，48歳で離婚歴があり，現在は12年間，付き合っては別れてという関係を繰り返してきた男性と同居している。彼女には，娘と息子の成人した子どもが2人いる。仕事は，デパートのアシスタント・マネージャーであり，その職場で彼女は，22年間にわたり，さまざまなポストを経験してきた。ボーイフレンドは，チャールズという名前で，失業中である。彼は，夏の間だけ建築現場で働き，冬になるとほとんど働かなくなる。シャンドラは，彼が働かない冬の間は，生活が苦しくなることや，彼が週に3〜4回は泥酔するまでお酒を飲み，彼女に暴言を浴びせ，そのうえ，お酒が抜けると無愛想でほとんど口も利かなくなる，と不満を述べた。

シャンドラは，トリートメントを受けて「他の人みたいにハッピーになりたい。私はいつも泣いてばかりで，普通ではないんです」と語る。そして，彼女は，たくさんのトリートメントのゴールを並べた。「チャールズのもとを去りたいんです。彼と付き合っているのはよくないとわかっていますが，彼を追い出すと，彼がものすごく恋しくなってしまい，ひとりでいることに耐えられなくなるんです」。彼女は，子どもたちとの関係についても，より良くしたいと望んでいる。「子どもたちを助ける方法を見つけたいんです。間違ったことばかりしているあの子たちを……どうやったら，私の言うことを聞いてくれるのか，それがわからないんです。子ども

たちが私に話しかけてくるのは，お金を無心するときだけです。彼らにお金を渡し続ける余裕はありません。そうして拒否すると，いつも罪悪感にさいなまれます。自分で，私はよくない母親だってわかっているんです。だから，あの子たちが問題を起こすのも，あの子たちだけが悪いのではなく，私が悪かったから，私のせいでもあるんです」。シャンドラは，自分の過去とも折り合いをつけたいと望んでいる。「義理の父親と離婚した夫が，私と娘にしたことを許したいと思っているのです。でも，彼らがしたことを思うと，腹が立って仕方がないのです。クリスチャンなのだから，許さなくてはいけないと頭ではわかっていても，彼らを憎んでしまうことすらあります。そうなると，もう泣き叫びたくなります。ただ私は悪い人間なんだ，悪い人間なんだと思いつめます」。

　そして，彼女はこう続けた。「自分の人生を振り返ると，自分が思い描いていた生き方とは全く違います。今は，幸せを感じることも，楽しみにしていることもありません。泣いてばかりで，自分の抱えている問題や，これまでにどれほどうつと格闘してきたのかを人に知られるのが嫌で，誰ひとり，友人もいません。これまでにセラピーも試して，いくらかは役に立ちましたが，自分が大きく変わることはありませんでした。長年，抗うつ剤を服用していますが，ほとんど効き目はありません。仕事をしていないときは，ただ寝て，他にすることもありません。この2年で14キロも太ってしまったので，もう見た目さえも良くありません。以前は，ものすごく気分が悪くても，見た目は良いと思っていました。しかし，今はそれすら真実ではありません。ただただ年をとって，擦り切れていくようです。幸せになろうと努力し，神に祈りを捧げましたが，神は私の祈りを聞き入れてはくださらないようです。すべてが悪くなる一方ですから。そして，子どもたち……私にも責任があるとわかっていますが，どうしてあのように親を怒らせ，悲しませるのでしょうか。息子のジムは，刑務所から出たばかりですが，私はまた刑務所に戻ってくれたらと，そんなことを考えてしまうのです。少なくとも，彼が刑務所にいる間は，私にお金をせがんでくることはありませんから。娘のカレンは……彼女はまた仕事をやめてし

まい，しつこくお金をせがんできます。子どもたちの問題は，私に原因があるのですから，どうして断ることができるでしょうか。私が親でなければ，彼らはもっとましな暮らしができたでしょう」。

シャンドラは，最初の子どもが生まれた後，初めてうつになったと言う。彼女は，17歳のときに妊娠し，高校を中退した。彼女とボーイフレンドのルイスは，彼女が18歳になったとき結婚した。それは，息子のジムが生まれる1カ月前のことだった。そしてその16カ月後，娘のカレンが生まれた。「私は大学には行きたくなかったし，かといってあんな若さで結婚したいとも思っていませんでした。赤ちゃんと家にいるより，デートをしたり，パーティで遊んだりして，青春を楽しみたかったのです。何年もうつを抱えていましたが，トリートメントを受けることはしませんでした。仕事を始めてからは，気分が良くなってきました。お金を稼いだり，外出して同年代の人たちと話したりして，気分が良くなったのです」。

さらにシャンドラはこうも話した。「しばらくは気分が良くなったのですが，その後，私は奈落の底に突き落とされました。ルイスがカレンに性的虐待をしているところを発見したのです——夜勤から早く帰宅すると，ベッドには彼女とルイスがいました。自分の目を疑いました。私は義理の父に同じことをされ，自分の娘は絶対にそのような目に遭わすまいと強く誓っていたのです。ルイスとは離婚し，その後，私は初めてセラピーを受けに行きました。セラピーは少しは役に立ったのですが，カレンは私を責め，ジムも同じように私を責めました。貧乏な暮らしや支えてくれる人もいないことに，周りは皆，私を責めました。誰も，本当のことは知りませんでした。ルイスがしたことをどうやって話せたでしょうか？ 周りは，夫のしたことを知らないので，夫と別れた原因が私にあると思っていました。私はそれに気づいていたので，心を閉ざしてしまい，友人と会うことも，職場で女性の同僚と話すこともしなくなりました。当時，私は義理の父親とのことをセラピストには話しませんでした。それはもう過去のことで，けりがついていると思っていましたから。でも，きっと話すべきだったんでしょうね」。

つらい半年が過ぎたとき，息子が初めて法的な問題を起こし，シャンドラは2度目のセラピーを受けた。そのとき，娘のカレンは19歳で妊娠していることがわかり，ボーイフレンドと同棲を始めた。シャンドラが現在のボーイフレンドのチャールズと，最初に別れたのも同じ時期だった。「このころから，抗うつ剤を服用し始めました。セラピーはそんなに長くは続けませんでした。話すことが良いことだと思えなかったのです。過去について話したくはありませんでしたし，私は，とにかくすぐに良い気分になって，子どもたちがまともな生活を送る手助けをしたかったのです。セラピストは，私の過ちだとは言いませんでしたが，私は，すべては私のせいだ，私が悪いと考えていたのです」。

それから5年後，シャンドラは，再びセラピストのもとを訪ねた。3度目のセラピーは4年間継続することになった。その間，彼女とチャールズは，別れては付き合ってを繰り返し，彼女によるとうつはますます悪化した。「彼は，自分にとってよくないとわかっていました。他の男性とデートもしました。でも，いい人に出会えず，とてもさみしくなって，またチャールズのところに戻って，同じことを繰り返してしまうのです。私は，子どもたちがまともに生活し，年中心配したり，罪悪感にさいなまれることから解放されたいのです。でも自分のこともままならないのに，どうして子どもたちを助けることなどできるでしょうか。セラピーが本当に役に立つものかどうかわかりませんが，私には，1人だって会話をする女性の友人はいないので，毎週，誰かと話すことは気分がよかったのです。しばらくして，チャールズが失業し，ジムが弁護士に払うお金が必要になったので，私はセラピーを続けることができず，やめてしまいました。それから，ACTの記事を目にし，これは私が今までにやってきたこととは違うなと思ったのです。きっと，ACTは私のうつをきれいさっぱり取り払ってくれるでしょう」。

リックの紹介

　何カ月もずっと考えて，リックは，地域のメンタル・ヘルス・センターに電話をかけ，「カウンセリングを受けたいんです」と訴えた。インテークを担当する職員は，リックの悩みの中心には不安に関連した問題があると査定した。そこで，彼女はリックを，不安に対する実証的なトリートメントとACTのアプローチの両方に通じているカウンセラーに紹介した。リックは，20代後半で，都心の2LDKのマンションで1人暮らしをしている。電子工学エンジニアの仕事をしており，自分のキャリアに不満を抱いている。彼は，わきあがる不安の感情から，同僚との関わりを避け，仲間から自分が孤立していると感じている。時々，スタッフの打ち合わせや，休憩のときに発言をしようと考えるが，そのたびに頬が赤くなって熱くなるのを感じる。彼は，「四六時中，自分に言い聞かせているんです。『恥をかくようなことは絶対にするな』と。そうして結局……僕は何もしていないのです」と話す。部署の打ち合わせで，仕事の進捗を報告する必要のあるときは，その数日前から，じんわりと恐怖を感じ，「人と話す前になると，胃が気持ち悪くなって，じっとしていられなくなることがある」と訴える。また，学生時代に付き合っていた彼女と別れてからは，ほぼ10年間，一度もデートしたことがなく，彼は，彼女との別れを振り返って，それはとてもつらく，信じられなかったと話す。彼女が去ってからは，彼は仲間たちと一緒に社交的に活動するよりも，勉強に打ち込んだ。時々，知人たちとマリファナを吸い，卒業後も退屈やフラストレーションを感じると，ひとりでマリファナを吸い続けてきた。

　「僕がカウンセリングを必要とする理由は，ものすごくはっきりしています。僕は，仕事が嫌で給料も少ない。それなのに辞めずに会社にいて，かといって昇給や異動を要望することもしない。麻薬でいい気持ちになるのと同じです。何も楽しめていない。僕が麻薬をやるのは，自分の感覚を麻痺させるためなんです。僕には友人もいません。周りは，結婚や何やかやで人生を楽しんでいます。それに対して，僕は，長年，女性と付き合っ

てもいない……あぁ。未来に何の希望も持てない。僕には何ひとつ目標は見えていないし，どうしようもない負け犬なのです」。

　検証を続けてみると，リックは高い教育を受けた，創造力に優れたエンジニアであることがわかった。彼は，大半の時間をコンピュータに割いており，専らテレビゲームやネット・サーフィンをしたり，彼が「コンピュータおたく」と呼ぶ相手と，オンラインでチャットをしている。彼は，コンピュータの世界では，かなり広く流通している有償のソフトを1つ作成しており，そのプログラムの2版の作成にも取りかかっている。

　リックは，両親が40代半ばのときに養子になった子どもである。両親は，米国中部の伝統的なユダヤ・キリスト教の価値観を持ち，彼はその家の一人っ子として愛情のある家庭で育てられた。養父は，彼が大学生のときに亡くなり，リックは父親のことを「父は会計士で，ただ晩御飯を食べるためだけに，家に帰ってくるような人でした」と思い出す。「私たちは，静かに夕食を食べ，父はそれから新聞を読んでいました。父から得たものはほとんどありません。でも，僕にとってはまあまあでした。悪いところは特になくて，その代わり，取り立てて，素晴らしいと思うようなころも別にありませんでしたけど」。一方，母親は現在，老人ホームで暮らしており，彼は月に2回ホームを訪れている。「母のことは愛しています。僕の力になってくれました……僕が話すことのできる相手でした。僕は，とても意気地なしで同年代の子どもとなかなか話せませんでした。特に高校生のころがひどかったです。でも，母はいつも僕に話しかけてくれました。素敵な母でした。今はだいぶ，変わりましたが……ぼけてしまってからは……。母を訪ねるのは，とても気がめいるのです。今はめったに話しませんし。老人ホームまで母を訪ねなければいけないと思うと，じめじめとした気分になって，そうした気分になることで，余計に気分が暗くなるのです。わかりますよね？　最悪なのは，母に会いに行こうとするときに，麻薬を吸ってしまうことです。母に会いに行くときの重たい気分に耐えられなくて，でも，会いに行かないと，それはそれで罪悪感を感じてしまい，また耐えられなくなります。そうなるくらいなら，どこにも行かずに，

『マリファナをガブ飲みする』（一気に大量に吸って，もうろうとする）ほうが楽なんです」。

　リックは，自分のセラピーのゴールは，「マリファナを大量に吸うのをやめることなんです。なんでこうなったんだと叫びたい気分ですが，僕はもう 30 歳目前なんです」と話す。彼はまた次のように語る。「人と話すことについて，すごく神経質になって，気がおかしくなったように感じるのをなんとかしたいです。僕は，同僚よりも頭がいいし，彼らよりいいアイディアが思いつくこともあります。でも，僕は一度も発言したことがないんです。あの，胃がムカツクような感じが耐えられなくて……それに顔が真っ赤になってしまうことも嫌なんです」。リックはさらにこうもらした。「母親のことで，すごく嫌な気分になるのも嫌なんです。罪悪感を感じることなく，母を訪ねたいんです。それから，友人も持てるようになりたいんです」。

　本書を通して，シャンドラとリックの 2 人がそれぞれ ACT を体験する過程を追っていくことにする。それらを目にすることで，彼らに対する理解もより深まっていくだろう。

第 2 章
臨床行動分析と行動療法の「3 つの波」

　治療関係が始まるとき，クライエントとセラピストは，治療の進め方やその展開について，互いにそれぞれの希望や期待を抱くものである。たとえば，クライエントのヒストリー（個人史）の質を問題の焦点とするセラピストもいれば，夢や幻想の全体的な解釈を重んじるセラピストもいる。また，誰かに話を聞いてもらうことに価値を見いだすクライエントもいれば，助言がほしいという人もいる。このようなタイプの治療的な関わりを提供する臨床家は世の中に数多いる。ACT の臨床家も，そうすることが適切な状況ならば，同様の関わりをするだろう。

　クライエントがセラピーを受けようとする多くの動機は，「これまでの生き方や人生を変えてみよう」というものである。彼らが希望し，期待するのは，今までとは違う考え方や感じ方，ふるまい方を学ぶということである。たとえば，生きる活力を奪うような苦悩から解放されたいと願うクライエントは，「健康を害する習慣をなくしたい」「うつや不安をもっと減らしたい」「社会的な関係を避けることをやめたい」といった願いを持つだろう。治療による改善例としては，一部にセラピストと良好な治療関係を築くだけで，十分に苦悩が軽減するということがある。その一方で，問題解決の一助としての単なる治療関係の枠をこえた，エビデンスに基づく治療の成果に関して，相当な文献が蓄積されている。ほんの少し例を挙げると，エクスポージャーのエクササイズや，社会的スキル訓練（SST），行動活性化（behavioral activation），これらはいずれも臨床的に重要な

問題に対する有用性が示された技法である。これらの技法において治療関係は、治療要件のひとつにすぎなかった従来の治療関係をより発展させたものとなっている（Nathan & Gorman, 2002 を参照）。こうした背景から、ACT についてのケースの概念化を始める前に、臨床行動分析の観点から、行動療法、機能分析および機能アセスメントの手続き、行動と言語に関する基本原理を理解することは重要である。そこでの理解は、臨床家が ACT をより深く、より適切に実行することを助けるだろう。

臨床行動分析へのイントロダクション

　ACT のセラピストは、クライエントの人生において、どのようなタイプの出来事が問題を生じているのかを査定し、それをもとに、実証的に支持された介入や原理を通じて、クライエントの行動を変化させようとする。このとき、セラピストは、臨床行動分析の基本原理に基づいて自らの治療行動を決定している。行動分析学は、「科学的心理学の最大の目的は、予測と制御（prediction and control）である」（Smith, 2001, p.189）という前提に立っている。この前提は、B. F. Skinner（1953）により提唱され、行動分析学、および、臨床心理学の関連する文献において広められてきたものである。セラピストは、基本的にクライエントの症状を「予測する（predict）」変数を査定し、それをもとに、症状の出現や程度を制御（control）しようとする（補足すると、現代の行動分析家は、「予測と制御〔prediction and control〕」を「予測と影響〔prediction and influence〕」と言い換えることが多い。その理由は、後者の表現のほうが、より一般的に受け入れられ、なおかつ、より現実に即した記述だからである）。したがって、クライエントの問題を生じるきっかけを「予測」し、その問題に何らかの「影響」を与えることに関心のある読者ならば、臨床行動分析と同じような治療的期待や希望を持っていることになる。そのなかでも、ACT と機能分析心理療法（FAP；Kohlenberg & Tsai, 1991）は、現在の臨床行動分析において、その筆頭をなす 2 大アプローチである。

臨床行動分析のルーツは，Skinner（1953）の理論的研究にある。Skinnerは，50年以上前に薬物乱用や怒り，うつ，不安の治療に関する行動分析学的な基本原理を述べた。彼は，心理学の分野において評価が極端に分かれる人物であろう。また，行動分析学は他の伝統的な治療の立場からは，非常に堅苦しく，厳密すぎる科学であるとして，芳しくない評価を与えられることが多い（それは，おそらく行動分析家が辿った，自分たちの科学をどのように表現し，伝えていくかという，表現上の問題による部分が大きいであろう）。本書の読者にも，行動分析学を治療に応用することについて，疑問や否定的な見解のある方がおられるだろう。著者の希望として，そうした読者の方には，本書を読む間，それらの否定的な見解をそのまま感じるように（ただ，それらに目を向けるように）していただきたい。

　発展的で臨床的に豊かな対人間の心理療法を希求しているのは，何もSkinner以後の行動分析学だけではない。Skinner（1953）自身が，このように示唆している。「セラピーは，問題の解決策を患者に見つけさせることによって成立するものではない。彼らが解決策を見つけられるよう，そのために必要な変化を生み出すことによって，セラピーは成立するものである」（p.382）。

　臨床行動分析家は，セラピーとはまさに発見の連続の旅であるという認識に立つ。この認識をもとに，現在のACTのコミュニティでは，実存主義心理学やヒューマニスティック（人間性）心理学，および，力動心理学の分野における，効果的な技法の活用・探求が検討されている。他のアプローチの検討も含めて，その基本的な視点は，行動の機能分析と治療における有用性である。したがって，アクセプタンスの促進に有用であることがわかれば，ゲシュタルト療法の「エンプティ・チェア（empty chair）」の技法や夢分析がACTの援助に統合されることもありうる。また，精神力動的援助が基本的な分析の材料とする，クライエントの言語行動の潜在的内容に着目することについては，次のような可能性が示唆されている。そのひとつが関係フレーム理論の分析が有用に生かされる分野と

しての可能性（Hayes, Barnes-Holmes, & Roche, 2001）であり，もうひとつはACTの新たな展開が期待される分野としての可能性である。本書の全体を通じて，読者の方には，臨床行動分析家が個人の全体性を重視し，そのため，ひとりひとりに応じてアセスメントを工夫するということや，過去の実践において効果が示された原理・介入に依拠して，問題の治療に取り組むことを理解していただけるだろう。

　これらの原理や介入の礎には，行動科学がこれまで築き上げてきた成果がある。そこで，本章の残る部分では，現代の臨床行動分析に先んじた発達や展開の波を解説する。当然ながら，応用行動的な介入の源流となる，レスポンデント条件づけとオペラント条件づけについては詳細に説明しよう。ACTのセラピストにとって，これらの概念や介入は，「セラピーで使える道具がつまった引き出し」のようなものである。エクスポージャーに基づくセラピー，スキル訓練，随伴性操作のプログラムは，いずれも1世紀以上にわたる実験から考案されたものである。そして，ACTのアプローチが概念化したように，行動療法には欠くことのできない重要なものである。したがって，ACTについてのケースの概念化において，行動の原理や方法を理解しておくことは，順を追った進め方であるといえる。このことを踏まえて，今，私たちが立っている場所に目をやる前に，まずは「私たちは，どこからきたのか？」について明らかにしよう。

ACTと行動療法の「波」

　1964年，Eysenckは，行動療法を「現代の学習理論の法則に基づく有用な方法であり，人間の行動と情動を変化させる試み」と定義した（p.1）。Eysenckの「現代の学習理論」の概念化から40年以上を経た今も，関係フレーム理論のように，現代の学習理論は，その時点で最新のものへと更新され続けている。それゆえに，ACTは脈々と続く「行動療法」のアプローチのひとつである。1970年というかなり昔でさえ，Yatesは，次のように述べている。

行動療法とは，異常の発生と維持を説明するために，心理学と近接する学問領域（生理学と神経生理学）が，実験的手法を応用して集積してきた経験的・理論的知識の総体を，統制された記述的で，治療的な単一事例の実験によって体系的に生かす試みである（p.18）。

この定義をふまえると，時代遅れになった「異常」という用語を「機能的でない行動」に言い換えるという変更点を除けば，ACT は，行動療法のコミュニティにしっかりと位置づくものである。「行動療法」の定義について，行動主義のコミュニティではコンセンサスを得たものは 1 つとしてない（Kazdin & Wilson, 1978）。しかし，Spiegler and Guevremont (2003) は，行動療法は科学的でアクティブであり，現在に焦点をおき，そして，学習理論を用いるものであると示唆している。これはまさにACT そのものの記述である。

ACT は，行動主義の伝統から生まれ，行動療法の「第 3 の波」として位置づけられている。この第 3 の波について述べる前に，それ以前の 2 つの波を見ていこう。その際に，「科学的な動向は，それを区分する境界線が非常に明確な場合もある。しかしながら，心理学においては，その境界線は曖昧である」(Kantor, 1963, p.29) ということに注意してほしい。同様に次の点も念頭においてほしい。それは，これら 3 つの波は，現代の心理療法の成立に関する検討を促すための恣意的な区分であるという点である。例えて言うと，人の成長を幼児期，思春期，成人期と区分するようなものである。人の場合も，実質的な変化を生む，きっかけとなる出来事や移行期は存在する。しかし，その人自体は同じで，変化は少しずつ連続的に生じ，その変化に気づかないことすらある。つまり，ここで言いたいのは「3 つの区分について，あまりかたく考えすぎないでください」ということである。

行動療法の「第 1 の波」

行動療法の「第 1 の波」は，行動変容の理論と技法を，科学的に検証さ

れた原理に関連づけるという要請から生み出された。当時，心理療法の中で支配的な立場であった精神分析とは異なり，初期の行動療法家は，自分たちの理論と介入を厳密に検証した。第1の波は，系統的脱感作や拮抗条件づけのモデルのように，行動科学の伝統を臨床に応用したものである。たとえば，1990年代初期のPavlovによる実験的研究（1927）は，John. B. Watsonによるアルバート坊やの実験（Watson & Rayner, 1920）の土台を作った。

　PavlovとWatsonは，ベルの音の提示（Pavlovの犬での実験）や，白いラットの出現（Watsonのアルバート坊やの実験）のように，個体にとって特に害を持たない環境事象は，特定の標的となる反射反応を誘発しない中性刺激（NS；neutral stimulus）として機能することを見いだした。しかし，肉の粉（犬の場合）や大きな音（子どもの場合）といった環境事象は，反射的な唾液の分泌や，驚いて泣くといった無条件反応（UCR；unconditioned response）を誘発する無条件刺激（UCR；unconditioned stimulus）として機能することを観察した。上述のベルの音や白いラットのようなNS（中性刺激）は，UCS（無条件刺激）と時間的に近接した（ほぼ同時の）状態で提示すると，条件刺激（CS；conditioned stimulus）に変化しうる。その理由は，NSとUCSの対提示は，個体に条件反応（CR；conditioned response）を誘発すると考えられるからである。つまり，NS（ベルまたは白いラット）をUCS（肉の粉または大きな音）と対提示すると，ベルまたは白いラットは，次第にCSとしての性質をもつようになる。そうすると，UCS（肉の粉または大きな音）が存在しなくとも，CSのみの提示によって，CR（唾液の分泌または泣くこと）が生じるようになる。

　上述のレスポンデント条件づけモデルは，条件性の情動的反応の獲得プロセスや，人生における特定の体験が不安やうつ，怒り，性的機能不全に関連する生理的反応を直接に，条件づけるプロセスを記述する，自然主義的なアプローチを開花させた。こうした基礎から応用への展開は，Mary Cover Jones（1924）による「現実（in vivo）エクスポージャー」と「モ

デリング」を用いた介入や，Edmund Jacobson（1929）による漸進的筋弛緩法への応用，O. Hobart Mowrer（1950），Joseph Wolpe（1958），Arnold Lazarus（1973）らの先駆者による臨床的な応用をもたらした。その例として，拮抗条件づけとエクスポージャーを用いた治療が基礎とする全般的な考え方は，以下のようなものである。それは，UCS が存在しない，もしくは，CR と競合する反応を誘発した状況で，セラピストが CS を繰り返し提示する。それによって，CS-CR の関係を弱め，最終的には消失させるというものである。この第1の波は，科学的基盤を持つ心理療法の臨床技法を進展させ，さらに，当時を席捲していた実証的でないメンタリスティックな理論に対して，チャレンジを挑むことにも成功した。「第1の波」の成功は，エビデンスに基づく行動療法が，検証可能な仮説と，多くの行動的な問題の治療に有用な技法を生み出した点ですばらしいものであった。

　レスポンデント条件づけの研究は，「第3の波」の行動科学者によっても拡張され続けている（たとえば，Forsyth, Palav, & Duff, 1999）。また，「第1の波」の効果的な技法は，現代の行動療法においても，確固たる重要性を持っている。これらの概念は，クライエントに対する適切な治療の中核に位置する可能性もあり，ACT の介入にもスムーズに導入できるものであるだろう。実際に，Twohig, Hayes and Masuda（2006）は，「第2の波」と「第3の波」のアプローチにおいて，エクスポージャーの治療がどれほど重要な役割を果たしているかを示している。しかし，そうとはいえ，思考や感情といった観察不可能な現象は，クライエントが抱えるさまざまな臨床の問題の中心に位置するものである。そのため，「第1の波」が焦点とする，観察可能で操作的に定義された標的行動や，人間の言語と認知に対する十分な説明の欠如は，より視野の広い概念に関心を持つ大勢の臨床家にとっては，対象が限定されすぎ，魅力に乏しいものとなった（Hayes, 2004）。

「第1の波」へのチャレンジ

　初期の行動療法は，基礎研究を応用的発展へとつなげるものであった。しかし，実証研究の成功例の多くは，子どもや発達障害のある人々，特定的な恐怖症のように，直接的条件づけによって問題を抱えた人々に対象が限られていた（Yetes, 1970）。Hayes and Hayes（1989）は，初期の成功の理由を「言語行動に関わる困難な問題が最小化されるのは，こうした人々だけである（原文のまま）。『神経症患者』ではこうはいかない」（p.292）としている。「神経症患者」も同様に，不安やうつ，性的機能不全に関連した条件性の情動的反応を体験している。しかし，次の点で問題は複雑である。それは，神経症患者においては，CSとCRに関する明確な直接の学習歴が存在せず，刺激般化が臨床的な問題の獲得に至った経緯を説明するのに十分でない可能性があるからである。そのような問題は，直接の条件づけなしにモデルが提示されたり，言語的な学習によって獲得された可能性がある。つまり，言語を操ることができ，これといった条件づけの体験が見られない成人は，第1の波の臨床家にとって，新たなチャレンジを要する対象者となったわけである。

　加えて，臨床的な問題に苦悩する人々は，生理的反応について問題を訴えるだけでなく，次のような問題も訴えることが多い。それは，生理的反応を喚起する場面を回避してしまうということや，問題についてただ考えたり，話したりするだけで嫌悪的になるという訴えである。人間の言語は，直接的な嫌悪条件づけをさらに複雑なものにする。ACTの文献がたびたび言及するように，相手がラットであれば，嫌悪的な出来事の報告を回避したりしないだろう。しかし，人間の場合は，その報告を回避することがある。それだけでなく，報告している間にも，その情動的反応を再体験する可能性がある（第4章の相互的内包〔mutual entitlement〕を参照）。

　「第1の波」の行動療法は，そうした困難な問題を直接，取り扱っていくことはしなかった。たとえば，社会的スキルや自己主張スキルのように，社会的文脈において重要な外的行動の機能的レパートリーが欠如しているという問題は検討されなかった。しかし，実際のクライエントに目をやれ

ば，彼らの目標が不快な生理的反応への対処だけであることはめったにない。彼らは環境事象との新しい関わり方を求めている。したがって，初期の行動療法家による直接的条件づけの介入は，こうしたより広範囲の臨床的問題に着手するのには不十分であった。

「第1の波」のもうひとつの短所は，言語と認知に関する疑問に対して，答えることができない，もしくは，不十分な答えしか示すことができなかったということである。その説明は，「マインド」の統合的な理解を欠くものであり，同時に，そこには形而上学的行動主義と方法論的行動主義が直面する哲学的な問題も存在した（さらなる議論は，Hayes, 1988を参照）。つまり，一山超えると，そこにはまた新たな谷間が現れ，それを超えていくために「第2の波」が動き出したのである。

行動療法の「第2の波」

行動療法の「第2の波」は，2つの大きな前進をもたらした。それは，オペラント心理学と認知療法である。Hayes（1988）は，行動療法の「第1の波」と「第2の波」の区別は，前者がレスポンデント条件づけの応用，後者がオペラント条件づけの応用であるとしている。一方，Eifert and Forsyth（2005）は「第1の波」とは条件づけそのもののことを指し，「第2の波」とは，認知革命のことを指すとしている。これらの指摘のように行動療法にオペラント心理学の進歩と，認知的技法の統合という2つの道を開いたのは，他ならぬレスポンデント条件づけパラダイムの不十分さであった。したがって，ここでは，両者を「第2の波」として位置づける。

オペラント心理学：その基礎原理と応用のはじめに

ACTは，行動分析学の伝統の中で発展してきたものである。深く洗練されたケースの概念化を行うには，クライエントの行動の「結果」が，臨床的に関連した現在の行動のレパートリーに，どのような影響を与えてい

るのかを理解することが必要である。そのため，以下に，オペラント心理学の基礎に関するレビューを行う。

オペラント心理学の基礎は，Skinner による強化の原理に関する研究にある。オペラント心理学における3項随伴性は，先行事象（antecedent），行動（behavior），結果事象（consequence）からなる A-B-C モデルとしてよく知られている。この A-B-C は，認知的モデルを記述する A-B-C モデルとは大きく異なるものである。それについては，本章の後半で取り上げる。ここでみる先行事象，行動，結果事象のモデルは，問題として少々，単純化されすぎているところがある。したがって，より完全な行動の分析においては，4項随伴性のモデルが採用される。その4項とは，動因操作（motivational operations），弁別刺激（discriminative stimuli），反応（response），結果刺激事象（consequential stimulus event）である。動因操作（MO）とは，簡潔に言うと，個人の遮断化（deprivation）ないし飽和化（satiation）した「状態」である。このモデルは，次のような仮定に立つ。それは，**動因操作**（MO）があり，かつ，環境内に**弁別刺激**（S^D；詳しい解説は第3章の「刺激性制御（stimulus control）」を参照のこと）が存在すれば，人は特定の反応（R）を生じる。この反応には環境の刺激事象（S^{**}）が後続するというものである（英語の略称については，後ほど簡単に説明する）。また，反応の結果事象は行動に与える影響から，次の2つに区分される。行動の生起確率を増加させる場合，その結果事象は，強化（reinforcement，略称は^R）と呼ばれている。反対に，行動の生起確率を減少させる結果事象は，罰（punishment，略称は^P）と呼ばれている。また，行動の結果事象が，特定の刺激を付与（提示）するものか，あるいは，特定の刺激を除去するものかによっても区別される。刺激を提示する場合，正の強化（positive reinforcement，略称は$^+$）と呼ばれ，刺激を除去する場合，負の強化（negative reinforcement，略称は$^-$）と呼ばれている。

■正の強化(positive reinforcement)

　たとえば，ある男の子が保護者(S^D)のいる状況で，食べ物を遮断化(MO)されたとしよう。すると，まず遮断化によって，彼が「ご飯を食べたい」と言う反応(R)を自発する確率は高まるだろう。その後，実際に反応の結果事象としてご飯が出されたとする。その場合，この結果事象は，彼が将来，保護者のいる状況で食べ物を遮断化されたときに，同じ反応（「ご飯を食べたい」と言う）を生じる確率を高めるだろう。つまり，彼の「ご飯を食べたい」と言う行動は，正の強化を受けたことになる。ここでは，特定の刺激（食べ物）の提示が「正」の結果事象となる。また，食べ物は，特定の文脈で同様の行動が生じる可能性を高めたということになる。そのため，食べ物の提示は，強化的な結果事象と考えられる。行動分析学的には，その反応に正の強化子が提示された(S^{R+})という。MO（動因操作）とS^D（弁別刺激）は，ともに反応に先立って生じる。以下の略図では，S^DとRの間は点で結ばれている。直接の矢印で結ばない理由は，弁別刺激は，必ず反応を引き起こすとは限らないためである。したがって，点は，S^Dが可能性としてもちうる機能を表している。一方，反応の後には，必ず何らかのタイプの結果事象が伴う。そのため，反応と結果事象の間は，直接の矢印で結ばれている。

$$\begin{array}{l} \text{MO} \\ S^D \quad \cdot \quad R \quad \rightarrow \quad S^{R+} \end{array}$$

■負の強化(negative reinforcement)

　負の強化とは，個人の行動に後続する刺激が除去されることによって，その行動の生起確率が増大するというものである。「かゆいところを掻く」というのは，この典型例である。たとえば，皮膚のかゆみ(S^D)がある状況で，その部分を爪で掻くという反応(R)は，刺激（かゆみ）の除去

を可能にする。つまり、この例では、爪で掻くという反応に、かゆみの停止という負の強化子の除去（S^{R-}）が伴うことで、再びかゆくなったときに同じ反応をする可能性が高まるわけである。

■正の罰（positive punishment）

正の罰と負の罰も、行動の結果事象を示す用語である。正の罰とは、その結果事象に先行する反応の生起確率を減少させるような、環境刺激の提示である。たとえば、電気のコンセント（S^D）があって、女の子が知らずにそのソケットに指を入れて（R）、電気ショックを受けたとしよう。その電気ショックが、彼女が将来、コンセントに指を入れる確率を減らした場合、その行動は正の罰を受けた（S^{P+}）ことになる。

■負の罰（negative punishment）

負の罰とは、反応に後続し、その反応が再び生じる確率を減らすような、環境刺激の除去である。10代の子どもが親から外出を禁止される例がこれに当てはまる。たとえば、親（S^D）の前で、子どもが卑猥なジェスチャーを表し（R）、それを目にした親が車のカギを取り上げ、運転も禁止したとする。その後、親のいる前では、彼が卑猥なジェスチャーをしなくなったら、彼の行動は、負の罰を受けた（S^{P-}）ことになる。

■消去（extinction）

結果事象に関して、臨床家が注意しておくべき大切なことがある。それは、反応に強化子が伴うようになったとしても、その強化子が、いつまでも有効であるとは限らないということである。そのような事態になったならば、もう行動が強化されている、あるいは、罰されているとは言えない。この強化の停止は、**消去**と呼ばれ、ある特殊な行動的現象が生じることになる。過去に強化されていた反応が強化されなくなると、反応頻度は一時的に増加し、その後、減少していく。たとえば、ある人が「ソーダを遮断化されていた」とする（つまり、その前にソーダを飲めない状況が一定期

間あったということである)。そこで，お昼時になってその人はソーダの自動販売機（S^D）のところに行き，お金を入れ，ボタンを押し（R），ソーダを手に入れた（S^{R+}）。この行動の流れすべてが，ソーダの缶の提示によって強化される。では，ボタンを押しても，自動販売機が動かず，強化子が出てこなくなったら，どうなるだろうか？　ほとんどの人が，何度もボタンを押し直すだろう。なかには，反応の強度を増す（強くボタンを押す）人もいるかもしれない。これを「消去バースト（extinction burst）」と呼ぶ。この現象は，条件性の情動反応と関連するだろう（たとえば，怒りの反応や，副腎の反応の増大など）。しかし，自動販売機が一向に強化子をもたらさなければ，その人の反応は徐々に停止し，ソーダを持たずしてその機械から立ち去ることだろう。これは，「消去状態」になったときの反応の変化を示す例である。略語で書く場合，消去は基本的に（S^{ext}）と表される。

　臨床家にとってもうひとつ考慮すべき大切なことがある。それは，消去バースト中の強化子の提示である。先の例で自動販売機を強く叩いたら，5回目にソーダが出てきたとしたとしよう。あなたなら，その次はどうするだろうか。おそらく，より強力な「消去バースト」の反応が強化され，あなたはソーダの自動販売機を数回，力一杯叩くようになるだろう。より臨床的な文脈では，強化された消去バーストは，子どものかんしゃくや，複数の問題を抱えるクライエントの疑似自殺行動（parasuicidal behavior）（訳注：本当に死ぬつもりはないが，自らを傷つける擬似的な自殺行動のことをいう。自傷行動とも訳される）のエスカレートによく見られる。どちらの例でも，個人はある行動（つまり，かんしゃくや他者を脅かすなどして周囲を巻き込む自傷）の強化子として注目を得ている。そして，ある行動をしても，結果として自分の「望んでいた」注目をもはや得られないとなると，その行動の頻度と強度は増大する。しかし，保護者の側は行動が「制御不能」になる前に消去バーストを止めたいとの思いから，反応が強まっている真っ最中に，その子が望むそのとおりのもの（この場合は注目）を与えてしまうことがある。こうなると，次に彼が注意を「欲する」（つまり，注意を

遮断化された）とき，かんしゃくや疑似自殺の行動の度合いは，どれほど強烈になるだろうか？

■行動分析学の用語について考慮すべきこと

　オペラントの用語に初めて触れる読者は，次の2点を念頭に置いていただきたい。第一に，行動の科学は，用語という点では不運な選択をしてきたのかもしれないということである。なぜなら，行動分析学で強化（reinforcement），罰（punishment），正（positive），負（negative）と言うとき，その意味は，常識的な英語の感覚とは合わないことが多いからである（訳注：これは英語だけの問題でなく，日本語にも当てはまる）。具体的には，行動分析学において「正」とは「良い」や「暖かい」，「柔軟性がある」といったことを意味しない。また，「負」という用語は，結果事象の好ましさを表す言葉ではなく，また，この言葉自身に悪いという意味も含まれない。具体例で考えてみると，父親からの注意が遮断化されている（MO）男の子がいたとしよう。男の子は，父親がテレビを見ているのに気づき，テーブルの上にはリモコン（S^D）が置かれているのが見えた。そこで，彼はそのリモコンをとって，チャンネルを変えた（R）。その結果，彼は父親から頬っぺたにビンタをくらった。ビンタというのは，ほとんどの場合，罰として捉えられるだろう。おそらく，この父親もそう意図しただろう。しかし，注意を遮断化されている子どもにとって，そのようなやりとりは，逆に反発的な行動を強めるだけになりやすい。この例の場合，男の子が父親の気を引こうと，その後もチャンネルを変えるといった反発的な行動をし続けるなら，最初のビンタは，紛れもなく**正の強化子**である。このように行動分析学の用語を使うとき，そこで問題になるのは，行動の**機能**である。例に挙げた男の子の行動も，それが頬っぺたへのビンタであるにせよ，父親の注意を引くことにおいては，効果的に機能したわけである。つまり，「正」「負」という用語は，出来事に対する何らかの価値や情動を表すために用いられるのではない。たとえば，一般的な感覚では，父親の邪魔をして子どもが叩かれたとしたら，その状態は子どもにと

って，正（プラス）のものでも，強化的なものでもない。しかし，行動の用語においては，ビンタの提示によって，将来，その子は同じ反応を生じる確率が高まったのであるから，その事態は「正の強化」とみなすことができる。

　また，次のことにも気をつけてほしい。それは，行動の用語で「罰」とは，ある結果事象に続く反応の生起確率の減少を指していたことである。たとえば，刑務所への収容は，それによって，犯した罪と機能的に関連する行動の生起確率が減らなければ，罰とはいえない。実際に，犯罪や犯罪者によっては再犯率が高いことを考えると，刑務所への収容期間は，行動的な観点では罰子（punisher）とはいえない。その点で，ビンタも罰子にならない可能性がある。もちろん，実際にビンタが先行する行動の頻度を減らすということもあるだろう（たとえば，子どもが母親に嘘をつく行動など）。しかし，ある時，ある人においては，ビンタが先行する行動の頻度を増加させることもある（たとえば，SMのプレーで女王様に「もう1回，お願いします！」と言う孤独な男性など）。この男性の場合，「もう1回，お願いします！」と言う行動は，実際にビンタによって増加しているのである！

　注意すべき第二の点は，基礎の行動原理に関する研究の広範さについてである。行動の分析には，上述した単純な結果事象の記述だけでなく，強化スケジュールや行動の法則性（対応法則〔matching law〕，効果の法則〔law of effect〕），遮断化の効果，ルール支配行動，種々の反応測定の方法などの検討が含まれる。これらは，結果事象が人間行動に及ぼす複雑な影響のほんの一部にすぎない。このことからも分かるように，この「はじめに」の項は，あくまで本書を読み進める際に，読者の用語の理解を助けるためのものである。したがって，ACTのセラピストには，人間行動を記述する基礎の行動原理に通じ，クライエントにそれらを応用できるようになることが推奨される。

■臨床研究におけるオペラント心理学

　上述したオペラントの基礎原理に関する研究の多くが，徐々に「第2の波」に応用され，生態学的な有用性が高められた。1954年に「行動療法」という言葉を生んだとして知られるOgden Lindsley（Calkin, 2005を参照）は，適切な随伴性操作によって，精神科で診断を受けた個人が機能的レパートリーを獲得できるようになることを実証した（Lindsley, 1956, 1963；Skinner, Solomon, & Lindsley, 1954）。また，Teodoro Ayllon and Nathan Azrinは，トークン・エコノミーと随伴性操作の臨床研究で，オペラント心理学の新たな進展をもたらした（Ayllon, 1963；Ayllon & Azrin, 1964, 1968；Azrin & Nunn, 1973）。応用行動分析学の芽吹きは，このようなオペラント心理学の4項随伴性を多くの外的な行動の問題に応用できることを示した，早期の研究者の手によって育まれていった（Cooper, Heron, & Heward, 1987を参照）。これらの方法は，ACTのケースの概念化にも応用可能である。特に，第8章と第15章でみるコミットされた行為の領域への応用が期待できる。

認知革命：その原理と応用のはじめに

　「第2の波」で最も知られているのは，認知療法の前進である。1958年にAlbert Ellisは初となる認知療法の方法を提案した。それは，臨床家がクライエントに思考の変容法を教授することで，クライエントを援助することを狙いとするものであった。Ellisの理論は，現在では論理情動行動療法（REBT；rational emotive behavior therapy）と呼ばれている。REBTの想定は，次のようである。クライエントが人生に起こる出来事について，合理的でない信念を持っている場合，その個人は否定的な感情を感じ，機能的でない行動をする可能性が高まる。そして，個人がその合理的でない信念を合理的なものに置き換えられれば，自分の願望に向けてより適切にふるまい，困難に対しても否定的な情動が弱まるというものである。REBTと同じタイプの臨床的介入が，Aaron Beckによって1960

年代初期に提案されている。Beck は，自分を取り巻く世界，将来，自己に対する歪んだ認知的解釈が，個人に多くの情動的な影響をもたらすと示唆している（Beck, 1963 ; Beck, Rush, Shaw, & Emery, 1979）。

■認知モデル

偶然にして，「第2の波」においても，A-B-C のモデルという言い方がなされている。流派によって用語が異なることもあるが，基本的なコンセンサスとしては，環境内のきっかけとなる出来事（A；activating events；Ellis, 1975），もしくは，実際の出来事（A；actual events; Beck et al., 1979）という用語が使われている。これらの事象は，公的，私的のどちらでもありうる。認知モデルの想定は以下のようである。A（出来事）が生じると，個人は A に対する何らかの解釈や信念（B）を持つ。その信念（B；belief）が，非合理的なものであったり，誤ったものであると，B は否定的で，健全でない結果事象（C；consequence）をもたらす。認知療法の先駆者たちは，この療法の哲学的基盤は合理主義であるとし，Beck と Ellis はともに，エピクテトス（紀元前55年〜138年）の次の言葉を引用している。「物事が人を乱すのではない。物事に対する解釈が人を乱すのである」。また，このアプローチの哲学的な伝統は，認知療法を論じる際よく用いられる次の引用にも見られる。

> 宇宙とは，変化そのものである。人生とはすなわち，思考が作り上げるものである。
> ——Marcus Aurelius　マルクス・アウレリウス（紀元前121年〜180年）

> 良いも悪いも存在しない。考えがそれらを生み出すのである。
> ——Shakespeare　シェイクスピア（1564〜1616年）

■「誤った考えの修正」

「第1の波」でも業績を残した Arnold Lazarus（1972）は，認知革命

の中で,「心理療法の展開の大部分は,誤った考えの修正に関わるものであった」と示唆している(p.165)。認知革命で生まれた介入のほとんどが,この「誤った考えの修正」に相当するものである。クライエントの否定的な思考が言語的に反駁されるにせよ,体験的に検証されるにせよ,認知療法の基本的な考え方は,次のとおりである。すなわち,誤りのある,もしくは合理的でない認知をより生産的な認知に置き換えるということである。

　Beckをはじめとする認知療法のアプローチにおいて,セラピストは,どのように思考が感情に影響するのかを記述する。また,個人が**認知的な歪み(cognitive distortions)**を持つ場合(自己や外界に対する不正確な信念など),その個人が否定的な情動を感じる可能性は非常に高いと想定する。この認知療法のアプローチでは,現実検討(reality testing)や再帰属(reattribution)の技法により,認知的歪みを修正することは臨床的な結果の改善につながると主張する。たとえば,"Cognitive Therapy of Depression"(うつ病の認知療法;Beck et al., 1979)では,看護師と短いやりとりをする,ある事務職員の例が記されている(p.165)。その女性看護師は,「医療記録はうんざりよ」と言って,事務職員にそっけない態度を示した。これに対して,職員は悲しみと少しの怒り,孤独を感じたと報告した。また,この体験に伴う認知を書きだすようにと言われると,彼(職員)は「彼女は,自分のことを好きではない」と回答した。治療にあたって認知療法のセラピストは,前述の認知を取り上げ,彼がこのやりとりを私的なものとして捉え,恣意的な推測をしていることを説明した。そのうえで,現実検討や再帰属を通じて,認知的歪みを修正しようと試みた。職員は,セラピストと別の解釈を検討することで,看護師がたまたまそのとき気分が優れなかったという可能性や,医療記録の好き嫌いとその担当職員の好き嫌いは別問題であることに気づくだろう。また,看護師が大きなストレスを抱えている可能性に気づくこともあれば,病院にとって医療記録は大事であるのに,そのような態度をとるのはおかしいと考えることで,認知的歪みを修正することもあるだろう。このように認知療法は,合理性を検証したり,より「正確な」(つまり,「歪められていな

い」）別の思考に置き換えることで，歪んだ思考を変化させれば，臨床の結果は改善すると考える。そのような数多くの治療の試みは，今日の強力な介入をもたらすに至った。ダブル・ブラインド・テスト（double-blind placebo；二重盲検法）（訳注：対象者を2グループに分け，一方のグループに試験薬，もう一方のグループに偽薬〔プラセボ〕を，援助者にも対象者にもどちらかわからない状態で与える方法）を実施した先行研究では，うつの人々の治療において，認知療法は精神科の薬物治療と同等に効果的である（Casacalenda, Perry, & Looper, 2002）ことが示され，いくつかの他の臨床的問題にも良い結果を示している（Nathan & Gorman, 2002 を参照）。

　Ellis の論理情動行動療法のアプローチでは，セラピストは，クライエントに思考が感情にどのように影響するのか，また，何らかの**合理的でない信念**（自己，他者，自分を取り巻く世界について視野の狭い，論理的で有用でない，あるいは，不正確な信念といったような）を持っている人は，否定的な情動を感じる可能性が高いということについても説明する。このような認知療法のアプローチでは，反駁や体験的技法を用いた非合理的な信念や認知的歪みの置き換えが，臨床的な結果の改善をもたらすと主張する。"A Practitioner's Guide to Rational Emotive Therapy"（論理情動行動療法の実践者のためのガイド；Walen, DiGiuseppe, & Dryden, 1992）では，夜中に目を覚まし，母親を求めて泣く娘を怒鳴りつけて，罪悪感を感じる父親の例が挙げられている（p.146）。クライエントとセラピストのやりとりは，次のようである。まず，クライエントは次のように話した。「娘のところに行き，娘の肩を揺さぶりながら，『泣くな，泣くな，やめてくれ，……耐えられない』と怒鳴ってしまいました」（省略は原文どおり）。これに対して REBT の臨床家は，クライエントが，娘が泣くのを「耐えられない」と言ったことに注目し，質問を通じてそれが合理的でない発言であることを示していく。

　セラピスト：（最終的には，お子さんの泣き声を）耐えることができましたね？

クライエント：何とか耐えられました。すごく嫌でしたが……。
セラピスト：ええ，嫌だったのですね。でも，あなたは死にはしませんでした。そうですよね？
クライエント：（小声で何かつぶやく）
セラピスト：はい，先ほどあなたはこんなふうに，ご自分について事実とは異なる，合理的ではない発言をされていました。**自分には耐えられない**。これは言い換えると，こういうことです。「娘さんは自分にこうしてはいけない」。実は，この考えがあなたに合理的でない怒りを感じさせていたのですよ……。
クライエント：……つまり，こういうことですか？　私は，自分自身に「私には耐えられない」と言っています。そうすることは，自分で自分の怒りをさらに強くしているのと同じだと。
セラピスト：ええ，まさにそのとおりなのです！　あなたは唯一の……あなたの感情のオーナーなのです。(p.148)

　REBTのセラピストは，上記のクライエントに，夜泣きに苛立ちを感じさせているのは，彼自身の考えであることを教授する。そして，REBTのアプローチでは，「耐えられない」という思考を反駁して，クライエントが「耐えられる」状況を観察・言語化させる。その後，非合理的な思考を「私はこれを好きではないが，耐えることはできる」という思考に置き換える。REBTは，この新しい合理的な認知が，これまでよりも機能的な反応を生じると考える。
　上述した認知的アプローチも，エクスポージャーやスキル訓練という「第1の波」の介入を用いる。そのため，**認知行動療法（cognitive behavioral** therapy；CBT）という呼称が用いられている。「第2の波」の先駆者は，セラピストに次のことを推奨している。それは，セラピー構造の維持，臨床のセッションにおける指示的アプローチの使用，各週のセッションで得られた臨床の成果を維持するための宿題の実施である。また，CBTの実践者は，クライエントに，セラピストと離れる167時間（週あ

たり）の間，再帰属と反駁を行えるよう援助するため，毎日の日記や思考の記録をつけるように促す。このような治療の方法は，「第3の波」のセラピーにおいても用いられている。

　以上のように，認知療法は会話を主とするセラピーである。そのため，その基本原理は，セラピールームで座って実施される伝統的な心理療法にうまく組み込まれていった。また，「第2の波」の先駆者は，「第1の波」のアプローチとオペラント心理学を認知療法の方法に統合することの重要性を認識するようになった。その結果，認知行動療法は，さまざまな臨床の問題に対して有効性を持つ治療であることを実証する研究に邁進していった。科学的な研究による実証的な支持と，マネジド・ケア（managed care）（訳注：医療費抑制と医療サービスの効率化のために，医療へのアクセスや管理内容を制限する医療保険制度のこと。一般には米国の健康保険を公的保険ではなく，民間保険で賄う医療保険制度を指す）からの財政補助を得て，CBTは，臨床心理学の分野において，パワフルで効果的な治療として，その地位を築いた。

「第2の波」へのチャレンジ

　「第2の波」は，エビデンスに基づく心理療法をヘルスケアの仕組みとして確立するうえで，重要な発見と進展をもたらした。しかし，いかにCBTが盤石で強力なものであれ，いくつかの理論的，実践的問題には検討の余地が残されている。

■理論と実践の根底：CBT号が錨（いかり）をおろす港は？

　ポジティブな研究の結果とは矛盾するようであるが，CBTの介入の発展は，基礎研究や確立された科学的原理に結びついたものではない。その治療は，認知媒介理論から導出された仮説構成体に依拠してきた。これは，行動療法の「第1の波」のアプローチからすると，大きな離脱であり，自然科学としての心理学の発展を阻害するものである。CBTが認知的スキーマの変容と非合理的な信念の反駁の概念化によって，さまざまな障害の

治療に積極的な効果を挙げたことは十分に認め，考慮しなければいけない。しかし，私たちは「スキーマ」や「信念」はまだ十分に定義，あるいは測定されていないことも忘れてはいけない。CBTの有用性や効果を示す効果研究は膨大な数にのぼる。しかし，検討の余地は依然として残されている。なぜなら，セラピーの根底にあるとされる基礎の理論的な原理が，研究において十分に測定可能，かつ，容易に検証可能なように記述されていないからである。

　認知療法は，認知科学と多くの点で袂を分かっている。これらの間に関係があるとしても，それは時々，交差するという程度である。「合理的でない思考」「過度の一般化」「白か黒かの思考」といった用語は，CBTの議論において標準的なものである。一方，認知科学の文献においてはこれらの語を見ることはめったにない。つまり，上述のCBTの介入は，思考に関わるものであるという点では認知的であるものの，介入は認知科学の基礎に根ざしたものではない（Hayes et al., 2006）。実のところ，認知療法の介入は，ボトムアップというより，トップダウンのアプローチによって構築されたものである。「トップダウンの何がいけないのだろうか？」と疑問に思う人もいるだろう。その問題は次の点にある。CBTの主たる治療方略は，個人の認知の変容に焦点を置いている。しかし，これまでの研究は，その認知変容の方略が治療のプロトコルにおいて，実際に重要な要素であることを未だに立証していないのである。Dobson and Kharti (2000) の論文，"Cognitive Therapy：Looking Forward, Looking Backward"（「認知療法：その来し方行く末」）では，著者らは，1950年代まで遡ってCBTの原則をレビューしている。約50年間の発展をふまえて，彼らが「認知療法の効果的な要素は何か？」と問われたとき，「現時点では，この質問に対する回答はない」(p.912) と答えるしかないとしている。著者らは，うつの治療に関する文献のレビューを続け，「うつの治療において，行動的介入は，認知的次元のどの介入を付加した場合と比べても，（単独で）それらと同等の効果を発揮する。つまり，認知療法において，認知的介入を付加するメリットはない」と認めている (p.913;

彼らがレビューした論文については，Jacobson, N. S., et al., 1996 を参照）。また，Longmore and Worrell（2007）のメタ分析では，認知療法の研究がレビューされ，「CBT がもたらす症状の改善において，その原因としての認知変容の役割には，わずかしか実証的支持が得られていない」と示唆している（p.173）。

　上述のような認知行動療法は，18 世紀のフロギストン（熱素）理論の研究とよく似た側面がある。フロギストン理論とは，火はどのようにして燃え，何からできているのかを説明するために用いられた理論である。フロギストン説を唱える理論家は，火の本質とは何かを議論の焦点としており，その関心から，万物の構造にはフロギストンのような元素が含まれ，それが活性化すると火が燃えると仮説づけた。このモデルには残念なことであったが，後の研究によって今日，私たちが知るように，火は，酸素，熱，燃料によって発生することが明らかにされた。このことを簡単にまとめてしまえば，「フロギストン」は木やガソリンが含む化学的要素の一部ではなく，説明のためのフィクションであったといえばよい。しかし，1つ見過ごしてはならない点がある。それは，実際には誤りであったフロギストン理論を強く訴えていた人たちでさえ，火をうまくおこすことには成功していたということである。たとえば，自分のタバコに火をつけたり，やかんで湯を沸かしたり，かがり火をおこすといったことを，フロギストンなどないにもかかわらず，すべて首尾よく行えていたわけである。このように理論は，それが完全に誤りであっても，仮説的な原理から構築されうるものである。また，理論によって制御された理論家の行動の結果は，理論が完全に誤っている場合にも，それと一致したものになる可能性があるのである（上述の例が示すとおりである）。このたとえが示すように，CBT の文献は，一部の対象者には大きな効果があることを示している。しかし，その間にセラピーで起こっていることを記述する仮説構成体の必要性や，その核心部については，未だに棚上げされたままなのである。

■ CBT の効果が見られない人（nonresponders）への新たなアプローチの必要性

これまでの研究において，CBT はある対象者には大きな効果を示してきた。一方で，CBT の効果が見られない人も存在する。そのような人々には，異なるアプローチからの援助が必要であると思われる。国立精神保健研究所（NIMH）のうつ病治療共同研究プログラム（The National Institute of Mental Health Treatment of Depression Collaborative Research Program；Elkin et al., 1989）は，次のような大変困難な課題に挑戦した。それは，複数拠点における大規模研究において，認知療法と精神薬理学的治療（薬物療法）およびプラセボ（偽薬）の効果とを比較するというものであった。16 週間の治療の後，認知療法と薬物治療は，いずれも被験者の約 58％に良好な効果を示した。この結果は臨床家である私たちにとって，本当に心躍る重要なものである。しかし，同じく見過ごしてはならないのが，約 42％の被験者には，有意な改善が見られなかったということである。うつ病に対する CBT は有用である。しかしながら，このアプローチは，常にうまくいくものではない。この事実が，CBT の臨床家に新たなチャレンジを迫るのである。

■「第 2 の波」の「変化のアジェンダ（change agenda）」に変わる新たな見方

「第 2 の波」が抱えるもうひとつの大きな課題は，認知に関する仮説の一部が実証研究の予測と一致しないということである。たとえば，「思考停止」は，初期の認知療法のアプローチ（Foa, Davidson, & Frances, 1999；Hackman & McLean, 1975）や，よく知られている自助のリソース（Davis, Eshelman, & McKay, 2000；www.WebMD.com; www.coping.com）では，治療のひとつとして位置づけられてきた。この思考停止の技法は，システム内の問題のある部分を除去するという機械主義的な原理から構築されたものであると考えられる（「機械主義」については，下記の機械主義と心理学の項を参照）。**思考停止技法**は，心の中で「とま

れ！」と言う，もしくは，手首にはめた輪ゴムをパチンとはじいて（あるいはその両方のやり方で），好ましくない侵入的な思考からクライエントの気をそらすためのものである。このアプローチは，表面的には侵入的な思考を罰するようにみえる。しかし，CBTの一部の文献（たとえば，Steketee, 1993）では，思考停止は効果の弱い介入として捉えられるようになってきている。また，実証研究によれば，思考抑制は効果がないばかりか，リバウンドの効果をもたらす可能性がある。つまり，実際には，思考停止技法によって好ましくない思考の頻度が増加するのである。Wegner, Schnieder, Carter, and White (1987) は次のように述べている。「思考抑制は，セルフ・コントロールの方略として逆説的な効果を持つ。おそらく，それは狙いに反して，抑制しようとした思考さえも生み出してしまうだろう……」(p.5)。これまでの研究では，思考抑制は，長期的に見て効果がないだけでなく（Beevers, Wenzlaff, Hayes, & Scott, 1999），ある特定の気分状態で思考を抑制すると，再びその気分が生じたときに，抑制した思考も一緒に生じる可能性が高い（Wenzlaff, Wegner, & Klein, 1991）ということが示されている。さて，それではここまで見てきたように，思考を取り除くことがうまく機能しないのならば，思考を再構成（思考を構成し直すこと；restructuring）するときには，どのようなことが起こりうるだろうか？

　ここでは，「蛙の子は蛙」ということわざを例に話を進めよう（訳注：原著では，例として「子は親に似る」という意味の"The apple doesn't fall far from the tree."〔直訳は「りんごの実は，木から遠くには落ちない」〕が使われている。これは日本語でなじみがない表現のため，翻訳にあたっては「蛙の子は蛙」に変更した）。次の文の空欄を埋めてほしい。「蛙の子は_____」。ほとんどの読者は「蛙」と答えただろう。ただし，今回はそれ以外の回答をしてほしい。おそらく何度となく耳にしてきたこの表現の一部を作り変えてみてほしい。では，もう一度。今回は「蛙」と答えずに……「蛙の子は_____」。　さて，今回はどうだっただろう？　あなたは何と答えただろうか？　また，なぜそのように答えたのだろうか？　ほとんどの人は，今もまだ頭の中で「蛙」と言

う，自分の声が聞こえていることだろう。また，まったく違うものを答えられたとしても（たとえば，計り，カート，電話ボックスなど），なぜそれを選んだのかと問われれば，答えはやはり「『蛙』ではないから」ということになるだろう。結局，思考を再体制化する方法も，思考を取り除く方法と同じように，振り払おうとする思考を喚起してしまうのである。

　認知再構成法のアプローチをめぐる問題は，クライエントが再構成した思考を行う間にも，問題となる刺激に触れ続けていることである。たとえば，REBT のセラピストは，対抗心に燃えた，過度に激しい怒りを示すクライエントの治療において，クライエントが「絶対に勝たなければ」というような発言をすれば，それを非合理的であると捉えるだろう。思考が非合理的と捉えられる理由は，それが真実ではないうえに，一部のクライエントにおいては否定的な行動や情動をも喚起するからである。そのようなクライエントに対し，REBT は，「〜しなければ（must）」という反応を「〜したい（would like to）」のような，より合理的な反応に変えることを支持する。セラピー場面では，セラピストはこんなことを言って，クライエントを説得するかもしれない。「〜しなければ（must），〜しなければ（must）と考えてばかりいるのは，一種のマスターベーション（musterbation）ですよね」（訳注：musterbation は must をもじった造語。マスターベーションの正しい綴りは，masterbation）。この対応は，ある特定の「〜しなければ」という反応には，何かしらの罰的な効果を持つだろう。しかし，前述の思考抑制の研究を思い出すとどうだろうか。そこでは私的な思考の一部を変えるだけで，行動変容を起こすことは可能であったであろうか？ また，逆戻りの効果についてはどうだろうか。気分が高まっている最中に，本当に「私はどうしても，しなければ！」という「マスターベーション（musterbation）」を止めることはできるだろうか？ より合理的な言い方をすると，「〜したい」という表現を使ったとしても，「〜しなければ」の反応はどこかで浮かびあがってくるのではないだろうか？ もちろん，これは REBT の介入は効果がないと言っているのではない。そうではなく，おそらく REBT の有効性は，エクスポージャーや行動的な宿題の実

施など，REBTのパッケージの他の要素によって生じているということが考えられるのである。これらの認知的再体制化の効果に関する議論は，行動療法の第3の波の出現に影響を与えるものであった。すなわち，この議論が思考の内容を変えることから，思考に「気づき」，思考を「持つ」という方向にセラピーが展開する道を開いたのである。

行動療法の「第3の波」

　言語と認知の近年の研究（Hayes, Barnes-Holmes, et al., 2001）や他のアプローチとの統合的な研究は，行動療法の第3の波の興りに多大なる影響を与えた。機能分析的心理療法（functional analytic psychotherapy；FAP；Kohlenberg, R. J., & Tsai, 1991）や弁証法的行動療法（dialectical behavior therapy；DBT；Linehan, 1993），マインドフルネス認知療法（mindfulness-based cognitive therapy；MBCT；Segal, Williams, & Teasdale, 2002），FAP（機能分析心理療法）によって効果が高められた認知療法（functionally enhanced cognitive therapy；FECT；Kohlenberg, R. J., Kanter, Bolling, Paker, & Tsai, 2002），行動活性化療法（behavioral activation therapy；Martell, Addis, & Jacobson, 2001）や他の類するもの（Borkovec & Roemer, 1994；Jacobson, N. S. & Christensen, 1996；Marlatt, 2002）への応用が新しい行動療法の時代を切り開いた。マインドフルネス，アクセプタンス，弁証法，スピリチュアリティ，随伴的な治療関係の利用は，行動療法家の臨床アプローチの一部になりつつある。

　行動療法の「第3の波」は，行動療法の流れに位置するものである。本章の前半で述べたEysenckやYatesの定義を思い出してほしい。その定義にあったように，行動療法は今日も科学に根を張り，実証的検証によって発展してきたのである。このことは，ACTと「第3の波」の旅の仲間たちが，「第1，第2の波」のセラピーよりも優れている，あるいは，効果的であるということを示唆するものではない。しかし，「『第3の波』の

セラピーは行動療法ではない」，あるいは，「エビデンスに基づく治療を重視していない」という批判が誤りであることを示すものにはなるだろう。

行動療法の「第3の波」と臨床行動分析は，生きるという問題の理解と対処において，分類や症状に基づく（categorical/syndromal）医療モデルよりも，むしろ次元に基づく，ディメンショナルな（dimensional）アプローチを採用している。それによって，両者は臨床の問題を扱う心理学のさらなる充実と発展を遂げるというビジョンに近づきつつある。ディメンショナルなアプローチは，症状を診断カテゴリーに分類していくのではなく，クライエントが生活のさまざまな分野でどのように機能しているのかという，その程度の幅に目を向ける（Hayes, Wilson, Gifford, Follette, & Strosahl, 1996）。これらの「第3の波」のアプローチは，即効性のある薬を求めたり，ケースの概念化において，説明の便宜のためのフィクションを持ち出すことはせず，行動的介入によって行動問題を治療する道を求めた。したがって，このアプローチは，治療の成功を測る指標やゴールも，従来のそれとは異なるものになる。「第3の波」のアプローチは，主流の心理学が拠って立つ病因を探る診断的なアプローチを再検討する。そのため，治療計画を検討する際にも異なる立ち位置をとる。精神病理学的な治療や「精神病理」の定義さえも，「第3の波」では多くの再検討や再定義がなされる。現在，「第3の波」のアプローチは，臨床の問題の検討において，まだ初期段階ながらその有用性を示している（Hayes et al., 2006）。

哲学的な視座の中枢

「第1，第2の波」は，認知についての十分な説明の構築に限られた成果しかもたらさなかった。このことは，思考についてのオルタナティブな考え方と科学のための新しい哲学的アプローチを立ち上げる背景となった。「第3の波」のアプローチの一部は，機械主義的な前提よりも，機能的文脈主義の哲学的な前提に基づいている。

機械主義

「第1,第2の波」は,ともにその哲学において,機械主義的であるといえる。人間行動の**機械主義的な**(mechanistic)モデルは,行動する人間を機械にたとえることで最もよく説明される。機械というものは,それぞれの部品や仕組み,部品同士のつながり,機械に加わる力といったものを記述することで理解される。たとえば,心臓をポンプと表したり,脳をコンピュータと表すメタファーは,人間行動を説明する機械主義的なモデルである。機械主義者は,対象をそれらが元々,決まった順序を持つものであるかのように捉える。心理的な事象の例でいうと,先行事象(A；antecedent event)が起こり,それに続いて合理的でない信念(B；belief)の歯車が回転し出し,それが情動的な結果事象(C；consequence)のスイッチをオンにするという順序である。また,機械主義者は,このモデルを類する他の心理的事象にも当てはめていく。機械主義における記述は,それがモデルと一致する際に「真である」と評価される。つまり,科学者が何らかの仮説を立て,それを一般的な仮説演繹の方法論(t検定や分散分析など)を用いて実験するとき,その科学者は基本的に仮説,もしくは,世界のモデルにデータが一致(correspondence)しているのかどうかの確認を行っているのである。これが,一致に基づく「真理基準(truth criterion)」と表されることの意味である。つまり,この聞きなれない表現が基本的に意味するのは,機械主義的な世界の見方において,あるものが真理と呼ばれるのは,それがモデルと一致しているときである,ということである(Hayes, Hayes, & Reese, 1988；Pepper, 1942)。

　機械主義は,機械が正常に動作しない場合,部品を外して交換すれば動作は元に戻ると考える。このメタファーに沿って,機械主義的な心理学は「勝たなければならない」といった誤った認知が,機械(人)の動作不全を生じたときには,「～しなければ」を「～したい」に交換することで,症状が軽減されると示唆する。その狙いは,クライエントの思考やふるまいをモデルのそれ(誤った認知のない思考や行動の仕方)に一致させるこ

とである。ACT はこれとは対照的である。つまり，ACT は機械主義的な哲学の基盤ではなく，機能的文脈主義に依拠している（Hayes et al., 1988；Pepper, 1942）。

機能的文脈主義

科学の哲学へとさらに足を踏み入れる前に，ここで一息入れよう。この部分は，うとうとせず，しっかり読み進めれば，読者にとって必ず役に立つものである。以下で述べることは，臨床において本当に重要な点である。ACT は，ただ継ぎ合わされるだけの技法を提供するものではない。むしろ，行動的な問題の概念化と，治療に関わる新しいスタンスや視点を提供するものである。

■分析のユニット

機能的文脈主義（functional contextualism）は，分析の対象として，現在進行中の文脈の中での行為（ongoing act-in-context）に焦点を当てる（対象を部品からなる機械のように捉えるのとは異なる）。機能的文脈主義の分析は，現在，生じているクライエントのふるまいと，そのふるまいが生じる環境を重視する。分析の対象となるものは，相互に関連したユニットである。したがって，4 項随伴性の動因操作，弁別刺激，反応，結果刺激についても，実際にはそれらは単一のユニットなのである。つまり，分析の対象となるのは，4 つの異なった部分というより，むしろ 1 つのまとまりある事象である。

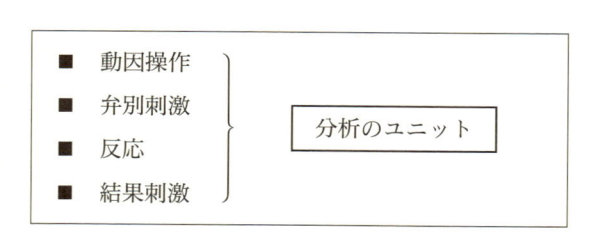

- 動因操作
- 弁別刺激
- 反応
- 結果刺激

｝分析のユニット

■真理基準

　機能的文脈主義では，あることが「真である」と言われるのは，それが「ゴールの達成に効果的な実践（successful working）」を導くときである。機能的文脈主義に依拠する科学者は，自己の言説がモデルと一致するのか否かを見ることは少なく，それよりも，その言説が望まれる結果をもたらすかどうかに関心を寄せる。そのため，行動分析学の科学者にとって一事例のデザインはより魅力的になるわけである。一事例のデザインとは，ベースラインを測定し，次にその変化を見るため，ある変数を変更する。その後，もう一度，変更した変数を元の状態に戻して，測定対象の指標がベースラインのレベルに戻るかどうかを見るというものである。科学者が「自分の行った介入は，指標を望ましい方向にうまく変化させるであろうか？」という質問に答えるには，帰納的な（一事例の A-B-A デザイン）研究の方が，演繹的な（仮説検証の）研究よりも適しているのである。

■臨床行動分析と機能的文脈主義

　ここでは，次の点を確認したい。「機能的文脈主義」という言葉は，ACT のセラピストが，行動に対する自分たちの考え方を示すために用いている単語の組み合わせにすぎない。この機能的文脈主義とは，機械主義とはまったく異なる，世界（そして行動）に対する考え方である。このような人間行動の捉え方は，文化的には逸脱したものである。というのも，多くの一般的な人間行動の捉え方は，機械主義に依っているからである。しかし，機能的文脈主義はそうではない。もう一度言うと，私たちが関心を持つのは，**現在進行中の文脈において生じる行為（ongoing act-in-context）**なのである。**現在進行中（ongoing）**という言葉の意味には，私たちは時間をかけて対象とする行動を調べるということが含まれる（はっきり言えば，これはくどい説明である。なぜなら，本来，行動は時間をかけて生じるものである。したがって，それは時間のどこか 1 点だけで理解されるものではなく，むしろ時間の経過とともに展開していく事象として理解されるものだからである）。また，**文脈において生じる行為（act-**

in-context）というのは，この3語で1つの表現である。つまり，アセスメントの対象となるのは，個人の行動とある特定の環境の組み合わせなのである。

　私たちは，行動と環境の関係を全体として検証し，それぞれを「1つの独立した行動と，それとは切り離される環境」のように，分離されるものとは捉えない。機能的文脈主義において，文脈をみない行動の分析は無意味である。それは，生物のいない環境が無意味と化すのと同じである。

　機能的文脈主義において，心理的事象は，個体と環境との相互作用として捉えられる。また，環境とは，これまでの歴史やその状況から定義される文脈として，理解されるものである（Hayes, 2004）。これは，現在の環境と過去の行動に対する結果事象が，その個人に影響を与えるということを意味する。過去の随伴性と現在の環境の影響に目を向けながら，機能的文脈主義者は，その真理基準である「ゴールの達成に効果的な実践」を目標とする。行動を記述し，予測し，そしてそれに影響する自らの能力を高めること，その成功が私たちの目標である。臨床行動分析は，行動の記述，予測，および影響というゴールを採用している。それは，広義には，「『伝統的な臨床の問題』に対する，現代の機能的文脈的な視座に立つ行動分析学の前提や原理，方法の応用として定義」されるものである（Dougher & Hayes, 2000, p.11）。これらのゴールに対して，臨床行動分析は，正確さ（precision），視野の広さ（scope），深さ（depth）という3次元からアプローチする。

　関係フレーム理論（RFT；relational frame theory）は，人間の言語と認知についての機能文脈的な説明であり，臨床の問題にもよく応用できるものであると思われる。なぜなら，RFTの基礎研究は，人の進化において言語と認知が，一方ではその生存や成功に貢献し，他方では，人に多くの苦悩をもたらした過程を示唆するからである。RFTについては，第4章で詳しく述べる。言語と認知は，次のような場合に問題を生じる。それは，個人が体験の回避を強めるような文脈で，自分の思考と一体化したとき（思考に飲み込まれたとき）である。そのような状態では，人は効果

的でない変化のアジェンダ（私的出来事を除去・軽減しようとする問題解決策）にとらわれるようになり，活力を失っていく。RFTの基礎研究を土台とし，その臨床への応用を実現したACTは，臨床的な変化は次のような場合に生じると仮定する。それは，行動の文脈が，ゴールの達成に効果的な実践を導く方向へと変化したときである。言い換えれば，それは行動の形態が構築されたモデルに一致する方向へと変化したときではない。つまり，ACTは行動の形態を強調するよりも，心理的事象の機能と文脈の検討に重きを置くのである。このことは，たとえクライエントが形態の問題を訴えたにせよ，問われるべきは当該の行動の文脈であり，その形態の変容は必ずしも必要ではないことを意味する。そのため，ACTのセラピストは，いわゆる問題とされた事柄の頻度や強度，持続時間といった形態（form）を変容させるより，その事柄の文脈（context）を変えようとする。たとえば，社交不安障害の対象者であれば，不安は社会的状況を回避する文脈になる。このような場合，ACTはクライエントが社会生活を送るには，まず不安な感情や思考を取り除かなければいけないという考え方はしない。むしろ，不安な感情や思考を感じている最中であっても，社会的に他者と関わることは可能であるという考えに立つ。おそらく，セラピーの焦点が心理的柔軟性にある場合，生きがいのある人生を送ることこそ臨床的なターゲットであり，特定の症状の軽減がそれにとって代わることはないだろう。

価値に沿った生活 vs. 症状の軽減

本書を通して，行動療法の「3つの波」における技術的，哲学的な違いを概観してきた。ACTが「第1，第2の波」のセラピーと異なるもうひとつの点は，症状の軽減という主流の臨床心理学が掲げるゴールではなく，心理的柔軟性と価値に沿った生活の向上という応用的なゴールを持つことである。これは，CBTや他の主だった臨床のアプローチがクライエントの価値ある人生を想定していないと言っているわけではない。むしろここ

で言いたいのは，ACT がそれをアプローチの主眼にしているということである。

　実証的に支持されたトリートメント（empirically supported treatment；EST）の研究は，臨床家がクライエントに有効なトリートメントと，そうでないものを理解するうえで，紛れもなく重要なものである。EST の展開における狙いとは，厳密な検証により，臨床レベルのクライエントに対して，その有用性が明らかにされた介入を推進していくことである。そして，応用の科学者は，次のような介入の成果を実証的に示すことを狙いとしている。その成果とは，迅速性や持続性のある臨床的変化である。また，そうすることで応用の科学者は，研究の消費者と第一線のセラピストが，クライエントにより良い変化をもたらすために，それらの実証されたアプローチを採用することを願っている。これらの研究における従属変数は，基本的には症状の軽減に関するものである。Nathan and Gorman（2002）は，「効果のある治療」に関する研究を概観している。その第一の狙いは，「EST がどれほど統制群よりも症状を減少，緩和あるいは除去するのか」ということを示す点にあると思われる。この指摘は，彼らの研究の批判を意図したものではない。むしろ重要であるのは，上記の狙いには，無作為化比較試験（randomized controlled trial；RCT）の研究のほとんどが症状の軽減をゴールとしているという事実がよく反映されているという点である。驚くことでもないが，こうした個人のレパートリーの不機能な部分を減らすという目標はまさしく機械主義的な見方である。そしてだからこそ，RCT 研究の方法論は，大多数が仮説演繹法なのである。

　再度，強調すると，EST の研究は臨床心理学にとって非常に厳密であり，示唆に富み，高い妥当性を持つものである。私たちは，その業績を批判しようとしているのではない。むしろ，その大部分は継承すべき優れたものである。加えて，次の点も強調しておきたい。ACT のアプローチは，EST の研究が焦点としてきた**変化のアジェンダ**（change agenda；私的出来事の軽減，あるいは除去を狙いとする解決策）にも問題があると考

える。先述したように EST は，一部のクライエントには効果を示していない。その理由は，クライエント自身のウィリングネスに関係するのではないだろうか。つまり，苦悩を呼ぶ私的出来事や体験を持つことに対する，ウィリングネスの低さが，まさにクライエントが抱える苦悩を生じていると考えられる。セラピストがクライエントに，「自分が心から望む人生を送るために，私的な出来事をあるがままに，十分に，防衛することなく体験してみませんか？」と尋ねたとしよう。もし，クライエントがその提案を受け入れ，実行したとしたら……それこそが私たちが本当に求める臨床の変化ではないだろうか。ACT はクライエントにこのように尋ねる。「あなたは，症状を持ち，同時に，価値を追求することができますか？」。正直に答えるなら，あなたは次の2つのどちらを選ぶだろうか？　「ネガティブな私的体験を持つことは二度とないが，自分の大切な志を完遂することもない」という選択肢か，「ネガティブな私的出来事も受け入れながら，自分が一番大切にする願いを実現する」という選択肢か，どちらをとるだろうか？　このような選択肢を提示するからといって，ACT のセラピストが，不安やうつといった不快な体験を待望しているというわけではない。また，実際に ACT の介入後，症状の激しさや頻度が減少するという事態はよく見られる。しかしながら，これらは治療の第一の目的ではない。症状の軽減のみを目的とした ACT の介入は，的外れでおかしなものになる可能性が高い。あくまで，ACT のクライエントは，好ましくない思考や感情，感覚が生じるとしても，自分が一番大切にする願いを実現するということにチャレンジをするのである（ウィリングネスについては，第14章を参照のこと）。

　症状，哲学，認知，応用，これらの展開における ACT のアプローチは，一見すると，伝統的な行動療法や，認知行動療法とは別物であるようにみえるかもしれない。しかし，あくまで ACT はそれらと同じ系譜から生まれた子孫である。臨床行動分析とその仲間の第3の波のサーファーたちは，由緒ある科学とエビデンスに基づいた治療へのコミットメントを維持し続けている。行動療法の文脈において，これまでの波が示してきた新たなデ

ータや未着手のままであった問題は，その次の新たな展開が生まれるきっかけを与えた。そして ACT は，このチャレンジを成功に導く新世代のひとりとして，中心的な役割を果たすだろう。

> ☞ **チェックイン**
>
> 「第1，第2の波」は，シャンドラとリックの治療をどのように進めるでしょうか？ 概念化してみましょう。
> 「第3の波」の行動療法は，彼らのケースをどのように概念化するでしょうか？

さて，ここまでで行動療法の基本について理解できただろう。次章からは，ACT の初歩を学習していく。まずは，臨床関連行動の機能分析とその他のアセスメントの問題から始めよう！

第3章
機能分析と ACT のアセスメント

　行動アセスメントには，心理学の領域で深く議論され，幅広く実践されてきた歴史がある。これまでさまざまなアセスメント方法が開発され，クライエントの主訴（presentation）や，実践家の目標，仮説により，いろいろな形態をとってきた。いくつかのアセスメント手続きは査定だけを目的に行われることもあるが（たとえば，知能評価や心理的家系図；genograms），この章では ACT についてのケースの概念化を実行するためのアセスメントに焦点を当てる。したがって，ACT についてのケースの概念化を学ぶ前に，まず行動アセスメントの構成について熟知しておかなければならない。また，臨床家によるアセスメントには，高い実用性がなければならない（Hayes, Nelson, & Jarrett, 1987）。どのようなアセスメントを実行するかによって，「アセスメントが有益な治療アウトカムに貢献する度合い」（p.963）が決まってくる。機能的文脈主義の立場に立つセラピストにとって重要なことは，クライエントがゴールに到達するのを援助することであり，アセスメントはそのためにある。アセスメントは，臨床家が対処すべき標的行動を選択するのを助けるとともに，治療方略が効果をあげているかを検討するのにも役に立つ。この章では，ACT に基づいた機能的アセスメントと従来のアセスメントとがどのように違うのか，また行動分析学と機能的文脈主義が，ケースの概念化を促進するために，アセスメントをどう位置づけているのかを論じる。読者の中には，機能的アセスメントについて詳しくない人もいるだろう。その場合，この章で使

われている言葉の中には，なじみのない用語もあるだろう。したがって，我々は可能な限り複雑にならないように努めた。機能的アセスメントの基礎を理解すれば，以下の文章の理解が容易になるだろう。

アセスメント：構造的アプローチ vs. 機能的アプローチ

　ACT は行動レパートリーの拡大と，より大きな心理的柔軟性の促進を目指している。ACT は，体験の回避や臨床上の問題により，生き生きとして価値づけられた（vital and values-driven）人生を過ごす能力を減退させられている個人にとって有効である。ここでは，こういった目的に直接関係しているアセスメントに焦点を絞る。伝統的なインタビューや質問紙の使用は，ACT アセスメントでも重要である。しかしながら，ACT のアセスメントは，環境内での行動の機能を理解することを目的としているので，その点が従来のアセスメントとは異なっている。個人の行動を，集団の規準（norm）や標準化された「症状」のチェックリストと比較することはない。

構造的アプローチ

　構造主義では基本的に，ある有機体の構造あるいは構成に奇形（malformation）があるとき，その基盤に形成不全が生じて，問題が表出すると考える。このアプローチは医学モデルにおいて特徴的なものであり，生物医学的な研究では，構造主義的な思考方法は確かに有効である。

医学における構造主義のアプローチ

　もし患者が何らかの奇形のある構造を抱えているのであれば，その構造を修復する手術，投薬，あるいは他の治療により，健康を回復したり，生命が救われたりするだろう。例えば，もし，子どもが血流を遮る先天的な心臓の欠陥を持って生まれたならば，この奇形はめまい，失神，頭痛，胸

痛，他の健康障害につながる可能性がある。そこには構造の問題があり，バルーン血管形成術のような矯正手術や他の外科的手法を用いて，身体の構造を修復することができる。この他にも，生物学的な構造から生ずる問題の例として，好ましくない微生物が体内に存在したり，コレステロールが高くなったり，歯垢が蓄積しやすかったり，骨折しやすいことなどがある。これらはすべて，構造上の問題として議論できる問題であり，時として問題となる構造に対処することで治療可能である。

行動上に問題がある場合でも，構造的な観点からの治療が問題行動の改善に貢献する場合がある。ある人がいら立ち，集中力を欠いているとき，適切な医学的アセスメントにより，その人物が閉塞性睡眠時無呼吸症であることが明らかになったとしよう。この病気は日中の問題行動に関与する。このような睡眠時無呼吸症に起因する行動上の問題は，その人の気管を外科的に変化させれば減らせるであろう。この場合，構造変化が行動の機能（behavioral functioning）の改善につながりうる。

さらに心理的問題を改善するときも，薬物治療（訳注：psychopharmocological interventions＝精神薬理的治療であるが，薬物治療とした）が構造の変化に対処するために使われる。ある種の神経伝達物質の伝達や再取り込みを，増やしたり，減らしたり，変えたりするような薬物は，行動に影響を与える生化学的構造の構成を変えるものとみなせる。治療上の問題と文脈次第で，構造主義は効果的なアプローチとなりうる。

心理学における構造主義アプローチ

初期の心理学者の大部分と現在の主流派は，アセスメントと治療に構造主義の観点からアプローチしている。フロイトのイド，自我，超自我に関する理論は構造主義を後押しした。なぜなら，彼の理論ではこういった心的構造の形成が心理的障害の原因であることを意味していたからである。精神分析技法は，これらの3つの構造の1つにおいて，備給された（訳注：cathected＝備給は精神分析の専門用語。リビドーまたは欲動のエネルギーが特定の対象または観念に投入されている状態〔大辞林〕）あるいはブロックされた心的エ

ネルギーを減らすことにより，構造を変化させることを目的とした。精神分析では，この構造の変化がより良い精神の健康につながると仮定されていた。人間のさまざまな部分（parts）や，行動や精神健康（psychological well-being）に影響する人間の構造物（entities）に焦点を当てるパーソナリティ理論もまた，構造的アプローチに該当するだろう。

　DSMは，特に早期の版では，構造主義的アプローチを支持しているように思われる。その後，DSMは特定の理論的志向を採用せずに改訂されてきたので，時間経過とともに構造主義色は薄まった。しかし，実践家がDSMを用いて診断する場合，まるでクライエントが特定の障害を所有しているかのように考えている。障害はその人物の形態的（formal），内的，内在的な性質，つまり，行動のパターンというよりも病理の一形態であるかのように見なしている。

　このような場合，臨床家はDSMを構造主義的に使っていて，問題の多いケース概念化をしてしまう。たとえば，行為障害を示すティーンエイジャーは，鎖骨を折ったり連鎖状球菌に感染したりするように（訳注：つまり，問題のある構造上の変化が生じて），行為障害を呈するわけではない。ジョニーが決められた規則を守らなければならない文脈で，比較的頻繁に長時間，攻撃的で反社会的な行動を示すとしよう。このような状態は，学校や社会的場面，会社などで，通常よく見られる強化の機会から彼を長期間遠ざけることになる。この場合，彼は修復すべき構造そのものは所有していない。彼の構成物（makeup）に対する外科的あるいは生化学的介入が，倫理的にも効果的にも彼の行動に有効であるという可能性は低い。

　臨床家たちは，やがて日常生活の文脈におけるジョニーの問題行動について，話し合う方が有用だとわかるだろう。しかし注意しなければならないのは，言語には限界があり，私たちは，まるで因果関係でもあるかのように記述的用語を用いることである。このため，臨床家はしばしば，彼の行動の「モノ性（thingness）」について話すことから身動きがとれなくなる。そうなれば結局，ジョニーの問題行動は，まるで物質的な具体的存在であるかのようなラベルを貼られる。「行為障害」のような診断ラベルは，

特に循環論的に使用された場合には、役に立たない。「どうして私たちはジョニーが行為障害を抱えているとわかるのであろう？ なぜなら、彼は地域社会で破壊行為をし、放火をし、武器を使っているからだ」「なぜ彼は破壊行為をし、放火をし、武器を使うのか？ なぜなら、彼は行為障害を抱えているからだ」。ジョニーの場合、問題を構造主義的に見ることで、彼の行動に対する非常に強力な他の影響要因を見逃すことになる。つまり、彼の行動の先行刺激（antecedent）と後続刺激・結果（consequences）である。機能主義の見方は、行動の原因に特に焦点を当てる。ジョニーの攻撃的で社会的に不適切な行動は、ある関数に従うのである。つまり、彼を取り巻くある種の環境が整って、反応が結果として生じる。以下の機能主義的アプローチを見て、それからジョニーの話に戻るとしよう。

機能主義的アプローチ

"Merriam-Webster's Collegiate Dictionary"（第11版）によれば、"function"（機能）の語義のひとつに、「それに対してあるものが特別に調和する、あるいは使われる行為。あるいは、そのためにあるものが存在する行為。目的」（p.507）がある。効果の法則は、行動が結果の関数であることを示している。臨床行動分析家が行動の機能について語るときは、ある種の行動クラスの生起確率を高めるような先行刺激と後続刺激（結果）について語っていることになる。上述のfunctionの定義に従えば、臨床行動分析家は、その状況下で行動の生起確率に何が影響しているのかについて語っていることになる。簡単に言えば、その行動がどのように使われているか、なぜ存在するかについて議論することになる。換言すれば「行動の目的は何であろうか？」ということだ。

目 的

先に引用した辞書の定義は、機能が**目的**と似ていることを示している。Skinner（1953）は「目的は行動そのものを表すものではない。それは行

動を制御する変数に言及するひとつの方法である」と述べている（p.88）。行動分析家は，行動を制御する変数が，行動の結果と結果に関連する先行刺激であると考えている。Skinnerにしたがって，「人は自分の行動の後に生じるであろう結果のために行動すると言う代わりに，単純に，過去に同様の行動を行った後に生じた結果のために行動すると言おう」（p.87, Skinnerによる強調）。日常会話で私たちは，人は将来の目標のために行動するのだと言ったりするが，未来は現在をコントロールできない。進行中の「今」に，現在の反応が適切に機能しているのは，それまでの学習履歴があるためである。もし，その有機体が現在において，何度も安定して強化の機会と接しているなら，その反応が将来も同じ強化子のコントロール下にあると考えられるだろう。ただし，現在起こっているのは，過去の条件づけの歴史なのである。別の言い方をすれば，未来とは，現在に影響を与えるように持ち出された過去なのだ（Hayes, 1992）。

機能主義からの考察

　機能的アプローチと構造的アプローチを対比するために，以下の文章を取り上げることにする。「機能主義における行動へのアプローチは，問題の形態を強調するのではなく，その行動がその個人に対して持っている目的に注目する」（Sturmey, 1996, p.5）。このように行動の目的が何かを考えてみることは，オペラント心理学の核心である（Skinner, 1974）。「行動を，何か基盤にある状態（構造）の徴候（sign）とみるのではなく，問題のサンプルであると理解することが，機能的アセスメントの重要な特徴である」（Follette, Naugle, & Linnerooth, 2000, p.102）。「爪を噛むのはナーバスになっているという意味だ」あるいは「氷をかじるのは性的フラストレーションの印だ」などと考えるのは，行動を見ているのではなく，不十分な証拠からある状態を推測していることになる。リラックスして性的に満足した人でも，爪の形を整えるために冷静に爪を噛んだり，しばらく水を飲んでいなかったので，氷をかじるということはある。

ジョニーの攻撃行動の例に戻って，それを機能分析的アプローチで見てみよう。彼の攻撃行動は，負の強化により維持されているかもしれない。たとえば，攻撃行動の結果，権威ある人物（訳注：教師など）から出されていた課題の要求が減ったりなくなったりしているかもしれない。また，親との嫌悪的なやりとりが減少しているかもしれない。つまり，こういった大人たちは，彼の行動を甚だ迷惑に思っている。したがって彼が怒りだすと，課題を完全に終わらせることを求めないのである。彼の破壊行為やいじめ行動の結果は，教師や親にとってあまりにも嫌悪的なので，彼をひとりに放っておくかもしれない。このようにして，ジョニーにとって彼の行為の結果はプレッシャーの少ない生活につながり，課題が要求される場面では，放火やサボりのような行動で反応する可能性が高くなる。ある意味で，彼の行動は強化（生起確率がより高くなるように）されている。課題を避けたり，親と話すことを回避できる点でこの行動が役立っているからだ。

また別の見方では，彼の反社会的行動は正の強化で維持されているかもしれない。この「行為障害」は，結果として盗品を手に入れられたり，仲間からの言語的賞賛を受けたり，他の強化子（いつまでも寝ている，もっとテレビを見る）に接触する機会を増加させているかもしれない。彼の問題行動は，その「目的」がある限り維持される。

さらに別の理由も考えられる。彼の現在の行動は，過去の適切な行動が消去されたり，あるいは弱化されたりした結果なのかもしれない。この場合，おそらく，適切な行動が親によって無視されたか，愛情を求めたり褒められることを求める行動が，非難や嘲笑を浴びせられたのである。彼が社会的に適切な行動を起こしても，強化されることはなかったのである。人生では連続した一連の行動が次々に起こるものであるから，新しい行動レパートリーがゆっくりと出現し，オペラントとして発達する時間やチャンスがある。皮肉にも，彼の「行為障害の」レパートリーは，多分，その行動を止めようと試みている家族や教師たちから得る注目によって強化されている。機能的文脈主義に立つならば，このような文脈内で継続してい

る行為は重要である。

　機能的文脈主義に立つ専門家やACTのセラピストも，行為障害のような診断用語を使う。（ジョニーと仕事をするといった）ある文脈の中では，そこで一般に認められている用語法を用いるのは重要である。また構造に基づいた用語を使用することは，セラピストに行動的柔軟性を実践する機会を与えることにもなる。DSMの用語を用いることは，臨床行動分析においてタブーではない。さまざまな専門職からなるチームにおいて相互に理解できる記載をすること，保険会社に請求書を送ること，看護者とコミュニケーションをとることが必要なら，それは必要なことなのである。

機能分析の実際

　機能分析は，環境内にある行動の原因を突き止める作業である。臨床行動分析はかなりの間，精神病理の環境的原因が何か明らかにしようとしてきた。Skinner（1953）は，うまく適応していなかったり，危害を及ぼすような行動は，環境的影響の結果かもしれないとの考えを示した。Salzinger（1975）は「異常行動でも，いわゆる『正常な行動』同様，理にかなったものである」（p.215）と主張した。またLewinsohnら（Lewinsohn, Youngren, & Grosscup, 1979；Lewinsohn, Hoberman, Teri, & Hautzinger, 1985）はうつの機能モデルと，それに基づいた治療法を開発した（Lewinsohn, Munoz, Youngren, & Zeiss, 1986；Brown, R.A., & Lewinsohn, 1984）。

　行動の原因を探るための，より鋭敏な手続きを開発しようと試みるのが，一専門領域としての行動分析だが，幅広く受け入れられた単一の機能分析法はない。Kanfer and Grimm（1977）とCarr（1977）は，機能分析の方法に関してパイオニア的な貢献をしている。両者の貢献により，臨床的に重要な反応は，問題となる先行刺激と後続刺激の関数であることが明らかとなった。機能分析の実施方法は，多くの研究者によって記述されてきた（Carr, Landon, & Yarbrough, 1999；Iwata, Dorsey, Slifer,

Bauman, & Richman, 1994；Miltenberger, 2001；Paclawskyj, Matson, Rush, Smalls, & Vollmer, 2000 参照)。ここで私たちは，ACT に適用される多くの重要な機能分析の原理を見ていく。

結果を分析する

　ACT のセラピストは，最初のケース概念化の作業から治療終結まで，クライエントのターゲットとなる行動が持つ機能について，いつもあれこれと思いをめぐらせていなければならない。つまり「この行動の『目的』は何であろうか？」と問いかけることである。セラピストにとって主たる関心事は，クライエントの行動がどのような強化随伴性の下でコントロールされているかということになる。コントロール（consequential control）の種類は，4 タイプに分けられる（訳注：原文は，"Responses can be classified as any of four types of consequential control" となっているが，ここはコントロールの種類を述べていくところなので，このように訳した）。物質的な（tangible）強化によるもの，社会的注目によるもの，身体的／自動的＝physical/automatic 強化によるもの，課題の回避／逃避機能によるものの 4 タイプである。人間の複雑な行動は多数の原因で引き起こされるので，これらの 4 タイプのいずれかが組み合わせられた随伴性（contingencies）も存在する。機能分析の考え方や方法をより専門的に考察することは，この本の範囲を超えている。ただ，ACT を実践していくためには，これらの機能のひとつひとつを詳しく見ていくことが重要である。機能分析の方法を用いて，ケースの概念化を実行していく際，さらに詳細な資料が必要な場合は，Cooper, Heron, and Heward（1987）と Catania（1992）を参照してほしい。

物質的な強化

　ある行動が，物理的な品物が提示されることで統制されている場合，「物質的な（tangible）強化機能」によるコントロールと言われる。たと

えば，金属探知機を持って浜辺を探し歩くことは，探し出した物質的な強化子によって統制されていると言えるであろう。つまりこの場合，砂まみれで発見された宝物が，強化的性質を持っているだろう。コインや宝石を発見した結果として，その人が浜辺を徹底的に探し続けるとしたら，この行動には物質的強化機能がある。その人が，何のお宝も見つけ出せないのに，浜辺の探索を継続するとしたら，他のどんな随伴性を考えつくだろうか？（答えは次節参照）。

　もっと実践に近い例を説明するために，ジョニーの例をもう一度見てみよう。彼が行為障害であると言われる理由のひとつは，彼が頻繁にナイフを突きつけて窃盗を働き，老婦人のハンドバッグを盗んでいるからである。このような行動は，品物や金銭を獲得できることで維持されているかもしれない。品物やお金は触れることができる具体物であり，強化的な性質を持ちうる。ジョニーが，ドル紙幣や，ドル紙幣で買えるもののような何らかの品物から，遠ざけられていて（deprived of〔MO＝動因操作〕），高級ハンドバッグを持った女性（S^D）を目にすると考えてみよう。彼は走り寄り，その女性からハンドバッグを盗む（R）。結果として，彼の環境に変化が起こる。つまり，ドル紙幣の獲得である（S^{R+}）。（これらの略語や記号は第2章で導入されたものである。次の節以降でも使用される）。

MO
（お金がない）
S^D　　　　　　　　　　　　●　　R　　→　　S^{R+}
（高級そうなハンドバッグを持つ女性）　●　ハンドバッグを盗む　→　金品の獲得

　彼がお金から遮断された（deprivation）状態（そして，お金で買える物品から遮断された状態）のとき，ハンドバッグを持った女性から盗みを働く確率が増えるのであれば，お金の獲得には物質的な強化機能があった

と言える。もちろん，彼は他の理由（仲間に印象づけようとして，退屈から逃れようとして，あるいは両方を理由に）からハンドバッグを盗んでいるのかもしれない。これが，私たちが機能を分析する理由である。行動に1つの機能しかなかったら，分析は必要ないだろう。

社会的注目機能

人がただ他人からの注目を得るために行動することは，珍しくない。たとえば，演劇クラブの役者たちがシェイクスピアの芝居を自主的に演じるのは，単に地域の人たちから認められ賞賛されたいからである。前の節で，何も見つからなくても，浜辺を徹底的に捜索し続けるのは，どのような随伴性が考えられるであろうかと質問した。その答えは何か？　それは，社会的注目機能である。若い男性が，海岸線で金属探知機を使っている間に，女性と出会ったとしよう。（彼が，周囲の関心を引く金属探知機を持って海岸に行ったことの結果として）女性と会話できたり，女性の目を引くことができれば，浜辺を訪れる彼の行為は強化されるかもしれない。彼はコインや宝石を見つけ出せないのに，新しいガールフレンドから社会的注目を得たいという理由から，浜辺に行き続ける。それで，たとえ彼が何ら価値ある物質的な宝物を発見しないとしても，宝物のような社会的注目を得るために，浜辺の捜索を続けるかもしれない。

私たちは，ジョニーの例で，破壊的行為への社会的強化の機能を考察した。彼の非合法的な行動が，仲間の非行少年から注目を浴び，認められることによって強化されているという可能性もある。ただし，仲間からの敬意と高い評価だけが，強化的機能を持つ唯一の社会的注目ではない。軽蔑に満ちた注目さえも，ある人の行動を維持することがある。（これはネガティブな注目と呼ばれることもある。この表現は，批判的あるいは懲戒的な注目に関する口語的表現で，行動分析における専門用語ではない）。ジョニーは，たとえ父親から受け取れる唯一の注目が侮蔑だけであったとしても，彼に話しかけるのをやめてしまった父親から注目を得るだけのために，反社会的行動を継続するかもしれない。

機能分析をすることで，発達障害のある男性の自傷行為を理解しやすくなるかもしれない。もし，頭突きをすると頻繁に世話係が飛んで来て，やめるように求め，世話係の注目が得られる（そして，他の結果事象の変化がない）のであれば，注目が反応を維持していると言える。

　あなた自身のクライエントあるいは知人の行動を観察してみなさい。過度に大げさな人やふるまいが派手な人がいないだろうか？　その人たちの派手な行動が，その人たちの「性格」や，その人たちが演技性パーソナリティ障害であるということよりも，他人の色目，あざけり，冷笑で制御されているという可能性はないだろうか？　あなたの知人で，愛情を感じたり感謝されたりするために，低賃金でも仕事に励み，その仕事を続ける人はいるだろうか？（あなたには，専業主婦の知り合いがいるだろうか？）。それぞれの文脈で，人は過去において，自分の行為が他者の行動を変化させたことで，その行為をし続けるものである。こういった人たちの行動は，社会的注目機能で維持されているのだ。

身体的強化機能と自動的強化機能

　驚くことではないが，ある反応については，感覚器からの入力に基づく強化子（sensory reinforcers；感覚的強化子）が存在する。行動は，触覚，視覚，味覚，聴覚の刺激作用を引き起こし，それが反応の頻度を維持する（Rincover & Devany, 1982）。さらに嗅覚，運動感覚，自己刺激に感応する（proprioceptive）刺激作用も，反応に影響を与える。環境からの感覚的な刺激作用に影響を受ける行動は，身体的強化機能（physical functions）を持つと言われる。たとえば，ひとりで夕食をとった後，チーズケーキを食べるのは，ケーキ菓子を味わうという感覚事象に強化されているだろう。また，ビールを飲むことも，快い身体感覚を得られる可能性が高い（本書の著者たちは酒を控えており，このことを直接体験として知っているというわけではないが！）。ある人にとっては，ビールを飲むことが社会的注目機能を持つ——このあと論じるように，逃避機能になる場合もある——と考えるかもしれない。さらに，飲酒は身体的強化機能，社会

的注目機能，逃避／回避の機能を組み合わせたもので制御されるかもしれない。ビールの味，友人と一緒の時間，一日の仕事のストレスを忘れることはすべて，飲酒の目的として結びつく可能性がある。

　ひとりで歩いているときに口笛を吹く，頭痛の際に自分のこめかみをこするといった行為は，自動的強化機能を持っていると言える。他人や外的事象の影響を受けないで，それ自身の強化子を直接的にもたらす反応は，**自動的強化（automatic reinforcers）**と言える。Skinner（1953）は「宇宙の一部は生命体の皮膚の内側に包み込まれている」と述べ（p.257），さらに結果というものは「私的出来事」として発生する場合があり，機能分析のような自然科学の分析作業の対象になりうるとも述べた。前の節で触れた，頭突きをする発達障害のある男性は，彼が額に感じる刺激作用から生じる結果のためだけに，頭を打ちつけているのかもしれない。あなたは車にひとりでいるときに指関節をボキボキ鳴らしたり，朝目覚めた際に咳払いをしたりするだろうか？　ただいい感じがするという理由の他に，何か思いつく理由があるだろうか？（何も考えつかないのであれば，あなたの配偶者に尋ねなさい。こういった行動は，あまりにも自動的なので，あなたは気づいていないかもしれない。お尻を搔くとか，咳払いをするとか，髪をいじるといったことに，あなたの配偶者が気づいている確率は高い）。こういった行動は自動的強化機能を持っている。

　もし，あなたが自分のクライエントを目の前にして，自動的強化機能から身体的強化機能を探り出そうと試みているのであれば，あなたの分析の目的をもう一度考えるよう提案する。あなたの目的は，セラピーを成功させることであるはずである。機能分析は応用行動分析の領域で，発達障害のある人たちのために考案された。このため，クライエントの言語能力は何ら問題にはならない。感覚的強化子はクライエントの反応に影響を与える。したがって，分析の対象に含まれなければならない。不適切なマスターベーション，過食，物質乱用のようなケースでは，言語を主たる媒介とするセラピーでも，身体的／自動的強化機能を考慮に入れる必要がある。言語的能力のあるクライエントが自分の身体的／自動的結果を嫌悪的と評

価していて、そのような困難を排除するためにもがいているということも、大いにありうる。このような回避・逃避の機能がACTにとっていかに重要であるかみてみよう。

回避あるいは逃避の機能

ある行動が生起することで、嫌悪的な環境刺激が除去あるいは減少するとする。先に論じたように、負の強化というのは、このような行動の生起確率が高まるときの環境-行動関係をさしている。

■逃避

Cantania（1992）は**逃避（escape）**を「反応が生起することによる嫌悪刺激の終結」と定義した（p.374）。もし、ジョニーが高校で、教師とのやりとりの後でうんざりし、3時間目の後に授業をサボるのであれば、彼の行動には逃避機能がある。

■回避

対照的に、**回避**は「反応が生起することによる嫌悪刺激の不生起」（Cantania, 1992, p.364）である。ジョニーが次の日、まったく家から出ず、教師たちと接触することがなく、したがって教師とのやりとりでうんざりすることがない場合、彼の行動には回避機能があると想像できる。

■体験の回避

ACTを進めるうえで、私たちは回避が起こっているかどうかに大きな関心を払うことになる。なぜなら、心理的柔軟性を改善することが目的である場合、特に体験の回避が介入のターゲットになるからである。「**体験の回避**というのは、ある人が特定の私的出来事（たとえば、身体感覚、感情、思考、記憶、行動傾向）を経験するのを嫌がったり、これらの私的出来事や、それを引き起こす文脈の形態や頻度を変えようと、何らかの手段を講じるときに発生する現象である」（Hayes et al., 1996, p.1154, 強調

追加)。彼らは，逃避を定義の一部として含め，物質乱用，強迫性障害（OCD），広場恐怖を伴うパニック障害，境界性パーソナリティ障害などが，体験の回避として理解可能であるとした。以下に，「体験の回避」機能で維持されている臨床事例を紹介する。

✿ケース・スタディ✿　ロベルタ

　ロベルタは勲章を受けたこともある，退役軍人（Veterans Administration；VA）病院の従業員である。彼女の対人的なスキルには問題があった（impaired）ものの，彼女のデータ技術者としての技能は突出していて，十分に仕事をこなしていた。彼女は自分が「痛々しいほどに内気」であると訴え，同僚を前にしてのプレゼンテーションにはひどく抵抗していた。実際，彼女はWeb上で情報技術を訓練する指導者としての昇任を断った。なぜなら，リストサーブ（訳注：Listserv：商標；商用メーリングリスト管理プログラム）を監視して，従業員に対応をするように求められるためである。彼女は知らない人たちと会うのが怖いし，「皆が自分をジロジロ見ている」と恐れるので食料品店に行こうとしない。たとえ公益事業会社のサービス係にかけるとしても，電話をするのは躊躇すると言った。ただし，親戚（年の近い兄弟や従姉妹たち）のような親しいつきあいは，しっかりとあった。

　ロベルタは，人と会う文脈とそこで自分がどう見られているのかに対して，著しい恐怖を繰り返し感じていた。そしてそれが他人と接するうえで，また職場において，大きな問題（impairment）の原因になっていた。彼女の主訴を受けて，セラピストは彼女が社交不安障害であると診断するかもしれない。この障害に対するひとつの基準は「社会的な状況，あるいはそこで何らかの行為をすることを怖がり，その状況を**回避**したり，強烈な不安または苦悩を伴いながら我慢している」（American Psychiatric Association〔APA〕，2000，p.417，強調追加）である。機能的文脈主義の立場に立てば，彼女は社交不安障害であるとは言わない。それよりは，

ある重要な文脈で，上記の諸々の回避・逃避反応が生起すると表現するだろう。これは単にどうでもいいことを細分化しているのでも，専門用語を乱用しているのでもない。彼女の行動を環境事象で制御されていると見なす有用な方法であり，それにより彼女の行動はセラピストによって変容可能になるのである。

　先に進む前に，確認したいことがある。もしある人が，反社会的行為で有名な人物（sociopath）に会うのを避けていたり，見知らぬ他人の集団にいやらしい目で見られるのを拒んでいたり，無礼な電話セールスを習慣的に切っていたりしても，私たちはこの人に対して社交不安障害の診断を下さないであろう。この3つの回避反応はロベルタの行動と形態的には類似している。しかし，私たちは行為だけに関心があるのではなく，文脈における行為に関心があるのだ。ある環境的刺激が重要か否かは，回避行動が臨床的に重大なものかどうかにかかっている。

　彼女のこれまでの対人的な関わりでは，いつも「壁の花（端の方にひとりでいる人）」であったことや，彼女の親類たちと付き合うことでほぼ満足していることが述べられている。また，深刻で困惑するような経験をした覚えはなく，生まれてこの方，公の場面で屈辱を感じた記憶もなかった。こういったトラウマとなりうる直接的な経験を持たないケースは，臨床場面では，かなり頻繁に経験する。「ほとんどの不安障害で，病因を説明できるトラウマ的な出来事を発見するのは——PTSDという例外はあるものの——一般的ではない」（Forsyth, 2000, p.158；Lazarus, 1984；Menzies & Clarke, 1995；Mineka & Zinbarg, 1996も参照）。これに，もっと詳細な行動分析的な点を加えると，以下のようになる。「したがって，不安障害をもつ人は，互いに反応し合う公的・私的出来事が繰り返し生じることに影響を受ける。このような公的・私的出来事が連鎖して繰り返し生じる現象は，刺激般化と，そこから派生する関係づけ反応（derived relational responding），その結果としての刺激機能の変換というプロセスを含んだ，ほとんどフラクタルな経路（almost fractal pathway）で生み出される（訳注：類似した現象が何度も繰り返し生じて，全体を構成するという意

味)」(Friman, Hayes, & Wilson, 1998, p.143)。要約すると，トラウマは不安障害を発症させる唯一の原因ではない。先行刺激と結果に関する言語的評価（たとえば，「私は不安を感じたし，それは悪いことだ」，あるいは，「私は拒絶されていて，再び拒絶されるのを恐れている」）と同時に，いくつもの対人的なやりとりが長期間行われていることも，トラウマ的出来事がなくても，不安反応に結びつく要因となりうるのである。

　注意深い査定者であれば，ソーシャル・スキルの不足を調べ，この問題に対処する訓練を実施するかもしれない。しかし，ロベルタは親族とは，きちんとした対人関係を持っていた。自分から対人的接触を始めるという訓練は，治療の選択肢のひとつではあるが，このケースではもっと考慮すべきことがある。彼女は他人と交流できない（can't engage）とは言っていない。彼女は，怖いので他人と交流したくない（won't engage）と言っている。彼女には潜在的に対人的レパートリーを拡大する余地があるが，同時に，かなり強固な回避行動のレパートリーを持っている。彼女はコンピューターでは達人であるが，仕事としてオンラインの講座を担当しようとはしない。彼女の上司によれば，この仕事は自分のオフィスでひとり快適に行える仕事である。くどいようだが，彼女はコンピューターが1台あるという環境で働き続けるように求められただけである。また対面での接触は何ら含まれていない。それなのに昇給を拒んでいるのである。これに関して，直接的，歴史的，嫌悪的経験はどこにあるのだろう？　結局，彼女はすでに終日コンピューターと仕事をしているのである。

　彼女の昇任や他人への抵抗は，思考や感情のような，他人との接触と共に発生する私的体験の回避の結果である可能性が非常に高い。彼女は「私はリストサーブを管理するには，あまりにも役立たずです」あるいは「人々は私を痛い目に遭わせようとするばかりです。離れていた方が安全でしょう」などと言いかねない。彼女はまた，公の場に出ることを考えると，心拍数の上昇や吐き気を感じるかもしれない。これらは嫌悪的経験であり，家にいて，社交の場では隅から動かず，キャリア上のチャンスを拒絶するということはすべて，私的出来事の回避に貢献するのである。

そして，さらに彼女がとる「解決策」は，彼女の問題の一部を構成しているのではないか？　彼女が断ったために同僚が昇任したとすると，彼女はそれを人々が自分を不当に扱おうとしている証拠として今まで以上に強く思うのではないだろうか？　彼女はこのような言語的ルールに支配されているため，VAのカフェテリアで長年ひとりの時間を過ごしていた。その分だけいっそう，彼女は職場の仲間にぞんざいに扱われる可能性が高いのではないだろうか？　それが影響して今度は，他人は嫌悪的だとする彼女の言語的評価を長続きさせるのではなかろうか？　彼女がこれらは単なる思考や一時的な生理的事象であると認識できたのなら，どうなるであろうか？　もし，この言語的に仲介された回避レパートリーに従う代わりに，彼女が嫌な感情を受け入れて，思考から脱フュージョンして，その他の点では充実した生活を送れている価値にコミットできたなら，どうであろうか？　彼女はコンピューター・データ技術者，かつ親族の一員としての充実した生活を送っている。

❁ケース・スタディ❁　アントン

形態的には異なるが，機能的には類似したケースを考察してみよう。アントンは少年のころ，聖職者によるいたずらの犠牲者になった。彼は「お父さんに話すべきだった」「私は他の人があの人間のくずの犠牲になることを止められたかもしれないのに」といった，罪悪感の思考で悩まされている。また，自らを中傷して悩んでいる。「私はそうされて当然だったのだ」「私はどうでもいい人間だ」などである。また心因性ののどや胃の痛みがあった。この痛みは虐待という出来事の鮮明なフラッシュバックを引き起こすのである。アントンは「私は小さな少年にすぎなかった」「私の落ち度ではない」「私がこんな目に遭ったのは不当だった」と自分自身に言って，何もせずに，自分は大丈夫なのだと自分自身を説得しようと試みる日もある。このような日々は最も厄介だ。なぜなら，「私の頭の中は，休みのない戦争のよう」だからだ。

大人になって，彼はいくつもの仕事を経験してきた。彼は必要以上に活動的であったり，無気力であったりする態度を交互に示すため，辞めるか解雇されるのが普通であった。彼はメタンフェタミンを売って生計を立てている。彼は「現金をかき集めるだけでなく，生活もせきたてられて落ちつかない。その方が嫌なことから心を離しておける。わかるだろう？」と言う。フラッシュバックが激しくなると，忘れるために大量のウォッカを飲む。酩酊中，彼と彼の「女性客たち」は，週末の間，大量の物質乱用をして，普通ではない性行為にふけるのである。酔いが醒めると，彼はさらに罪悪感や自分への中傷に直面し，彼の「解決策」はまた続くことになる。

彼の物質乱用とハイ・リスクな行動は，私的出来事の回避につながっている。アントンは明らかに，自分の身体的感覚，感情，思考，記憶と接触し続けることには非ウィリングネス（後ろ向き）である。このような私的出来事の形態を変え，頻度を減らし，これらを引き起こす状況を変えたいがために，極端な手段に出る。アントンのセラピストが，彼の現在の解決策こそが問題を維持させていると示すことができたら，どうであろうか？そこから，たぶん，アントンは自分自身と言語的内容とは分けることができるのだと学ぶだろう。セラピストは，思考はただ体験することや持つこと（just experienced or had）ができ，感情はただそこにあると認めることができるように，優しく共感的に援助できる。そして，このことは今すぐに対応し，生き生きとした人生を送れるように実行することが可能である。アントンは，問題を引き起こしたという意味で責任がある（"responsible"）わけではない。彼は困難な思考や感情への反応（"response"）を変えることで，人生の進む方向に関して「対応可能（"response-ability"）」なのである。この意味で彼は対応能力がある（"response-ability"）と言える。

✻ケース・スタディ✻　ブレイク

ブレイクは統合失調症の症状を示しており，妄想型に合致する。彼は

24歳で，大学1年のときに統合失調症と診断された。彼は彼のルームメイトが自分のEメールを読んでいると思い込み，間もなく，自分のEメールをキャンパスの皆が見てしまうと確信した。彼はルームメイトのコンピューターを破壊した後，寮から追い出された。彼は入院させられたが，退院後，化学実験の授業中，毒物を教授に投げつけ，暴行で起訴された。（ブレイクは，教授が有毒な煙で彼を毒殺しようとしていると思い込んでいた）。告発は後に取り下げられた。それから彼は退学処分になった。

　退学になってから，ブレイクは8回入院した。しばらく両親と生活したが，3年前に親も彼を追い出した。ブレイクが急性の精神病症状を示して，妄想的になり，他の子どもたちを脅かしたため，安全面で危険を感じたからだ。現在，ブレイクは月極めのホテルに住んでいる。これは3年間で5カ所目の住居であった。彼は障害者手当をもらっている。彼はいくつかの仕事に就いたことがあり，フルタイムの雇用を望んでいた。

　彼が入院するたびにたどるパターンはほとんど同じである。彼は退院するとともに，抗精神病薬による治療を外来通院で受けることになる。住居を手配してもらい，時々はパートタイムの仕事を得る。ところが，薬を飲むのをやめてしまい，それから治療者との予約を守らなくなる。妄想が出て，時々，他人に危害を加えるように命じるという命令幻聴（command hallucination）を経験する。彼は幻聴を弱めるために飲酒する。彼は仕事をやめたり，家を出たりする。共同生活をしていた人や一緒に仕事をしている人を脅かしたりする。そして，再入院させられる。

　ブレイクの罹患している妄想タイプの統合失調症では，迫害妄想（persecutory delusions），幻聴を経験する。他のタイプの統合失調症とは異なり，陰性症状はない（APA, 2000）。統合失調症の治療における主たる介入は薬物療法である。統合失調症の生物学的原因に関して多くの研究があり，生物学的治療が優先される。クライエントの中には，スキル訓練，認知療法，アサーティブ・コミュニティ治療などの心理社会的治療を受ける者もいる。

　機能文脈的な立場から考えると，「統合失調症」というのは有用な記述

語ではない。もし，私たちがブレイクの妄想や幻覚を治療上の目標とすると，第1世代の行動療法では，彼に妄想の思考内容について語らないように介入するかもしれない。これが奏効すれば，不快な対人接触の回数は減るであろう。スキル訓練により，気ぞらしや興奮を和らげるような「症状管理スキル」を習得し，幻聴に対処できるかもしれない。

妄想に関して認知理論は，妄想が自尊心の維持のために機能すると仮定している（Bentall, 2001）。つまり，他人が自分を傷つけようとしているので失敗したのだと考えれば，自分のせいで失敗したと考えるよりも，自尊心は保持される。妄想への認知的介入では，妄想についてクライエントと具体的に検討し合うことや妄想に関する行動テストを実施することが強調される（Kingdon & Turkington, 1994）。ブレイクの場合，セラピストは彼の妄想──大家が彼から金銭や物を盗んでいるという信念など──について，その信念の証拠を提供するように求める。そして，信念の根拠を吟味し，つじつまが合わないことを指摘するだろう。また行動テストを実施し，大家が訪問する日に，お金を出したままにして，本当に大家がお金を盗むのかどうか，確かめるだろう。この場合の治療目標は，ブレイクの信念の内容を変えることだ。

機能的アセスメントを行うことで，ブレイクにはいくつかの感情的体験を回避していることが推測できる。第一に，彼が薬物の服用をやめるのは，患者である自分に直面したくないからである。薬を服用するのは，自分が精神疾患に罹患しているためであり，服用することで自分が患者であることを思い出してしまう。ブレイクは自分が患者であるとは考えたくないのである。薬物の服用をやめると，精神疾患に罹患している人物としての自分を考えずにすむ。しかし，これにより薬物治療が進まず，不運にも，彼はより多くの妄想思考を抱くようになる。

第二に，ブレイクは幻聴についての回避行動も持っているように考えられる。彼によれば「幻聴が聞こえてくるのを止めようとして」，飲酒するか，命令幻聴に従った。機能的に考察すると，幻覚はそれ自体が問題としてはみなされない。幻覚と顕在的行動との間の関係が問題とみなされる。

幻覚はブレイクの持っている他の思考と同じように扱うことが可能で, 脱フュージョンやアクセプタンスの方略が利用できる (Bach & Hayes, 2002)。

妄想に関する治療としては, ブレイクの症状, 彼の顕在的行動, および彼の望む人生との関係を考えていくことが有効であろう。彼は雇用されたいと望んでいる。薬を飲むのをやめると症状が悪化することも認めている。彼は薬を飲まないことで, 自分自身が「気が狂っている」と考えるのを避けている。しかしそのせいで, 症状が悪化し「気が狂った」ような行動が出現し, そのため仕事をやめなければならず, 友人を失い, アパートを追い出される。妄想を標的行動とする場合も, 脱フュージョンが有効な手立てである。機能的に考察すると, 妄想は排除すべき問題とは言えない。そうではなく, ブレイクの行動と彼の症状との関係をみてみよう。脱フュージョンすることで, 症状とブレイクとの関係性が変化する。つまり妄想の内容ではなく, 妄想が生じて問題行動が発生するプロセスに注目させるのである。彼は, 思考内容に従って行為をすることで, 妄想と向き合うことを回避している。彼は, 仕事を辞めたり, 自分を脅迫する「加害者」を攻撃したりすれば, 「やつらが自分を傷つけようとしている」という思考を除去できる。これとは反対に, 脱フュージョンでは彼を妄想の内容から遠ざけるのに有効である。彼の思考内容は, 彼が妄想と違う関わり方をすれば, 変わらなくてもよいのである。

もし, ブレイクが統合失調症というものが自分の認知プロセスに影響するものであると認識でき, 思考内容と違う関わり方をするように学べたならば, どうであろう？ 回避された内容と共に存在する (be present with) ことに前向き (willing) となり, 「私は気が狂っている」という思考を回避する必要がもはやなくなったら, どうであろう？ もし, 内容を回避したり変えようと試みたりするよりも, 内容を受け入れたら, どうであろう？

> ☞ **チェックイン**
>
> あなた自身の経験を振り返ってみてください。あなたが望まない思考や感情を回避するためにとる行動というのは存在しますか？
>
> - たとえば，あなたはノーと言いたいときにイエスと言うことがありますか？ あるいは，罪悪感を持たないように，寄付を求めるチャリティから素早く視線をそらすことがありますか？
> - 他人に反対すると不安を感じてしまうので，賛成してしまうことがありますか（反対することを避けるか）？
> - パーティに招待されても，ほとんどの出席者と面識がなく，参加しても気まずいという理由から，招待を断ることがありますか？
> - 体験の回避と，どのように関わってきますか？
> - 私たちは体験の回避を本書にわたって繰り返し取り上げていきます。

先行刺激を分析する

　ある反応の前に生ずるいくつかの出来事は，人々の行動に影響を与える。かなり単純に言えば，ものごとが起こると，私たちはリアクションをとる。あなたは止まれの標識を見つけ，交差点でブレーキを踏む。こうした場合，大半の人々は，環境内で生じたこと——すなわち止まれの標識——が，続いて起こる行動——すなわちブレーキを踏む——の直接の原因であると考える。ビリヤードにたとえると，人がビリヤードの球であるかのように，突き球がその人にぶつかると，その人は動くというわけだ。これまで行動分析的な観点から，（行動の）結果についての議論をしてきた。これにより，（行動の）結果の歴史——つまり強化歴——が，反応の生起確率に強い影響力を持っているという視点を提供できたと考えている。止まれという標識で止まるのは，止まれの標識で引き起こされたのではない。それは

自動車学校の教官から繰り返し褒められたことや，交通違反の罰金を回避できていることで制御されている。ただし，この（行動の）結果によって制御されていることを知ったとしても，先行刺激を重要でないものとして見なすことにはならない。機能分析にとって，先行刺激は決定的な変数であるからだ。行動分析では，先行刺激としての環境事象（events）を定義するためのいくつかの分類がある。以下において，ACTのワークに関連するセッティング事象（setting events），動因操作（motivational operations），刺激性制御（stimulus control）を論じる。

セッティング事象

　行動の分析で，反応の直前と直後に発生する刺激（つまり，時間的に近接した刺激）は，非常に重要な役割を持つ。さらに徹底的に機能分析を行うためには，すべてに関わる幅広い随伴性を検討することも重要である。Kantor（1959）は，刺激と反応の機能的関係のような環境要因を「セッティング要因（setting factors）」とした。その機能的関係は，過去の環境-反応の相互作用を通じて発達してきたものであり，行動に対してより包括的な影響を持っているものと考える。**セッティング事象**（setting events）は，そのような過去の相互作用を通じて確立されると同時に，絶えず変動する環境内の刺激群でもある。セッティング事象により，行動にインパクトを与えるような重要な随伴性も影響を受ける。Bijou and Baer（1961）は「セッティング事象は刺激-反応の相互作用であり，単に生じただけで，それに続く刺激-反応関係に影響するだろう」と主張している（p.21）。

　あなたの30歳のクライエントが25歳のときに，莫大な遺産を受け取ったと想定してみよう。思いもよらぬ遺産を手に入れたこの5年間の刺激-反応関係の歴史は，彼の現在の行動レパートリーの下地になった可能性が高い。彼の経済的な状況は，広範囲にわたって長期間に影響がある。彼は物質的な強化子への接触が増え，経済的な立場が変化したために対人関係で困難を経験したかもしれない。かつては強化的であったもの（家での簡

単な夕食)が,現在手に入れているもの(高級レストランでの美食)と同じような影響力を持たないかもしれない。この場合,彼の社会経済的ステイタスがセッティング事象である。

セラピストはリラックスできる待合室を用意し,予約を守り,枠組みを設定することで,クライエントと信頼関係を醸成するセッティング要因(setting factors)を設定できる。対人関係における一貫した刺激-反応の相互作用を確立することと,安全な環境を提供することは,セラピーでセッティング要因を活用するひとつの方法である。

もう少し広く捉えると,虐待の歴史,親になること,ある種の教育を受けること,あるいは特定の村に住むことなどの文脈的要因は,すべて,ある人の反応の生起確率に先行刺激としてのインパクトがある。これもまた機能分析で検討されるべきである。

動因操作

動因操作(motivational operations;MO)——確立操作(establishing operations;EO)としても知られている——は,より具体的で厳密に定義できる一種のセッティング事象である。**確立操作**という用語は,Keller and Schoenfield(1950)の造語であるが,Michael(1993)によると,それは「(a)他の事象の強化力を一時的に変化させたり,(b)それらの事象により強化される行動の生起頻度を一時的に増減することで,有機体に影響を与える,環境事象や操作,刺激条件」と定義される(p. 58)。言い換えると,いくつかの先行条件は,行動に対する強化力を一時的に変化させ,ある反応の自発頻度に影響を及ぼす。セッティング事象も同じ効果を持っているが,通常は MO よりも測定や操作がしにくいと考えられている。

よく用いられる動因操作の例としては,食物の遮断(deprivation)がある。一般に実験室のラットは,体重を自由に食べた場合の 80 % 以下に保持されたまま,オペラント・チャンバー(operant chamber)(訳注:スキナーボックスとも呼ばれる)に置かれる。これは以下のような効果をもたら

す。食物が制限された状態は，反応への動機づけを高める。食物摂取を制限することで，食餌の有効性を高めることになり，それゆえにオペラント条件づけの手続きにおけるレバー押し反応を形成しやすくなる。実験者が，満腹のラットやハトを用いて実験を行ったならば，何が起こるであろうか，想像してみよう。動物に食物を制限しておくことで，実験者は動物が確実に高い確率で反応するような MO を施している。同じことは，水，シェルター，周囲の温度，社会的接触でも実行できる。

　酩酊状態もまた，動因操作の役割を果たす。たとえば，ゆっくりとアルコールを摂取している間は，踊らずに何時間もダンスクラブにいられる。アルコールの摂取は，ダンス行動に対する強化子の確立とその行動を引き出す効果を持つであろう。ダンス・フロアはそれまでも利用可能になっていたが，その人がハッスル（ディスコダンスの一種）を始めるのは，酩酊という動因操作が機能してからである。

　クライエントの感情と気分の状態は，動因操作となりうる。その場合，典型的には強化子の有効性を変えて，反応クラスの頻度に影響を与える。うつ気分は，何も楽しめない状態を引き起こす。うつの人は，以前には興味深かった出来事（人と交流することなど）を中立的，あるいは嫌悪的と捉える。うつ気分が対人的な交流が持つ強化子としての有効性を下げるばかりではなく，外出したり電話に出るなどの頻度も変えてしまう。

　機能分析に動因操作を含めると，その時に同時に生じている古典的に条件づけられた反応（CRs；第 2 章参照）の適切な分析が可能になる。綿密に機能分析を行うならば，条件刺激 CS ／条件反応 CR の関係を調べなければならない。また条件づけられた感情反応が主訴に関与しているかどうかも調べなければならない。たとえば，生理的な不安に関連する発汗や動悸，心拍率の増加は，他のオペラント行動の先行刺激として作用する可能性がある。ケースをフォーミュレートし，トリートメントを実行するときに，このような CR にも注視していくことで，包括的な分析が行える。

刺激性制御

　反応はある状況では強化されるが，ある状況ではそうではない。これは，ぬいぐるみや乳児用のカップ，その他無害な遊具で遊ぶ赤ちゃんが，たくさん抱きしめられて誉められて，その遊び行動をすぐに学習する例に現れる。ここで赤ん坊が１つの小さな電気のコンセントに触ろうとすると，大騒ぎになる。コンセントに触るという行動は，同じ形態の反応（触って，指を使って，あれこれ探っている）であるが，まったく別の結果になる。この赤ん坊はまさに，**分化強化（differential reinforcement）**を経験したのである。これは，「ある刺激あるいは状況では，ある反応が強化されるが，別の刺激や状況では，その同じ反応が強化されないことを意味する」（Kazdin, 2001, p.41）。ある行動が１つの文脈では継続的に強化され，別の文脈では強化されない場合，各々の文脈内にある変数が，それぞれの反応に関連して生ずる結果のサインになるのである。

　第２章で注目したように，弁別刺激（S^D）は強化子と相関する文脈変数である。弁別刺激は，強化される行動が生ずるチャンスを与える。このことは，（ある文脈では強化され，ある文脈では強化されないという）分化的な結果（differential consequences）を経験することで形成されていく。反対に，**非弁別刺激（nondiscriminative stimulus）**（$S^\triangle$；「Sデルタ」と読む）は，その反応への強化子が提示されない。S^Dと$S^\triangle$は先行刺激であり，これらの刺激を含む随伴性にさらされると，行動はS^Dの下では生起確率が高まり，$S^\triangle$の下では低くなる。これらの刺激により分化強化された反応は，**刺激性制御**の下（under stimulus control）にあると言われる。先の赤ん坊が，壁のコンセントは回避するが，おもちゃには引き続き接近するというのは，刺激性制御の例である。

　刺激性制御は日常生活でよく見られる。人はコンピューターのモニターの電源がついていなければ，Eメールを書かない。電話が鳴らなければ電話をとらない。妻が氷嚢を頭に当てていて，ベッド脇のテーブルに頭痛薬があれば，セックスを求めはしない。

　臨床的に問題となる行動の習得や維持に，不適切な刺激性制御が関与し

ている場合もある。12ステップのプログラムでは，トリートメント中の依存症患者に，なじみの「場所と顔」を回避するように指示する。というのは，昔なじみの同じ環境で，昔なじみの同じ友人に会うと，再発を引き起こす可能性が高い。再発防止の専門家であるW. Billらによるこの助言（Marlatt & Gordon, 1985）は，刺激性制御を，クライエントの利益になるよう利用するものである。刺激性制御にまつわる問題は，境界性パーソナリティ障害をもつ人でも，よく見られる。若い女性が，良い職業に就いていて，魅力的な男性に魅かれるのは当然のことである。ただし，相手が既婚者であれば，当然のこととは言えなくなる。いちゃついたり，手紙を送ったり，頻繁に電話をしたりすることは，独身男性に対してデートを求めている女性の行為としては機能するだろう。しかし既婚男性に対しては，彼にとっても周囲の人にとっても嫌悪的なものとなる可能性が高い。このような誘いかけを誰に向けるか区別できないというのは，彼女の行動に対して刺激性制御が有効に働いていない例である。自分の誘いかけをその男性がありがたく思っていないことに気づけないとすると，これは本当にまずい刺激性制御の例である。この種の状況は，複数の問題を持つクライエントの多くに見られる「安定した関係の結べなさ」の一因となりうる。

　あらゆる種類の「不適切な行動」は，多くの場合，刺激性制御が十分に機能していないことが問題である。きわどい冗談を言うことは職場でポジティブに強化されるかもしれないが，ボスがいるときにはそうはいかない。相手に心から好きだと伝えることは，かなりの愛情表現になるが，最初のデートではそうはいかない！　同じように，クリスマスプレゼントとして現金をあげるのは，郵便配達人には素晴らしいことでも，とても大切な人に対しては多分そうではない。口に泡を吹いて歯をむいてうなっている犬を避けるのは良い考えだが，トイ・プードルを飼っているからといって，祖母の家を避けるのは問題のある刺激性制御を示唆している。

　先行刺激は行動に影響を与える点で一定の役割を持つ。機能分析において，刺激の制御力に大きな問題があったかどうか，あるいは統制が不適切な形で発達してきたかどうか，調べることが重要である（Follette et al.,

2000)。徹底的に機能分析することで，適切な先行刺激が存在しなかったことが明らかになるかもしれない。もし，うつ病の人がカウンセリングを求めてきたとき，機能分析で彼の気分障害の主な原因が，数カ月間失業していることだと発見できるかもしれない。さらに，彼が高度な教育を受けたコンピューターグラフィックのスキルを持ち，素晴らしいリーダーシップを発揮できることも明らかになるかもしれない。そうはいっても，これがモンタナ州ヘレナの郊外での話であって，そこではコンピューターグラフィックの仕事が極めて限定されているかもしれない。彼の仕事探し行動に対する強化子は，ほとんど期待できない（on a very lean schedule）。この場合，効果的な行動への先行刺激がまったくない状態である。ACTのセラピストは刺激性制御の欠如と不適切な刺激性制御が起こることに警戒を向ける。

機能分析のプロセス

良いトリートメントを行うためには，質の高い機能分析が必要である。Follette et al.（2000）によれば，機能分析がセラピーで有効に働くには，機能分析は必要に応じて何度も行われ，絶えず修正を繰り返さなければならない。これは，機能分析がクライエントと共にセッションごとに継続して行われるもので，臨床家は常にアセスメントのサイクルの一部として機能していなければならないことを示している。

機能分析の6ステップサイクル

従来からある一般的な機能分析には6つのステップがある（Follette et al., 2000）。

■ステップ1

問題を支えている臨床関連行動や文脈内の変数を同定せよ。さらに，臨床上の問題のどれが，セラピーの最初の，あるいは主要なターゲットとな

るべきか，優先順位をつけること。またクライエントの強みと弱みを明らかにしておくこと。

■ステップ 2

問題の反応クラスが維持されるうえで，最も影響のある（物質的，社会的，身体的，回避）結果事象を特定せよ。また，背景にあるセッティング事象，MO，CS-CR 関係，S^D が，問題にどう関係を持っているか同定しなさい。ABC 機能分析シート（下記に簡単な例を提示。完全版は付録 A を参照）を使うことで，先行事象，行動，結果の間の関係を分析できる。

ABC 機能分析シート

先行事象（A） 行動の<u>前</u>に何が起こったか？	行動（B） 何を<u>した</u>か？	結果（C） 行動の<u>後</u>で何が起こったか？
日時：		

■ステップ 3

これらの機能分析に基づいて介入計画を組み立てよ。機能分析を効果的な介入に結びつけることは，応用行動分析の中心的テーマである。物質的な強化子で維持されている臨床関連行動のトリートメントでは，物質的な強化子へのアクセスを減らす，あるいは，物質的な強化子をより心理的に健全な行動に随伴させるようにしていくことが，非常に有効かもしれない。問題のある行動が，配偶者からの不適切な社会的注目で維持されているのであれば，おそらく，配偶者も参加した家族カウンセリングが効果的であろう。ネガティブあるいはポジティブな強化随伴性を変えることが，トリートメントにとって重要なこともある。この場合，可能であれば，動因操作（MO）を行ったり，S^D との接触の機会を操作することもセラピーで重要な役割を果たす。

ACTでは，セラピストが体験の回避に対して警戒する。そして，回避を支えている言語的刺激の影響を減らして，重要な強化子に接触する可能性の高い行動レパートリーにクライエントがコミットできるように，臨床的に重要な環境-行動関係にアプローチする。

■ ステップ4
機能分析に基づいたトリートメントを実行せよ。

■ ステップ5
標的行動に変化があったかどうか査定して，前のステップでの分析結果や介入方法を検討せよ。 この種の検討は，機能アセスメントを通じて随時行われる。介入が開始されたら，結果について常に問うことが特に重要である。たとえば，アクセプタンス方略を適用しているにもかかわらず，体験の回避が継続している場合，再検討が必要になるだろう。そのような場合，たとえばアクセプタンスが誤解されていたり，クライエントが「価値」を明確化できておらず，臨床上の改善が維持できないのかもしれない。

■ ステップ6
介入が成功しているかどうか吟味し，「結果」を評価せよ。 もし，成功しているのなら，トリートメントを継続し再発の防止に取り組む。成功していないのならば，ステップ1に戻って，問題に関連するクライエントの特性や環境内の刺激を同定する。すでに述べたように，機能分析は何度も行われ，そのつど修正されなければならない (Follette et al., 2000)。行動分析は，6つのステップをただ一度だけ行うものとは考えられていない。臨床的な作業は，アセスメントと介入の間を何度も行き来し，大半は両方を同時に行いながら，新しいデータが発生するにつれて，少しずつ介入方法を改善するものである。

> ☞ **チェックイン**
>
> 　少しの間，第1章を読み返し，シャンドラとリックの症例を復習してみてください。それから以下の質問に答えてください。
>
> 　シャンドラがひどく社会的に孤立していることに関係している機能は何でしょうか？
>
> 　どの機能がリックのマリファナ吸引を維持させているでしょうか？

機能分析を機能的に分析する

　徹底的行動主義の視点に立てば，科学者‐実践家（scientist-practitioners）でさえも環境の随伴性に影響される，ということを思い出してほしい。あなた自身のトリートメント的行動と機能分析は，文脈内の行為（acts-in-contexts）であることを忘れないでほしい。そのため，我々のトリートメント的行動も，社会的注目機能や，物質的強化子，回避などの随伴性に影響を受けやすい。こういった結果，トリートメント的関わりが軌道から外れてしまうこともある。したがって，できるだけ適切な方法で，臨床上のバイアスを避けるために，標的行動の進捗状況を客観的かつ機械的に測定すべきである（Moran & Tai, 2001）。また継続的にデータを収集することで，改善が見られる，あるいは見られないという，クライエントの不安定な自己報告に対処できる。機能分析に関して注意点をもうひとつ述べる。クライエントの問題となるアジェンダが見過ごされることのないように注意しよう。ステップ1の面接過程でも，各ステップの分析の間も，私的出来事や何かの体験を回避したいというクライエントの願望に目を配ろう。というのは，本筋をそれてしまい，クライエントやあなた自身の問題となる除去のアジェンダ（eliminative agenda）を推し進めるために，トリートメント技能を使う事態には決して陥らないために。

ACTにおけるアセスメント

　ACTでは，人間行動をよく理解しポジティブな影響を与えられるよう科学的に研究を進めている。そのため，機能的文脈主義に立つ専門家は，アクセプタンスとコミットメントの領域における測定方法の開発にコミットしてきた。これらの要因がより容易に理解され，変化の査定ができるようにというのが目的である。以下で検討されているアセスメントの道具の多くは，開発途上にあるか，心理測定論的な性質が完全には確立されていない。しかし，これは端緒にすぎない。可能な範囲で，測定ツールのいくつかをあなたの実践に取り入れるように検討しよう。

コミットされた行為

　「第3の波」の行動療法は，トリートメントにおける継続的な測定に対して，「第1，第2の波」と同じような関心を払っている。実際，この節では，「第1，第2の波」のセラピストが臨床上用いてきた測定と同じような方法を解説していく。**コミットされた行為**は，人生の重要な目標に向かって行動を遂行していくものである。この目標に向かう行為の各段階は，反応の次元で測定可能である（訳注：コミットされた行為は，この目標に向かう反応の次元で，測定可能である。つまり，目標に向かう各段階の評定値として数値化できるということ）。人間の行動はその**頻度**（frequency），**強度**（intensity），**持続時間**（duration），**潜時**（latency），**固執**（perseverance）で査定できる。このような測定はACTでも用いられる。

　頻度は，ある行動が任意の期間に発生する回数である。たとえば，肥満の人であれば，1日あたりの食べる回数，1週間あたりのジムに行く回数，1ヵ月あたりの「めちゃ食い」をする回数を，週単位のグラフにできる。**反応率**（rate）は，行動分析にとっては常に重要な測定である。Skinnerは，自分の最も重要な科学的貢献は，反応率（rate of response）と累積反応記録器（cumulative response recorder）であるとさえ自慢していた。ある期間にある反応が何回発生するかを見れば，環境がオペラントに与え

る影響の大きさを簡潔に測定できる。測定は、チェックリスト、腕にはめた計数器、日程表の#マーク（訳注：数字の前に置いて番号を示す印）などを用いて実行される。

　強度は、行為の力あるいはエネルギーの大きさである。顕在的行動（overt behavior）の場合、これは反応の次元に還元できる。私たちはある人がバーベルを上げる回数だけではなく、バーベルの重さが何キロなのかということにも関心があるだろう。臨床の観点から、私たちはある人がどのくらい飲酒をするのか（頻度）ということも、それがアルコール度数の低いライトビールなのか、高アルコール濃度の自家製ジンであるか（強度）ということも査定するかもしれない。情動的な側面に関心があるのであれば、強度は主観的障害単位という尺度（Subjective Units of Distress Scale：SUDS）で報告してもらう必要がある。これはセラピストが「1から10までの尺度で、あなたはどのくらい怒っていましたか／不安でしたか／気分がめいっていましたか？」と質問する際に、よく耳にするものだ。

　持続時間は、ある特定の反応クラスが継続していた時間である。反応が始まると、それが終結するまで、どのくらいの時間続くであろうか？　ある人は瞑想をしようと座ってから、どのくらい長く瞑想しているか測定することに関心があるかもしれない。3分間の瞑想から15分間の瞑想に進みたいからである。臨床場面では、ある人が体験の回避を始める前に、嫌悪刺激にどのくらい長く直面できるか知りたいであろう。たとえば、あなたのクライエントは目をそらすまで、どのくらい長くアイコンタクトを維持できるであろうか？　あるいは、話題を変えるまで、どのくらい長く不快な話題について話せるであろうか？　断酒状態をどの程度継続できるかは、物質乱用のトリートメントで重大である。聖職者でありながら虐待の経験のある男性が、どのくらいの時間教会内に留まっていられるか、あるいはOCDで汚染恐怖をもつ人が、どれくらい長くドアの取っ手を握っていられるかは、持続時間を測定している。ACTでは、必ずしも私的出来事の持続時間を減らすことを目的としていない——私的出来事は除去され

るべきものではなく，経験されるのである。しかし，ある人が不快な出来事にどのくらい長く暴露できるか（エクスポージャー・エクササイズ）は，重要なトリートメントのデータとなりうる。それはクライエントの行動の柔軟度について深く理解することにつながり，その瞬間のコミットメントの測定にもなりうる。

　潜時の測定についても，ほぼ同じことが言える。これは反応の機会が生じてから，実際に反応が起きるまでの時間の測定である。たとえば，社交恐怖をもつ人が，自分の車という安全な空間から出て，職場に入って行くまでの時間をモニターすることである。つまり実際の反応が出現するまでの反応時間である。これは対象に対する見方の違いでもある。その人は長時間，車の中で反芻している（持続時間）かもしれない。あるいは仕事をしようと思えばできるときに，動けないのかもしれない（潜時）。

　固執（perseverance）というのは，これまでの次元と少し異なる。査定者がある反応の原因となるさまざまな環境事象や刺激を探るのである。反応クラスに影響を与える文脈内変数に関心のある臨床家は，固執を探すことになる。怒りの問題を抱えたクライエントに，一日の間で彼を怒らせることについて質問するのは，固執の評価である。「朝に／出勤の間に／職場で／昼食時に／自宅で，あなたをイライラさせるものを教えてください」などである。どの環境事象が臨床上の問題を喚起するか知ることは，エクスポージャー・エクササイズをするうえで，より良いシナリオを作成することにつながる。また，対処スキルのワークをする時機を計画するのにも役立つ。

価　値

　ACTでは，価値を明確化していけるよう，クライエントをサポートしていく。このなかで，クライエントは，個人的な価値に向かう生き方がどのようなものか，短めの文章を書くように求められる。Hayes, Strosahl, and Wilson（1999）は，クライエントが自分にとって個人的に重要で非常に大切なものを明確化できるように，価値ナラティブ・フォーム（Values Narrative Form），価値アセスメント評定フォーム（Values Assessment Rating Form），ゴール・アクション・バリアーフォーム（Goals, Actions, Barriers Form）を提供した。

価値づけされた生き方質問票（Valued Living Questionnaire, VLQ；Wilson & Groom, 2002）は，ある個人の生活について10の領域に関する相対的な重要性を測定する。各生活領域において，価値という点からその人の現在の行動が，どの程度一貫性のあるものであるのか尋ねる。価値づけされた生き方質問票ワーキングマニュアル（Valued Living Questionnaire Working Manual；Wilson, 2006 a）は，VLQ の使い方と，セラピーで用いる場合の一般的な事項について，大量の情報を掲載している。

Ciarrochi and Blackledge（Ciarrochi & Bilich, 2006 に収載）は，価値の明確化を目的に個人的価値質問票（Personal Values Questionnaire, PVQ）を開発した。彼らは「被験者（subjects）が——たとえ，ACT セラピーを受けてこなかったとしても——おおむね ACT に沿った価値を書けるように，それぞれの価値領域を詳しく記述したいと思っていた」（Ciarrochi & Blackledge, 2005）。この質問票は，ある人の人生の9つの領域（家族，友人，仕事など）を質的な形式で査定し，各価値に対する動機を数量化しようとしている。社会的価値調査（Social Values Survey, Ciarrochi & Blackledge, 2005）は青年期の受検者で使える短縮版である。

Dahl and Lundgren（2006）による価値の的中表（Values Bull's-Eye）を用いると，価値を査定しやすくなる。アーチェリーの標的の絵を使って，クライエントは価値のある生き方という点から，自分の最近の行動がどのくらい近く「的を射ているか」評定するように求められる。このツールは Dahl and Lundgren の発作（seizure）障害を対象とした臨床研究プログラムで使用されたもので，彼らの本の中に収められている。また文脈主義的行動科学協会（Association of Contextual Behavioral Science）のウェブサイト（www.contextualpsychology.org）にある，Ciarrochi and Bilich（2006）の ACT に関連するアセスメントツールのコレクションからも入手可能である。

アクセプタンス

　ACT での要となるアセスメントのツールは，AAQ（Acceptance and Action Questionnaire, AAQ；Bond, 2006）である。最初の AAQ は，共同研究において作成された。少数の項目からなり，一般的な体験の回避を測定するものであり，母集団調査（population research）に適用可能なものを開発する計画であった。自己報告型の 7 ポイントのリッカート尺度で，ある人のネガティブな私的出来事を回避する程度，認知的・感情的に統制している程度，そのような私的出来事に直面しながらも重要な行為を行える程度を正確に査定するよう作成されている。AAQ には，質問項目数に違いがあるいくつかのバージョン（AAQ-9，AAQ-16，AAQ-22）があり，重複する質問項目のいくつかは他のバージョンでは少し変更されている。改訂版である AAQ-II も公刊されていて（Hayes, 2007），開発は継続しており，妥当性研究も行われている。

　Greco, Murrell, and Coyne（2005）は若年者用の尺度を開発した。若年者用回避とフュージョンの質問票（The Avoidance and Fusion Questionnaire for Youth, AFQ-Y）は，フュージョンと体験の回避に狙いを定めた 17 のリッカート尺度項目からなる。著者たちによると，「これまでの研究で，AFQ-R は ACT のコア・プロセスの測定に有効で，子どもに使いやすいことが示唆されている」（Greco, 2006）。また Sandoz and Wilson（2006）は，身体イメージのアクセプタンス質問票（Body Image Acceptance Questionnaire, BIAQ）を開発した。これは 29 項目の 7 点式リッカート尺度で，身体の形や体重，あるいはその両方についてのネガティブな感情や思考に対するアクセプタンスの度合いを査定するためのものである。

　慢性痛アクセプタンス質問票（Chronic Pain Acceptance Questionnaire, CPAQ；Geiser, 1992）は，慢性疼痛の患者を対象とした ACT のトリートメント研究において，中心的な査定ツールである（McCracken, 1998；McCracken, Vowles, & Eccleston, 2004）。CPAQ の最新版は 20 項目のリッカート尺度で，2 つの下位尺度がある（活動への従事〔activity engagement〕と痛みへのウィリングネス〔pain willingness〕）。アセスメントの基本的な考え方としては，クライエントが，痛みが存在するなかで重要な人生のゴールに向かって前進できるかどうかを検討することにある。したがって，ACT ワークにとても向いている（McCracken & Eccleston, 2006）。あなたが本書を読むころまでには，さらに新しい測定ツールが公刊されているかもしれない。信頼性と妥当性のデータを含め，ACT に関連する測定ツールは，www.contextualpsychology.org を参照してほしい。

脱フュージョン

　ACT のセラピーにおいては，クライエントが自分の私的な言語刺激（訳注：verbal behavior であるが，言語刺激と訳した）から，どの程度解放されているかを適切に測定することが大切である。もちろん，私的出来事を扱うことになるため，セラピストはこの種の情報を得るためにクライエントの自己報告に頼ることになる。白熊抑制インベントリー（The White Bear Suppression Inventory, WBSI；Wegner & Zanakos, 1994）は，この難問に挑むために開発された。WBSI は，その人が持つ嫌悪的な認知内容を抑制する傾向を査定する。10 項目のリッカート尺度は標準化されており，不安に関連する問題を持つ人を対象にしたトリートメント効果と相関関係が示されている（Smari & Holmsteinssen, 2001）。また前述の AFQ-Y にも，脱フュージョンの測定尺度がある。

　脱フュージョンの測定は個性記述的な方法で（idiographically）開発されている。症状あるいは障害に特化した測定は，まだ萌芽期にある（障害によっては，おそらくまだ開発されていない）一方で，思考や感情の影響に関する自己報告型の測定のような一般的なアセスメント手順は，思考や感情の影響力を査定するのに役に立つであろう。たとえば，苦痛の主観的単位という尺度（subjective units of distress scale）やそれと類似の個人に合わせたリッカート尺度が実用的なツールである。他方，Bach and Hayes（2002）は，精神症状の頻度，苦痛の程度，症状に関する確信度

(believability) を対象とした測定が可能であることを示した。これは，あなたが臨床場面で測定を行う際，良い手本となる。Eifert and Forsyth (2005) は，自動思考質問票-B (ATQ-B；Hollon & Kendall, 1980) や思考-行為フュージョン尺度 (Thought-Action Fusion Scale, TAF；Thordarson, & Rachman, 1996) のようなすでに確立された尺度を用いることを提案している。また脱フュージョンを査定するときには，単純な確信度＝believability の尺度（たとえば，「0 ＝完全に信じていない」から「6 ＝完全に信じる」）での質問を強く勧めている。

視点設定と「今，この瞬間」との接触

　これら 2 つの領域——視点の設定と「今，この瞬間」との接触——の組み合わせは，マインドフルネスにおける査定で測定される。マインドフルネスとは「評価しないこと」の追求であるから，マインドフルネスを測定することには矛盾が感じられる。ここで機能の理解には文脈が決定的に重要であることを思い出そう。私たちが科学者-実践者としての立場に立つなら，マインドフルネスのプロセスとマインドフルネスから生じる何らかのものを測定しようとしても，何ら悪い（機能しない；unworkable）ことはない。しかしながら，メディテーションの観点からは，評価は下しうるものの固定しているものではない。マインドフルネス・エクササイズの間に自分自身のマインドフルネスを測定しようとしても役に立たない可能性が高い。

　マインドフルネスと注意の気づき尺度 (Mindfulness and Attention Awareness Scale, MAAS；Brown, K. W. & Ryan, 2003) は，15 項目の 6 点式リッカート尺度であり，収束的証拠 (convergent) と弁別的証拠 (divergent) の点で，比較的よい妥当性が示されている。MAAS は，心理測定論的によく検討されており，リサーチ・ツールとしてよく用いられている。MAAS では，注意と気づきに焦点を当てていることが重要である。「無用なもがき (posture of striving)」を減らすことや私的出来事のアクセプタンスのような，他のマインドフルネスの要素には焦点を当て

ない。これは、このツールに臨床上の有用性がないと言っているわけではない。マインドフルネスを実践している人とそうでない人とを区別するのに使うことができる。また、「ガン患者における心理的良好状態（psychological well-being）とマインドフルネスの役割を検討する」ことに有益であった（Carlson & Brown, 2005, p.29）。さらに MAAS は、感情的知性、体験へのオープン性、心理的良好状態（well-being）と有意な正の相関があり、社交不安や反芻とは有意な負の相関があった。

ケンタッキー・マインドフルネス技能インベントリー（Kentucky Inventory of Mindfulness Skills, KIMS；Baer, R. A., Smith, & Allen, 2004）は、39項目の5件法のリッカート尺度であり、4因子から構成されている。4つの因子は、観察すること、記述すること、気づきを持って行動すること、判断なしに受容すること、である。「探求的因子分析と確証的因子分析により、前述の4因子構造が明確に支持され、他のさまざまな構成概念との期待される相関係数が得られた」（Baer, R. A., Smith, Hopkins, Krietemeyer, & Toney, 2006, p.29）。尺度項目の内容は、マインドフルネスに対する弁証法的行動療法のアプローチからインスピレーションを得ている。Baer, Smith, and Allen（2004）は、境界性パーソナリティ障害のサンプルから得た得点は、学生サンプルの得点より、4尺度のうちの3つの尺度において有意に低かったことを示している。

マインドフルネス質問票（MQ；Chadwick, Hember, Mead, Lilley, & Dagnan, 2005）は、16項目の7点式のリッカート尺度で、マインドフルネスに関する臨床的に重要な尺度である。この尺度では、私的出来事が及ぼすつらさ（distressfulness）とクライエントがいかにストレスに対処するかについて尋ねる。この尺度（instruments）は、マインドフルネスに関連する4つの領域——観察、解放、嫌悪しないこと（nonaversion）、判断しないこと（nonjudgement）——を測定する。ただし、この MQ 尺度に関する心理測定的な研究の結果から、（訳注：4つの領域別の得点を検討するのではなく、合計した）総合得点の使用が勧められている。MQ 尺度の内的一貫性は良好であり、MAAS と有意な相関を示している。また気分尺度

とは有意な正の相関を示すとともに，熟練した瞑想者とそれ以外の人との間で有意な差を示す。マインドフルネスに基づくストレス低減プログラムへの参加者は，MQ の得点において，有意な増加が見られた。

認知情動マインドフルネス尺度（Cognitive Affective Mindfulness Scale, CAMS；Feldman, Hayes, Kumar, & Greeson, 2004；Hayes & Feldman, 2004）は 12 項目の 4 件法のリッカート尺度である。毎日の生活における，注意，気づき，「今，この瞬間」への焦点づけ，思考と感情に対するアクセプタンス／無判断の測定を意図としている。この尺度は，総合得点のみを計算する。また良好な内的一貫性が報告されている。体験の回避，心配，反すう，うつ，および不安とは負の相関があり，自分の気分を修復する能力，認知的柔軟性，感情の明確化，心理的健康とは負の相関がある（Baer, R. A., et al., 2004；Feldman et al., 2004；Hayes & Feldman, 2004）。A. M. Hayes and Harris（2000）は，うつ病を対象とした，マインドフルネスに基づいたトリートメントにおいて，CAMS の得点の上昇を報告している。

他の測定

ある期間の進捗状況を記録したり，セッション間の対象者の行動についての情報を得るといった，セラピーにおいてよく使われる非特異的なアセスメント方法は，ACT においてもよく用いられている。日誌カード（diary cards），チェックリスト，イベント・ログ（event log, 第 6 章参照），他のセルフ・モニター用紙を用いることで，トリートメントに重要なデータを加えられる。

アセスメント結果について最後に一言述べる。ACT は他の多数の心理療法に共通する除去のアジェンダを考慮しない。そのため，ACT のアウトカムに最初は，戸惑いや驚きを持たれるかもしれない。Bach and Hayes（2002）の研究では，ACT トリートメントを受けている精神科患者が，より多くの幻覚や妄想を報告したが，症状の確信度（believability）の低下も報告した。またこれらの患者群は，統制群より

も有意に長い期間を病院の外で過ごすことができた。Dahl, Wilson, and Nilsson（2004）では，慢性疼痛の患者が，統制群に比べて痛みのレベルでは変化がないと報告したが，統制群よりも病欠の日は少なく，医療機関への通院回数も少なかった。ACTにおける変化の測定を考えるとき，広く受け入れられている症状低下に関する測定が，ACTの文脈では適切ではないかもしれないことに，マインドフルにならねばならない。ACTを開始して第5週目に，BDI-II（Beck Depression Inventory-II, Beck, Steer, & Brown, 1996）を実施しているとき，あるクライエントが声に出して言った。「私はいつも以上に自分自身を批判したり責めたりしません。なぜ，それが0点なのですか？　私は今でも批判して責めますが，私たちは私が批判し続けることを対象にするのではなくて，もうそれが問題でなくなることを目的にワークをしているんだと思っていました」。そのように言いながら，彼は待ち望んだトリートメント終結の扉を叩いていたのである。

第4章
関係フレーム理論

　関係フレーム理論（relational frame theory；RFT）は，人間の言語と認知に対する機能的文脈主義に基づいた理論である。この理論では，人間の言語と認知のプロセスを理解するための基礎科学的な研究アプローチが用いられる。RFTの心理療法への応用を目的とした研究は，RFT研究全体のごく一部であることを考えれば，関係フレーム理論はACTよりもはるかに幅の広い理論と言える。つまり，ACTはRFTのひとつの応用である。本章だけで，この包括的な理論を十分に扱うことは不可能であろう。そのため，この章の目的は，関係フレーム理論と関係フレームづけ（relational framing）の基礎を紹介すること，そして，ACTを実践するうえでRFTがどのように役立つかを示すこととする。RFTに関するより包括的な説明は，Hayes, Barnes-Holmes, and Roche（2001）を参照してほしい。

ACTセラピストとRFT

　効果的な臨床を実践するために，ACTセラピストはRFTを知る必要があるのだろうか？　答えはノーである。RFTについてほとんど知らなくても，ACTを効果的に実践する臨床家は，確かに存在している。それでは，RFTについての知識を得ることは，ACTセラピストの力になるのであろうか？　逸話的なエビデンスで言えば，答えはイエスである。今

日までそのような研究はされていないが，関係フレーム理論に精通した多くの ACT セラピストは，ケースの概念化において，あるいは，介入の選択や展開において，RFT の理解が役に立っていると報告している。それゆえ，私たち著者は本書に RFT についての章を含めることは価値のあることだと信じている。このアナロジーを考えてほしい。セラピストが負の強化の原理を専門的に説明できなかったとしても，効果的な行動療法を実行できるかもしれない。しかし，もし説明できるのであれば，そのセラピーをより洗練することができるであろう。

RFT は何が違うのか？

　もし，応用心理学者の目的が行動を予測し，影響を与えることであるならば，Skinner の時代にすでにその目的は達成されている。Skinner やそれ以前の研究者，あるいは，同時代の研究者によって，動物の行動や人間の大半の行動を説明するのに十分な理論が示されているからである。しかしながら，これらの理論は，人間の認知や言語行動を説明するには至らなかった。それゆえ，Skinner 以後の行動理論は，人間の言語と認知を説明することが必要とされた。もちろんそれは，人間の言語行動と言語により記述された随伴性によって影響される顕在行動を予測し，影響を与えるのに役立つ理論である。

　第 3 章で解説された行動原理は，動物と人間の行動を理解し，説明し，予測し，影響を与えるには十分である。しかしながら，人間の行動の一部には動物の行動と質的に異なるものもある。たとえば，オペラント理論は，エサを得るためにレバーを押すラットの随伴性を説明するのには十分である。しかしながら，食事の支度をするためにレシピに沿って料理している人を説明するには不十分であろう。ある種の動物は，グループ内の個々のメンバーを見分けることができるが，自分自身と自分の母親の姉の子どものそのまた子ども（訳注：つまり従甥や従姪）との関係を記述できる動物はいない。動物は仲間から食べ物のある場所や自分を狙う天敵の位置について

情報を得ることができるが，それは目の前で見たり，匂いを嗅いだり，声や音を聞いたりすることが実際にできる仲間からしか得られない。これとは対照的に，現代に生きている人間は，二千年以上前にアリストテレスが記した書物を読むことができるし，古代エジプトの象形文字を解読するためにロゼッタ・ストーンを用いることもできる。人間は建築家の設計図を使って，いろいろなデザインの家を建てることができるが，ビーバーや鳥，虫たちは，遺伝的に組み込まれている決まりきったデザインの住処しか作ることはできない。つまり，動物の行動を説明するための科学的原理では，十分に説明できないような人間行動も存在するのである。

　一方，動物も人間の言語行動と同じような行動を示すことが可能であるとする研究もある（Kastak, D., & Schusterman, 1994；Kastak, C. R., & Schusterman, 2002）。しかし，そのようなレパートリーは動物ではきわめて稀なものであり，実験室という環境で，限られた種に対し骨の折れるような訓練をすれば獲得できるだけであるという批判的な意見もある。そして，そのような限定的なレパートリーを獲得する際にも，複数の範例による訓練（multiple exemplar training）が必要であり，それはRFTの予測と一致したものである。ただし，人間の派生的関係反応（derived relational responding）で定義されるすべての特徴がそこで示されるわけではない。実のところ，たとえ動物が簡単に関係フレームづけをできたとしても，それが関係条件づけ（relational conditioning）の原理を論じるRFTの妥当性を変えることにはならないのである。

関係フレーム理論とは？

　RFTは，それを聞き慣れない人たちにとっては，驚きの多いものである。「関係フレームづけは，オペラント学習のプロセス自体に影響を与えるオペラント行動である」（Hayes, Fox, et al., 2001, p.45）。ここまでならまだなんとかなる。そのため，もっと学んでみたいと思った純真なセラピストは，関係フレームづけについての論文なり本なりをさらに読み進め

ていくかもしれない。しかし，その時突如として，そのセラピストは以下のようなものに直面するのだ。

$$\text{Crel } \{A \text{ rx } B \text{ and } B \text{ rx } C \ ||| \ A \text{ rp } C \text{ and } C \text{ rq } A\}$$

　この一連の記号をパッと見ると，微積分やコンピューター・プログラミング，外国語，あるいは，その他の今までに理解できないと感じた科目を思い出してしまう。そして，RFTの論文はがらくたや古新聞の山へと追いやられてしまうのだ。

　私たち著者は，RFTは「パッと見」ほど理解できないものではないと，あなたに保証したい。実際，あなたは記憶している限りずっと，関係フレームづけをし続けてきている。私たちは言語行動について論じるために言語行動を用いなければならない。そのため，RFTはいくぶん複雑になってしまう。しかし，ここまで読んでくる間にも，あなたは確かに関係フレームづけをしてきている。これまでに読んできた文字や記号の列が，何のことだかわからないと理解することでさえも，あなたが関係フレームづけに習熟している証拠なのである。あなたは関係フレーム理論を学びながら，関係フレームづけをしてきたということを皮肉に思うかもしれない。とはいえ，たとえ消化のプロセスを説明できなくても，記憶している限りずっとあなたは食物を消化し続けているのである。

　「関係フレーム理論は『刺激関係を派生させることは学習された行動である』というシンプルな考えを採用している」（Hayes, Fox, et al., 2001, p.21）。私たちが日常的に扱っているものごとは，形態的な特徴あるいは抽象的な特徴といった観点から，いく通りもの方法で関係づけられているかもしれない。すなわち，刺激はそのサイズ，色，形，音，風合い，毒性，有用性，集合への属性，価値，魅力などを基準として，相互に関係しているかもしれない。ある刺激は別の刺激と，サイズを基準として関係している可能性がある。たとえば，これはあれよりも大きいといった具合に。このような言明（訳注：原文ではstatementと記述されている。このstatementとは刺

激間の関係を記述した言語行動である）が見られるとき，その人は関係反応（relational responding）をしている。関係反応そのものは人間に特有なものではない。しかしながら，恣意的に適用可能な派生的関係反応（arbitrarily applicable derived relational responding）は人間に特有なものである。それでは，これらの用語ひとつひとつに焦点を当て，シンプルな要素で理解していこう。

関係反応

　関係反応はオペラント行動である。それは生体が行う何かであり，環境との随伴性によって形成される。機能的文脈主義の立場からすれば，関係とは実態のある事物として存在しているわけではない。2つの事物が関係づけられているかどうかは，ある生体の行動によって明らかにされるのである。ここで，私たちは文脈内の行為（act-in-context）に関心を持っていることを，思い出してほしい。ある人物や動物の行動が，2つあるいはそれ以上の刺激の特徴や性質によって影響を受けるとき，そこに関係反応が生起しているのである。動物の場合は条件性弁別（conditioned discrimination）によって関係反応を示し，一方，人間の場合は条件性弁別と同様に，派生的な関係づけ（derived relating）によって関係反応を示すのである。

条件性弁別

　条件性弁別は，行動理論では移調（transposition）としても知られており，これは生体が2つの物理的刺激の関係性に基づいて反応するときに示される。たとえば，私たち著者の同僚は，自分の飼い犬に特定の刺激群（この時はスティック）の中から常により大きいものを選ばせるための訓練を行った。その犬（シドニーと呼ぶことにしよう）は，飼い主（ボブと呼ぶことにしよう）にスティックを投げてもらうのが大好きであった。ボブは，シドニーが複数あるスティックの中からより大きいものを選ぶよう

に，**条件性弁別訓練（conditioned discrimination trials）**を行った。具体的には，シドニーが2本以上のスティックの中から一番大きいものを選んだとき，ボブはそのスティックを投げてやるのであった。このようにして，ボブはシドニーに，刺激の大きさに基づいてスティックを選ぶように訓練した。したがって，もしスティックが3本あった場合に，シドニーが一番小さいスティックか真ん中のスティックを選んでボブの足元に持ってきたとしても，ボブはそれを無視した。一方，シドニーが2本，3本，あるいはもっと多くの中から，一番大きいスティックを持って来たときは，ボブはそれを投げてやるのであった。大きさがさまざまに異なるたくさんのスティックで何度も試行することによって，すなわち，複数の範例による訓練によって，シドニーはボブにスティックを投げてもらうため，常に一番大きなスティックを持ってくることを学習した。シドニーはスティック，つまり刺激を，大きさという特徴で関係づけたのである。他の特徴でもシドニーはスティックを関係づけることができたであろう。たとえば，ボブはシドニーに明るい色のスティックを選ばせる，硬木ではなく軟木のスティックを選ばせるといった訓練をすることもできたはずである。実際，ボブは複数の範例による訓練を用いたため，シドニーにはさまざまな種類のスティックを比較する機会が多く与えられていた。何週間もの訓練を行い，何百本ものスティックに触れる機会があった。この時，スティックを比較するための特徴は数多くあったが，それでもシドニーは一番大きなものを確実に選ぶようになったのである。

　シドニーは刺激を関係づけることを習得したため，ボブが60センチのスティックを投げたとき，120センチのスティックを持って帰ってくることも度々あった。おそらく，この新しい大きなスティックであれば，もっと遊んでもらえると期待していたのであろう。シドニーは，刺激間の物理的特徴に基づいて条件性弁別を行うエキスパートになったのである。これは関係反応の一種である。

派生的関係反応

派生した（derived）とは，直接的経験からではなく，「事実あるいは前提から推論された」という意味である。したがって，**派生的関係反応**（derived relational responding）は，事象の直接的経験に基づくのではなく，事象の言語的記述（つまり，事象の間接的経験）に基づいたものである。たとえば，スイートポテトパイがどのような味かということは，実際にそれを食べることでしか直接的に経験することはできない。一方で，パンプキンパイを食べたことがある人なら，「スイートポテトパイはパンプキンパイと味が似ている」と知ることによって，スイートポテトパイがどのような味か推論できるであろう（もし，あなたが「〜と似た味がする」は関係反応だと考えたなら，しっかり理解が進んでいる）。別の例を挙げよう。「大きい」は「小さい」の反対であると学習した後に，ジョンはメアリーよりも大きいと言われたとする。その時，その人はジョンとメアリーに直接会ったことがなくても，メアリーはジョンよりも小さいと推論することができるであろう。

動物では，条件性弁別は可能であるが，派生的関係反応を示すことはできないと考えられている。これら2つの反応に類似性はあるが，シドニーが2本のスティックのうちの大きいものを選ぶよう学習することと，人が2つのストック（株の銘柄）のうち大きい方を選ぶよう学習することには，重大な差異がある。また，同様に，ハトが2つの光のうちよりライトな（明るい）方を選ぶよう学習することと，教師が2人の学生のうち，よりブライトな（賢い）学生を選ぶよう学習することにも重大な差異がある。さらには，ラットが2つの水のうちより温かい方を選ぶよう学習することと，両親が2人のベビーシッターのうちより心の温かい人を選ぶよう学習するのにも重大な違いがある。

条件性弁別と派生的関係反応の主要な違いは，条件性弁別は刺激の非恣意的な特徴に基づいているという点である。ここで，「非恣意的」とは，刺激の物理的性質や特徴に基づいてその刺激を区別できるということを意味している。このような刺激の物理的性質や特徴は，動物の行動レパート

リーの文脈においても抽出（訳注：抽出とは，特定の物理的性質や特徴がある反応の弁別刺激になるという意味合いで使われている。つまり，その物理的性質や特徴に基づいて反応が可能であることを意味している）されるものであり，感覚器官を通して知覚可能なものである。犬はスティックの相対的な大きさを，ハトは2つの光のうち明るい方を知覚でき，ラットは与えられた水の温度の違いを感じることができる。大きさ，明るさ，温度は感覚を通して知覚可能であり，それらは非恣意的なものである。

　動物とは対照的に，人間は恣意的な関係を学習することができる。派生的関係反応を示す人は，動物がスティックを大きさに基づいて関係づけたり，光を明るさで関係づけたりするのと同じように，ネクタリン（ズバイモモ）そのものを「ネクタリン」という言葉と関係づけたりはしない。つまり，その言葉とその対象物には共通する物理的特徴がないのである。ネクタリンそのものは，「ネクタリン」という言葉と，いかなる点においても共通点がない。言葉は味わうことも，匂いを嗅ぐことも，触れることも，食べることもできないが，それでも，人は言葉という刺激と果物という刺激を，等価なものとして関係づけることを学習できるのである。刺激は，その人が属する言語共同体（verbal community）によって確立された強化随伴性に従って，関係づけられている。ある言語共同体において，その人が赤とオレンジの色をした特徴的な香りと味を持つ丸い果物を目の前にしたとき，「ネクタリン」と言うことが強化されるのである。動物は刺激を非恣意的な物理的特徴のみで関係づけるが，人間は恣意的な特徴に基づいて刺激を関係づけることができるのである。

「恣意的」と「恣意的に適用可能な」とは

　恣意的（arbitrary） とは「任意の」あるいは「自由な選択によって決まる，世の中の気まぐれ次第の」という意味である。恣意的とは「決定した，固定した，決められた」とは異なるものである。一方で，環境の非恣意的な特徴は，見ることができる，触れることができる，匂いを嗅ぐこと

ができるなど，感覚器官を通じて知覚できるような特徴である。環境の恣意的特徴は，世の中の気まぐれ次第で様変わりする。たとえば，こうもり，クロコケグモ，ニューファンドランド犬（大型の作業犬），黒豹は黒い。これは恣意的ではなく，生まれつきである。これらの外見となる毛皮，肌，甲殻は色が黒い。その一方で，英語を話す人がこれらの色を「ブラック（black）」と呼ぶのは恣意的である。ドイツ語圏では，こうもりやニューファンドランド犬の色を「シュヴァルツ（schwartz）」と呼ぶことが確実に強化され，スペイン語圏では「ネグロ（negro）」が強化され，フランス語圏は「ノワール（noir）」が使われるといった具合である。

　2人の子ども，メアリーとジョンが生まれたとき，2人の性別は2人の非恣意的で，明らかな，外的な性的特徴で決定される。しかしながら，私たちが男性器を持つ子どもを「男の子」と呼び，女性器を持つ子どもを「女の子」と呼ぶのは恣意的である。そして，メアリーという名前が女の子につけられるのが一般的で，ジョンが男の子につけられることが多いというのも恣意的である。

　恣意的に適用可能な（arbitrarily applicable）というのは，刺激間の関係性が社会的な慣習で確立されていることを意味する。たとえば，何らかの名前と名づけられたものの関係は完全に恣意的である。つまり，他の人とは違う言葉や名前を選ぶことも可能である。英語という言語が発展していくなかで，人々はこうもりやニューファンドランド犬の色を「ニルディ（nildy）」と呼ぶこともできたはずである。もしそうであったならば，今の"black widow spider"（クロコケグモ）は"nildy widow spider"となり，"black panther"（黒豹）は"nildy panther"となったかもしれない。ラグビーの試合の後で，子どもたちは"black-and-blue（打撲で青黒くなって）"で帰宅したというところ，"nildy-and-blue"と表現されていたかもしれない。1929年の株式市場の大暴落は"Black Thursday"ならぬ，"Nildy Thursday"に起きたと言っていたであろう。ニルディは"white"（白）の反対語となる。このページのインクの色はニルディである，などなど。したがって，もしそれが恣意的であるとしたら，

その色を「ニルディ（nildy）」あるいは他の何らかの言葉ではなく，「ブラック（black）」と呼ぶのはなぜであろうか？

　棒や石は私たちの骨を砕くことができ，私たちはそれらを「棒」や「石」と呼ぶことも「グジュズヅ（gjzds）」や「ウピィフス（wpyfs）」と呼ぶことも自由にできる。親は子どもにどのような名前でもつけることができる。そう，選択は恣意的に適用可能なのだ。その一方で，言語は恣意的に適用可能ではあるが，通常，恣意的に適用されてはいない。イングランドでは，「こうもりはブラックである」と言うとあなたの行動は強化され，オーストリアではその色を「シュヴァルツ」と呼ぶことが強化されるのである。言葉は恣意的に適用可能であるから，あなたが今から恣意的に言葉を適用すると決心することはできる。しかしながら，イギリスであなたが誰かに「こうもりはニルディだ」と言ったとして，その会話は相手に通じるであろうか？

　あなたは棒を「グジュズヅ（gjzds）」と呼び，石を「ウピィフス（wpyfs）」と呼ぶこともできるが，おそらく，そうはしないであろう。それは，できないからなのではなく，多分あなたにとって役に立たないからである。そのようにしたところで，同じ言語共同体の他の人たちに，あなたの行動は強化されない可能性がとても高いであろう。RFTの原理では，言語は恣意的に適用可能ではあるとされるが，通常は恣意的には適用されない。なぜこうもりの色が「ニルディ」ではなく「ブラック」と呼ばれるのかという質問に答えるならば，その土地の言語共同体がその特定の反応を強化するから，となる。それがたとえ恣意的であったとしても，完全に恣意的に適用されているというわけではない。大切なことは，あなたはある物を好きなように呼ぶことはできるが，おそらくそうはしないという点である。あなたは，社会的な慣習や気まぐれによって共同体がそれを呼ぶのと同じように呼ぶであろう。

　この恣意性は言葉や名前の特徴であるばかりではない。人々は「猫の反対は何？」といった質問に，あっさりと「犬」と答えるであろう。あるいは，「猫はどのようなもの？」と質問されたときには，「椅子」「友だち」

「日没」などと答えるかもしれない。こういった関係は，その刺激との学習歴（たとえば，私の猫は私の友だちであった）に基づいているものもあれば，言語的に関連づけられた非恣意的な特徴（たとえば，猫と椅子は共に4本足である）に訴えるものもあるし，個人的で独自で複雑な言語的ネットワーク（たとえば，猫と日没は共に「美しいもの」という集合のメンバーである）によって関係づけられたものもある。

さあ，これで関係反応をさらに一歩先に進める準備ができた。**関係フレームづけ**（あるいは関係的にフレームづける）とは，「相互的内包（mutual entailment），複合的内包（combination entailment），刺激機能の変換（transformation of stimulus function）といった文脈的に制御された特性を示す，特定の反応クラスである」（Hayes, Barnes-Holmes, et al., 2001, p.33）。これらの文脈的に制御された特性をひとつひとつ詳しく見ていこう。

相互的内包

「ネクタリン」という音声を，赤とオレンジの色をした特徴的な匂いと味のする丸い果物と関係づけできるような，言語能力のある人であれば，赤とオレンジの色をした丸い果物を「ネクタリン」という音声と結びつけることもできる。これは当たり前のことに思えるかもしれない。しかし，そう思うのはあなたが長い間そのようにしてきたからである。これまでのところ，動物には，このような双方向的に2つの刺激を関係づける能力は示されていない。「恣意的な刺激関係は常に相互的である。つまり，AがBに関係していれば，BはAに関係している」（Hayes, Fox, et al., 2001, p.29）。これが**相互的内包**の定義である。2つの刺激が関係しているとき，刺激Aと刺激Bとの関係は，BとAとの関係としても言い表すことが可能である。もしAがBよりも大きいのであれば，BはAより小さい。AがBと等しければ，BはAと等しい。AがBという集合のメンバーであれば，BはAをメンバーとして持つ集合である。AがBの西に

あれば，BはAの東である。

　少し具体的な例を挙げよう。象が蟻よりも大きいのであれば，蟻は象よりも小さいと言える。4が2＋2に等しいのであれば，2＋2は4に等しい。もし犬が「イヌ科」という集合のメンバーであるならば，イヌ科というのは犬をメンバーとして持つ集合である。シカゴがニューヨークの西にあるのならば，ニューヨークはシカゴの東にある。赤とオレンジの色をした丸い果物がネクタリンであるのなら，ネクタリンは赤とオレンジの色をした丸い果物なのである。

　この能力がどれほど驚くべきものであるか，考えてほしい。あなたはおそらく，ニューヨークのベイパークとイリノイのモケナというアメリカの小さな2つの街について，これまでに考えたことはないであろう。しかし，もし私たちがあなたに1つのこと――ベイパークはモケナの東にある――を伝えれば，あなたは，「モケナはベイパークの西にある」という付加的な関係を，たとえ具体的に教わることはなくとも推論できるであろう。あなたは派生的関係反応と呼ばれるオペラント行動のおかげで，これを行うことが可能なのである。この能力の非常に興味深い点は，莫大な数の刺激に適用でき，数え切れないほどの潜在的関係を創りだすことができることである。これまでに，ラットやアシカ，チンパンジーなどの動物を対象として，この相互的内包を教えようという本格的な研究も試みられてきた（Kastak, C. R., & Schusterman, 2002）。しかしながら，これまでのところ，人間だけが強固な相互的内包の能力を持つことが明らかにされている。

複合的内包

　赤とオレンジの色をした丸い果物は「ネクタリン」と呼ばれると，学習することは可能だ。同じ人が，N-E-C-T-A-R-I-N-Eという文字を「ネクタリン」と読むと学習することもできる。すると，相互的内包の能力によって，その人はその果物があるとき，あるいは，N-E-C-T-A-R-I-N-Eという文字が存在するときに，「ネクタリン」と言うようになるであろ

う。ここで，その人が以前に訓練を受けたことがなくても，N-E-C-T-A-R-I-N-E と書かれた単語を見て，赤とオレンジの色をした果物を選べるとき，私たちはさらなる派生的関係づけを目にしていることになる。「**複合的内包**は，ある文脈においてAがBに関係していて，BがCに関係しているとき，結果としてAとCはその文脈で相互に関係している場合に用いる」(Hayes, Fox, et al., 2001, p.30, 強調付加)。これは1つの刺激が2つもしくはそれ以上の刺激と関係しているとき，どの刺激ペアの関係も，他の刺激ペアによって説明可能であるという意味である。たとえば，AがBよりも大きく，BがCよりも大きいのであれば，BはAよりも小さく，CはAよりも小さい。AがBと等しく，BがCと等しいのであれば，AはCと等しい。AがBという集合のメンバーであり，BがCという集合のメンバーであるのならば，BはAをメンバーに持つ集合であり，CはBとAをメンバーに持つ集合である。AがBの西にあり，BがCの西にあるならば，BはAの東にあり，CはAとBの東にある。

　具体例を挙げよう。家が車よりも高価であり，車が靴よりも高価であるならば，車は家よりも安価であり，靴は家よりも安価である。ヨークシャーテリアは犬であり，犬はイヌ科であるならば，ヨークシャーテリアはイヌ科である。シカゴがニューヨークの西にあり，ニューヨークがロンドンの西にあるならば，ニューヨークはシカゴの東にあり，ロンドンはシカゴとニューヨークの東にある。この能力と相互的内包を組み合わせると，言語がいかに生成的になりうるかがわかる。これらの能力は学習された行動なのである。

刺激機能の変換

　刺激機能の変換は，臨床家にとって理解しやすくもあり理解しにくくもある。刺激機能の変換は，「関係ネットワーク内のある刺激が特定の心理的機能を有しているとき，派生的関係における刺激間の関係性に応じて，そのネットワーク内の他の事象の機能が変容する」(Hayes, Fox, et al.,

2001, p.31) と説明されている。もし，刺激Aが刺激Bと等価であるような文脈において，Aがある特定の心理的機能を有しているならば，Bは同様の心理的機能を獲得するであろう。たとえば，Aが不安を喚起し，ある人がBはAと等価であると学習すれば，Aの機能が変換され，Bもまた不安を喚起するようになるであろう。さらに，Aが特定の心理的機能を持ち，AはBよりも小さいという文脈では，Bはより大きな心理的機能を持つであろう。もしAとBが貨幣の単位であり，AはBよりも小さいとフレームづけされていれば，BはAよりも価値が高いであろう。もしプードルの子犬（刺激A）が犬恐怖症の少女の不安を喚起するならば，彼女がもっと大きなセントバーナード犬（刺激B）を飼っている近所の家に行くと言われたときには，より大きな不安の喚起が起こりうるであろう。

刺激機能の変換と臨床的応用

　ある人が，直接的な条件づけによって，蛇を恐れていると想定しよう。彼がある特定の蛇の名前（コブラ）を知らない場合は，誰かが「見ろ！　コブラだ！」と叫んだとしても，何も感じないであろう。これに対して，彼がコブラは蛇の一種であると書かれた雑誌を読むとしよう。彼は現実の生活ではコブラに遭遇したことなどまったくなく，その雑誌にはコブラの写真さえ載っていない。さらに，彼は一度もコブラに咬まれたことはないし，コブラから走り去ることで負の強化を受けたこともない。そのような状況で，誰かが指差して「見ろ！　コブラだ！」と言うのを耳にしたとする。すると，その友人が指差しているものが見えなくても，これまでコブラに遭遇したことがなくても，彼は恐怖を感じるであろう。雑誌の記事によって「コブラ」が「蛇」の階層フレームに入ったので，コブラの刺激機能が変換されたのである。以前は中性的であった「コブラ」の機能は，「蛇」の機能によって変換されるであろう。「コブラ」と「蛇」の間の階層関係を通じて，「蛇」の機能が変換するのである。ここで忘れてはならないのは，その人が関係フレームづけを行っているということである。コブ

ラ-蛇の関係は恣意的に適用可能な関係反応である。ACT はこれらの問題となる関係性を弱めようと試みていることを忘れないでほしい。役に立たない行動へとつながる，この種の関係反応を弱めるために，言語の恣意性を活用した ACT の介入法が存在するのである。

より臨床的に関連する例として，身体醜形障害のクライエントを考えてみよう。自分は異常にやせこけていて，やせすぎは良くない，体重を増やすのが良いことであると信じているクライエントである。彼は子どものころ，「ステロイドは悪いものである」と何度も繰り返し耳にしてきたかもしれない。その彼に，彼が尊敬しているある人物が「ステロイドは筋力アップに役立つ」と言ったとしよう。すると，「ステロイド」はもはや「筋力アップ」と等位のフレームに入る。そして，「筋力アップ」は「体重増加」と等位のフレームに入っており，「体重増加」は「良い」という評価フレームの中にあるので，「ステロイド」の機能は「悪い」から「良い」に変換されるであろう。恣意的に適用可能な派生的関係反応を通じて，ステロイドの言語的に構成された機能が，悪いから良いに変換されたため，悪いと考え避けていた若者も，もはやステロイドを乱用するかもしれない。彼は心臓肥大や不妊，若年での脱毛といった直接的な随伴性とその他のステロイド乱用の結果に苦しむかもしれないが，言語的に派生したステロイドの機能（「良い」）は，非言語的で生命を脅かすようなステロイド乱用の結果を抑えて支配してしまうかもしれない。私たちがクライエントに「あなたの経験があなたに伝えていることは何ですか？」と問いかけるとき，この RFT の概念を思い出してほしい。この男性のステロイド摂取は，彼自身の経験と同じくらい，抽象的な言語的関係にも支配されている（訳注：直接的な随伴性による制御と同じくらい，言語的な制御を受けている）。よって，脱フュージョンと価値のワークが，彼をより健康的なライフスタイルへと向かわせるのに役に立つかもしれない。

刺激機能の変換は，問題となる回避やネガティブな自己評価にも影響を与えうる。ある人がゴミや排泄物，うじ虫は汚いと学習すると想定しよう。すると，彼女は汚いものは気色悪い，忌々しい，ひどいなどと学習する。

こういった刺激の嫌悪的性質を回避するような彼女の行動（つまり，彼女は悪臭を放つゴミから離れる）も強化され，そのような刺激を回避するように言われたときに彼女が応じる反応もまた強化される。ここで，彼女の親が「セックスは汚いものだ」と彼女に告げたとしよう。ひとつの可能性として，「汚い」と「セックス」が一緒にフレームづけされるため，「汚い」の機能が「セックス」に変換し，もはや「セックス」は「汚い」と似た機能を持つかもしれない。言い換えれば，複合的内包と刺激機能の変換によって，「気色悪い」「忌々しい」「ひどい」が「セックス」に関係づけられることになるかもしれないのである。そしてその結果として，彼女はセックスを回避するようになるであろう。また一方で，彼女が性的な営みをすることで，さらなる刺激機能の変換が生じ，「汚い」の機能が彼女に変換するといった可能性もある。彼女はセックスについて考えたり，望んだり，あるいは，性的な営みをするときに，自分自身を汚い，気色悪い，忌々しい，ひどいなどとみなし始めるかもしれない。もちろん，彼女が健康的で満たされた性生活を送る可能性もある。彼女は「セックスは良いものだ」と評価したり，「セックスは汚いものだと親は言っている」という思考に気づいたりする可能性もある。すると，条件の関係フレームによって，「私がセックスは良いものだと考え」そして「セックスは汚いものだと親は考える」のであれば，「パパとママは間違っている」あるいは「私は親と意見が異なる」と関係づけるであろう。

　もっと抽象的な例として，狭い空間で不安を感じる閉所恐怖症のクライエントを考えてみよう。このクライエントが「恋愛関係とは窮屈なものだ」と言われたと想定しよう。彼は恋人と親密になるという文脈において，どんどん不安を感じるであろう。というのも，「恋愛関係」と「窮屈な」の間に確立された等位の関係を通じて，「親密な恋愛関係」の機能が「良い／ポジティブな／人生を向上させる」から「窮屈な」に変換されたためである。今や彼の閉所恐怖がクローゼットやエレベーターに対する恐怖から，クローゼット，エレベーター，親密な恋愛関係へと拡大したのである。

　恣意的に適用可能な派生的関係反応は，相互的内包，複合的内包，刺激

機能の変換といった特性を持つ行動として定義される。動物はこれを行うことはできない。人間の恣意的に適用可能な派生的関係反応は，人間の困難の一因になり，また，人間の偉業の一因にもなると思われる。このような臨床に関連した困難に対して，レスポンデント条件づけ介入，オペラント条件づけ介入，関係条件づけ介入でどのように取り組んでいくか考えるため，問題を機能的に分析することは，ACTセラピストの義務である。

RFTの専門用語：話すことについて話すこと

時としてRFTの理解を困難にするのは，この理論の説明に用いられている専門用語である。「関係フレームづけ」「階層的」「関連事象（relata）」（訳注：Hayes, Barnes-Holmes, & Roche〔2001〕では，関連事象（related event）を意味する"relates"の代わりにラテン語の"relata"が用いられている。これはrelatesの動詞としての意味合いが強く，混乱を避けるためであるとされている。本章でも，"relata"は関連事象として訳出した）のような用語は耳慣れない，もしくは，使い慣れていないかもしれない。RFTの文献で頻繁に目にする用語のいくつかを，以下に簡単に説明しよう。

関係フレームと関連事象

関係フレームは脳の中のどこかにあるものではない。また，「スキーマ」や「記憶」のような心理主義的（mentalistic）な用語でもない。**関係フレーム**という用語は，文法的には名詞として使われるが，人間の反応を表す用語である（行為を名詞として使うのはごく一般的である。たとえば，人々は5キロの"run"〔訳注：runは動詞（走る）にもなり，名詞（走る行為・イベント）にもなる〕に参加登録する。同じように，"swim"〔訳注：swimも「泳ぐ」という動詞と「泳ぎ」という名詞が同形である〕のためにプールに飛び込む）。人々が「関係フレームづけを示す」あるいは「関係的にフレームづける」という言い回しは，より一般的になりつつある。ここで，私たちは，人々

がする何かについて論じているということを忘れてはならない。

　私たちは刺激を多くのさまざまな方法で関係づけている。これらの関係に，たとえば，一致（correspondence），比較（comparison），相違（difference）などといった名前をつけることは有用である。「関係フレーム」とは全般的な用語である。特定の文脈では，「比較フレーム」「階層フレーム」，その他の特定のフレームといった用語が用いられるであろう。あるいは，「比較のフレーム」や「一致のフレーム」として反応が説明されるであろう。一方，「関連事象」とは関係づけられた刺激である。たとえば，「白は黒の反対である」という文では，白と黒が関連事象であり，反対が関係性である。白と黒は反対のフレームに入る，あるいは，反対の関係にあるという言い方もあるだろう。いくつかの種類の関係性ついて，その名称と例を以下に記載する。

■刺激間の一般的な関係

　一致（correspondence）：おじいちゃんは年寄りだ。聴覚刺激の「old（年寄り）」はテキスト刺激＝O-L-D と同じである。

　類似（similarity）：「若い（young）」は「若々しい（youthful）」と似ている。

　比較（comparison）：経験という文脈において，年寄りは若者よりも賢い。健康という文脈において，若者は年寄りよりも丈夫である。

　相違（difference）：古いは黒いとは違う。

　階層（hierarchy）：黒と白は両方とも「色」という集合のメンバーである。色は黒，白，青，赤をその集合のメンバーとして含む集合である。

　反対（opposition）：若いは年寄りの反対であり，白は黒の反対である。

　時間的（temporal）：年寄りは若者よりも前に生まれた。

　条件的（conditional）：もし，あなたが60歳以上ならば，高齢者向けの割引を受けられる。もし，あなたが18歳未満ならば，選挙で投票することはできない。

　因果（causal）：酸は銀を黒く変色させる。

指示的（deictic）：彼女は，今，ここでは年寄りであるが，あの時，あそこでは若かった。

他にも多くの関係（たとえば，同音，同形，垂直など）があるが，上述の一覧は，さまざまな関係の中でも，より一般的な例となっている。

関係的文脈と機能的文脈

関係的文脈（relational contexts）は，「特定の関係反応の学習歴が，現在の状況に影響を与えるようになる」文脈刺激（hayes, Fox, et al., 2001，p.30）である（一部の RFT の文献では，関係的文脈は C_{rel} と示されて，「C リアル」と発音されている。私たちは省略形ではなく，「関係的文脈」という用語を用いる）。関係的文脈には，話された言葉，言葉のトーンや態度，話し手が何か指差しているかどうか，また，その他の相互的内包や複合的内包を促進する手がかりなどが含まれうる。これは時として「字義どおりの文脈」とされる。

関係的文脈を明らかにする単純な方法は，よくある室内ゲームを検討することである。「20 の質問」は，他の人が選んだ部屋の中の物を言い当てるゲームである。ゲーム中は，正しい推測ができるように対象物を狭めるような質問をしていく。たとえば，解答者は「それはパン入れよりも大きいですか？」と質問するかもしれない。これは，選ばれた対象物とパン入れの間に比較のフレームを確立する。対象物を選んだ出題者は，大きさという観点から，選んだ対象物とパン入れを比べて，ハイかイイエと答える。これがヒントとなって，解答者はパン入れより大きいものか小さいものだけに絞って，部屋を細かく調べていく。それから，解答者は「それは生き物ですか？」と質問するかもしれない。これは階層的関係づけのための質問であり，この質問への答えは解答者に，その対象物が「生き物」という集合のメンバーであるかどうかを伝える。次の質問は「それは昨日もここにありましたか？」かもしれない。これは，前-後の関係づけのための質

問であり，このような質問を続けていく（「それは地面から120センチ以上の高さですか？」「それは赤ですか？」）。解答者は最終的に，出題者が考えている何かと等位のフレームにある対象物の名前を言い当てようとするのである。さまざまな関係反応を引き起こす20の質問をした後，解答者は正確に（あるいは不正確に！）「あなたはコーヒーテーブルの上の綺麗な青い花瓶を考えています」と推測するであろう。

対照的に，**機能的文脈**（functional contexts）は「ある状況において心理的に関連する刺激機能や，関連しない刺激機能を特定する文脈刺激」(Hayes, Fox, et al., 2001, p.33) である（RFTの文献では，機能的文脈はしばしばC_{func}と示され，「Cファンク」と発音される）。機能的文脈は，関係フレームづけの心理的側面の変換と関連している。上記の解答者が「正解！ このゲームはあなたの勝ちです！ 実は，あの青い花瓶はボブおじさんからの誕生日プレゼントです」と言われるとしよう。そして解答者はボブおじさんを強烈に嫌っているとしよう。すると，いまや彼女はむかつきを覚え，顔をしかめ，ちょっと前には綺麗だと言っていたのに，「なんて醜い花瓶かしら！」と言うかもしれない。ボブおじさんが花瓶に関係づけられた文脈では，花瓶がボブおじさんの刺激機能の一部を獲得するのである。このような刺激機能は，その人のボブおじさんとの学習歴，すなわちボブおじさんとの彼女の実際の経験に基づいている。このように，関係的文脈刺激は，単に刺激間を関係づける刺激であるのに対し，機能的文脈刺激は，ある刺激に対する反応に別の刺激との実際の経験を関係づける刺激である。ただし，ボブおじさんのすべての機能が花瓶に変換されるわけではないことに注意してほしい。解答者は「その花瓶は私の母親の兄弟です」，あるいは，「その花瓶はあごひげを生やしている」とは言わないであろう。心理的に関連のある機能だけが変換されるのである。

ルールとルール支配行動

行動分析学では，ルール支配行動を随伴性形成行動（contingency-shaped behavior）と異なるものとして扱う（Skinner, 1969）。端的に言えば，**随伴性形成行動**は環境との直接的経験に影響されるが，ルール支配行動は環境についての言語行動によってもたらされる。たとえば，スノーボードに関して言えば，山を滑り降りて学習する場合（重力や勢いなどの環境的随伴性によって行動形成される）と，本を読んで学習する場合（言語的刺激のみを通じて学ぼうとする）では明らかに違いがある。もちろん，スノーボードに関しては，随伴性による行動形成が上達には必要不可欠である。ここで，もしそのスノーボードがダイヤル錠のついたロッカーにしまってあったら，どうであろうか。あなたはすべての組み合わせを試すという，随伴性による行動形成を通じて開けようとするであろうか。むしろ，つまみを左24に3回，右17に1回，左45に1回，それから扉を引くといったように，言語ルールを使ってその錠を開けようと試みるのではないだろうか。複雑な人間の行動は，言語ルールと直接的な自然の随伴性の両者によって，効果的に機能するよう影響されるのである。

　Skinner は，言語ルールは随伴性を記述した弁別刺激として機能し，強化の可能性と関連がある先行刺激であると提唱した。これに対し，行動分析家たち（Barnes-Holmes, O'Hora, et al., 2001；Hayes & Hayes, 1989）はこの定義には問題があると指摘している。それは，「記述する」という用語が，Skinner によって十分に説明されていなかったからである。また，これらの行動分析家たちは，派生的関係反応についての新しい知見が，「記述する」ということの理解を促進し，その結果，ルール支配行動を理解するのに役立つとも論じている。かなり手短に言えば，言語ルールの中の相互的内包と複合的内包が，環境-行動関係における刺激機能の変換に役立つのである。「e メールを見るためにパスワードを求められたら，『htapinos 2』とタイプせよ」というルールを考えてみよう。このルールは，反応（「htapinos 2」とタイプする）と強化子（e メールを見る）を記述する先行刺激である。この「記述する」の部分は関係フレームづけを必要とする。つまり，「タイプせよ」といった刺激が，その文脈でキーボード上のキーを押すという行動の直接経験に関係づけられるために

は，その人は，刺激機能の変換をもたらす刺激間の相互的内包や複合的内包を示す関係フレームづけの学習歴を持っている必要がある。このように，言語ルールに従うことには，関係フレームづけが必要となる。

　すべてのルールが有用なわけではない。「筋力アップのためにステロイドを使え」「お金をあげることで子どもたちを助けねばならない」「不安は恐ろしいから，取り除くためにマリファナを吸ってもよい」などがその例である。ルールはまた，人を直接的な随伴性に対して鈍感にさせるということも示されつつある（Baron & Galizio, 1983；Hayes, Brownstein, Haas, & Greenway, 1986；Shimoff, Catania, & Matthews, 1981）。たとえば，「高速道路は職場に行く最速のルートである」というルールに従っている人は，高速道路が工事中で流れが遅くてもそこを通り続けるかもしれない。ルールに厳密に従っていて，他のルートを考えることができないのである。

ルール支配行動のタイプ：トラッキング，プライアンス，オーギュメンティング
　トラッキング，プライアンス，オーギュメンティングはルール支配行動の分類であり，ACT についてのケースの概念化（case conceptualization）と関係している（Hayes & Hayes, 1989 参照。また詳しい分析としては Barnes-Holmes, O'Hora, et al., 2001 参照）。これらの用語は，あるルールがそれに従っている人々の行動にどのように影響しているかという観点からなされた，ルール支配行動の分類である。

■ トラッキング（tracking）
　トラッキングは「ルールと現実に確かな一致があることで制御されているルール支配行動」（Hayes, Zettle, & Rosenfarb, 1989，p.206）である。たとえば，運転を始めたばかりの人は，「車を止めるにはブレーキのペダルを足で踏みなさい」というルールを与えられる。もし，運転中に，止まりたいときにブレーキを踏み，実際に車が止まるとわかれば，その人はトラッキングをしているのだ。別の例としては，もし，子どもが「お外が寒

いときに，手袋をはめていれば，手が温かいんだよ」と言われた場合，実際に手袋をして手が温かいと気づくのであれば，ルールをトラッキングしているのである。

■プライアンス（pliance）

　これは「ルールと関連する行動の一致に対してなされる，社会的に媒介された結果によって制御されているルール支配行動」（Hayes et al., 1989, p.203）である。この専門用語が"compliance（従うこと，従順）"という単語の語源であることに注目してほしい。プライアンスの例はプライ（ply）と呼ばれている。**プライアンス**はトラッキングと同様にルール支配行動である。しかしながら，社会的に媒介された結果の役割が，プライアンスをトラッキングと区別している。運転を始めたばかりの人が教官に「ブレーキを踏んで！」と言われたとしよう。新米ドライバーにはその理由がわからず，とにかくブレーキを踏んだとしたら，この人の行動は，教官の希望に従うという社会的随伴性によって支配されている。もし，子どもが「ママが私のために編んでくれた手袋をはめなさいねって言ったから」という理由で，手袋をはめているのであれば，この子はプライアンスしているのである。

　ある文脈において，これら2つの形態のルール支配行動に，どのような葛藤が生じうるかを理解していこう。たとえば，母親に手袋をするよう言われた子が，年上の子に「外が寒いときに手袋していると，みんなに赤ちゃんだって思われるよ」と言われた場合を想像してみよう。この子は馬鹿にされるのを避けるために，手袋をはめないかもしれない。すると，彼女は手が冷たくなってしまうであろう。彼女の行動は，関連した非社会的な結果（手が温かい）ではなく，社会的に媒介された結果によって制御されている。この場合，彼女は手袋をすれば手が温かいとトラッキングすることはできるが，「手袋をはめていると馬鹿にされる」という社会的に媒介された結果に支配されているという点で，プライアンスのコントロール下にある。

■オーギュメンティング（augmenting）

　これは「強化子や罰子として機能する出来事の力が変化することで制御される」（Hayes et al., 1989, p.206）ルール支配行動である。「オーギュメント」という語は現状を向上させる，あるいは高めるということを意味している。オーギュメンティングはプライアンスやトラッキングよりも捉えにくいが，同じように大切である。もっと簡単に言えば，環境内のある事物の機能が，それについて何か言われたことによって変わるとき，**オーギュメンティング**が生じているのである。広告業者たちは商品を売るのにオーギュメンティングに頼っている。たとえば，「トヨタに乗っていると，かっこよくないですか？」あるいは「キンキンに冷えたバドワイザーがぴったりだ」などである。トヨタの車やバドワイザーはその人の環境にあるが，それらがその人の反応を強化する力は，この種のコマーシャルを耳にした後に強まりやすいであろう。

　オーギュメンティングは価値と回避の両方において，臨床的に関連する。たとえば，ある人が「私は身体的に健康でいることに価値を置いている」と価値について述べるとき，この発言はこの人がもう30分多く眠るよりも，朝のジョギングに出かける確率を増して，オーギュメンタルとして機能するであろう。その発言はジョギングの強化機能を強めるのである。その代わりに，ある個人が「この不安は耐えられない」といったルールに従うとき，問題のあるオーギュメンティングは，回避を増やしかねない。この種の言語行動はオーギュメンタルとして機能し，不安の嫌悪的な機能を強めるであろう。上述の例で気づくかもしれないが，オーギュメンティングは，プライアンスやトラッキングと組み合わされていることもある。

ルール支配行動の重要性

　全般的に，行動分析のルール支配行動に関する文献（Barnes-Holmes, O'Hora, et al., 2001 ; Hayes & Hayes, 1989）では，多くの場合，ルールは複雑な人間の機能において適応的であることが示唆されている。一方で，ルールは，価値づけられた強化子を逃すことの原因になることや，他

のルールと矛盾しうること，適応的とは言えない反応レパートリーに影響しうることも文献では示唆されている。その人が効果的なルールに影響されようと，あまり効果のないルールに影響されようと，どちらも関係フレームづけが必要となる。そして，ルールが無効で病理的なルールにつながるとき，問題となる言語行動を弱めるようなACT介入によって，そのような影響を克服することができる。クライエントの価値の明確化を援助し，役に立たないルールに巻き込まれるのではなく，そのようなルールにとらわれている状態に気づくよう援助することは，臨床上の前進を助けられるのである。

RFTのACTへの適用

　ACTを実践することは常にRFTの実践である。クライエントの主訴やセッション中の言語行動を関係フレームの観点から考えると，ケースの概念化，機能的アセスメント，トリートメント・プランに付加的な次元が加わる。関係フレームづけの観点から介入について考えることは，トリートメント・プランにさらなる次元を付加する。

　たとえば，第1章で出会ったシャンドラの例に戻ろう。シャンドラは望まない感情を楽にするために，子どもたちにお金をあげていると早い段階で述べている。彼女は「罪悪感を抱えたり，四六時中心配することがなくなるように，子どもたちにもっと上手くやってほしいんです」と訴える。私たちはこれをネガティブな思考，うつの症状，不合理な信念とみなすかもしれない。これをRFTの観点で考えると，彼女が罪悪感や心配を子どもたちの成功と失敗に，因果的に関係づけていると気づくであろう。子どもたちの行動が，彼女の罪悪感と心配の原因とされている。あるいは逆に，「お金を与えること」を「助けること」に関係づけ，「助けること」を「親としての成功」に関係づけているかもしれない。彼女は治療の成功を「罪悪感や心配を感じないこと」と関係づけているかもしれない。彼女は子どもの行動とその行動の結果を，親としての成功と関係づけている。これら

の可能性から，概念化された自己とのフュージョンや感情の回避，罪悪感と心配を減らすための行為などが予測される。私たちは彼女の行動のアセスメントにおいて，こういったACTの概念と他の可能性を検討することができる。そして，そのアセスメントによって効果的なACT介入が示唆されるかもしれない。このような介入では，シャンドラの関係反応がターゲットにされるであろう。

ACTと認知再構成法の違い

　私たちはRFTの観点からもACTの介入を考えることができる。私たちが第1章で出会ったリックの状況を見てみよう。リックは，自分の部署で進めている仕事について話さなければならない会議があると，会議前の数日間，覆いかぶさってくるような恐怖を感じると報告している。彼の不安に関して，何が治療のゴールとなるであろうか？　あるセラピストは彼の不安が減るように，リラクセーション・スキルを教えるかもしれない。この種の介入は，おそらく有用であるが，RFTに基づく介入ではない（リラクセーション・スキルを教えるプロセスは関係反応を含むものの）。リラクセーション訓練は彼の不安を減らすというゴールと一致している。ここまでのところは特に問題はない。しかしながら，もし，私たちが脱フュージョンを用いたいと考えた場合，ACTの理論的根拠を崩さないように注意しなければならない。つまり，もし臨床家が脱フュージョンやウィリングネスと同じように，リラクセーション訓練を使おうとするのならば，両方の介入アプローチを行うことに対する理論的根拠を示すにあたって，非常に注意しなければならないであろう。リックはリラクセーション訓練を「不安を取り除くことは良いことだ」「不安は悪いことだ」という考えと関係づけかねない。この関係づけは図らずも，不安をアクセプトすることや，今，この瞬間との接触を増やすことを目的とした，脱フュージョンやウィリングネスの介入を弱めてしまう可能性がある。

　あるいは，私たちはリックの会議に出ることについての思考内容を検討

し，不合理な信念を探しだすかもしれない。たとえば，彼は「職場で恥をかいたら大変なことになるだろう」という思考を持っているかもしれない。私たちは，このような信念をより合理的な信念に変えるため，認知再構成法を用いることができる。このアプローチを脱フュージョンと組み合わせて使うのであれば，注意が必要である。なぜなら，認知再構成法は思考内容が問題であるとし，関係的文脈で反応を変えようと試みるからである。「恥をかいたら大変なことになるだろう」という思考を，「恥をかくのは嫌だけど，なんとか耐えられるだろう」といった考えに近づけるよう論駁することは，関係的文脈で言語的反応を変えることである。一方，脱フュージョンは，思考とのフュージョンが問題であるという前提に立っている。ACT介入は，関係的文脈で思考の形態を変えることよりも，機能の文脈がテーマなのである。介入では，機能の文脈への注意を促し，どのように思考を単に経験する，あるいは，「ただそこに存在する」だけのものにできるかを示していく。「もし〜ならば，大変なことになるだろう」といった思考は，言語的事象としてアクセプトすることが可能であり，リックの仕事や思考の回避につながるような臨床的に関連する行動へ刺激機能が変換される必要もない。臨床家は論駁と脱フュージョンの混同したメッセージを送るのは避けたいであろう。論駁は言った内容や意味を修正するため，言わばことばの力をことばでノックアウトしようと試みるようなものである。一方，脱フュージョンは，ことばに意味を持たせている文脈的変数を引き出すことで，ことばの影響を減らす。ここで，アインシュタインの名言を思い出してほしい。「我々は，問題を作り出したときと同じ思考を使っていては，その問題を解決することはできない」。したがって，リックを援助するためには，私たちは彼に思考を今までと違うふうに経験させるといった機能的介入を選択するであろう。たとえば，思考内容と行動との機能的関係を変えることを目的として，リックにペンを手に取らせながら，「私はペンを手に取れない」と言わせるかもしれない。

　再びシャンドラの例に戻ろう。臨床家が「ノーマライズ」という介入を使うとしよう。そこでは臨床家がシャンドラに「あなたが罪悪感を持つの

は当然です！　他人の行動に責任があるのだと皆に言われてきた経験を考えれば，誰がそうせずにいられましょう？」と言うかもしれない。これは機能的介入であろうか，関係的介入であろうか？　臨床家は彼女の罪悪感を変えようと試みているわけではない。罪悪感を当然のものと位置づけることは，彼女の罪悪感を減らさないかもしれないが，臨床家がこれに取り組む方法は2つある。まず，臨床家は「罪悪感」が「正常」と関係づけられる関係的文脈を作りだし，「罪悪感」が「悪い」の一致フレームに入っているシャンドラの関係的ネットワークを弱めるかもしれない。シャンドラはなおも罪悪感を持つかもしれないが，同時に，罪悪感を持つことで気分がそれほど悪くなくなるであろう。

　一方，臨床家はシャンドラが罪悪感を抱える状況の例をいくつか聞くことで，ノーマライズな言明について詳しく説明するかもしれない。そのようにしながら，臨床家はシャンドラが，もし自分が罪悪感を持つのならば，自分が何か悪いことをしたのだ，もし自分の子どもの気分が悪ければ，自分が何か悪いことをしたのだ，と信じていることを明らかにするかもしれない。複合的内包と刺激機能の変換を通じて，彼女の子どもたちの気分が悪いとき，シャンドラは罪悪感を持つであろう。仮に，彼女のゴールが罪悪感を回避することであり，そして「他の人が気を悪くするときは，私が何か悪いことをしたに違いない」と考えることで罪悪感を抱くとしたら，罪悪感を回避する唯一の方法は，他人を避けるか，決して他人が悪い気分にならないようにすることである。治療的アプローチの中には，彼女に罪悪感を持つべきではないと説得したり，他人が悪く感じたりすることは，彼女が何か悪いことをしたということの十分な証拠にはならないと示唆するものもあるだろう。しかしながら，彼女の長年の経験と彼女の関係反応の固執性を考えると，彼女が歪んだり，不合理なやり方で考えているということを指摘したからといって，罪悪感を抱くのをやめたり，何か悪いことをしたと考えるのをやめる可能性は低そうである。ACTアプローチは，罪悪感を回避しようと試みるよりも，その感情をアクセプトし気づきながら，価値に基づいた行動をするように提案するであろう。このタイプの介

入の成功は、シャンドラが罪悪感を持ちつつも子どもたちにノーと言うことで、証明されるだろう。

ACT セラピストは、シャンドラが罪悪感を持ち続けることを望んでいるわけではない。ACT セラピストは関係ネットワークを壊すのは難しいと認識しているのである。ひとたび言語的関係が確立すると、それはその人の経験の一部となる。関係ネットワークは引き算よりも足し算によって機能する。新たな関係を加えることである人の言語的関係を変えようと試みても、最初の関係を除去することにはならず、それは言語的ネットワークを複雑にするだけである（Wilson, Hayes, Gregg, & Zettle, 2001）。世の中の意味を理解することを助ける文脈は多くあり、意味づけ（sense making）は関係ネットワークを縮めるよりもむしろ複雑化させる傾向がある。もし誰かがシャンドラに、自分自身について悪く感じるのではなく良く感じるべきだと言ったとしても、彼女自身と「悪い」の関係が除去されたかのようにはならない（この点で、人間の行動は機械論的ではない。ひとつの誤った考えを、新しい改善された考えで置き換えることはできないのである）。意味づけによって、「私は悪い」が現れる文脈では、彼女は、「でも、善いと考えるべきだ」という付加的な思考を持つようになるかもしれない。最悪の場合、彼女自身について悪く感じることそれ自体が、もはや悪く感じさせることになる。たとえば、「ああ、だめだわ！ こんなことを考えるべきではない」といった具合である。そうなれば、シャンドラは悪く感じるものが、もうひとつ増えてしまうのである。

RFT の観点で症例について考えることは、単なる学問的なエクササイズではない。RFT の観点であなたのしていることについて考えることは、あなた自身の柔軟性を増し、あなた自身が新たなメタファーやエクササイズを創造すること、目の前のクライエントのために介入を組み立てることの手助けになりうる。より綿密な分析をするためには、Eric Fox の RFT 個人指導のホームページである contextualpsychology.org のウェブサイトで学習すること、あるいは、Hayes, Barenes-Holmes, and Roche (2001) を読むことを是非おすすめしたい。

第 5 章
ケースの概念化とは何か？

ケースの概念化とは，クライエントの臨床関連行動に焦点を当てたアセスメント・データ，それらの行動に影響を与えてきた過去と現在の環境事象に関する情報，クライエントとセラピストが協働して設定したトリートメント・ゴール，そのゴールにアプローチするための計画されたトリートメント・プロセス，を統合したものである。ケースの概念化は，セラピストが創造的に進める部分もあるが，原則としてエビデンスに基づいて行われる。

ケースの概念化は，以下の項目からなる。
- クライエントの問題についての情報
- その人の問題を形成した過去の状況
- この問題を維持している現在の状況
- セラピーの短期的ゴールと長期的ゴール
- エビデンスに基づいたトリートメント・プランの展開

ケースの概念化はこれまで，ケース・フォーミュレーションや作業仮説とも呼ばれてきている。この本では，これらの用語を相互交換可能なもの

として用いる。ただし，一貫性を保つために，私たちは主に「ケースの概念化」を使用する。ACTにおけるケースの概念化では，アセスメントの過程でACTアプローチの6つのプロセス——脱フュージョン，アクセプタンス，文脈としての自己，価値，「今，この瞬間」との接触，コミットされた行為——をたどる。これによりセラピストは，クライエントの心理的柔軟性を促進しやすくなる。Luoma, Hayes, and Walser（2007）は，ACTのケース概念化が「より焦点の絞られた，一貫した，完全な介入につながる」と主張している（p.227）。

　一般的なことばで言えば，ケースの概念化は「**クライエントがどのようであるかと，クライエントがそうなった理由**に関して，理論的な仮説」を明示する作業である（Berman, 1997, p.xi, 強調原文どおり）。ただし，セラピストは臨床上重要なクライエントの「状態」と「そこに至った理由」について仮説を立てることだけでなく，トリートメント・ゴールを概念化する必要がある。クライエントがどこに向かうのか，そこへ向かう最善の方法は何か，などである。リックについてACTのケース概念化を始めるとしよう。彼と作業を進めていく際，セラピストは，以下の点に注目するだろう。彼の問題が何であるか（母親の訪問を回避し，マリファナを吸っている），そのような問題が存在するようになった理由と維持されている理由（不安と罪悪感の回避のため），それらの回避反応に対処する方法（罪悪感についてもっとマインドフルかつ受容的になり，彼の望まない感情を取り除くという言語的ルールから脱フュージョンし，実証的に支持されたトリートメントの方法を通じて，コミットされ価値づけされた行動に専念するように，彼を助ける）である。

　いくつかのケースの概念化について扱った自らの編著の中で，Eells（1997）は「心理療法のケース・フォーミュレーションは，本質的に，ある人の心理的，対人的，行動的問題の原因，誘因（precipitants），問題を維持する影響力についての仮説である……（それは）治療をガイドする青写真として，変化の指標として，またセラピストが患者をよりよく理解することを可能とする体系として，役に立つであろう」と述べ（pp.1-

2),多様な理論的アプローチにとって受容可能な形で,ケースの概念化を定義しようと試みている。

　Persons（1991）は,ケースの概念化が「(臨床家の)トリートメント・モデルから規定される介入方法の中から,どの介入を選択するかの基準として」使われる（p.102）と述べている。また,「トリートメントをガイドするという点から,ケース・フォーミュレーションはセラピストのコンパスである」とも言っている（Persons, 1989, p.37）。青写真とコンパスを得ることで,どの問題が最も重要であるか,どの変数がその問題やトリートメントの成績に影響するか,どのトリートメント方法がそのケースに最適であるかを,クライエントと臨床家は決定しやすくなる（Haynes & O'Brien, 2000 ; Haynes & Williams, 2003）。

　有用なケースの概念化というのは,ACTでも,他のアプローチでも,徹底的な診断的評価とインテーク面接（家族歴,対人関係,薬物治療,主訴など）を通じて集められた,クライエントをよく記述している情報からなり,セラピーのための道筋を示してくれる（Sperry, Gudeman, Blackwell, & Faulkner, 1992）。さらに,そのプロセスは治療同盟の形成を促し,セラピストの共感性（empathy）を高め,学生とセラピストで行われるスーパービジョンの質を高めるかもしれない（Kuyken, 2006）。これらのまだ明らかにされていない利点について,さらに研究することが求められる。ただ,介入に関する研究は,ケース概念化の研究よりもずっとペースが速い。実際,ケースの概念化は初期の文献では,わずかな注目しか払われていなかった（Porzelius, 2002）。私たちはACTにおけるケースの概念化と比較できるように,主要な心理療法の伝統の中で書かれてきたことを簡単に要約する。ケースの概念化に関する文献を調べると,フロイトの古典的精神分析が,ケース概念化を最も強く,また最初に推し進めた提案者であったかもしれない。

精神分析におけるケースの概念化

　現代のケース概念化に対するフロイトの主な貢献は，人間の行動と精神病理を説明するためのモデルの開発である。最も強烈にフロイトを非難する者でさえ，精神病理の説明として，ある人の人生に主に影響を与えているものは何かについて概念化するという，この歴史的な貢献について彼を評価せざるを得ない。彼は，臨床上の問題に及ぼす幼少期の学習経験の影響と対人的要因を論じた，間違いなく最初の臨床家である。フロイトと共同研究者たちは，トリートメント・プランを立てる際，面接プロセスを詳細に検討することを強調した。現代のセラピストも，最初の数回の心理療法セッションはアセスメント・データの収集に焦点を当てる。

　フロイトはいくつかの複雑なケースを提示して自分の理論を伝えた（たとえば，「ドーラ」，1905/1953；「狼男」，1918/1963）。彼は，明らかに精神病理に対する個性記述的な（idiographic）アプローチを好んでいた。フロイトのケース研究のアプローチは，精神分析に当初反対したグループにも見られる。最も顕著なのは，行動療法と応用行動分析の分野におけるものだ。これらの分野では，シングルケース・デザインが最も重要なのである。また，精神力動学派のセラピストは，患者はセラピストとのやりとりにおいても，自分の病理を示すものだと主張し続けている。この基本的アイディアは行動療法の実践において，特に機能分析的心理療法モデル（FAP；Kohlenberg, R.J., & Tsai, 1991）において継承されている。「セラピー・ルーム内」で生じる体験の回避と心理的非柔軟性を探すことは，ACTセラピストの仕事の一部であり，この点でACTはFAPや精神分析と共通する。ACTはいくつかの重要な点で精神分析とは異なるが，その一方で，各ケースについて個別に焦点を当てていくという重要なフロイトの研究は，ACTと合致するものである。

クライエント中心療法におけるケースの概念化

　ACT セラピストにとって，ケースの概念化と評価に対する人間性心理学のアプローチを考慮することもよい。Rogers（1951）は「人が『専門家のみが人間を正確に評価できる，それゆえにある個人についての測定値は，他人の手中にある』という考えを持つと，その測定値から人間性が一定程度消失する」（p.224）と警告している。ACT では，苦痛があちらこちらに存在すること，あらゆる人々——いわゆる専門家も含めて——が，生きるうえでの問題に対して脆弱であることを認める。あらゆる人間が苦しみ，すべての人々が言語の罠に陥りうることを理解しているので，ACT セラピストはクライエントの問題を徹底的に受容し，トリートメント・プランとセラピーをクライエントとの協働的なプロセスとして展開することで，トリートメントにおける 2 人の人間の間の力のアンバランスを減らそうと努力する。

　セラピストとクライエントの間の人間的な関係は，ACT でも常に存在している。ACT を扱った先行研究の至る所で見られるように，私たちは皆「同じスープの中で泳いでいる」。私たちは皆，私たちの共有言語から利益を受け，集団としても個人としても，言語に噛みつかれて傷ついている。しばしば，ACT セラピストは初回面接で，（ボードとペンは持たずに）クライエントの向かい側ではなく隣に座る。これは ACT セラピストが競技場を平らにする（つまり同じ土俵に立つ）ことを意図しているためである。もちろんこういった手法は，スタイルの問題であり，各々のセラピスト-クライエントの判断により異なる。この手法の不利な点は，面接に関する記録がその場でとれないことである。しかし，結局のところ，セッション前のアセスメントや質問用紙が，初回セッションにおける質疑応答の役割を果たしており，むしろ初回セッションで，セラピスト-クライエント間のやりとりが，より自然に展開することを可能にするのではないか。さらに，インテイク面接を人間性心理学のアプローチで行うと，最初

の数回のセッション，面接後の記録作成には，よりいっそうの労力と時間が必要となるかもしれない。しかし，臨床家がそのように面接に臨むとき，クライエントとの協働的な治療関係は，成功のチャンスが増えると考えることもできるだろう。そして機能的文脈主義の観点から，セラピー（の文脈）で，壁を壊し，常識と思われていた「関わりの取り決め」をいくつかやめていくと考えられる（機能的文脈主義についてのさらなる説明は，第2章を参照）。

人間性心理学の伝統では，記述としての有用性を除けば，診断というものを拒絶している。Rogers（1951）は「通常理解されている心理的診断は心理療法には不要であり，実際のところ，トリートメント・プロセスにとって有害であるかもしれない」（p.220）と述べている。機能的文脈主義においても，以下の理由で，カテゴリーに分類する診断を認めていない。行動の形態や形状に基づいて「症状」の集合をカテゴリーにまとめたり，分類整理することは，なぜその人がそのような行動を呈するのかということに関しては，ほとんど役に立たない。換言すれば，カテゴリー分類のアプローチは「症状」の機能を無視している。

Hayes, Wilson, Gifford, Follette, and Strosahl（1996）は，DSMによって用いられているカテゴリー型疾病分類学は不適切であると主張している。また，現在一般的なDSM診断はトリートメントでの有用性が欠けているとも指摘されている（Kupfer, First, & Reiger, 2002；Hayes et al., 1987；Persons, 1989）。これらの著者たちは，臨床関連行動の行動次元に注目することを提案している。つまり，セラピストがDSMのあるカテゴリーの症状群を適切に評価したからといって，徴候や症状の機能分析が実施されなければ，その診断は必ずしも適切なトリートメントにつながらない（機能分析の説明については，第3章を参照）。多くの点で，（訳注：症状の組み合わせによって診断を行う）DSMのアプローチは，理論的・病因論的な観点からは空白空間（理論的な背景を持たない）のままである。ケース概念化はこの空白を埋めようと意図している。

典型的なクライエント中心主義のセラピストが持つケースの概念化に対

する態度は，機能的文脈主義のものと，かなり似ているように見える。つまり柔軟に考えるということだ。人間性心理学の立場に立つGoldman and Greenberg（1992）は「ある疾病分類のカテゴリーや症候群の知識は，経験主義のセラピストにとって有用となりうるが，それは人の類型ではなく，機能性（functioning）のパターンの描写として考えるのが最善である」（p.404）と述べている。ACTの実践者も，科学的理由により，彼らの考えに同意するだろう。

　共感を強調する人間性心理学のセラピーのアプローチは，ケースの概念化のプロセスに価値を吹き込むだろう。ケースの概念化のプロセスから，臨床的な問題は「当然生じるもの（normalize）」として理解され，臨床家はより大きな共感を表すのではないか，と述べるものもいる（Kuyken, 2006；Eells, 1997）。同様に，ACTのスタンスも，大きな共感に結びつく。人は完全な「健康性」をずっと継続していくという想定を，ACTセラピストは持たない。実際，ACT/RFTの文献（Hayes, Barnes-Holmes et al., 2001；Hayes et al., 1999）では，通常，言語プロセスは価値に向かう生き方に対して，重要で有益な効果を持つが，同時に阻害的な影響も持っていると述べている。関係性を形成し，ケース概念化を進める間，「健康性」の神話について議論することで，臨床家がクライエントとその「問題」を，共感をもって受け入れられるであろう。症状を当然生じうるものとして扱うことは，ケース概念化の一部をなすだけでなく，しばしばクライエントの苦痛を減じる（これはACTのやや意図されていない効果であるが，このようなセラピーの早期には，クライエントに歓迎される可能性が高い）ので，それ自体，心理教育的介入としての役割も果たす。クライエントの問題は，何かしらその人の本質的に「悪いところ」としてではなく，過去経験・外的出来事の自然なアウトカムとして見られる。共感を志向する考え方は，クライエント-セラピスト関係を育み，この関係性はセラピーでの良好な結果を生み出しやすい（Wright & Davis, 1994）。この関係性を重要な要因として焦点を当てることは，臨床行動分析で確固たる位置を占めている（Callaghan, Naugle, & Follette, 1996；

Kohlenberg, B. S., 2000；Kohlenberg, R. J. & Tsai, 1991)

認知療法と行動療法でのケースの概念化

　アセスメント・データの統合，環境要因の査定，トリートメント・ゴールの設定，トリートメント・プランの立案は，行動療法・認知療法（behavioral and cognitive therapies）での介入の早期段階において，主要な目標である。ケースの概念化は，先駆的な行動療法家の研究においても行われていた（Lazarus, 1972, 1973；Wolpe, 1958)。行動療法家はこれまでもケースの概念化を取り入れてきており（Hersen & Porzelius, 2002；Koerner & Linehan, 1997；Persons, 1989；Turkat, 1985），その研究では多くが先行刺激と結果の機能分析を用いている。
　Meyer and Turkat（1979）は，行動療法のためのシンプルな（ケース概念化の）3段階を説明している。まずクライエントと面接する。次に，いくつかの介入メソッドを用いて実験し，どのように行動が変化し維持されているかを調査する。最後に，トリートメントの効果を維持するために介入を適宜修正するというものだ。この査定-介入-修正というトリートメント・アプローチは大半の行動セラピストに尊重されていて（Spiegler & Guevremont, 2003；Cooper et al., 1987），ACTにおける行動分析にも多くの情報を与えてくれる。
　認知行動療法（cognitive behavior therapy；CBT）にはいくつかのアプローチがある。それぞれに特徴があり，主要なテーマについても，いくつかのバリエーションが存在する。CBTの異なる波については，第2章で存分に論じたので，私たちはここで比較の目的から，それらのケースの概念化のアプローチを大まかに要約する。ほとんどのCBTモデルがA-B-C，あるいはS-O-Rと命名されたアプローチをとる。簡潔に言うと，CBTモデルの基本的な前提は，ある事象（活性化事象＝activating event, あるいは刺激〔S〕）が生じ，それに対して人は私的反応（その刺激についての信念，あるいは有機体＝organismic〔O〕反応）をし，それが臨床

的に重要な行為（感情を伴う結果または反応〔R〕）につながるというものだ。短く述べれば，ほとんどの CBT における概念化の機械主義／機械論的世界観（第2章を参照）は，その人のコントロールの及ばない何らかの事象（すなわち，活性化事象〔activating event〕あるいは刺激）が常に発生し，その人が（新しい信念や有機体反応によって）その事象についての考え方や解釈の仕方の詳細を変えれば，制御不能な事象に直面したときに，違う方法で——つまり，もっと機能する結果や反応を伴って——感じたり，行動できたりすると主張している。

CBT のケースの概念化では，通常，その人の核となる信念，スキーマ，思考パターンが非合理的であったり（Ellis, 1962），歪んでいること（Beck, et al., 1979）を明らかにする。それにより，クライエントの信念（B）を査定し，変容することに焦点を当てる。セラピストは，非合理的な思考について論駁したり，非機能的な解釈を検証し変容するため，またエクスポージャーの効果を活用するために，行動実験を試みる。エクスポージャー，随伴性マネージメント（contingency management），社会スキル訓練のような機能的介入を同時に用いる方法も，セラピーに含まれる。Persons（1989）と Haynes and O'Brien（2000）は，セラピストが最初にターゲットとすべき臨床上の問題に優先順位をつける方法と，問題に適した介入法を探す最善の方法を詳しく示している。CBT におけるケースの概念化を支持している文献は乏しいが，増えつつあるように思われる（Haynes & Williams, 2003）。

実証的に支持されたトリートメントとケースの概念化

臨床家は，実証的に支持された介入やエビデンスに基づいた介入を用いるように，次第に大きな圧力がかかっている。実証的証拠は一般的に実践中の臨床家を支持する一方で，個別のクライエントの特定の問題よりも，一般的知見に注目を集めるという意図しない効果を持つこともある。

EST はケースの概念化に難題をもちかける

　皮肉にも，行動療法において一般的なケースの概念化を阻害する要因は，行動療法の最大の強みに由来するものである。それは行動療法が，実証的に支持されたトリートメント（empirically supported treatment；EST）だからである。EST というのは，クライエントのトリートメントを行う際，臨床上の意思決定をするための根拠を，最もよく知られた実証的証拠から得るという実践の集まりである。EST は心理療法のアウトカム研究を通じて確立された。この科学的支持があることで，CBT は有効性と人気の点で注目され，第三者である消費者（payers）からの好評を得ることもできた。このようなアウトカム研究が，行動原則を効果的に応用し，将来の研究の方向を指し示すための発見を促す一方で，統制されたアウトカム研究は，トリートメントの個別化よりもトリートメントの標準化を求めている。この状況は，個別のケース概念化を行っている臨床家にジレンマを課すことになる。複数のクライエントがある特定の問題を訴えていたとしても，個々のクライエントに合わせて，それぞれ違う方法でワークを行うように指示するのが，最善のセラピーである。このことは臨床家に以下のような問いを発するかもしれない。「私は一般的なトリートメントのガイドラインに従うのか，それともこのクライエントに合わせてセラピーを組み立てていくのか？」

ケースの概念化は EST に難題を課す

　EST 研究における主な問題は，剰余変数（訳注：干渉変数，調整変数，第3の変数とも呼ばれる。従属変数に及ぼす変数のうち，独立変数以外の変数を総称したもの）を統制するために使用される手続きが，ほとんどのクライエント-セラピスト関係における実際のセラピーでは，行われないことにある。たとえば，二重診断を受けているクライエントや薬を服用しているクライエントは研究から除外されて，現実世界で遭遇するクライエントとは異なっているか

もしれない。したがって、EST研究は毎日の臨床活動での有用性（つまり、生態学的妥当性；ecological validity）を欠く可能性がある。多くの実践家にとって、アセスメントとトリートメントを個人に合わせていくことは、実証的に支持され標準化されたトリートメント・プロトコルから脱却することを意味したり、要求されたりすることになる。そして、多くの場合、アウトカム研究はいくつかの重要な領域で、この重要なトリートメントの個人化への「つながり」を欠いている。通常、アセスメント、トリートメント、そしてアセスメントと治療の組み合わせなどは、研究への参加者を横断して画一的に実施される。

アウトカム研究で、アセスメントは普通診断するために実施され、対象者を選択する基準として使用される。それはまた、臨床家ではなく、インテイクの専門家によって実施されるかもしれない。個人を対象としたセラピーでは、クライエントが合併症をもっているとか、アセスメントの得点が標準に達している（あるいは達していない）というような理由で、トリートメントから「外される」ことはないが、このようなことはEST研究では起こりうる。学界の外のコミュニティでは、アセスメントはしばしば、現場にいる臨床家によって行われ、治療のために実施される。行動療法では、診断自体に強調点が置かれることはなく、それ以外の次元が注目されるだろう（Hayes et al., 1996）。

EST研究でのトリートメント手続きは、あるトリートメント法の有効性を検証するために、明確に標準化されている。他方、個別化されたトリートメントは、ケースにより柔軟に行われ、個人の強さと弱さを活用していく。これは標準化研究の告発ではない。懸念されるのは、グループデザイン研究から開発された実践原理が、個々のクライエントに応用する際、厳格に実施されるかもしれないということだ。個々のクライエントは、平均的な研究の被験者に似ている場合も、異なる場合もある。いくつかの実践を柔軟に利用していくことが、臨床心理学の有効性を向上させるのかどうかについては、まだわからないままだが、応用行動分析において、介入を個別化することがこれまでの間成功につながっていること（Cooper et al., 1987）を考えると，そのような柔軟性は無駄ではないと考えられる。行動のルールに従うことは，随伴性の変化に対して鈍感になることにつながる（たとえば，Shimoff et al., 1981）。これはまた臨床的な意思決定の行動にも当てはまる。言い換えるなら，問題の診断方法とトリートメント方法について一連のルールに厳密に従うことは，臨床家がクライエントの行動の微細な変化を見落とす事態を招くかもしれない。行動分析の伝統の中では，倫理コードより個別化された介入が強力にすすめられている（Baer, D. M., Wolf, & Risley, 1968）。したがって，マニュアル化されたESTの手順に全面的に追従することは，やや可能性が低い。加えて，個別化されたケースの概念化の有効性と効果を研究することも，大いに可能である（Persons, 1991）。

「ケースの概念化」を利用するときの注意

個別化したケースの概念化には，長所と限界の両方がある。以下に注意すべき点を挙げ，アセスメントとケースの概念化の初期に，適切な介入方法を選択できるよう，臨床家をサポートしていく。

ケースの概念化の有用性について対立する見解

ケース・フォーミュレーションを実施している臨床家に対して，2つの重要な警告がある。第一に，ケースの概念化が治療のアウトカムを改善するうえで重要な役割を果たしているという証拠が不足している。私たちはACTについてのケースの概念化モデルが，厳しい検査に耐えられるよう望んでいる。ACTのケースの概念化モデルは行動分析学の伝統にのっとって構築されており，シングル・ケースの機能分析では，明白に有効性を実証している。Luborsky and Crits-Christoph（1998）は，自分たちの精神力動的なケース概念化モデルの有用性に関して肯定的な結果を提示し，ケースの概念化の研究は実り多い臨床作業になりうると主張している。し

かしながら，ケースの概念化は必ずしも重要でないとする研究もある。Schulte, Kunzel, Pepping, and Schulte-Bahrenberg（1992）は，恐怖症のクライエントを対象とした研究で，マニュアル化されたトリートメントが2つの個別化されたトリートメント群に比べて，良好な成績を収めたことを示した。Emmelkamp, Bouman, and Blaauw（1994）は，強迫性障害の患者を対象に，この知見を再現（replicate）した。これらの研究は，ケースに特化したアプローチよりも，マニュアル化されたアプローチが優れたアウトカムにつながるということを示唆している。

ケースの概念化における臨床的バイアスの懸念

第二の留意事項は，ケースの概念化が信頼できない意思決定や臨床的バイアスにつながるかもしれないという点である。Tversky and Kahneman（1974）は，人が曖昧で不完全な情報を与えられたとき，欠損値（訳注：missing data。データ収集の際に，何らかの理由で測定できなかったデータ。クライエントはすべてを話してくれるわけではなく，またすべてを話しているつもりでも抜けている点がある）を推測するために，意思決定のヒューリスティクス（heuristic）（訳注：複雑な意思決定を行う際に，一定程度のバイアスは含みながらも，素早く近似的な答えを導き出す決定法則）や経験則を使うことを実証している。多くの場合，このような「認知のショートカット」は，次善策とは言え，適応性があり解決策として「十分に良い」ものである。換言すれば，最善の解決策を探すコストを考えれば，「十分に良い」選択肢から得られる利益を必ずしも上回るわけではない。時として，データの一部から経験に基づく推量を行うことは，すべてのデータが揃うまで待つことや推測をまったくしないことよりも役に立つのである。

意思決定におけるヒューリスティクスが抱える問題は，重大な臨床上の決断が，すべてのデータを検討しないまま行われてしまう可能性にある。Kuyken（2006）によると，「意思決定と臨床判断に関する文献において，ヒューリスティクスがCBTのフォーミュレーション過程で一定の役割を

演じることが多く，ヒューリスティクスによる意思決定は不確実な状況や，時間的プレッシャーがかかり，その他のストレッサーがある状況下では問題になる，と指摘されている」(p.13)。言い換えると，いくつかの状況では，セラピストが自分のケースの概念化を固く信じ込むような影響を受けかねず，セラピストは自分のクライエントと同じ問題を呈する可能性がある。つまり，セラピストが自分のことばを信じすぎてしまい，クライエントを適切に援助するのに必要な心理的な柔軟性をなくしてしまう。セラピストはケースの概念化のためにいくつかの仮説を持っているであろう。それらの仮説は暫定的なものとして捉え，クライエントの行動が仮説に一致しない場合には，柔軟になる必要がある。柔軟性を生み出すためには，セラピスト自身が柔軟性を発揮していかなければならない。

しかしながら，ケースの概念化という大事な成果を，バイアスのかかった無用なものと一緒に捨てることはない。潜在的なバイアスの影響に対処するために，Moran and Tai（2001）は「セラピストは，シングル・ケース・トリートメント・デザインを用いるのが賢明である。この定式化された手続きを採用することで，クライエントの改善の程度を客観的な測定値で記録することになり，臨床上の判断に含まれる有害なバイアスを減らすことになる」(p.196) と述べている。すなわち，客観的なデータをグラフ化したり，表で示したりすることは，クライエントの進捗状況に関してバイアスの少ない視点を与えてくれる。

もちろん，時として，ひどい人間の苦しみに直面しながらも，「十分に良い」説明が臨床家のできる最善である。最善の解決策はクライエント-セラピストのチームには賄えないような代価を求めるかもしれない。本書の至る所で繰り返される ACT のテーマは，もしあなたが何かに価値づけしているならば，あなたは自らの行動をもってそれに価値づけする必要があるというものだ。言い換えると，クライエントが自分の人生状況を改善するように援助することに，臨床家が価値づけしているならば，特に私たちの対象とするものがすこぶる複雑であることを考えれば，たとえ次善策であっても，何かがなされる必要があるのだ。

ケースの概念化が臨床家の創造的な産物であり，経験的に導かれた構成体に基づいていると認識することが大切である。ケース概念化は科学理論の発達とよく似ている。ある対象についての観察が行われ，その後他の観察データと関連づけられる。仮説をまとめていく作業は，単純であろうと複雑であろうと，応用的であろうと基礎的であろうと，専門家のこれまでの理論的背景と現在の理論の産物にほかならないのである。より的を射た理論や概念化が，洗練されたアセスメント・ツールを使用し，主題に関する文献を完全に理解している科学者から生み出されることは，想像に難くない。したがって，アセスメントと介入について研究論文の現状を知っておくのは，あなた方ACTセラピストの義務である。ケースの概念化は継続的なプロセスであり，最初の概念化はスタート地点にすぎない。トリートメントが進むに連れて，いつ何時でも改訂される可能性があるという理解が役に立つ。

ACTとケースの概念化

　急激に増加している文献が示すとおり，ACTは将来有望であり（Hayes et al., 2006），ACTのケースの概念化モデルは，データの統合をサポートし，トリートメントの目標の設定を促し，関係性を確立し，価値のあるスーパービジョンを提供し，共感的スタンスを改善促進するなど，これまでに言及したすべての利点を提供するであろう。
　ACTは機能的文脈主義のアプローチ（第2章参照）であるので，ケースの概念化は伝統的な概念化とは，いくぶん異なるかもしれない。前に述べたように，ケースの概念化の手法は，しばしば，カテゴリー的・形態的アプローチを採用してきた（Hersen & Porzelius, 2002；Luborsky & Crits-Christoph, 1998；Persons, 1989；Weerasekera, 1996）。これらのアプローチは，観察・報告された症状の集合体（集まり）をもとに問題をカテゴリー化し，同じカテゴリーの心理的問題を持つすべての人々を同じ方法で治療しようと考える。面接を通じて，臨床家はクライエントの問題

について，DSM のカテゴリー診断に十分な形態的情報を得られるかもしれない。しかしながら，この症状の集まりに基づいたカテゴリー診断は，トリートメント・プランの立案には不十分であり，かなり多くの場合，クライエントが訴える「症状」の機能を無視する。

　ACT のケースの概念化モデルは，行動の次元に注目し機能的なアプローチを推進する。私たちは問題となる感情や症状の低減そのものを見るのではなく，ある行動レパートリーが，価値づけされた人生のゴールをどのように妨害するのか，またある人がどうしたら人生の与えてくる物事に，もっと心理的に柔軟になれるかを検討する。ACT が慢性疼痛を抱える患者に対して行われるとき（Dahl & Lundgren, 2006；Dahl et al., 2004），第一の目的は実際の身体的痛みの経験を減らすことではなく（減るかもしれないが），痛みが存在している間にさえも，価値づけされた，人との関わりを持つ，豊かな，人生に対して肯定的にさせる方向にその人を動かすことである。クライエントは，彼らが望む目標に向かって前進しながら，人生が与えるものを経験するよう求められる。「痛み，うつ，不安，怒り，罪悪感などを感じながら，なおもあなたにとって本当に大切なことをできますか？」

　ACT の会議や ACT 関連のリストサーブ上で，人々はしばしば「ACT ダンス」を踊ることについて語る。まるで，ACT のヘキサフレックス・モデルに描かれた主原則の輪郭を，クライエントとセラピストがステップ・バイ・ステップでワルツを踊っているかのように。ケースの概念化は，このペアがどのダンスを一緒に踊るか決めるのを援助し，リズムとテンポを決めるのである。私たちの目的は，あなたと ACT アプローチを通してステップを踏み，ひとつの動作が別の動作とどうつながるかを確認することである。

第2部

ACTにおけるケースの概念化に関する基礎

第6章
機能的にケースを概念化する

　セラピストは，ACT の用語を用いて，どのようにケースを概念化するのか？　この章では，ケースの概念化をするためのひとつのフレームワークとして，精神病理に関する ACT モデルを使用することを検討していく。私たちは，次のような例を挙げながら，ケースの概念化を検討していくことにしたい。その例とは，①クライエントが訴えるさまざまな不平・不満からケースを概念化していく場合，②セラピーが実際に行われている文脈においてセッション中に生じるやりとりからケースを概念化していく場合である。

ケースを概念化する

　先に定義したように，ケースの概念化とは，①アセスメントのデータ，②過去と現在の環境が，臨床関連行動にどのような影響を及ぼしているかについての情報（セッション中の環境も含む），③クライエントとセラピストが一緒に作成したトリートメントのゴールと，それを達成するためのプロセス，を統合したものである。第3章で触れた，行動の測度およびアセスメント・ツールの活用に加え，ACT セラピストは面接スキルと会話を用いて，効果的なトリートメントの計画立案に欠かせない情報を収集していく。また，主訴に関する質問紙と社会的なヒストリー（個人史）のインテイクを用いることによって，クライエントが自分自身の臨床的な問題

をどのように体験しているのかを理解することができる。セラピストは，クライエントと実際にやりとりをしている間，クライエントの言動内容に注意を払い，セッション中に生じた行動と，クライエントの語るセッション外で生じた行動の両方について質問をする。ここでのセラピストの課題は，第3章で説明したような機能分析の「レンズ」を通し，なおかつACTの6つのコアな構成要素も通して，クライエントの行動を観察することである。理想的には，セラピストは，クライエントの行動と環境的変数との間に観察された機能的（関数的）関係を検討して，ケースの概念化をしていく。ここでの環境的変数とは，問題を助長していたり，臨床的にプラスの影響をもたらしたりするものを指している。

精神病理のACTモデルによる概念化

　ACTにおけるケースの概念化は，伝統的な「直線的かつ機械的な」モデルではない。つまり，単に直線的にAがBにつながり，BはCにつながるというものではない。ヘキサフレックスの図は，心理的に重要である「行動の柔軟性」に関する全領域間に，相互的で促進的な関係があることを示している。つまり，6つの領域のどれもが，他の領域のいずれにも関連を持つ可能性がある。ACTセラピストは，単に1つの問題を観察し，最終的に唯一の結果に至るような介入をするわけではない。ACTは，相互に関係した6つの各領域からの介入を通して行われる，非直線的なプロセスであり，その目的は心理的柔軟性を増加させることにある。第1章で説明したヘキサフレックス・モデルは望ましいプロセスだけを扱っていた。一方，精神病理のACTモデルは，クライエントが問題解決に効果のない方法をとり，それによって行動レパートリーを狭めてしまう傾向にあるプロセスについての「見方」を提供している。この6つの領域は，心理的「非」柔軟性に一致するプロセスとして特徴づけることができる。——そのため，私たちは，これを「インフレクサヘックス（inflexahex）」モデルと呼んでいる（図6-1はHayes et al., 2006より）。

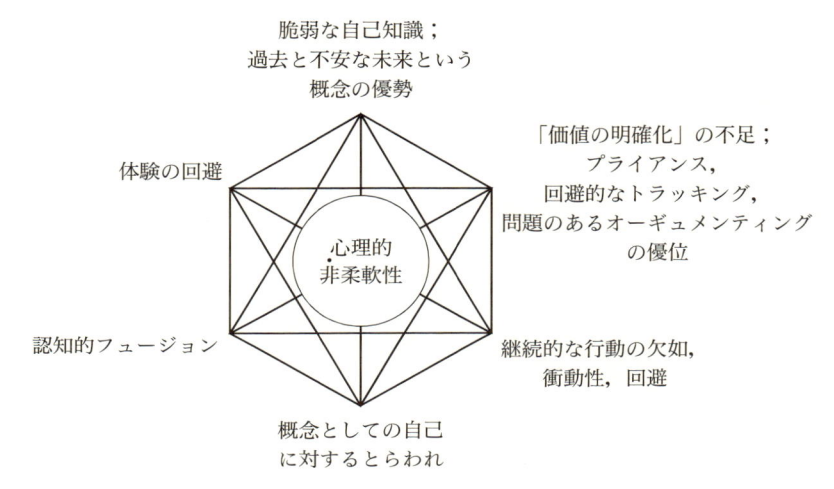

第6章 機能的にケースを概念化する　153

図6-1　精神病理のインフレクサヘックス・モデル

精神病理の ACT モデルから考えると，臨床関連行動は，インフレクサヘックスの図にあるプロセスによって記述することができる。ACT セラピストの課題は，これらのプロセスの観点から，クライエントの行動に対する機能的な説明をフォーミュレートしていくことである。まず，この各プロセスを簡単に説明し，その後，症例について述べていくことにしよう。

体験の回避

第1章でも触れたように，体験の回避（experiential avoidance）とは，自分自身にとって好ましくない思考，感情，感覚，その他の私的出来事との接触を絶とうとすること，もしくはそれに抵抗しようとすることである。しかし，好ましくない私的体験を自分自身から取り除こうとしても，たいていうまくいかないばかりか，実際にはその不愉快な出来事を増大してしまいかねない。おそらく，より大切なのは，臨床関連行動だけでなく私的出来事をも回避しようとする場合，思考や感情をよりうまく回避できる方法ほど，人生の問題をより大きくしてしまう傾向がある，ということであ

る。以下のシナリオで，問題となっている回避について考察してみよう。

- ある男性は，過去に犯してしまった犯罪についての恥ずかしさについて考えたくないとき，ヘロインを使い，数時間，もうろうとする。そして，それが習慣になっている。

- ある女性は，外出時に感じる緊張感を嫌い，続けて何週間も，何年間も，自宅に引きこもることを選んでいる。

- ある 10 代の女の子は，自分が汚れているという私的なイメージを嫌悪している。漂白剤を使って洗う（何度も何度も）ことで，（数分間は）そのような私的出来事を取り除くことができる。

- ある男性は，自分はバカにされてきたと考えている。そして，高速道路で別のバイクに割り込みをされると，自分が男らしくないように感じる。彼は，いわゆる違反者に対して非常に攻撃的に（あるいは暴力的に）ふるまうことで，この私的出来事を自分自身から取り除こうとする。

多くの人は，恥，緊張，汚れ，落胆のような私的体験は（その他のいわゆるネガティブな事象と同様に），排除すべき問題であるかのようにふるまう。「他の何よりも幸福とリラクセーションを追求し，不愉快な感情や思考を回避するように」というメッセージは，しばしば社会から与えられている（Hayes et al., 1999, p.75）。しかし，この「体験の回避」のアジェンダにはふたつの欠点がある。第一に，生き生きとした人生には，悲しみ，怒り，その他の「不愉快」とレッテルを貼られるような，さまざまな感情の体験が必ず含まれるものである。人生で有意義な使命に打ち込んでいる人なら誰しも，時には困難や失望が必ず伴うことを知っている。その人個人にとって価値のある，長期的なゴールにコミットしていたら，感情

的な葛藤や実践上の困難を回避することはできないものである。

「体験の回避」のアジェンダの第二の欠点は，それが通常「機能しない」ということだ。第2章の認知行動療法について概観したときにも論じたように，思考抑制は，長期的には，望んでいない思考の頻度を増してしまうことが多く，有効ではないからである（Beevers et al., 1999 ; Wegner et al., 1987）。さらに，このような回避は，当たり前の感情，衝動，身体感覚，思考を臨床上の問題点に転換してしまう，という「問題のあるプロセス」であると考えられている（Eifert & Forsyth, 2005 ; Kashdan, Barrios, Forsyth, & Steger, 2006 ; Kashdan & Breen, 2007）。

私的出来事を回避しようとすることによって，問題が解決されるどころか，よりいっそう問題が大きくなってしまうことが多い。ケースの概念化を行っている間，クライエントがどのように体験の回避をしているかということを注意深く観察する必要がある。

- クライエントは人生において，何と接触することにウィリングネスではない（積極的ではない）のか？　そして，そのせいで，どれだけ生きる活力が犠牲になっているか？

- クライエントが頻繁に話題を変える，長い時間「うわの空」である，目を合わせないといったことがあるか？

- クライエントは，感情的に負荷がかかるような，対人関係において重要な質問をされると，まず「わかりません」と答えるか？

- クライエントが「新しい職場と仕事内容を，本当に気に入ってるかって……そんなこと知らねぇよ」といった，投げやりなコメントをするか？

- クライエントは質問をされると，その質問の趣旨を避けるようなや

り方で答えるか？

インフレクサヘックスの「ケースの概念化」ワークシート（付録B参照。後述の「インフレクサヘックスの『ケースの概念化』ワークシートを使う」も参照）を使って，体験の回避の領域における，クライエントの回避手段を要約してみよう。その要約には，セッション中に生じる回避も含める必要がある——しかし，セッション中に生じる「体験の回避」の形態は，もちろん，多種多様である。それでは，ある「体験の回避」が，セッション中にどのように表面化するのかを見てみよう。

セラピスト：私たちの治療関係は強くなってきていると感じますか？
クライエント：わかりません。
セラピスト：私たちが一緒にいるこの時間をどう思いますか？
クライエント：ま……まったく，わかりません。

ここで，セラピストにしてほしくないのは「わかりません」の中身を探究することである。なぜなら，機能的アプローチでは，問題行動をその形態だけで判断しないからである。しかし，ベテランのセラピストなら，あるいは家族や恋人との間でもめたことのある人なら，このような経験をしたことがきっとあるだろう。つまり，人がデリケートな話題を避けたいときには「わかりません」というよそよそしいことばを言うものだからだ。大切なのは，そのフレーズの機能と，それが使われた文脈に目を向けることである。おそらく，前述のクライエントには希薄な人間関係のヒストリーしかなく，どのように同盟関係を構築していくかということに触れることができないのかもしれない。あるいは，このクライエントは，その関係性についての意見を持っているが，ただ答えるのを避けているかもしれない。というのも，意見を述べることによって激しい感情がこみ上げてきたり，嫌悪的な人との話し合いが持ち上がってきたりする可能性があるからである。

クライエントが体験の回避をしているかどうかを見極めるためには，優れた観察と，熟練した機能分析のスキルが必要である（機能分析に関する概観は第3章を参照）。Hayes et al.（1996）は，いくつかの診断を「体験の回避」の具体例として概念化している。そのため，クライエントが「体験の回避」のために行動しているかどうかをアセスメントし続ける必要がある。

認知的フュージョン

行動に柔軟性がなく，実際に体験している環境の結果よりも，言語ネットワークの影響を大きく受けている場合，その人は認知的フュージョン（cognitive fusion）をしているといえるだろう。Hayes et al.（1999）は，認知的フュージョンを検討する際に，以下のような興味深い言い回しを使っている。「言語的シンボルと環境的事象が『一緒に注ぎ込まれ』，まるで別個の2つのものが1つの化合物になっているかのようだ」と。ハンダづけや溶接で金属を接着させるときのように，2つの別のものが一緒にフュージョン（融合）する状態を思い浮かべてほしい。連結していなかった2つのものが，1つの安定した固い物体になるのだ。

RFTの視点から，認知的フュージョンは「関係ネットワークによって行動調整機能が優勢になっている状態。これは，特に関係反応のプロセスと関係反応によって生み出されたものとを区別できていないことが原因となって生じている」と定義されている（Hayes, 2006 b）。専門的に言えば，実際の随伴性の文脈と比べ，関係の文脈による行動の支配が優勢なとき，認知的フュージョンが生じるのである。換言すると，思考，感情，判断といった，言語的に関連づけられた先行事象や結果が，直接接触できる恣意的ではない随伴性よりも，反応に大きな影響を及ぼしている，ということである。より簡単に言えば，フュージョンとは，実世界における直接的な体験によってではなく，自分の思考の「字義どおりの内容」によって導かれる状態を指すのである。フュージョンした内容に反応するというこ

とは，記述された事象ではなく，記述そのものに反応しているのと同じようなものなのである。専門用語としての差異はほとんどないため，この先も「認知的フュージョン」を示すことばとして「フュージョン」を使っていく。

　字義どおりの関係的な文脈が行動を支配しているとき，フュージョンは人間の苦悩において大きな役割を果たす可能性がある。フュージョンが，人の生活において，どのように機能しているのかを検討してみよう。ある男性に，「私は悪い」という思考のような私的出来事が生じ，彼は，その評価が字義どおりの真実であるかのように，その評価に巻き込まれているとする。そのようなとき，彼は，まるで自分自身が嫌悪的な性質（「悪い」）と等位（イコール）な関係にあるかのように，自分の体験を自分自身（「私」）とを関係づけている。「悪い」（恣意的刺激）が回避されるべきもの——不格好なものや社会的に罰せられる行動——と関係づけられてきたヒストリーがあり，ここで彼が「悪い」を自分自身と等位として結びつけてしまうと，彼は今や「悪い」と同じ刺激機能の一部を共有するようになるのである。この関係によって，レスポンデント条件づけやオペラント条件づけで「悪い」と条件づけられている反応——恥，抑うつ，罪悪感や，回避すべきもの——が誘発・喚起されてしまう可能性がある。「私は悪い」という発言とフュージョンしてしまうことで，価値づけされた行為を起こしにくくするような気分の状態（悲しみ，落胆など）が引き起こされる可能性がある。このような気分の状態は，動因操作（MO）のように，特定の強化子の効果や，特定の先行刺激の誘発効果を減らし，この男性の行動レパートリーを狭めてしまいかねない。より簡単に言うと，彼が頻繁に「私は悪い人間だ」と自分自身に言い聞かせ，その思考を信じたり，受け容れたりしている（彼がその思考とフュージョンしている）とき，彼は悪い気分になっているだろうし，そのことによって，より生き生きとした人生を送るためのチャンスを見落としてしまうことになる。また彼は，自分に起きるポジティブなことも過小評価してしまうかもしれない。

　対照的に，「私は悪い」という思考から脱フュージョン（defusion）で

きる人は，ただその思考に気づき，それを現在の状況に影響を与える自分のヒストリーの一部にすぎないと捉え，自分がしている現在の活動を続けるであろう。自分の評価的な思考から容易に脱フュージョンできる男性が，(サッカーをしていて) シュートを外したとしよう。あるいは誰かにデートを申し込んで断られたとしよう。彼は「私は悪い」という考えを持ちはするが，そのような考えは自分がネガティブに評価するようなことをしたときに現れるものにすぎないと捉えるだろう。彼はその思考を信じ込んでゲームする (サッカーであろうと交際であろうと) のをやめてしまったり，激しく取り乱したりはしない。思考に気づき，そしてプレーを続けるだろう。

　さらに (おそらく ACT におけるケースの概念化にとって，より重要なことではあるが) 自分自身の思考とフュージョンしているとき，その望ましくない思考と，その思考を喚起する状況の両方 (あるいは，そのどちらか一方) を避けようとするだろう。「私は悪い」という思考とフュージョンした場合，その思考が嫌悪的な性質を持ってしまう可能性があり，「私は悪い」と考えた体験そのものが回避しなければならないものになる。そして，「体験の回避」のアジェンダが使われるようになり，勝ち目のない戦いが始まってしまうのである。なぜなら，どんなに私的出来事の内容を回避しようと画策したとしても，ほとんど役に立たず，非柔軟な行動しか生じない可能性が高いからである。それが「体験の回避」のアジェンダの特徴なのだ。その男性が，教会や両親のところへ行くと，たいてい，自分が「いかに悪いか」という考えが浮かんできてしまうとしよう。そのようなとき，彼はこのような思考を回避するために，自分のスピリチュアリティの実践や家族との集まりから回避することを選ぶかもしれない。たとえスピリチュアリティや家族が彼にとって重要なものであったとしても。

　クライエントの行動をアセスメント・概念化する際に，認知的フュージョンに関してしなければならないこと——および，してはならないこと——を以下にいくつか挙げることにする。

- 具体化された評価や柔軟性のないルールによって反応が導かれている例を探しなさい。

- クライエントの言語反応と，それが行動の非柔軟性に及ぼしている効果を，インフレクサヘックスの「ケースの概念化」ワークシートに書きなさい。ケースの概念化を構築していく，このような部分は，臨床家やクライエントが「非合理的信念」や「歪んだ思考」を書きとめる，その他の多くのワークシート，セルフヘルプ用紙，思考ログと似ているように見えるだろう。しかし，ACTのワークシートとの類似点はその形式のみである。

- アセスメント・データを書きとめ，それをもとに言語的事象の機能をアセスメントし，さらにそれを整理しなさい。

- 言語的事象の内容（機能ではなく）を議論するために，このデータを使ってはいけない。

- 個々のクライエントに応じた脱フュージョンとマインドフルネスの介入をするために，クライエントが述べたことを記録しなさい。クライエントが回避している私的出来事は何かということに留意し，どのような「価値づけされた行為」が強められるべきかが明らかになるように援助しなさい。

ACTの最終的なゴールは心理的柔軟性を育むことである。そして，ケースの概念化において，この領域は，クライエントが無益であるにもかかわらず，頑（かたく）なに従っている言語事象が何であるのかを調べるのである。第13章で，フュージョンと脱フュージョンのアセスメントとトリートメントについて，さらに検討することになるだろう。

概念としての自己に対するとらわれ

　ACT では，自己知識に関係する 3 つの異なる自己の体験（senses）について話すことが有効である。

- 概念としての自己（内容としての自己とも呼ばれている）
- 継続的な自己認識（プロセスとしての自己とも呼ばれている）
- 視点としての自己（文脈としての自己，あるいは観察者としての自己とも呼ばれている）

　ただし，これら 3 つの自己を次のように解釈するべきではない。それは，3 つの自己は互いに独立して存在する，あるいは 3 つの自己は自己知識に付随したものであるとしてそれを検討する唯一の方法である，ということではない。この 3 つは，単に，私たちが自らを唯一無二の自己として体験するときに使用する「3 つの異なった方法」について語る手段にすぎないのである（Hayes et al., 1999, p.181）。この節では「概念としての自己」に焦点を当てている。他の 2 つの自己の体験については，後ほど「脆弱な自己知識」の節で検討していくこととする。

　概念としての自己は，私たちが自分自身を定義し，描写するために使う言語的な内容である。Hayes et al. (1999) は，「概念としての自己」を以下のように記述している。つまり「私たち人間は，ただ単に世界の中で生きているわけではない。私たち自らが解釈し，構築し，観察し，理解した世界の中で生きている。専門用語では，派生的な刺激関係が他の行動のプロセスを支配しているのである」(pp.181-182)。「私は 28 歳のラテンアメリカ人で，ジョージの親友だ」「私は会計士で，かつてはすばらしいバスケットボールの選手だった」「私はひどい母親で腐った人間だ」といった発言はすべて「内容としての自己」の例である。ここで注目してほしい

のは，比較的永続するような自己の記述（例：性別，民族）もあれば，活動の記述（例：会計士，バスケットボール選手）や，評価（例：「親友」「すばらしい」「ひどい」）も，それに含まれるということだ。そして評価は，長期間比較的安定しているかもしれないし，時間単位，日単位，年単位で変化するかもしれない。シャンドラが「私は17歳のときに高校を中退し，大学に行きたいなんて思ったことはない」と述べ，リックが「僕は多くの同僚よりも頭がいい」と評価しているとき，2人は自分の「概念としての自己」について話していることになる。人はまた，しばしば，自己に関する進行中の体験を表現する。たとえば，自分は疲れを感じている（feel tired）と言う代わりに，「私は疲れている（be tired）」（あるいは不安である，落ち込んでいる）と言うだろう。まるで，その体験が「概念としての自己」と一体になっているかのようである。その人が「概念としての自己」とフュージョンしていると言えるだろう。

　関係フレーム理論は，このようなことが生じる理由を提供する。人は，毎日の生活で生じる「複数の範例による訓練」（multiple exemplar training）によって，自分自身を他の刺激（言語的な記述，出来事，人々，場所など）と関係づけるようになる。ある人と，あるものごとが，等位のフレームに一緒に入っているとしよう。そのような場合，刺激機能の変換によって，そのものごとの刺激機能を，その人が獲得する可能性がある。たとえば，「かわいい」と言われた子どもは，自分自身を「かわいい」と評価し，他の「かわいい」ものごとの刺激機能を自分に関係づけるかもしれない。同様に「みにくい」と言われた子どもも，同様の体験をするであろう。

　「概念としての自己」は役に立つものである。これによって，私たちは言語的な社会コミュニティに参加でき，「あなたのお名前は？」「どちらに住んでいますか？」「あちらはあなたの息子さんですか？」などといった質問に答えることができる。「概念としての自己」それ自体が問題なのではない。むしろ「概念としての自己」にとらわれることで，心理的「非」柔軟性が助長されかねないことが問題なのである。もはや該当していない

記述に，自分の苦悩を増やす記述に，あるいは役に立たない行動に導く記述に，頑固にしがみついているような場合，人は「概念としての自己」にとらわれているのである。

さて，ここからは症例の話をしよう。はじめはマークについて検討する。彼は27歳の建築作業員で，妻以外の女性とキスしているところを妻に見つかり，妻に追い立てられてセラピーを受けにきた。マークの妻は当時，妊娠7カ月だった。マークはこのことについて以下のように述べた。「他の女の子たちと距離を取るべきだったってことくらいは，わかっているんだ。だけど，俺は『色男マーク』っていう感じなんだよね。女の子たちだって俺のこと好きで，気を引いてくるし，そうされるとたまらないんだ。俺にとっては，結婚して夫になったってことだけでも，大変なことなんだよ。それでも，本当にクリッシーを愛しているから結婚したんだ。でも，今度は父親だって？　父親だなんてさえないよ。そんなのうんざりだね。女の子たちは二度と俺のことを同じような目で見なくなっちまうよ」。

マークの発言から，彼が「色男」という自分自身についての概念にとらわれていることがわかる。状況や役割の変化に対応する「ゆとり」を作れず，彼の自己の感覚は柔軟性に欠けている。彼は気がついていないのだ。たとえ，人生における役割が変わったとしても，彼がこれまでと同じ人でいて，これからも同じ人でいられるような基本的な方法があるということに。さらに，マークが，自分自身についての概念を変える必要がないのである。つまり，彼はただ，自分自身についての概念と，異なる関係を持つことが必要なだけなのだ。

シャンドラは，見たところ，「悪い」という自分自身の体験にとらわれている。シャンドラは「良い」ことをすることで，この「悪い」という自分自身の感覚から抜け出そうとあがいている。その「良い」こととは，自分の子どもたちにお金を与えることである，と彼女は定義している。関係的にフレームづけることを媒介によって，ほぼどのような出来事であっても「私は悪い」という思考を喚起しかねない。シャンドラは罪悪感を覚えると，「私が悪いに違いない」という考えを持つ。彼女の子ども

たちがトラブルを起こすと「私はなんて悪い母親なんだろうか」などと考える。シャンドラの人生は，自分の評価を「悪い」から「良い」へと変えるためのものであるかのようだ。彼女は，自分の考えを変えることに力を尽くし，罪悪感を早く緩和するために行動している。他人から良い人だと言われるように，人にこびへつらい，懐柔し，意に沿わないことでも黙って従っている。シャンドラの行動には常軌を逸したものがあり，まるで自分自身のしっぽを捕まえようとグルグル回っている動物のようである。

　自分自身がいい気分になること自体は，何ら問題はない。しかし，シャンドラは「良い」「悪い」といった，彼女自身の記述にとらわれていることによって，効果のない行動をとってしまい，結局は，彼女自身の「悪い」という感覚を強めてしまうようなことをしてしまう。たとえば，息子にお金を与えると，良い母親であるように感じる。しかし，そうすると，息子は麻薬を買ってしまうため，悪い母親のように感じる状態に戻ってしまう。ここでの問題は，彼女が「自分が悪い」と考えていることではない。問題は，彼女が「概念としての自己」にとらわれており，それが「悪い」ときにはその概念を変えようとし，それが「良い」ときにはその概念にしがみつこうとする行動をとっていることだ。そして，他の人と同様に，シャンドラにとっても，このような方略は通常効果がなく，人間関係，仕事，余暇における問題につながってしまう。

　セラピストはケースの概念化をするなかで，「概念としての自己」へのとらわれが表れているような発言を特定しなければならない。そのためには，以下のような発言を見つけ出すとよいだろう。

- 私は〜すぎる。

- もし〜さえすれば（または，しなければ），私は〜。

- もし，私がこんなに（みにくく，嫌われている，おろかで，など）なかったら，私は〜。

第 6 章　機能的にケースを概念化する　　165

- 私の問題は「私が〜だ」ということなのだ。

- 私は（失敗者，負け犬，麻薬中毒者，意気地なし，など）である。

- 私には（頭の良さ，美しさ，強さ）が不足している。

持続的な行動の欠如，衝動性，回避

　この「持続的な行動の欠如，衝動性，回避（persistent inaction, impulsivity, or avoidance）」は，さまざまな意味で問題となる領域となるだろう。この領域の問題は，クライエントにとって最も明白であり，これを解決すべく援助を求めてくることがある。この領域は通常，クライエント以外の人たちからも見ることができるような明白な問題をはらんでいる。それでは，その「症状」について話をしていくことにしよう。「症状」とは，しばしば精神病理の研究で測定され，実証的に支持されたトリートメント（EST）の対象になっているようなものを指す。問題のある行動に対して機能分析を実施する場合，ABC 機能分析の B の部分が臨床関連行動（この部分の「ケースの概念化」の対象である）に相当する。

　この領域における臨床上の問いは，次のようなものだろう。「クライエントがしすぎることは何か，しなさすぎることは何か，もしくは，不適切な文脈で行っていることは何か？」。ケースの概念化をするなかで，セラピストは「クライエントが体験の回避をするためにしていること」についての理解を深めていくことになる。以下の記述の中で，人が何をしすぎるのか，しなさすぎるのか，もしくは不適切に行っているのかに着目しなさい。さらに，その問題を下支えしているような体験の回避と柔軟ではない言語行動に注目する必要がある。

- ある女性は，汚れについての思考や感情に対してウィリングネスで

はない。彼女は，そのような私的出来事を回避するために，1時間に数回，衝動的に手を漂白剤で洗っている。

- ある男性は，気分障害の診断を受けている。彼は，自分で価値づけした目標に向かって生きていこうとするたびに，嫌悪的な私的出来事が起こるので，行動が持続的に欠如している。彼は「難しい」という考えと，「失敗する」という気持ちを抱えている。そして，体験の回避をするために，これらの私的出来事を回避するような柔軟性に欠ける行動レパートリーを助長していく。彼はベッドから出ず，仕事を休み，社会的なやりとりを拒むことを決めた。それから，これらの嫌悪的事象を避けるためのアジェンダを作り上げる。このようにして，彼は価値に向かって進むライフスタイルを自ら破壊していくのである。

- ある若い女性は，人を罵倒するような悪い女友だちとつきあっている。その女性は「私は彼女に尽くします。たとえ，この関係が悪い星回りのものであったとしても」と断言している。

それぞれの症例を扱う場合，最初にするべきことは「どんな行動をトリートメントのゴールにするか」についてクライエントと話し合うことである。次に，臨床的な改善が把握できるような行動的な測度を選択することである。

第1章で，コミットされた行為の領域が，心理的柔軟性の肝心な部分（タイヤ〔＝理論〕が路面走行〔＝実践〕で試される場所）であると述べた。これは，人が自分の大切に思うことを実際に行っている状態である。「持続的な行動の欠如，衝動性，回避」は，タイヤが道路に出ていない（実践で行われていない）か，気まぐれに車輪を回転させている（無駄なことをしている）だけの状態である。インフレクサヘックスの「ケースの概念化」ワークシートを用いる場合，「持続的な行動の欠如，衝動性，回

避」のセクションは，クライエントが自分で価値づけした方向に柔軟にアプローチすることを妨げるような「反応の過剰，反応の不足，不適切な反応」を書き込むことになるだろう。ACTにおける「ケースの概念化」で重要なことは，クライエントの外的な（顕在化している）行動を変えることであって，内的な（隠れている）行動を変えることではない。このことには十分に注意してほしい。たとえば，強迫性障害（OCD）へのアプローチにおいて，ACTセラピストが関心を示すのは，クライエントの行動レパートリーをより広く柔軟にすることである。それには，クライエントが手を洗う回数を減らすことや，外出先を増やすことなどがあるだろう。ACTセラピストは，クライエントの強迫的な思考の頻度を減らすことや，それをより合理的な思考へと変えることに関心はない。また，虐待を受けている人に対するACTアプローチでは，クライエントが「でも，彼のことを愛しているし，彼には本当に私が必要なのです」と発言する回数を減らすわけでもなければ，この発言をより合理的に変えるわけでもない。むしろACTアプローチでは，クライエントにその思考を気づかせ，彼女が傷つき続けてしまうような外的な依存行動を変えていこうとするのである。

　ケースの概念化における「行動の欠如，衝動性，回避」を検討するセクションとしては，ABC機能分析シート（付録A参照）や，イベント・ログ（付録C参照）があるだろう。また，臨床関連行動の測定（頻度，強さなど）や，他の標準化されたアセスメントも含まれるかもしれない。気をつけてほしいのは，セラピー中に「行動の欠如」をアセスメントすることは，とりわけ難しいということだ。なぜなら，クライエントがしていないことに基づいてアセスメントしなくてはならないからだ。多くの場合，ESTが焦点化しようとするのは，（インフレクサヘックスでは）この領域で評定される問題を改善していくことである。この点に関して，ACTのクライエントの「精神病理的」変化は，症状の軽減それ自体ではなく，価値づけされた生き方との関連で評価した方が適切である。Bach and Hayes（2002）では，精神病と診断され，ACTのトリートメントを受けたクライエントたちの再入院までの期間の変化と，精神病的な事象への信

用度の低下が認められた。また，Gregg（2004）では，ACTセラピーを受けたタイプ2の糖尿病患者たちのセルフマネジメント行動と血糖値の改善が認められた。ACTのアウトカム研究には「除去」のアジェンダをうかがわせるような測度も含まれているだろう。たとえば，禁煙のためのACTでは，タバコ消費量の減少を測定しており，うつのためのACTでは，ベック抑うつ評定尺度II（BDI-II；Beck et al., 1996）のスコアの変化に着目している。クライエントの「しすぎる」行動を減らすことや，「しなさすぎる」行動を増やすことに影響を与えることが，ACTのゴールとなる可能性もあるのだ。

それと同時に，クライエントがより広く柔軟なレパートリーを発展できるよう援助することも，明確なACTの目的である。活力に満ちた生き方に向かうコミットされた行為を生起させることが，臨床的な方向性なのである。価値づけされた方向を選び，そのコースを維持していくことは，ACTアプローチに絶対不可欠である。価値づけされた生き方に役立つような，1日の喫煙本数の減少や，BDI-IIのスコアの低下，あるいはより良い血糖値の維持が，臨床上の測定で認められたとしたら，これらの測度はACTトリートメントの重要な部分となるのである。「第3の波」の行動療法は，「行動の欠如，衝動性，行動の回避」の測定し，これらの問題を改善するためにエビデンスに基づいた介入を用いるという立場を全面的に採っている。

「価値の明確化」の不足

この「『価値の明確化』の不足（lack of values clarity）」領域が焦点化しているのは，クライエントの葛藤や障害物である。その葛藤や障害物は，クライエントが自分の人生のテーマにしたいことに関連している。セラピストは，活力や意思が不足していることを示唆するような，クライエントの発言や行動を探していく。クライエントが，自分自身の生き方に無関心だったり，無目的にトレッドミルの上を歩いているように感じたり，毎日

が単調に感じたりすると話すような場合，セラピストは個人的な指針に接触する能力の欠如に注目することになるだろう。何が自分の価値なのかがわからないと言うクライエントや，明確ではない価値システムに基づいて行動しているのに気づいていないクライエントもいるかもしれない。なかには，ぼんやりとなら「自分の大事なこと」について言語化できるが，その価値をサポートする文脈において，対応する能力（response-ability；責任）を十全に示していないクライエントもいる。自分が真に価値づけするものを特定し，認識し，それと共に存在することは，ケースの概念化にとって必須である。なぜなら，そうすることで，クライエントがトリートメントを受けることにウィリングネスになり，コミットされた行為が本物であると証明できるからである。

価値を特定する

「自分は何も価値を持っていない」と思っているクライエントもいるかもしれない。時々，このようなことが起きるのは，次のようなときである。それは，クライエントが価値を言語化し，その価値に向かって生きるときに体験した，とても不快で大変だったことに注目してしまい，「自分が価値だと言ったことは，ひょっとしたら本当は価値ではないのではないか」と思ってしまうときである。たとえば，「愛情豊かな母親でいることを重要だと思っている」と話すクライエントが，酒に酔って息子を虐待してしまったことを思い出す。彼女は「子どもを傷つけているのに，愛情豊かな母親でいるということは，本当に自分の価値なのだろうか」と思うだろう。しかし，このケースでは，彼女は自分の価値を評価しているのではなく，自分自身を評価しているのだ。脱フュージョンとアクセプタンスの作業をすることで，彼女は自分の価値とも，価値に伴って触れてしまいかねないネガティブな評価とも，一緒に存在できるようになる。そしてその時，彼女は自分の価値に向かって進めるようになるのである。

自分が実際に価値づけしているものを探す代わりに，価値づけすべきものを決めてしまおうとするクライエントもいる。あるいは，自分の価値を

「ばかばかしい」とか「たいして重要ではない」と判断し，それを話したがらないかもしれない。英雄的行為や博愛的行為，そして世界救済に関することだけが価値ではないと，セラピストからクライエントに伝えることが重要である。もちろん，このようなものもすばらしい価値ではあることにはかわりないが，クライエントの人生を生き生きとさせるものであれば，ほとんど何でも価値があるものと言えるのである。

　また，これまで価値について質問されたことがなかったために，価値を特定することに苦労するクライエントもいるだろう。彼らは，最も偽りのない望みがいったい何なのかという疑問に接するような，個人的な体験をしたことがなかったためである。彼らのヒストリーが，クライエントの価値に反した行動を示す人たちや，価値に向かう行動や議論を罰する人たちばかりだったという可能性も考えられる。クライエントが統合された価値システムを作り上げることができなかった理由を，必ずしも知る必要はない。重要なのは，自らの価値を探究する方向へと，彼らがスタートを切ることなのである。

認識されていない価値

　ケースの概念化のもうひとつの部分は「大切にしていることなんて何もない」といったことを意味するようなクライエントの発言を探すことである。往々にして，このようなクライエントたちは，自分の意識から価値をすっかり追いやってしまっている。それはおそらく，不安，あきらめ，絶望のせいであったり，過去の行動のネガティブな結果に打ちのめされているせいであったりする。人は価値から切り離されることはあっても，本当に大事にしていることが何もない人などいないだろう。Wilson and Byrd (2004, p.169) は，「何かを望んでいたころはありましたか？　なりたいものがあったり，したいことがあったりしたころはありましたか？」や，「もし，何かを大切にしていたころの世界に戻れるとしたら，その大切なものは何ですか？」と質問し，価値を否認しているクライエントに対して価値に触れさせることを提案している。ケースの概念化をしているとき，

明確さに欠けている価値を探究していくのに，このようなアセスメントの質問が役に立つ可能性が高い。

　Wilson and Byrd（2004）はまた，次のように指摘している。「不安やうつ，薬物依存になろうと思って，人生をスタートさせる人などいない。だから，クライエントと一緒にねばり強く，クライエントが自らのヒストリーを見つめ直すよう，少しずつ後押ししていけば，かつて昔にあきらめてしまった希望や夢，願望を再び取り戻せるかもしれない」と。自分自身の価値を認識することによって，その価値に反応できる（to be able to respond）機会が作られる。そして，価値づけた方向へと進んでいくことに，自らの責任（responsibility）を持てるようになるのだ。

障害を持ったクライエントの価値の概念化
　クライエントの中には，機能水準が低い（low-functioning）といわれる人たち（たとえば，統合失調症や知的能力の低い人）もいる。そのようなクライエントたちに対してケースの概念化をする場合にも，やはり価値のワークを行っていく。重篤な精神疾患や知的障害のあるクライエントであっても，価値を持っていないわけではない。そうではなく，価値を探究する機会が奪われてきただけなのだ（しかも，多くの場合，「善意」のメンタルヘルスの専門家によって）。たとえば，多くのクライエントは，自分のトリートメントのゴールを自分で設定するのではなく，人からゴールを与えられてきたのである（臨床上，どのような人のトリートメントに当たる場合にも，セラピストはこのような誤りに注意しなくてはならない！）。

　クライエントたちは，長い年月の間，（トリートメントを何十年も受けた後でも）たいした変化のない環境で，入れ替わり立ち替わりかわる対人援助サービスの提供者から，同じトリートメント・ゴールを与えられ続ける。多くのクライエントは，そのようなメンタルヘルスのシステムで長年を過ごし，自分の価値が何なのかを知ることなく，価値とは何であるかさえわからずにいる。そのようなクライエントであっても，価値のワークを

する能力がある。セラピストは，ゴールの定義と同定や，ゴールと価値の関係といったことについての，心理教育から始める必要があるかもしれない。そして，ひとたびクライエントがそれに乗ってくれば，どのようなクライエントであっても，トリートメントを進めていくことができるようになる（Bach, Gaudiano, Pankey, Herbert, & Hayes, 2005）。このようなクライエントたちは，高機能のクライエントたちとは異なった，特有のゴールを持っているかもしれない。それでも，価値はたいてい類似しており，家族，人間関係，教育，仕事，健康といった人生で重要な領域に焦点が当てられていることが多い。

些細なことが重要である

　クライエントが，生活の中にある，些細で取るに足らない要素に振り回されていないかを，彼らの話の中から見つけ出す必要がある。インフレクサヘックスのワークシートを使ってケースの概念化をする場合，クライエントが実際にどのような状況で，行動が制約されたり，衝動的になったり，活力をなくしたりしているのかを記録する必要がある。そして，クライエント自身が，そのような状況に気づいているかどうかも検討する必要がある。もし，そうではないのなら（それらの状況がクライエントの人生にさほど重大な影響を及ぼしていないのなら），ケースの概念化の中で，何がクライエントにとって重大で不可欠なものになるかも，明らかにしていかなくてはならない。

苦痛を検討することで価値を明確にする

　多くの人にとって，価値を明確にしていくための話し合いは，煩わしく，骨が折れるものになるだろう。セラピーでは，クライエントがあがき苦しんでいることについて探すことをお勧めする。なぜなら，往々にして，そのあがいているところにこそ，価値がささやいているからだ。その苦しみの中に，価値を見いだすことができるからである。たとえば，カルロッタは敬虔な信仰を持っており，潔癖の強迫性障害を呈していた。彼女はしば

しば、「神は私たち皆を嫌っている」とか、他にも不信心と彼女が判断するようなことを考えていた。彼女は自分の「症状」を話しながら苦悩に満ちた涙を流し、「私はただ神を愛し、一生お仕えしていきたいだけなのに、この罪のせいでできないのです」と言った。このことばの初めの部分が、強い価値を表す発言なのである！

　もう1人、シェイマスを例に挙げよう。彼は「ひどく落ち込んで」いて、孤独で、兄弟姉妹と疎遠になっていると訴えていた。彼はむせび泣きながら、「過去に、兄弟たちに対して傲慢で見下すようなことをしてしまったから、自分の人生からすべての家族関係を失ってしまったのです」とセラピストに語った。また、シェイマスは次のように話した。「僕はただ、兄弟たちの人生の一部になりたいだけなのです。家族の一員になりたくて、兄弟たちにとって意味ある存在になりたくて仕方がないのです。それに、僕はとんだ思い違いをしていました。兄弟たちが僕のことを、強いとか、かっこいいとか言って尊敬してくれて、たぶん僕のことを好きで、必要としているんじゃないかって。僕はこのように、誤った道を進んできてしまったのです！」この発言の初めの方が、彼の価値を真に表したものである。

　価値を明確にすることは、ACTにおいてケースの概念化をする場合、大きな役割を持っている。なぜなら、価値が明確になることによって、困難な思考や感情をただ持つことができる（脱フュージョンとアクセプタンス）文脈が確立され、「今、この瞬間」にその価値に沿った行動が可能になり、コミットされた行為に含まれることもある困難な作業が尊いものになるからである。オーギュメンタル（すなわち、さまざまな他の行動を強化する機能を増大させる言語的ルール）として価値が述べられることによって、コミットされた行為が動機づけられ、心理的柔軟性が促進されるのである。たとえば、ある男性が「私にとって、健康に気をつけることはとても大切です」と話したとする。彼には、そのような価値に同意しない人よりも、30分早起きしてジョギングをすることが強化的に機能するだろう。

　ケースの概念化をしているとき、クライエントが以下のような発言をし

たら，価値を明確にするチャンスであると考えられる。

- それが何になる？（そんなことをしても意味がない）

- 大切なことなんて何もない

- 自分がどこに向かっているのかわからない

- 何をすべきかわからない

- 自分の人生をどうしたらいいのだろう？

- なにもかもが無意味に思えて……幻滅している

- （離婚，病気，薬物を使い始めて，など）以来，私の人生はどこにも向かっていない

プライアンス，回避的なトラッキング，問題のあるオーギュメンティングの優位

　プライアンス，トラッキング，オーギュメンティングは役に立つものである。しかしながら，たいていの行動と同様，それが過剰であったり，柔軟でなかったり，価値づけられた結果を遠ざけてしまうような文脈で実践されたりすると，それも問題になってくるのである。
　過剰のプライアンスは，問題となることがあり，心理的「非」柔軟性を生じさせることもある。そのようなプライアンスは，自分が価値を置く結果を達成するのを犠牲にしてまでも，他人を喜ばせようとするときに，しばしば生じる。しかし，これは「プライアンスは病理的なものである」という意味ではない。他人を喜ばせること，人の言うことに従うこと，社会

的規範に準ずることは，家族，恋愛関係，友人関係，職業のゴールといった文脈における価値や，コミュニティやスピリチュアルな価値と関係していることが多い。プライアンスが過剰になるのは，他者を喜ばせることやルールに従うことによって，より柔軟なレパートリーが抑えつけられており，いくつかの文脈で直接的な随伴性に触れにくくなったり，触れられなくなったりするときである。たとえば，うつ状態にあるレイチェルは，高校でマーチングバンドとチアリーディングのチームに入っていた。あるとき，新しい高校の友だちにその趣味をからかわれ，「マリファナ吸わないなんて，ネクラなオタクだけでしょ」と言われ，マーチングバンドとチアリーディングのチームを辞めてしまい，マリファナを吸い始めた。

　ティーンエイジャーは，仲間からのプレッシャーでプライアンスが過剰になってしまう危険性がある。また，成人であっても仲間からのプレッシャーの影響を受けないことはない。その点から，以下の例を検討してほしい。

- ジョナサンは，社交不安を持っている男性である。彼は，厳しい要求をしてくる父親を喜ばせるために，大学で経営学の学位を取った。彼は，大きな会社で中間管理職をしているが，仕事が楽しくない。そして，もし興味を持っている考古学研究の道に進んでいたら，今ごろ自分は何をしていただろうかと夢想している。

- カレンは，愛のない結婚生活を続けている。なぜなら，「離婚などしたら，私のお母さんは自殺してしまうかもしれない」からである。

- マークは，新しいベンチャービジネスを始めたいと思っている。しかし，「この年でそんなことをしたら，皆から『中年の危機』（訳注：中年期に多く見られる精神的な不安定などを指す俗語）だと思われてしまう」という理由で躊躇している。

プライアンスが過剰になると，非柔軟性が高まり，価値づけされたゴールや結果から離れていってしまう。そして，プライアンスの過剰は，しばしば，クライエントの行動に活気や喜びがなくなる，ということからうかがい知ることができる。また，クライエントが，他人を喜ばせる重要性について語る，ということから見抜けることが多い。

次に，回避的なトラッキングについて検討しよう。それが生じるのは，あるルールが個人の行動を支配して，嫌悪的な刺激から逃避したり，それを取り除いたりするようになるときである。そして，その回避行動は，価値へと向かう反応に弊害をもたらす。たとえば，リックは職場の会議で発言するとき，不安を感じていることを自覚している。彼は密かに「会議では発言さえしなければいい。そうすれば，ひどく赤面することも吐き気をもよおすこともないのだから」というルールを作っている。彼は，会議で発言すれば，同僚たちに提案を聞いてもらえ，チームの一員として認められるということに気がついていないのだ。それこそ，彼が大切に思っている結果であるというのに。彼が頑なにこのルールに従い，私的出来事を回避し，もはや発言をしなくなってしまったら，同僚たちは彼に意見を求めなくなり，彼は職場で社会的に孤立してしまうことになる。トラッキングが必ずしも悪いわけではない。というのも，発言しなければ，不安にならないですむからである。確かに，そのルールと実際に生じる随伴性とは一致している。つまり，それは一連の刺激に接触しないですむという点では機能している。しかし，価値づけられた刺激に向かっていくという点では役に立っていないのである。望まない思考や感情を回避することは，必ずしも大きな犠牲を払うとは限らない。しかし，トラッキングが問題となるのは，体験の回避が価値づけされた結果の達成を阻む場合なのである。

それでは，問題のあるオーギュメンティングについて見ていこう。それが生じるのは，次のようなときである。それは，言語行動によって，ある事象が持っている強化子もしくは罰子の機能が変化したために，価値へと向かう行動をとれなくなったり，行動の非柔軟性が高まったりするときである。「この不安には耐えられない」という発言は，不安の嫌悪的な機能

を増加させるオーギュメンタルとして機能する可能性がある。「私の人生に，やりがいのあることなんて何もない」と言うことによって，以前は好んでやっていたことを思い出しにくくしたり，それをやろうとする気持ちを削いだりすることにもなりかねない。そして，この発言によって，そのような楽しい出来事の強化的特性を減少させることになるかもしれない。同様に，問題なのは，人がこのような思考を持つことではない。むしろ問題なのは，価値へと向かう生き方を無意味なものにしかねない，このような言語事象とフュージョンしていることなのである。

ACTセラピストはセッション中の対話において，プライアンス，回避的なトラッキング，問題のあるオーギュメンティングが優位になっている場合を探さなくてはならない。そのような例は，クライエントが以下のように発言する場合である。

- 私は，いつも／決して～。

- 人生は（不公平，今のところ完璧，めちゃくちゃ，不快，など）である。

- はい，でも～。

- 私は（ある重要な行動を）したいのだが，もし，それをしたら，私は～と感じるだろう。

脆弱な自己知識

先ほど「概念としての自己」については説明をおこなった。ここでは，自己知識に関する，自己の3つの体験をすべて検討するため，「プロセスとしての自己」と「視点としての自己」について検討していくこととする。

プロセスとしての自己

　第2の自己の感覚である,「プロセスとしての自己」あるいは「継続的な自己認識」は,顕在的な(public)ものでも内的・私的な(private)ものでも,今まさに生じている行動的事象に注目することで体験できるものである。「私はトラックを走っている」とか「私は原稿をタイプしている」と言うとき,私たちは自己認識をしている。これは,私的な事象に関しても当てはまる。たとえば,「私は疲労を感じている」や「私はすぐに帰宅しなくてはいけないと考えている」,もしくは「私はパニック発作になっている」と気づくときにも,自己認識をしている。この場合,言語反応の内容は,進行中の体験に気がつくプロセスと比べると,さほど重要ではない。考えていること,感じていること,気づいていることを知ることは有用なものである。そのため,セラピーの多くの流派においても,進行中の体験を表現する能力を伸ばすための介入が含まれているのである。

文脈としての自己

　第3の自己の体験は,「視点としての自己」「文脈としての自己」「観察者としての自己」といったように,さまざまな呼ばれ方をしてきた。「視点としての自己」は,宗教的・精神的実践の文脈で記述されることが多いが,私たちはこれを体験的に吟味することができる。この自己の感覚は,「純粋な意識」(Hayes et al., 1999, p.187)あるいは,気づいてはいるが考えてはいない自己(Harris, 2007)と表現するのが最も適切であろう。そのため,これは実体のないものであり,必然的にことばで表せる内容を持っていない。「視点としての自己」はこのような性質であるため,言語的表現が難しいことで有名である。このようにつかみどころのない性質ではあるが,なんとか言語的に表現してみよう。**視点としての自己**は,自分がただひとつの視点から体験をしていると気づくときに,ちらりと見える自己の感覚である。また,言語的な内容は変わるかもしれないし,新しい人やものごとに出合い,絶え間なく変化するさまざまな考えや感覚を持つかもしれない。それでも「この体験をしている場所は,いつも変わらずそ

こにある」と気づくときに垣間見える自己の感覚が，視点としての自己なのである。別の言い方をすると，2歳のときに存在していたあなたは，「今，この瞬間」に，この本を読んでいるあなたと連続している。また，24時間分の新しい経験をしても，今朝起きたときのあなたは，根本的な点で昨日起きたときのあなたと同じである。あなたは，自分の思考や感情の変化，加齢に伴う身体の変化，そして物理的な環境の変化に気がついているかもしれない。それにもかかわらず，これらの経験をしているその人，つまり変化し続けるあなたの人生を見ている視点の元は，変わらずに一定している。

　自己の体験についてさらなる説明をすることも可能だが，これら3つの自己の体験は，自己知識に属しているという共通の特徴があり（Hayes et al., 1999），ACTの実践に最も関連している。ソクラテスは「汝自身を知れ」と諭したように，自己知識が役立つことは明白である。現代でも，ソクラテスの時代と比べ，自己知識の有用性になんら劣るところはないと考えられている。人は幼いころから，自己を言語的に表現するように社会化される。それは，初めは聞き手として，その後は話し手として社会化されていく。聞き手としては，「パパのかわいい娘」「大きくて強い子だね」「とってもかわいいよ」「お兄ちゃんみたいにとってもおりこうさん」「悪い子」といったコメントという複数の範例を繰り返し，赤ちゃんは耳にすることにある。話し始めるようになると，「お腹すいた？」「もっとほしい？」「眠いの？」などと，子どもは尋ねられる。第7章と第11章で，これら3つの自己の体験について，より詳細に検討していくこととする。

自己と臨床上の問題

　自己を知り，記述する能力は有用である。このような自己知識が硬直し，非柔軟なやり方で行動を支配するようになると，何らかの精神病理が生じてくる。また，自己知識の能力の発達が十分ではない場合，他の臨床上の問題が生じる。

■脆弱な自己知識は，些細な「概念としての自己」が優勢になっているときに，明白になる

　たとえば，ジャネットは仕事で成功しており，成人した2人の子どもがいる。子どもたちは彼女を愛しており，それぞれの人生で成功している。ジャネットは，地域のボランティア活動に時間とお金を捧げており，強いゴルファーであり，良き友人がたくさんいる。豊かな人生を送っているのにもかかわらず，彼女の自己概念は「結婚生活がうまくいかなかった」ので，自分は失敗者である，という思い込みで占められている。ジャネットは離婚してから12年経つが，「あのような経験をまたするなんて，ありえない」という理由で，男性と交際する機会を拒んでいる。彼女は，人生の多くの領域で成功していることを楽しめずに，失敗を恐れるがために恋愛関係で成功する可能性を回避している。

■脆弱な自己知識は「プロセスとしての自己」を表現するスキルが発達不十分であるときに生じる

　これは，失感情症（alexithymia）において明白だろう。失感情症のクライエントは，自分の感情をことばで表すことができない。過度のプライアンスを呈するクライエントは，自分自身の思考や感情に接触できていないことが多い。たとえばシャンドラは，自分の子どもたちを喜ばせることに集中しており，彼女自身が何をしたいのかを尋ねられたり，意見や感情を尋ねられたりしても，たいてい「わかりません」と答える。

■脆弱な自己知識は「視点としての自己」に接触する能力が学習されていないか，未成熟なときに生じる

　この領域の自己知識が脆弱なクライエントは，価値づけされた方向と人生のゴールを，どう表現したらいいのかわからずに途方にくれてしまうことが多い。こういった人たちの行動と体験は，無目的，惰性，活力の欠如を感じていることが特徴的である。たとえばダレンは，「医者に処方された抗うつ薬を飲んでいるのに，私は幸せな気分にならない」と不満を漏ら

しながら，うつのトリートメントを求めてきた。ダレンの一番下の子どもは最近，大学に入るために家を出た。ダレンは「すべてのことが無意味に感じます。朝起きて，仕事に行き，妻にキスをして，犬にエサをやり，芝を刈って。そんなことをしながらも，自分の中には感覚がないのです」と話した。彼は愛情深い父親であるにもかかわらず，親としての自分の役割を既成事実として捉えているようであった。たとえ形が変わっても，子どもたちが大人になった今でも役割が続いているとは考えていないようだった。彼は何のゴールも記述できず，方向性を失っているように見えた。自己知識が脆弱であると，行動レパートリーに柔軟性が乏しくなることが多い。そうなると，その人は動かなくなり，実際の強化や強化となりうるものを追い求めないという特徴がある。

過去と不安な未来という概念の優勢

多くのクライエントは，言語的に作り上げた過去や未来にフュージョンし，「今，この瞬間」との接触や，「今，この瞬間」での効果的な行動を犠牲にしてしまう。人は，関係反応を恣意的に適用できるために，「今」に臨むのが難しくなってしまうことがある。ことばは，未来と過去に引きつけられ，往々にして「ネガティブ」なことに引きつけられる。「マインドは，外的な危険を見つけて判断し，必要に応じた計画を作り上げるすばらしい道具である。しかし私たちは，これと同じプロセスを，内的・私的な世界の内容に適用せずにはいられない。そのように内的・私的なものに適用すると，ネガティブなものが見えてしまうし，生み出されてしまう」(Hayes et al., 1991, p.71)。作り上げられた未来――「もし，今朝3時間シャワーを浴びなかったら，今日は何かひどいことが起こるだろう」といったこと――によって，人は現在から引き離される傾向がある。これだけではなく，過去を評価することによっても，完璧に良い状態の「今，この瞬間」が損なわれてしまう可能性がある。このことについては，以下の節で検討していくことにする。

過去に支配される：ヒト vs. イヌ

　考えてみよう。秋も終わりのある晩，雨が降り始めるなか，ロジャーという男性は帰宅してきた。彼は，そこで家の鍵を忘れてしまったことに気がつく。ロジャーと飼い犬のファイドは，家に入れず裏庭にいた。彼のマインドは，問題を解決しようといろいろ試みるが，どれもうまくいかない。近所の人たちも留守だし，車庫はないし，ツリーハウスではほとんど雨をしのげない。もしかすると，今すぐにも誰かが帰ってくるかもしれない。ファイドとロジャーは，ずぶ濡れになって待っていた。そして，そのまま時間だけが過ぎていく。ずいぶん時間が経ってようやく，車のヘッドライトが近づいてきた。しかもハンドルを握っているのは，鍵を持っている家族だ。ほどなく，暖かい我が家への扉が開き，寒くて雨に濡れるという嫌悪的な環境は外（そこ）での出来事になる。ファイドは水をブルブルと振り落とし，台所に行ってボウルの水を飲み，ドッグフードをポリポリ食べると，心地よい暖かな寝床へとゆっくり歩いていった。そして，クッションの周りを3度回って，最後は満足げに横になって休んだ（今，ここ）。

　ロジャーも同じようなことをしたかって？　それは違う！　嫌悪的な刺激はなくなったというのに，彼にとってはまだ，それらの刺激が言語的，心理的に存在しているのだ。食べ物や飲み物，そして暖かさは簡単に手に入れることができた。しかし，おそらく彼は愚痴をこぼすだろう。濡れて寒かった，鍵を忘れるなんて自分はバカだ，（こともあろうに）濡れずに暖かくしている妻が腹立たしい，腹が立ちすぎてリラックスなんてできない，イライラしすぎて食べる気もしない，などと。だが，感情を持ち，思考に気づき，良好な夫婦関係を保つといった大切な行動にコミットすることが必要なとき，それを「いつか」するのではなく，「今」することが必要なのだ。ロジャーが，過ぎた過去のネガティブな瞬間「そこ，あの時」よりも，暖かい家で，愛情深い妻と一緒に過ごしている「今，ここ」に触れることができたなら，彼の生活はどんなに違ったものになるだろうか？　有名な禅の公案に「狗子仏性（くしぶっしょう）（犬にも仏性があるか？）」というものがある。ロジャーとファイドの話は，その公案の答えに示唆を与えてくれるだ

ろう。

精神病理と失われた「今，この瞬間」との接触

　上述のロジャーの体験は，重篤な精神病理を指し示すものではない。しかし，過去の内容にフュージョンし，現在を体験することを犠牲にしている彼の行動は，トリートメントの場で見られる臨床関連行動と機能的に大差はない。一般的には臨床関連行動によって，心理的柔軟性が減少したり，価値づけされた生き方が損なわれたりする。「今，この瞬間」との接触の回避は，時として，不愉快な私的出来事を回避するために生じる。しかし，そこには問題がある。なぜなら，そうすることは（自然な環境との接触を減らす）心理的非柔軟性の一例であるからだ。さらに，価値へと向かうライフスタイルからすれば，不愉快な事象（たとえば，不安，悲しみ，身体的痛み）は，当然起こりうることだからである。「今，この瞬間」との接触を回避している極端な例として，解離（dissociation）が挙げられる。解離をすると，「今，この瞬間」に体は存在していても，心理的には存在していない状態になる。

　言語行動によって「今，この瞬間」から引き離されるとき，体験の回避とフュージョンが優勢になる。（インフレクサヘックスの各領域もまた，それぞれ相互に影響し合っているのがわかるだろうか？）ロジャーが雨の中から屋内に入って来たところを振り返ってみよう。彼は「今」，直接的に嫌悪的な随伴性にはまったく置かれていない。しかし，体が乾いて温まったとしても，すでに過ぎ去ったことについての言語行動をする（不満を言う）ことによって，彼が嫌悪的と判断しているものが，「今」にしっかりと存在してしまうのだ。そのため，回避をすれば，イライラ，悲しみ，不安といった望ましくない感情から「守られる」かもしれない。しかし，そうすることによって，嫌悪的な過去や不安な未来とフュージョンしている間に生じたかもしれない，楽しかったかもしれない現在を楽しめなくなってしまうのである。

✳︎セラピストのスタンス

　自分自身のことについて思い起こしてみてください。あなたも、ロジャーと同じような体験をしたことがないでしょうか。不当な扱いを受けたという思いに囚われていたため、あるいは、将来起こりうる問題を具体的に想定し、それを避けるべく画策していたために、本当に接触したいと思っていたことに接触することができない。一番最近、そんなことがあったのはいつだったでしょうか？

　このようなことを、これまでセラピー中に体験したことがないでしょうか？──ひょっとして、とても深く関わったクライエントに対して期待や計画を持っていたために、セッション中、実際に何が起こっているのかを見落としてしまったことはないでしょうか？

　ここまでで得た ACT の知識を使えていたとしたら、そのようなことに対してどうすることができていたでしょうか？

　同じようなことが再び起きたら、どうすることができるでしょうか？

　時々、この問いに立ち返り、個人としても、セラピストとしても、あなた自身にとって、一貫性のある ACT の方略を展開できているかどうかを確認してみてください。

未来に支配される：臨床例

　嫌悪的な出来事だけが臨床上の問題ではない。時として、人は、ことばによって「良いもの」（過去に強化子であったものや、強化子になりうるもの）が欠如していることを、現在の問題状況としてしまう。

❀ケース・スタディ❀　肥　満

　病的な肥満症のフロイドについて考えてみよう。彼は家庭的な男性で、子どもたちをとても大事にしている。それでいて、医者や家族からの度重なる忠告をよそに、大食いを続けている。彼は、ここで今、アイスクリー

ム・サンデーを目の前にしながら，明日（そこ，その時）からのダイエットを決意することがある。フロイドの学習ヒストリーについては推測するしかないが，「今，アイスクリームを食べるのは，私の家族や健康という文脈では悪いことである」といった関係が派生し，そういった関係によって，アイスクリームを食べることの刺激機能が嫌悪的なものに変わっている可能性が高い。この言語的関係は，「このアイスクリームを食べ終わったら（今，ここ），それ以降は健康的な生活を始めることにしよう（その時，そこ）」や「これが本当に人生最後のアイスクリーム・サンデーだ」といった，さらなる関係に変わっていくこともある。彼はまた，何かをする「最後の時」は，それをたっぷりと堪能してよい，と考えるようなヒストリーを持っているかもしれない。ここでの落とし穴は，もろもろの言語化や正当化にもかかわらず，なおも今，医学的に弱った彼の体に摂取されていく，高カロリー・高脂肪の食べ物が存在しているということだ。

　「今，ここ」に生じた言語関係は，「今，ここ」のフロイドの行動に影響を及ぼしている。それはまるで，彼には実際どうすることもできない未来の直接的な随伴性によって，「今，ここ」のフロイドの行動が支配されているかのようである。「その時，そこ」のバラ色の未来や，「その時，そこ」の生活改善に，彼が言語的に取り組むことによって，「今，ここ」の彼の健康が危険にさらされている。この例では言語行動によって，不幸にも非柔軟性が生み出されている。つまり，彼はただ衝動を衝動として注目する代わりに，甘いものを食べたいという気持ちを満たす，いつもと同じ習慣に陥っているのである。また言語行動によって，彼は価値づけされた現在の行動（今，家族のために生活を改善して健康になる）から焦点をそらし，それを言語的に構築した未来へ先延ばしにしている。フロイドは，今「悪い気分になる」ことを回避し，「今，ここ」で，これまでと同じ有害なやり方で行動しているときでさえも，「明日にでも行動を変える」という考えに言語的に接触することで，今「良い気分になって」いる可能性がある。

❂ケース・スタディ ❂　ギャンブル依存症

　ギャンブル依存症のクリストファーの行動も分析することができる。彼は，家族のために家計を健全化したいと思っている。しかし，そうは思いながらも，「今，ここ」で，手に入ったなけなしのお金を，支払い期限を過ぎた請求書の支払いに回すのではなく，「その時，そこ」の大当たりを夢見て（言語的に未来を作り上げて）スロットマシーンにつぎ込んでしまう。彼のマインドが，「その時，そこ」について言語化し提案したとしても，彼がそのことに気づくだけで反応せず，今，家計を健全化するためにお金を使っていたなら，柔軟な行動が生じただろう。常に同じ衝動に屈してしまっているという彼の状態は柔軟性を欠いている。つまり，彼は「この次，スロットマシーンのレバーを引いたら，金持ちになれるかもしれない」という言語的ルールに従っており，このルールこそが，そもそも彼を問題に陥れたものなのだ。彼は，当たる確率の低い投資に対して頑なにお金を投じ続けるのではなく，その瞬間に自分自身が語りかけてくることにただ注目し，「今，この瞬間」の随伴性（資金不足，支払い期限を過ぎた請求書の山）に触れようと試みることもできるのである。もしそうできたなら，さらなる借金を負うのではなく，借金を減らすといったような，自分の状況を改善するためのより多くの選択肢を持つことができるだろう。

❂ケース・スタディ ❂　虐待被害者

　ミシェルという女性についても検討してみよう。彼女は，自分のパートナーが虐待をやめてくれる将来の日（その時，そこ）に思いをはせながら，報われない関係にとどまっている。あるいは，彼が虐待的にふるまわなかった過去のことを考えて，その関係にとどまっているのかもしれない。ミシェルは，過去や未来についての支配的な概念に行動を制御されており，このことによって，彼女は今，危機に陥っている。

このようなエピソードに登場する人物のそれぞれの問題は，彼らが「今，この瞬間」にいないということだけではない。過去や未来に焦点を当てることで，現在の問題（肥満，未払いの請求書，家庭内暴力）を回避しているということも問題なのである。それでもなお，現在と接触することで，時に不愉快な体験をするかもしれない。しかし，そうすることで，その瞬間により柔軟に行動できるようになるのである。

インフレクサヘックスの領域間の相互関係

　インフレクサヘックスの各領域には重複した部分があり，別個のプロセスとして論じられてはいても，互いに影響を及ぼし合っているということに留意してほしい。別の言い方をすると，ACTにおいて中核となる臨床上の問題は，完全な意味で別個の問題ではない。しかし，特定のトリートメント方略の足がかりをつかむのに役立たせるために，ここでは別々のものとして論じているのである。また第1章でも述べたように，中核的なトリートメント方略は多くの場合，複数の臨床領域に影響を及ぼすということにも注意してほしい。

　領域間の重複の例を挙げてみよう。不安による身体症状の「体験の回避」は，「不安は最悪だ」という思考とのフュージョンと重複している可能性がある。そして，この「体験の回避」と「フュージョン」は，持続的な行動の欠如に影響を及ぼしているかもしれない。また，「今，この瞬間」との接触の欠如は，プライアンスと重複している可能性がある。ここでのプライアンスとは，それによって，その瞬間，その人にとっての最善のことではなく，人から言われたことをするようになってしまい，生き生きとした人生を追求することに関係して，直接的な強化子と接触する可能性をも減らしてしまうといったことである。

FEARで「非」柔軟性をアセスメントする

FEAR（Hayes et al., 1999）とは，ここまで説明してきた，心理的「非」柔軟性に関連するいくつかのプロセスを表す頭字語である。

- <u>F</u>usion（フュージョン）
- <u>E</u>valuation（評価）
- <u>A</u>voidance（回避）
- <u>R</u>eason giving（理由づけ）

短時間でアセスメントをするための簡単なアルゴリズムは，クライエントの行動レパートリーに存在するFEARを探すことである。この章で説明してきたように，直接的な体験と思考とが区別できなくなればなるほど，行動の柔軟性は減り，価値に基づいた行動をとりにくくなってしまうだろう。そのため，FEARのフュージョンの部分は，ケースの概念化の中で重要な役割を果たしている。ある文脈で私的出来事を評価し，その後，その評価とフュージョンしてしまうと，体験の回避が生じることになる。このことも，ケースの概念化の中では留意すべきである。理由づけについては，この章ではまだ十分に検討してこなかった（これについては第9章で検討していく）。理由づけとは，自らの価値や，行動により多くの影響を及ぼす環境事象に基づいた行動よりも，感情や思考に基づいた行動を正当化する人たちに関するものである。FEARの頭字語が提案しているのは，「非」柔軟性を見つけるために，この頭字語を利用していくという方法である。これについては，第14章でさらに検討をしていく。

インフレクサヘックスの「ケースの概念化」ワークシートを使う

ACTについてのケースの概念化をする場合，セラピストのねらいは，

どのような心理プロセスが心理的「非」柔軟性に影響を及ぼしているのかをアセスメントすることである。「おそらく，どのクライエントも，そのプロセスそれぞれに関連した行動を示しているだろう。しかし，あるクライエントにとっては，特に強力で，トリートメント・プランに重要な意味を持つような行動パターンを見抜くことが，セラピストの仕事である」(Luoma et al., 2007, p.232)。これを実行する方法のひとつとして，以下のインフレクサヘックスの「ケースの概念化」ワークシート（図6-2）を使用する。このワークシートは本章の初めの方で紹介したものである。ワークシートの四角の中に，問題の領域に該当するクライエントの臨床関連行動を書き入れなさい。さらに，クライエントの行動を支配している環境事象をアセスメントするため，ACTにおけるケースの概念化は機能的アセスメントを併用して行っていく。臨床家は，インテイク・プロセス中でもセラピー中でも終始，クライエントの問題，その問題を形成した過去の状況，ならびにその問題を維持している現在の状況に関して，情報を求め統合していく。インフレクサヘックスの「ケースの概念化」ワークシート，ABC機能分析シート，イベント・ログを使用することで，あなたはセラピストとして，ケースの概念化を作り上げるための基本的な必須アイテムを手にすることになるだろう。あなたがACTにより精通していくにつれて，ここで示されたモデルに合致し，あなたのクライエントとトリートメント環境に最も効果的に機能する手続きを，必ず作り上げていくことができるようになる。

脆弱な自己知識；
過去と不安な未来という
概念の優勢

体験の回避

「価値の明確化」の不足；
プライアンス，
回避的なトラッキング，
問題のある
オーギュメンティングの優位

心理的
非柔軟性

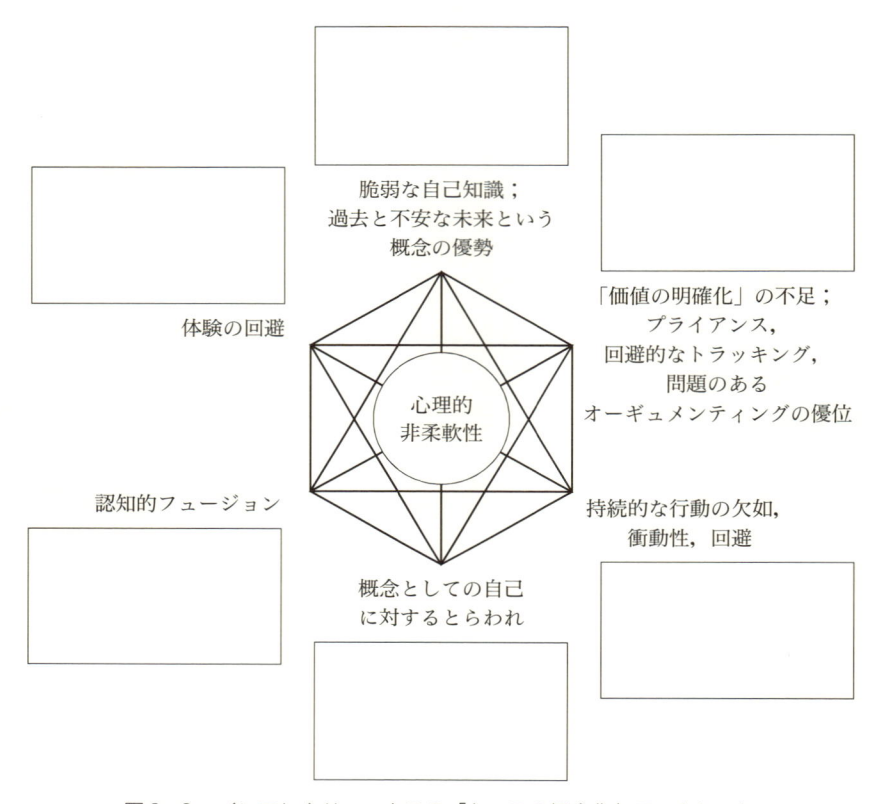

認知的フュージョン

持続的な行動の欠如，
衝動性，回避

概念としての自己
に対するとらわれ

図6-2 インフレクサヘックスの「ケースの概念化」ワークシート

リックに ACT を実践する

　リックの苦闘をアセスメントしながら，インフレクサヘックスの「ケースの概念化」ワークシートを，どのように実践で使用できるのかを検討していこう。リックは多くの主訴を持っているが，ワークシートを使用することで，彼の問題を ACT の精神病理モデルの観点から記述しやすくなる（図6-3）。

　リック：ここ4日間はマリファナに手を出さないでいられたんです。で

も，昨日の晩は前後不覚になるまでやってしまいました。昨日はスタッフ会議があって，もう一度，例の新商品を提案したいと思っていたんです。これについては1年間も考えていたのに，話を切り出す勇気が出ませんでした……だけど，発言しようと考えただけで，手は震えてくるし，顔中が熱くなるし，頭は真っ白になって。バカに見られたくないので，何か言うことなんて，できっこない，ってわかっていたので，ただ黙っていました。そのうえ，そんなことを考えているときに，上司が僕に質問したのを聞き逃してしまって，突然みんながこっちを見て，僕が何か言うのを待っていたんです。上司に質問を聞き直したとき，きっと僕は顔が真っ赤だったろうし，誰かに鼻で笑われたのが聞こえました。それで，僕は何かしょうもないことをモゴモゴと答えるくらいしかできなくて，もう消えてしまいたかったです。その後は，本当に最悪の結末でした。僕が提案しようと思っていた製品をアダムが提案して，みんなからすばらしいアイディアだって言われたんです。これで彼はいつものようにすべての名誉を手に入れて，僕はまるで負け犬です。家へ車で帰りながら，「自分は救いようのないヤツだ。絶対，何も変わっていきやしないんだ」って，ただただ考えていました。それに，あの忌まわしい会議について考えずにいられませんでした。そんなとき，近所の若いやつが「いいマリファナがあるんだけど買わないか？」って言ってきたんです。それで，僕は「もうどうなってもいいや。どうせ何ひとつ変わっていきやしないんだから」って感じでした。それで半オンス買って吸って，かなり気持ちよくなりました。今朝，目が覚めるまでは最高の気分でしたよ。それに，今だって「何ひとつ変わっていきやしないだろ」って感じだし。これからも，いつだってヘマをしていくんだ。マリファナをやめることに，どんな意味があるっていうんです？　僕の人生でやりがいのあることなんて，これくらいしかないんだ。やめるべきだって思っている精神科の医者がいるってだけで，なんでやめなくっちゃいけないんです？　僕が

マリファナを吸おうが吸うまいが，別に誰も全然知ったこっちゃないでしょ。なんで僕がそんなこと気にしなきゃいけないっていうんです？

　リックのことばに含まれているのは彼の個人的な内容である。しかし，そこから，人間が苦悩するときに常に存在するプロセスをうかがい知ることができる。彼のことばの中には，以下のようなインフレクサヘックスの「ケースの概念化」ワークシートを使って，行動を機能的に概念化するのに適した内容が数多く含まれている。

　リックのコメントは，精神病理のACTモデルにおけるほぼすべてのプロセスに関して，標的行動を概念化するときのフレームワークとなるだろう。リックの行動は柔軟性に欠いている。この柔軟性の欠如は，上述の話だけに見られることではなく，彼のヒストリーや，それまでのセッション中の行動においても見られることである。ワークシートに例示しているケースの概念化は，リックが，職場における他者との関係や，限定的で不本意な社会生活への参加を最小限にすることによって，不安や恐れているネガティブな評価を回避しているというものである。彼は，回避をするために衝動的にマリファナを使っているように，コミットメントを守ることができない。それに，人からの視線に極力さらされないようなレベルで仕事を続けている。彼の価値は，はっきりとは見えていない。つまり，自分の人生の不満については語っているものの，望んでいる人生の方向については表現していない。彼は，ネガティブに評価している「概念としての自己」と「概念としての未来」に，言語的に巻き込まれてしまっている。

第6章 機能的にケースを概念化する　193

（価値の）明確化の不足：会議中の行動の形態や、マリファナの使用によって、人からどう評価されているだろうかと言及していることくらいしか、価値づけされた方向性を示す証拠がほとんどない。

プライアンスの問題：セラピストを含め、他者が彼に求めているからという理由で、薬物使用を止めることについて話している。

トラッキングの問題：その瞬間の感じ方を変えるためにマリファナを使う、と語っている。会議中の自分の行動を、目の前の仕事に参加するという観点からよりも、嫌悪的な私的出来事から回避するという観点から述べている。

問題のあるオーギュメンティング：「何ひとつ変わっていきゃしない」「これからもいつだってヘマをしていくんだ」と言う。

リックは、（思考が）会議の場に存在しておらず、目の前にある課題に注意を払っていなかった。上司の質問に答えられず、帰宅時運転しながら反すうした。彼は「これからも、いつだってヘマをしていくんだ」「何ひとつ変わっていきゃしない」と繰り返している。彼は、「今、この瞬間」から逃げるために、マリファナでハイになる。

脆弱な自己知識；過去と不安な未来という概念の優勢

リックの話によると、彼はスタッフ会議で口をつぐんでいることによって、不安の感情から逃避し、不安の増加を回避している。また、感じ方を変えるためにマリファナを吸っている。

体験の回避

心理的非柔軟性

「価値の明確化」の不足；
プライアンス、
回避的なトラッキング、
問題のある
オーギュメンティングの優位

認知的フュージョン

彼は2度、自分のことを「救いようのないヤツだ」と語り、「決して何も変わっていきゃしないんだ」と言う。「決して何も変わっていかない」という思考は、概念化された未来による支配とも一致している。それは、「これからもいつだってヘマをしていくんだ」という思考も同様である。「なんでやめなくっちゃいけないんです……？」という思考とフュージョンすることで、継続的なマリファナの乱用が後押しされるかもしれない。

概念としての自己に対するとらわれ

「自分は救いようのないヤツだ」「決して何も変わっていきゃしないんだ」と、繰り返す。彼は、この具体的な評価を信じ込んでいるように見える。これらのことばは、大半のセッションで繰り返される話題である。

持続的な行動の欠如、衝動性、回避

仕事の製品についての自分のアイディアに関して、行動を起こしていない。以前に、マリファナを吸うのをやめたいと明言したにもかかわらず、マリファナを提供されるやいなや衝動的に使った、と報告している。

図6-3　インフレクサヘックスの「ケースの概念化」ワークシート：リックの例

リックの実践における ABC 機能分析シート

インフレクサヘックス・ワークシートに加え，セラピストは ABC 機能分析シートを使用する。このシートを使うことによって，リックの生活のどの出来事が彼の行動に影響しているのかを理解しやすくなる。リックは，空欄の ABC 機能分析シートをホームワークとして渡され，マリファナを吸ったときに，すべての項目を書き込むように言われた。

先行事象（A） 行動の前に何が起こったか？	行動（B） 何をしたか？	結果（C） 行動の後で何が起こったか？
日時：金曜日，午前11時。会議で，提案をすることを考えていた。手が震え始め，顔中が熱くなった。	昼休みに，マリファナでハイになった。	吸っていた匂いを誰かに嗅ぎ付けられてしまうんじゃないかという妄想にかられた。バカなことをしたとつぶやいた。
日時：金曜日，午後4時30分。職場からの帰り道，忌まわしい一日の後で，マリファナを吸いたいという衝動があった。	帰宅してマリファナを吸った。	しばらくの間はほろ酔い気分だった。多少の罪悪感を感じた。自分はなんてダメなヤツなんだろうとつぶやいた。

リックの記入から，マリファナの吸引が，彼がネガティブに評価している条件反応（CRs）からの逃避として機能している，ということがわかる。そして，そのことから，「もっとほろ酔い気分に」や「より妄想にかられないように」という感情の幅広い条件刺激（CSs）に，彼がより機能的に接触できるような，エクスポージャーとリラクセーションを提案してもよいかもしれない。マリファナを吸引することの結果は，即時のリラクセーション，罪悪感，ネガティブな自己評価であることも見てとれる。一見すると，後ろ2つの結果はマリファナ吸引に対する罰子のようにも見えるだ

第6章 機能的にケースを概念化する　195

ろう。しかし，これらはまた「ダメなヤツ」という彼の自己評価を強化している可能性があり，その結果，彼の関係ネットワークを一貫性のあるものに維持していると思われる。ネガティブな自己評価が強化されることによって，マリファナの吸引といった行動がさらに引き起こされる。そして，おそらくそういった自己評価が存在していることで，彼は悪い気分となり，逃避しようと努めている条件反応を経験することになるだろう。

　（ここで留意してほしいことは，クライエントが表現したABCの枠のそれぞれに対してすべて機能的な介入を考えていくために，機能分析を検討しているわけではない。機能分析は，クライエントの行動に影響を及ぼしている全般的な随伴性を調べるために考察するのである）。

| 日時：金曜日，午後6時。悪い気分，その日にあった問題について考える。売人がマリファナはいらないかと聞いてきた。 | マリファナを買って吸った。 | 考えていた問題がなくなった。 |

　ここで，彼の悪い気分を動因操作（MO）とみなし，麻薬の売人が存在し質問してくることをマリファナ購入の弁別刺激（S^Ds）と捉えることができる。このように分析することによって，彼の行動はどの出来事によって刺激性制御を受けているのかがわかるようになり，リックが職場からの帰宅ルートを変え，マリファナの売人の番号を携帯電話から消し，もう売人と関わらないように環境を変える他の手段もとるように提案することができる。彼の外的環境から，このような影響を取り除くことは有益である。しかし，私的出来事（MO）については，同様の「排除」のアジェンダを設定することができない。マリファナの売人を回避したのと同様に，「悪い気分」を回避したり取り除いたりすることが狙いであると誤解してはいけない。私的出来事に対する機能分析によって，私たちは，ACTの介入

（「悪い気分」を感じたままにしておく「スペース」を確保し，その一方で効果的な行動を生起させる）を用いる手がかりを得るのである。

　また，マリファナの吸引が再び「負の強化」されていることも見てとれる。こういった短期的な「マリファナの使用」を追求しているだけのときに，リックに必要な援助とは，長期的には活力が損なわれていることを理解できるようにすることである。つまり，価値のワークを行うことによって，彼は即時的な「負の強化子」を非柔軟にかつ衝動的に追求するような方向性と，より多く接触できるようになる。価値は，オーギュメンタルとして機能し，他のより重要な出来事の強化的な特性を強めることができる。そして，この重要な出来事は，マリファナの吸引と競合し，ついにはマリファナを吸引する可能性を低くすることができるのである。

| 日時：土曜日，午前11時。母の訪問に寝坊した。昨日の晩，遅くまでマリファナを吸いすぎた。 | マリファナを吸って，いい気持ちになる。 | まったりとした気分のまま訪問したが，母との昼食はできなかった。 |

　ここでは，リックの「行動の欠如」と「体験の回避」が見てとれる。「体験の回避」とマリファナの吸引は，老人ホームへの嫌悪的な訪問をする間，「まったりとした気分でいる」ということで強化されている。そして，行動の欠如（寝坊する，昼食を共にできない）の結果は，直接的な随伴性によって強化されていると思われる。すなわち，努力して何かをしなくてはならない状態から逃避しているのである（負の強化）。彼の価値は明確にされていない。そのため，行動の欠如が嫌悪的なものとして機能していない。

訳注：上記のリックに対するABC機能分析シートは，特にクライエントの私的出来事を同定するために使用したために，このような記入方法になっていると考えられる。つま

り，セラピストによる ABC 機能分析シートの使い方としては不十分である，ということである。なぜなら，3 つの枠に記入されているもののほとんどが，リックの「行動（私的・内的行動も含む）」だからである。セラピストが機能分析をする場合は「行動」の前後の枠には，より「環境的刺激・条件」を記入していく必要がある。というのも，セラピストが介入できるのは，常に「環境的刺激・条件」でしかないからである。その記入方法に関する詳細については（ただし，入門的なもの），『臨床行動分析の ABC』（松見淳子監修；武藤崇・米山直樹監訳，日本評論社，2009 年）に是非当たっていただきたい。

リックの実践でイベント・ログを使う

　回避されている私的出来事について調べる，もうひとつの方法として，イベント・ログ（出来事の記録）（以下を参照，あわせて付録 C も参照）を使用するとよいだろう。イベント・ログは ABC 機能分析ワークシートを変化させたものである。イベント・ログを使用し，クライエントは，パニック発作，（麻薬などの）使用の衝動，心配，強迫観念といった，通常は逃避するか回避するか，あるいは強い不快を感じながら耐えるような事象をモニターしていく。複数の臨床関連行動をモニターする場合，1 つの臨床関連行動ごとに，1 つのログを使用する。リックの場合，以下のイベント・ログを使って，マリファナの使用をモニターする代わりに，マリファナを使いたいという衝動をモニターしてもよいだろう。

イベント・ログ

氏名：＿＿＿＿＿＿＿＿＿＿＿＿＿＿＿＿＿＿＿

標的となっている問題：＿＿＿＿＿＿＿＿＿＿＿＿＿＿

　以下の枠内に，問題となっている状況で，何が起こっているかについて，あなたが観察したことを書き込んでください。「いつ？／評価」の枠には，その出来事の日時を書いて，その問題を0（まったく存在していない，まったく問題ない）から10（いつも存在している，最も問題である）までで評定してください。「出来事の前」の枠には，当該の出来事の直前に起こっている，あなたが気づいたことを書いてください（たとえば，あなたがパニック発作やアルコールの使用に対する衝動と格闘しているのであれば，パニック発作や衝動に気がつく直前に起こったことを書いてください）。「出来事の後」の枠には，その出来事の後で，あなたの行動がどうであったか，について正確に書いてください（たとえば，あなたがパニック発作を耐えたのか，あるいはビールを3本飲んだのか，について書いてください）。最後に，「結果」の枠には，その次に起こった出来事を書いてください（たとえば，パニック発作がおさまって，友人から「もう，大丈夫？」と質問された，あるいはあなたが酔っぱらって意識を失った，といったことを書いてください）。

いつ？ 評価	その出来事の **直前に** 何が起こったか？	その出来事の **直後に** 何をしたか？	それから 何が起こったか？ **結　果**
日時： 評価：			
日時： 評価：			
日時： 評価：			
日時： 評価：			
日時： 評価：			

第6章　機能的にケースを概念化する　199

　ホームワークとして，リックがイベント・ログに記入したものを検討してみよう。

いつ？評価	その出来事の**直前に**何が起こったか？	その出来事の**直後に**何をしたか？	それから何が起こったか？　結　果
日時：金曜日，午後5時15分。評定：不安について8点。	退屈な週末になるだろう。自分はひどい負け犬だと考えていた。	帰宅してすぐにマリファナを吸い，いい気持ちになった。	何もなし。感覚がなくなっただけ。土曜日は最悪の気分だった。

　ここで，リックは自分の臨床上の問題に関して，環境と行動の関係を記述している。そして，イベント・ログの説明に従って，自分の不安を1から10までの尺度で8点と評定している。この例から，彼が認知的フュージョンしていること，「今，この瞬間」との接触が欠如していること，体験の回避を試みて失敗していることについての「手がかり」を得ることができる。金曜日の晩の時点で，リックはすでに（ことばで作り上げた）土曜日と日曜日に生きており，その週末が退屈なものになるだろうと思った。そこで，今，マリファナでいい気持ちになり，その結果は後で悪い気分になる，というものであった。このような機能的関係が別の文脈で生じている例は，他にも探すことができるだろう。たとえば，後に生じる不安を予期し，それを回避するために，仕事を休んで家にいるときなどが，そうである。

いつ？評価	その出来事の**直前に**何が起こったか？	その出来事の**直後に**何をしたか？	それから何が起こったか？　結　果
日時：日曜日，午後3時。評価：不安について8点。	明日は仕事に行かなくてはならないと考え，会議についての不安を感じていた。	マリファナを吸い，いい気持ちになった。	不安が減った。

ここでもまた,マリファナの吸引が「負の強化」として機能していることがわかる。実際に,回避が機能しているのかどうかをリックに問うために,次のようなことがあったかどうかを検討してみるのもよいだろう。たとえば,マリファナでいい気分になった後,不安は減ったが,日曜の午後に自分に課した目標は達成できなかった,といったことや,不安が戻ってきて,マリファナを吸った自分自身に怒りを覚えた,といったことである。イベント・ログは,回避のアジェンダが実際に機能しているのかどうかをさらに検討していくための「きっかけ」となることができるのである。

いつ？ 評価	その出来事の **直前に** 何が起こったか？	その出来事の **直後に** 何をしたか？	それから 何が起こったか？ **結　果**
日時：火曜日,午後7時。評価：不安について8点。	コンピュータプログラムの仕事をしていて,近所の部屋からマリファナの匂いがしてきた。	プログラムの仕事を続けた。	衝動は消えた。

　ここから,リックは自分が楽しめる活動に従事している間は,マリファナ使用の衝動を我慢することもあるということがわかる。この観察結果を使って,彼に以下のことを指摘できる。それは,彼には,価値づけされた行為があること,不快な私的出来事を体験しながら効果的に行動することにウィリングネスであること,である。あるいは,価値づけされた活動を楽しんでいるときでさえ,マリファナの匂いを嗅いだだけで,マリファナを使いたいという衝動が起こってしまうこと,さらには,私的出来事の刺激性制御と自動性（勝手に生じてくること）に注目させることも,彼に伝えることができる。それによって,リックは,価値づけされた行為に従事し続けながら,その衝動に気づき,それを体験することにウィリングネスになることができるだろう。必ずしも,その衝動が消えてなくならなくてもよいのである。もっとも,最終的にはその衝動も消え去るであろうが

(すべての思考，感情，感覚は「引いては寄せ，寄せては返す波」のように消長するものだから）……。

このような種類のセルフ・モニタリングの活動によって，機能分析がしやすくなり，クライエントと臨床家が，クライエントの行動に影響を及ぼしている変数についての理解を深めることができる。ここでの変数とは，刺激性制御，文脈性制御，回避行動と逃避行動，結果性制御，競合する随伴性といったものが含まれている。イベント・ログは，機能的アセスメントの範囲を超えて，変化をモニターし，さまざまな介入の有効性をモニターするために使用することもできる。ABC 機能分析シートとイベント・ログを変形したものは，ACT の書籍やセルフヘルプ・ワークブック，www.contextualpsychology.org や www.actinpractice.com，そして多くの CBT プロトコルから入手可能である。

シャンドラに対する機能分析

ACT プロセスの観点から，機能的アセスメントをするために，セッション内の行動を検討していくこともできる。シャンドラの 3 回目のセッションが終わりに近づいたとき，以下のやりとりがあった。

シャンドラ：（ぶっきらぼうに）ええ，ええ──あなたがどういう方向に持っていきたいか，というのはわかっています。今度は，何をしたらいいんですか？

セラピスト：私は，ある変化に気づきました。面接の初めの方と比べて，最後の 10 分くらいは，あなたとちょっと距離があるように感じたんです。それで，思い返してみると，先週の面接の終わりにも，同じように感じました。何か，思い当たる節はありませんか？

シャンドラ：あの……その……正直に言うと……歯医者さんの予約をしていて，それに遅れてしまいそうなんです。だけど，この面接も早退したくないし。

セラピスト：この面接の後に予約が入っているということですか？

シャンドラ：はい。来週以降も3回，火曜日に歯医者さんを予約してあるんです。これじゃ，遅刻だわ。予約の時間まであと10分。

セラピスト：それは具合が悪いですね。

シャンドラ：（泣きそうになりながら，いきなり言う）ごめんなさい！ 怒っていますよね。歯医者さんも怒るはずです。火曜日の3時に面談しましょうって，あなたと約束しましたよね。このセラピーは，私にとって大事だから，それに同意したんです。でも，その後，歯医者さんにも同じ時間に来てほしいって言われて。遅刻だわ。歯医者さんも私のことを怒るはずですよね！

セラピスト：同じ時間帯に2つの予約は，都合が悪いですね。今，あなたは，どうしたいのですか？

シャンドラ：私は，あなたを怒らせたくありません。

セラピスト：うまく調整できるかを考えてみましょう。私が火曜日の3時を提案したのは，この時間が空いていたからであって，この時間しか面接ができないからではありません。

シャンドラ：（ことばを遮って）怒らないでください！ あなたにも歯科医にも診てもらいたいのに……また，めちゃくちゃにしてしまったんだわ。私が言いたいことわかってもらえますか？

セラピスト：私は，お互いにとって都合のいい面接時間を決めたいだけなんです。この時間では都合が悪いとか，今後数週間はこの時間では都合が悪いとかいうのであれば，火曜日の5時か6時，あるいは水曜日の12時か1時か2時でも大丈夫ですよ。

シャンドラ：私は，てっきり，あなたが火曜の3時にだけ，面接したいんだって考えていました。

セラピスト：そのように伝わってしまったのなら，すみませんでした。その時間しか面接できないということではなくて，どちらかと言えば好ましい時間というつもりで，その時間を提案したんです。

シャンドラ：でも，ご迷惑じゃ，ありませんか？

セラピスト：不都合だったら，そうお伝えしますよ。私の都合がいいのは，火曜日の5時か6時，あるいは水曜日の12時か1時か2時です。

シャンドラ：それじゃあ，私のことを怒っているわけじゃないんですね？

セラピスト：怒っていませんよ。

シャンドラ：患者として私を見捨てたりしませんよね？

セラピスト：私たちは，うまくやっていくことができますよ。さぁ，もう，歯医者さんに行った方がよいのではありませんか？　明日の午前中にお電話しましょう。そこで，あなたにとって，もっと都合のいい時間を決めましょう。重要なのは，このことについて，もう少し話し合うことだと考えています。今度の時の方が，あなたもずっとここいられて，ちゃんと話し合う十分な時間があるでしょうから。

シャンドラ：じゃあ，私のことを怒ってないんですね？　本当に電話してくださるのですね？　ただ口先で言っているだけじゃないですよね？

セラピスト：怒っていませんから。それでは，明日の午前10時から11時の間にお電話します。

　このようなセッション中のシャンドラの行動は，臨床関連行動であると考えられる。というのも，それは，彼女が他者との間で示している問題行動と類似しているように思えるからである。より確証を得るには，さらに情報が必要となるが，シャンドラが過剰なプライアンスを示しているということを，まず疑ってもいいだろう。彼女は，自分に不都合な時間に，セラピストと歯医者の両方に会う選択をしてしまい，提案された時間に自分が従わないことで，2人とも怒らせてしまうのではないか，と心配していた。

　また，シャンドラの発言から，彼女が「めちゃくちゃ」という思考とフュージョンしていることや，意見を述べたり，要求をしたり，要求を断っ

たりする必要があるときに感じる苦悩から回避していることも，疑ってよいかもしれない。最後に，シャンドラの行動によって，彼女の価値づけされた結果の達成が妨げられているということも，セラピストは推測するかもしれない。上述のような短いやりとりからもわかるように，シャンドラは，簡単に解決できる問題だったにもかかわらず，2つのトリートメントの両方を危うくしていたのである。

このようなやりとりは，短くて，トリートメントの初期に生じたものであった。セラピストは確実に，次のセッションでこのやりとりについて深めていき，セッション中に生じる可能性のある，別の臨床関連行動にも対応しようとするだろう。

セラピストは，セッション中の行動を，自らABC機能分析シートやイベント・ログで記録することもできる。以下は，セラピストの視点からつけられた記録である。

先行事象（A） 行動の前に何が起こったか？	行動（B） 何を<u>した</u>か？	結果（C） 行動の後で何が起こったか？
日時：3時2分。セッションが遅れて始まった——前のクライエントで時間をオーバーしてしまった。	シャンドラが「どうして，あなたは，いつもセッションを定刻に終えるのですか？　私が動揺しているときでも。私より，彼の方がお好きなんですね」と言った。	私はムカッとした。それから，私たちはそのコメントについて話し合った。
日時：3時20分。私は時計を見た。	シャンドラは話すのをやめて，「私はあなたを退屈させているんだわ」と言った。	シャンドラに，自分の話が退屈だなどということはない，と安心させた。

ここでは，セラピストに対するシャンドラの反応と，シャンドラに対す

るセラピストの反応が有用な情報を提供していた。なぜなら，シャンドラはおそらく，自分の周囲にいる他の人たちに反応するのと同じように，セラピストに対しても反応しているからである（Kohlenberg, & Tsai, 1991 参照）。セラピストは上述の分析から，シャンドラが自分自身を卑下し，他者に対して過度の再確証を得ようとすると推測するだろう。また，セラピストは自分自身の苛立つ感情に気づき，他の人たちもシャンドラの自己非難や卑屈さに苛立ちを感じることがあるのではないかと推測するだろう。さらに，この機能分析によって，セラピストは自分自身の行動（クライエントを安心させる）が，シャンドラの問題行動を強化している結果となっていたことを理解できるようになる。対人関係のプロセスに注意を払うことによって，ケースの概念化に重要な情報を得ることができる。

　精神病理の ACT モデルは，ケースの概念化をしていく最初の段階をガイドしてくれる。インフレクサヘックス・モデルでは，柔軟性を欠いた行動に焦点を当てていた。しかし，セラピストは必ず，クライエントの長所についても同様に注目していく。たとえば，シャンドラとリックは共に，トリートメントに対して高いモチベーションを示しており，達成したいと願う価値づけされた結果が明確になっている。トリートメントの次の段階では，心理的柔軟性の ACT モデル（つまり，ヘキサフレックス・モデル）に移行し，特定の ACT の介入をプランニングしていくことが求められる。

第7章
「今,この瞬間」との接触と視点取り

　ヘキサフレックス・モデルとインフレクサヘックスの「ケースの概念化」ワークシート（付録 B）は，ACT のケースを概念化していく際に有用な助けとなる。これらは，人が人生において行き詰まる可能性のある6つの領域を描写したものであり，各々の領域において，その「行き詰まり」を緩めるための介入が用意されている。機能分析的アプローチから言えば，行動的事象は，当然，文脈からの影響を常に受けるものであり，また，それは文脈を含めて初めて1つの事象として扱うことのできるものなのである。行動は文脈抜きでは定義することも測定することもできず，行動する有機体が存在しない文脈というのもありえない。同様に，心理的事象も必然的にこれら6つの領域のどこかに分類されるわけではない。つまり，すべてのプロセスが行動に関与しているのである。したがって，私たちは，6つのコア・プロセス中のひとつ，あるいは複数の観点から，観察された行動について語ることもある。しかし，そうすることで，世界の本来の姿を描写しようとしているのではない。また，ある特定の行動が「『今，この瞬間』との接触」であり，そのまた別の行動は「アクセプタンス」である，などと言うつもりもない。そうではなく，行動をコア・プロセスの観点から描写することは，ケースの概念化やトリートメントの計画がしやすくなるという点において有用であるとみなされるからである。ヘキサフレックス・モデルは，心理的柔軟性や心理的硬直性に与える，異なる影響について語るための便利な方法を提供してくれるにすぎない。この

6つのプロセスが，必然的に別々に分離されるものであると捉えると，その有用性が低下してしまう可能性が高い。これらはすべて，相互に依存し合っているのである。これから見ていくように，この6つの領域は，実際に適用されていくなかで互いに関係づけられていくことになるだろう。

ここで，ヘキサフレックス・モデルの「柱」（訳注：6つのプロセスは，大きく2つのプロセスにも分類可能である。それは「マインドフルネスとアクセプタンスのプロセス」と「コミットメントと行動変化のプロセス」であり，これらの重なる部分のことを「柱」という）に注目してみたい。それは，「『今，この瞬間』との接触」のプロセスと「視点取り」のプロセスである。これらの領域は，言語的，感情的，生理的事象によって強固に支配されているのとは対照的に，直接的な体験や超越性の方向へ進むために，類似したプロセスを共有している。これらの領域における介入では，クライエントに，人生が，まさに今，自分自身に手渡してくれている「何か」に接触させ，なおかつ，過去に起こった言語的なゴタゴタや評価からの影響を受けにくい「視点」から，そのような接触をさせることを目指している。クライエントが，過去に対する評価や未来に対する問題解決の枠組みという「重荷」を背負わなくてもよいような観点を援助し，そういった自己から「今」とつながることができるように援助することは，思考や感情のアクセプタンスのスタンスや，価値づけられた生き方へ歩を進めるための「踏み台」を育んでくれる。一方で，「コミットされた行為」と「価値」の領域では，自己決定されたトリートメントによって獲得したい進展の方向性を援助し，クライエントのレパートリーを広げ，心から望む人生を生きることを援助するために，言語行動を積極的に利用していくのである。

クライエントと一緒に，超越性や価値について考え始める際に，私たちがすぐに直面する問題は，クライエントが「自己」や自らの人生のテーマとして心から望むものを探求し，そのような方向へ進むために計画を立てていくプロセス自体が，本質的に言語的なものだということである。クライエントが「自分自身の人生のテーマをどのようなものにしたいか？」という質問を掘り下げて考えるよう求められるとき，そこには言語が含まれ

ているのである。このような「豊か（rich）」な臨床における質問への答えは，ただ単に，話を話で終わらせることなく，その歩みを実際に進めるために，どのような行為を実行しなければならないのかについての「見取り図」を提供してくれる。また，コミットされた行為は，価値と類似した特性を持つものである。というのも，言語は，行動的にコミットメントしているときやエビデンスに基づいたセラピーを実施する際にも，ゴール設定やその進展の具合の指標に関わるものであるからである。これら2つの領域からの介入は，心理的柔軟性や生きる価値のある人生へ向かって，クライエントが動き始めることを促すのである。

　アクセプタンスと脱フュージョンのプロセスは，絶えず存在している言語的，感情的，生理的事象と，異なる関係性を展開させていく点において，クライエントを援助する。アクセプタンスの介入が持っている目的は，クライエントが望まない私的出来事から自分自身を「保護する」ために構築したバリアを除去することである。アクセプタンスと脱フュージョンは，世界と相互作用する際に，生理的，感情的，あるいは認知的に生じてくるものを体験する，あるいは，取り入れていくための機会をクライエントに与えるように働く。ACTのアルゴリズムにあるように（Hayes et al., 1999, p.246），クライエントは，次のことを行うように勧められる。

　　<u>A</u>ccept：自分自身のリアクションを受け容れ，「今，ここ」にとどまる
　　<u>C</u>hoose：価値づけられた方向性を選択する
　　<u>T</u>ake Action：行為に移す

　脱フュージョンは，思考やことば，身体感覚を，ただ持ち，気づき，取り入れ，接触するよう促されることを通して，アクセプタンスを促す。クライエントは，エクスポージャーと自分の思考への気づきを通して，言語の自動的な性質を学ぶ。そして，思考や他の私的出来事に気づくことに対してウィリングネスになったら，その後は，生じてくるひとつひとつの評価や「問題解決」方略の有用性を識別する方法を学んでいくのである。こ

のような介入は「過度な字義性」(訳注：過剰に，ことばの内容それ自体に縛られている状態を指す)を打破することを目的としている。言い換えれば，クライエントに，言語的事象や評価から行動するのではなく，ただそのような事象や評価に気づくように促すのである。ただし，セラピストは，思考や感情を完全に無視すべきもの，あるいは，関連性のないものとしてみなしてしまわないよう注意が必要である。むしろ，大切なことは，クライエントを単に心地よく感じさせるのではなく……上手に感じるように学ぶことを援助するということである（Hayes et al., 1999, p.77）。言い換えれば，私たちは，クライエントがより社会的に是認された「ポジティブな」「より良い」感情や思考を持てるようになることを目指しているのではない。そうではなく，抵抗することなく，現在において，感じていることをそのまま抱きかかえることを目指しているのである。セラピーの中の「視点取りのワーク」では，望まない感情や思考を体験することに対するクライエントの抵抗を低減することができる。加えて，そのような思考や感情が，ポジティブであろうとネガティブであろうと，それらを体験することは「『今，この瞬間』との接触」の一部なのである。それでは，ここで，本章で直接的に関わる問題に話を進めることにしよう。それは，「『今，この瞬間』との接触」と「視点取り」である。

「今，この瞬間」との接触

　「今（now）」は常に発生するものであり，そこには，始まりも終わりもない。このような「今」が持つ避けがたい性質をよそに，人間は，自分の「今」の体験から離れるための不思議な能力を持ち合わせている。人間の言語という非常に有用なツールのおかげで，人は「今，この瞬間」を過去の出来事に照らし合わせながら評価したり，そうすることがより良い未来へとつながることを期待したりしながら，「この瞬間」において問題を解決することができるのである。これらのような例では，その人の「今，ここ」での体験は，過去や未来に関する言語的な刺激で満たされている。つ

まり、「今」は、多くの場合、過去や未来における「その時（then）」に関するものとなり、「今、ここ」の「ここ（here）」も、言語的に解釈された「そこ（there）」に関するものになってしまうのである。

　ただし、それは必ずしも問題ではない。多くの人の人生において大切なひとときというのは、過去の思い出にふけっているときや未来の計画を立てているようなときである。また、未来がどのようなものになるかを想定し、問題を予期して解決策を生み出すことは有用なことである。さらには、間近に迫った休暇の計画を立てるのは有用かつ楽しいことだろう。過去に共有した経験について、愛する人と一緒に思い出すことは、喜ばしく、親密性を高めてくれる。しかし、問題行動の文脈においては、思い出にふけることや未来の計画を立てることがどのように悪化する可能性があるのか（あるいは、役立たないものへと変化するとでも言おうか）ということに、臨床家は注目しなければならない。たとえば、シャンドラは、恋人が自分の子どもを虐待していることや、自分の子どもたちが自足できずにいることへの罪悪感に悩まされていると訴えている。彼女は、このような言語的事象（これらは、彼女によって、今、直接的には体験されていない）に投資してしまうため、自分にとって価値あるものを基盤とした人生を進めるためのチャンスに気づける状態になりにくい。もちろん、シャンドラが献身的で愛情深い母親になるという「価値」にコミットしているのであれば、心配するのも目標のうちのひとつだと抗議する人もいるだろう。しかしながら、心配があろうがなかろうが、子どものためになるよう行動することに彼女の目的があるのではなく、心配を除去することにその目的がある場合に、彼女の心配は問題のあるものになってしまうのである。シャンドラの「その時、そこ」についての心配や罪悪感は、「今、ここ」において実行できる最も有効な方法で子どもたちを援助するために必要な柔軟性を、実際には妨害してしまっているのである。リックも同じような罠にはまっている。彼は「未来はわびしいものだ」と言う。彼の未来は「その時、そこ」に存在しており、その「その時、そこ」についての言語的な構築物は、「今、ここ」の現在の事象に対する彼の反応に影響を与えているのだ。リ

ックが，見るからに役立ちそうにないルールや予言に支配されるのではなく，「今，この瞬間」が自分に与えてくれているものと接触することができれば，より行動的に柔軟な姿勢を得ることができるだろう。「今，この瞬間」についての臨床的な重要性について論じるためには「時」について論じておく必要がある。そこで，次の節は哲学的なものになってはいる。しかし，現在の体験と言語行動との関係性や，それがいかに人々に臨床的な影響を与えているのかに関する，臨床家の理解を助けるものになると私たちは信じている。

「時」についての機能的文脈主義の見解

　「時」というのは人を混乱させるテーマであり，しばしば，人々に襲いかかる力のようなものとして過度に単純化されてしまう。たとえば，それは「歳月人を待たず」や「時は金なり」といった諺（ことわざ）からもうかがい知ることができる。機能的文脈主義の立場から，私たちは，「時」を単純に，変化の指標として捉えてみたい。Hayes（1992）は，私たちは「時」を体験するのではなく，変化を体験するのであり，変化とは本質的にそれ以前の変化を含むプロセスである，と提言している。ダーウィンの言うような意味合いではなく，刺激の変化事象が蓄積するという意味で，その変化は進化的なものである。さらに Hayes は，「変化は，『今』から『今』へといったような，たった1つの方向性しか持たない。誰ひとりとして『今』から『今でないもの』（例；『その時』）へ変化したことはないし，そういうことが実際に起こったとしても，それを体験する方法がないだろう。なぜなら，あらゆる体験というのが，『今』における体験であるからだ」と述べている（p.113）。この極めて基本的な意味において，私たちが手にすることができるすべては，「今，この瞬間」に存在するのである。

　さらに，「今，この瞬間」は，言語行動によって損なわれてしまう可能性がある。グラミー賞を受賞したクラシック・ギタリストのディヴィッド・ラッセルが指摘したように，「『今，ここ』というのは，たった今過ぎ

去った時点のことである」のだ。この哀愁を帯びたセリフは，言語的な意味における「現在」は，言語の不器用さ・不自由さによるものだ，ということを示唆している。言い換えれば，ある話し手が「今」と言うとき，聞き手が反応するまでには，それはすでに話し手にとって，未来の「その時」になってしまっているのである。言語行動を時間的な事象へ実践的に適用してしまうことで，(思考作業の場合のように)話し手と聞き手が同一人物のときでさえも，「今」の体験が損なわれてしまうのである。聖アウグスティヌスが「では，時とは何であるか？　誰もこの問いを私に問う者がいないとき，私はそれが何であるかを知っている。しかし，このように問うてきた者に対し，私が説明しようとすると，途端にわからなくなってしまうのだ」(397/200, p.224) と沈思するとき，彼は体験的な「時」と言語的な「時」の間には差異があることを暗示している。直接的な随伴性の変化と言語的に評価された随伴性の変化の間には質的な違いがある。「朝食を抜くと午前11時までには空腹になるだろう」と午前8時の時点で言語的に評価することと，その空腹の身体的な感覚を午前11時に体験することは違うのである。

体験的な「時」

「時」について体験的に知ることは，環境の変化に関する直接的なヒストリー（個人史）によって決定される行動的反応を含む（Hayes, 1992）。関係フレーム行動の普遍性によって，言語的に有能な人間は非言語的に変化を体験することが難しくなる。非言語的な有機体は今もなお，（基礎的なオペラント研究で実証されているように）直接的に経験されたことに基づいて，さらには，般化されたことを通して，機能的に予測可能な形で反応する。たとえば，ラットの行動実験では，明かりが呈示され（S^D），レバーが押されると（R），食物が食べられる（S^{R+}）。この一連の出来事が数回起こると，連鎖的な変化の間に時間的な関係性が確立される。ラットは環境における変化を経験し，そしてその行動がこれらの変化の周辺に組織化される。このように，経験を通して，環境-行動の関係性のヒストリ

ーを確立することは，効果的な行動レパートリーをもたらす。これはオペラント心理学の最も重要な点である。そして，その学習ヒストリーは，過去の「出来事Aから出来事Bへの変化」を経験することを含むのだ。この変化事象は，未来の出来事が生じる確率に関する手がかりと相互に関連している。明かりが存在する場（出来事A）では，ある反応が確実に現在の文脈における食物（出来事B）を導くのである。Hayes は「非言語的な有機体にとって，時というのは，**現在における未来としての過去**の問題なのだ」と述べている（1992，p.113，原文どおり）。これは，人が実際に未来を体験することができるということを示唆しているのではなく，次のようなことを意味している。それは，現在と非言語的に接触することが歴史的な文脈を維持し，そして，現在の文脈は，まるで現在の文脈でも同様にそれが生じているかのようにして，過去の文脈で機能的であった，自発的行動に影響を与える可能性が高いということである。出来事は現在においてのみ発生し，まるで未来は過去の出来事の変化であるかのように，その反応は過去の経験と機能によって形成されているのである。

　……と言われても，何のことだかわからない？　オーケー！　前の段落で書かれていたことは，まるでカール・セーガンが「バック・トゥ・ザ・フューチャー」のパート4でマイケル・J・フォックスに出会うような話に聞こえたのではないだろうか（訳注：カール・セーガンとは，天文学者でSF作家。「バック・トゥ・ザ・フューチャー」とは，パート3まで作成された人気の高いアメリカのSF映画で，マイケル・J・フォックスは主演俳優。前段で「タイム・マシン」を使って時間を行き来するような話題をしているため，読者には「何やら，新しいフィクションでも聞かされたような気分になった」という感想が出そうなのを，比喩的にかつ自虐的に揶揄している）。それでは，もう少し具体化してみよう。理解してもらいたいポイントは，人間と非言語的な有機体の両者の行動は，ともにオペラント条件づけされているということなのである（おそらく，これはこの節のはじめに言及した過度の単純化であるだろう）。しかし，これは何度も繰り返し言及すべき点である。つまり，人間の行動は，現在において，過去の結果によって影響を受けているのだ。私たちが，この分析の中に言語行

動を含めるとすると，事態はより複雑化する。言語的動物と非言語的動物の両者の行動は，環境変化の機能として変化するが，言語行動に従事する能力は，変化を「変化」させるのだ（訳注：非言語的な動物は，ルール支配行動に基づく問題解決ができない。一方，言語的な動物〔つまりヒト〕は，それができる。まだ，生じていない未来を，過去から学んだ知恵〔言語行動〕を駆使して，危険を未然に防ぐことができる。たとえば，トリはインフルエンザを予防できないが，ヒトは鳥インフルエンザを予防できる。しかし，予防策をとらなければ，ヒトもトリ同様に，死亡する確率は高い。つまり，何もしなければ生じる確率の高い変化を，そうならないように言語的に「変化」させることがヒトにはできるのである）。人生は一連の「今」にすぎないのだが，言語は「今」をより「その時」に近いものにしてしまうのだ。次の……あ，いや，「今」を見てみよう……。

言語的な「時」

　言語的な「時」という表現を使って，私たち著者が言いたいのは，「人間はいかにフレーム（たとえば，時間関係（前／後），条件・因果関係（もし／ならば）によって，自分の身の回りにある事物を関係づけているか」ということである。そして，これらは主として環境内の変化に焦点を当てた行動である。多くの物や出来事は言語的に関係づけることができるが，外顕的行動と言語行動は，物と出来事の間の言語的な関係性によって，影響を受ける可能性がある（すなわち，言語行動は生成的なものであり，多くの文脈的な手がかりが刺激機能の変換に影響し，行動を変化させる）。人々は次のような関係性を学習できる。それは，「無防備にセックスをしてしまったら，性感染症（STD）に罹るだろう」「学位を修得すれば，大金を稼げるだろう」「私を通してでなければ，誰ひとり父のみもとに来ることはない（訳注：聖書からの引用）」といったものである。関係フレーム理論が示唆するところによれば，このような言語的関係の中に特定された出来事は，直接経験される必要がない。というのも，その関係性に基づいて，人が行動するからである。換言すれば，STDの随伴性に直接さらされる必要がないのである。なぜなら，言語的ルールに従うことによって，危険

な性行動を慎んだり，コンドームを使ったりするようになるからである。言語的に描写された結果自体が直接的に経験されていないとしても，時間的な言語関係によって，反応の特徴（行動の頻度など）を変容することは可能なのである。この意味で，未来は構築されたものであり，言語に基づく随伴性によって反応を変容することができるのだ。Hayes（1992）は次のように主張している。

　　　言語的な「時」とは「行動」なのである。しかも，その行動は，**現在において構築された未来としての過去**によって支配されている。すなわち，出来事と出来事との間の時間的な順序性という蓄積（＝「過去」）に基づいて，有機体は「現在」において反応しているのである。しかも少なくとも2つの出来事との間の時間的な関係を構築すること（＝「未来」）によって反応しているのである。繰り返しになるが，それは，ヒト以外の動物と同じような字義どおりの未来とは違うのである。それは，未来としての過去なのだ。この場合，その未来は，恣意的に適用可能な関係反応によって構築されているのである（訳注：第4章を参照）。すべての心理的な出来事と同様に，出来事は現在に起こっているか，あるいはまったく起こっていないか，のどちらかなのである（p.114，原文どおり）。

　派生した関係反応は，直接的な随伴性の影響を変容することができる。ある出来事が発生していなかったとしても，恣意的に応用可能な関係反応は，まるで直接的な経験のヒストリーがあったかのように，その人が言語的に構築された未来に対して反応するための文脈を設定することができる。たとえば，ある女性が，運転中に地図やGPS（全地球測位）システムを使っている場合，たとえ一度も訪れたことのない都市で運転をしているときであっても，適切な交差点で右折なり左折なりをすることができるだろう。ここで，彼女が未来の随伴性に反応しているわけではないことに注目してほしい。つまり，過去に学習されたことに関して，彼女は，今もなお，現在において行動しているのだ。過去は言語行動のレパートリーを形成し

た関係反応の複数の例を含んでおり，構築された未来（「もし／ならば」「前／後」のフレーム；「もし私が地図に従えば，行こうとしている場所に到着するだろう」）の方向性を指し示す関係フレームに関わるいくつかの出来事との直接的経験の具体例を複数含むものである。彼女は，今もなお「今，この瞬間」の中で反応しており（他に反応するときは存在しない），そのような構築された未来というのは「今，この瞬間」においてのみ存在するのである。

「もしも，人が『今，この瞬間』しか体験することができないのであれば，『今，この瞬間との接触』が，なぜACTのワークの中の一領域でなければならないのか？」と質問する人がいるかもしれない。しかし，クライエントに「今，この瞬間」と接触するように教えることは重要である。なぜなら，行動はさまざまな影響を受けて引き起こされる（つまり，多くの刺激が人間の行動に影響を与える）からである。一般的に，ある人の行動に影響を与える随伴性には，直接的な随伴性や言語的な随伴性を含めて，いくつかのレベルの随伴性が存在する。たとえば，OCDを抱える男性のジョンは，自分のマインドの言うこと――「朝に3時間シャワーを浴びないと，今日何か恐ろしいことが起きる」――を信じて，他の嫌悪的な随伴性（たとえば，パートナーの怒り，過度に洗うことによる肌の炎症）が同時に生じているにもかかわらず，3時間のシャワーという言語的随伴性に頑なに固執してしまうようなとき，彼は「今，この瞬間」と完全に接触していないのである。むしろ，直接的に接触された未来ではなく，言語的に構築された未来に対して反応してしまっているのである。もしもジョンがパートナーとの人間関係に価値を置いている場合にはこれは問題となりうる。彼のシャワーを浴びるという行動は言語的な構築物の見せかけだけの支配の下にある。しかし，彼はそれにもかかわらず，自分の「今」において生じている他の出来事，すなわち，彼の関係性の悪化，に接触するのではなく，頑ななまでに，その言語的構築物に従ってしまっているのだ。ACTでは，その人と，その人の中で現在，生じていることとの関係性を再調整するよう試みる。ACTセラピストは，クライエントに，その人が

本当に大切にしたいことの方向へ進む過程において，現在の事象を，全面的にかつ防御することなく（不安や何か恐ろしいことが起こるという思考も含めて），あるいは，それがそうであると主張しているもの（何か恐ろしいことが起こる）としてではなく，あるがままに（単なる思考や感情として）——今，抱きかかえるようにと促す。

「今，この瞬間」の臨床的な関連性

　現代の行動分析学の観点から「時」を理解することが，必ずしも決定的に重要な意味を持つというわけではない。しかし，重要なのは，人間の行動に影響を与えるような形で導き出される直接的な随伴性が確かに存在する一方で，言語的な随伴性もまた存在することを考察することなのである。「学位を修得すれば，大金を稼げるであろう」という言語的ルールに従っているような人は，大学の学位のみを求めることで，非柔軟に経済的な報酬を追求してしまっているのかもしれない。お金を稼ぐにはいくつかの方法があり，そのすべてにおいて学士号が要求されるわけではない。逆に言えば，大学の学位を持つことで，その人が高収入を得られる権利が与えられるわけでもない。「大学に行けば，金を稼げる」というルールに従っている人は，個人的にはもっと収入が多いかもしれない企業家としてのチャンスなどの，他の重要な環境の変数と接触していないのだ。この人は金儲けをするために役立つと考えられる科目を専攻したりするかもしれない。しかし，実際には，それを追究することに何ら個人的な喜びを見出さないかもしれない。つまりルール（随伴性を特定した刺激）は凝り固まった反応パターンを導いてしまう可能性がある（Catania, Matthews, & Shimoff, 1982；Wulfert, Greenway, Farkas, Hayes, & Dougher, 1994）ため，クライエントが「今，この瞬間」に接触することを促進することは，機能するかどうか（workability）を調べるための「リトマス試験」になりうる。クライエントには次のように質問することが可能である。それは，「たった今，このようなルールに従うことは，あなたが本当に望む人生の『結果』の方向へあなたを導いてくれていますか？　それとも，ルールは

単にあなたの行動を狭め,非柔軟なものにしているだけでしょうか？ このようなことばは,あなたにとって,どのように機能しているでしょうか？」などである。この質問はACTにおけるコミットされた行為と価値の側面を盛り込んでおり,さらに,ACTの「現在性（nowness）」をも説明している。セッション中に――それがたとえ,エクスポージャー・エクササイズの前であろうと,本当に望むものに向かって,あるいは,アクセプタンスに向かって,歩みを進めることについて話しているときであろうとも――セラピストは「たった今」について,問いかけており,その問いかけとは,「たった今,クライエントは,この瞬間にとどまれているか？」というものである。このような自覚的なスタンスを生み出すことは,クライエントが,自分の人生で生じていることや,自分の行動が価値づけた方向へ自分を動かしているのかどうかについて,より明快に理解することを助けてくれるであろう。

　この部分にはバリア（障壁）もあるかもしれない。クライエントは「今,この瞬間」との接触を妨げるような思考や信念,回避している現在の感情を持っているかもしれないし,本物のモチベーションや前向きな姿勢を持っていないかもしれない。または,自分が持ち歩いているすべての言語内容とは異なることを,理解することができないかもしれない。このようなバリアの各々は,脱フュージョン,アクセプタンス,価値,あるいは,「視点としての自己」の領域でのエクササイズで緩めることができるであろう。このような領域は必然的に単一のものであり,お互いをはっきりと区別することはできないということを覚えておいてほしい。

実践における「今,この瞬間」エクササイズ
　すべての体験は,「今」生まれ,時は「今」から「今」へと動くだけである。人生が私たちにもたらしてくれる「何か」に対して柔軟に行動すること,それがここでの臨床的な作業であるなら,今をありありと体験できるように援助することは,とても重要になるはずである。行動の変容とアクセプタンスもまた,現在の瞬間においては,より力強いものにな

るだろう。人は，この瞬間に，過去の行動の結果を評価する方法や，それらに反応する方法を変えることはできるが，過去の行動を完全に変えることはできない。たとえば，人は過去の過ち（それが本人自身のものでなくても）を許して，今，機能的な行動にコミットするかもしれない。人は自分自身の未来の行動を直接，変えることはできない。ただし，未来の行動において変化が生じるよう，現在の行動によって，環境を変えることを目指すことができる。それはたとえば，喫煙者が自宅から煙草を排除することや，労働者が定刻に仕事に着けるよう，少し早めに目覚まし時計をかけることなどである。したがって，「その時，そこ」で，生じる出来事に影響を与えることができるような言語的に計画された行為がそこには存在するのである。

　ACTセラピストは，「今，ここ」で生じている出来事に対して影響を与えることに関心を向けている。そうするためには，特に，より体験的であり，より言語的ではない行為が必要となる。というのも，言語には，人に，過去あるいは未来の出来事を関係づけさせる性質があるからだ。言語的なマインドのおしゃべりや意識そのものの絶え間ない流れを止めることは難しい。マインドフルネス・エクササイズは，特に言語行動と絡み合っているクライエントや，より強い「今，この瞬間」の感覚を必要としているようなクライエントのトリートメントにおいて，重要な役割を果たすであろう。自分の思考を見つめたり，自分の呼吸を数えたりするマインドフル・エクササイズは，思考や感情との言語的な絡み合いを通して，「その時，そこ」にとらわれたり，方向づけられたりするのではなく，「今，ここ」での思考や身体感覚に気づくプロセスを促進できる。スムーズに「今」と接触することは一種の技術であり，それには実践が必要なのである。マインドフルネスのエクササイズは，第3部のさまざまな箇所で紹介されている。

ケースの概念化と「今，この瞬間」との接触

　クライエントが「今，この瞬間」との接触と関連した問題を抱えているということを示唆するような臨床関連行動が数多くある。私たちは，6つのコア・プロセスは完全に分離できるものではないということをすでに述べた。回避，フュージョン，「今，この瞬間」においてコミットメントすることの失敗，「価値の明確化」の不足，限定（制限）された視点取りのスキル——これらすべてが，「今，この瞬間」と接触することの困難さと関係している。あるいは，私たちはまた，「今，この瞬間」と接触することで，アクセプタンス，脱フュージョン，コミットされた行為，価値づけられた生き方，視点としての自己のワークが促進されると言える。「今，この瞬間」との接触の欠如は，心理的柔軟性を減少させ，自己知識を限定してしまうのである。

「今，この瞬間」との接触の欠如における臨床的な関連性

　クライエントが，未来か過去，あるいはその両者に関する思考によって支配されているときには，心理的に柔軟な行動は生じにくい。自己知識の不足と「今，この瞬間」との接触の欠如に関連した，一般的な問題の例をいくつかここで挙げることにしよう。

- 薬物乱用の問題を抱える人たちは，その人が完全に存在している状態にある場合に体験してしまうかもしれない「何か」を回避するために，薬物を使用するのかもしれない。意識が変容した状態にいれば，「今，この瞬間」と接触することが減る。過度の睡眠や長時間のドライブに出ること，あるいはもうろうとすることなども，ケース概念化において検討すべき，回避手段なのである。

- クライエントはまた未来についても考えているので、「今」において、出来事を楽しんだり、出来事をそのまま体験することができないかもしれない。たとえば、後で片づける予定の仕事について考えているので、子どもとの遊び時間を楽しめないでいるような父親を考えてみよう。他の例としては、ある人が、後で同僚に伝えるべきことについて考えている間に、今、その同僚の言っていることを聞き逃してしまうような場合である。慢性的な心配性の人もまた、「今、この瞬間」との接触に関連した、ケースの概念化にとって重要となる臨床関連行動を示す。

- 過去について反すうをしてしまうために、現在に存在することができないことが問題である可能性もある。それはたとえば、ある友人とのギクシャクした関係性について考えている間に、別の友人がサポートを申し出てくれていることを無視してしまう人のような場合である。過去の概念に支配されてしまうことによるもうひとつの問題は、ある人が過去の過ちや「失敗」に焦点を当てている間に、価値と一致したチャンスを棒に振ってしまっているようなときに発生する。

- ある人が、時間的、条件的、因果的な関係フレームを使って、自分の行為を継続的に正当化しているとき、その人は、現在からの重要な情報を取り逃してしまっている可能性が高い。これは、もしある人が「僕が彼女をデートに誘っても、拒否されるかもしれない」、「子どもが学校を中退したりなんかしたら、私は悪い親ということになる」、あるいは、「私はあの時、体重を減らすことに成功できなかったのに、なぜ、今になって、また試そうとしているのか？」などというような場合に起こりうる。こういった言語化のひとつひとつは、非効果的な行動を引き起こしてしまい、個人的な価値やゴールに役立つかもしれないような重要な反応へ従事するチャンスを逃

- より日常的な例としては，人々が過去や未来についてのマインドのおしゃべりに焦点を当てている間に，近くで起きていることに気づき損なってしまうような場合を考えてみよう。このような出来事は，たとえば，景色に気づくことなく運転したり，他人と接触せずに社会的活動に参加したりするなどといった形で，ほとんどの人々に極めて頻繁に生じているのである。

「今，この瞬間」との接触の欠如に対する「解毒剤」となるのは，マインドフルネスを通じて「今，この瞬間」との接触を実践することである。それはまた，アクセプタンス，脱フュージョン，コミットされた行為，価値の明確化，「プロセスとしての自己」や「視点としての自己」の体験に関するワークによってもまた促進することができる。

視点取り

視点取り（perspective taking）は，多くの観点から経験・体験を概念化する能力のことを示す。これは，人間に固有な能力であり，比較的より高度な言語技能である。これは，幼い子どもや大半の重度の障害を抱える成人，あるいは動物によって示されることはない。また，一般的な発達をしている成人でさえも，視点取りに関係した難題にぶつかることはある。視点取りのスキルに欠陥があると，心理的柔軟性が制限されるので，視点取りは，ヘキサフレックス・モデルにおける関心領域となる。

指示的関係

指示的（deictic）というのは「明示的な（demonstrative）」という意味の気取った表現であり，「直接的に表示する，または，指摘する」とい

う意味である。私たちは，自分の言語行動や非言語行動の中で，自らの視点を明示するのである。誰ひとりとして他人の視点を体験することはできない。私たちは他人の言語的・非言語的行動を私自身の視点と関係づけることを通じて，他人の視点と接触することができるだけなのである。たとえば，私が次のように言ったとしよう。「私はモダン・ダンスが大好きです。あの流れるような動きや音楽にすっかり夢中になってしまって，その他の世界が遠ざかっていくかのように感じるのです。私はダンサーの運動能力や優雅さ，美しさを満喫します。ダンサーたちが踊るのを見ている間，私は我を忘れてしまうように見入っていて，見終わった後は，とてもワクワクした気分になるのです」。あなたは，このことばをあなた自身の何かしらの経験と関係づけることができるかもしれない。しかし，あなたは，私が直接体験したことを経験することはできないだろう。あなたがダンス好きだとしても，私が経験するものを正確に知ることはできない。なぜなら，あなたは私の経験やヒストリーを共有しているわけではないからだ。私たちは，常に「私，今，ここ」という視点から行動しているが，それと同時に，「私　あるいは　あなた」「ここ　あるいは　そこ」「今　あるいは　その時」について話したり，考えたり，そのような観点から行動したりすることは，しばしば有用なことである。ある意味で，自己は「私，今，ここ」という視点であると言える。つまり，私は，「その時，そこ」の私の経験の総体として「今，ここ」に存在しており，さらに，「あなた，今，ここ」とも，あなたの「その時，そこ」の経験とも区分されたものとして，「今，ここ」に存在している（Barnes-Holmes, Hayes, et al., 2001）。視点取りは，技術であると同時に，経験として見なされるものであり，そして，心理的柔軟性と関連性のあるものとして捉えられている。

自己の3つの体験

　自己知識に関わる自己の3つの体験は，概念化された自己，プロセスとしての自己，文脈としての自己（あるいは視点としての自己）であり，第

6章で説明したものである。「視点としての自己」を把握し、自己知識をトリートメントへと活用するためには、自己のそれぞれの体験に関する知識が必要になる。そのため、ここで、これらの自己の体験についてより詳細に再考することにしよう。

概念化された自己

　自己知識は重要であるというソクラテスの思想は、今までずっと継承されてきた。より近代の行動主義的な思想家の中で、Skinner が、自己知識は言語共同体のメンバー間で発生するものであると述べている。これは、共同体の他のメンバーが自己を記述する行動のレパートリーを作り上げるからである。共同体で生きていくために有用となるため、人は子どもたちに自分自身の行動を記述する方法を教える。それはたとえば、「鹿の群れを見たときにどこにいたの？」「私の投石器を盗った？」「痛いところを私に見せなさい」という具合である。長い年月をかけて、個人は言語共同体のメンバーとして、さらに、自分という有機体内での話し手と聞き手の両者として、自分自身に語りかけ、自分自身を聞くことを学ぶのである（Skinner, 1974）。Skinner 以後における言語の説明では、私たちは、自己について知る行為や描写する行為を言語プロセスとしてみなし、言語的描写——つまり、自己について知られている物事や情報——を言語内容としてみなしている。したがって、概念化された自己とは、自己知識という文脈において、言語プロセスを通じて生成された言語内容なのである。

　概念化された自己は、どちらかと言えば、「モノ」のようにみなされる。つまり、それは、自己ではなく、自己について考えることによって得られた産物、あるいは、文脈における自己との関係の中で言語的に行動することによって得られた産物なのである。概念化された自己のいくつかの側面は、やや固定的なもの——たとえば、性別——かもしれない。また、その他のいくつかの側面は、変化するもので、かつ、一貫性のあるものかもしれない。たとえば、人の年齢は変化するが、それは言語共同体の時間の概念に一致した様式で変化する。さらに、概念化された自己のいくつかの側

面は，特定の文脈に依存して，根本的に変容する可能性がある——たとえば，芸術的能力の文脈では自分には才能があると感じていても，運動能力の文脈では無能だと感じる人もいるだろう。あるいは，自分の最愛の人の瞳を見つめながら時を過ごしているという文脈では，相手に魅力を感じていても，ミスター・ユニバースやミス・ユニバースの大会を見ているという文脈では，彼ら／彼女らに何の魅力も感じない人もいるであろう。

　何らかの概念化された自己は，どのような言語共同体においても生じる。概念化された自己は，私たちが他者とコミュニケーションすることを可能にしてくれる。それはたとえば，「私の名前はシャンドラです。ベジタリアンです。寒い気候は好きではありません。スペイン語は話せません。私はカリフォルニアの生まれで，猫アレルギーがあり，子どもが2人います」といった具合である。概念化された自己は，私たちが自分自身の行動と他人の行動の意味を理解できるようにしてくれる。そして，それはまた，他者が私たちの行動を理解するための手段を提供してくれる。たとえば，シャンドラと関わりのある人が，彼女はベジタリアンであると知っていれば，彼女のディナーに鶏肉を料理しないだろうし，スペイン語を話せないと知っていれば，シャンドラがスペイン語で問われた質問を無視した理由がわかるであろう。概念化された自己は多くの場面において有用なのである。

　概念化された自己は，評価的な内容に対しては，より問題のあるものになる。「私は，女性／ベジタリアン／カリフォルニア生まれ／猫アレルギーです」と「私は，悪い／頭が良い／不器用だ／美しい／運動能力がある／太っている」の内容の間の違いに注目してみたい。内容というのは，ある人がそれとフュージョンしてしまうときに問題となるのである。内容を単なることば——つまり，言語プロセスの「結果」であり，また，現在の状況や文脈に関連するような形で持ち込まれる自分のヒストリーによって影響を受けた言語的アウトプット——として見ようとしないで，その内容とフュージョンしてしまう。そして，その内容を自己によって従事された言語行動の産物としてではなく，自己そのものとして見てしまうのである。

ある人がネガティブに評価された内容とフュージョンしているようなときには，感情的回避が起こりやすくなる。もしも，「私は悪い」が頭に浮かんできた単なる思考ではなく，私の本質的な性質であるとするならば，このネガティブな評価を喚起する文脈を回避することが重要となるのだ。「私は不安を感じており」「不安は悪いもの」なのであれば，不安を回避することが重要になるのだ。なかには，単純に自分の評価を変えてしまいたくなる人もいるかもしれない。たとえば，「私は悪い」という思考を「私は良い」という思考と置き換えるような形で，である。しかしながら，ポジティブな評価とのフュージョンもまた，同じように問題となる場合もある。ある人にとって「私は良い」という評価を維持することが重要である場合，その人はリスクを冒すことを回避したり，ネガティブに評価される可能性も含んではいるものの，実りある経験をもたらすかもしれないような行動に従事することを回避したりするかもしれないのだ——たとえば，それは，昇進を狙うことや，誰かをデートに誘うこと，新しい活動を試すことなどである。これらのすべては，報酬を得られるものであるかもしれない。しかし，その一方で，そのすべてが，拒絶される危険性，あるいは，ネガティブな自己評価を受けるという危険性，またはそれら両方の危険性をはらんでいるものなのである。

プロセスとしての自己

　プロセスとしての自己は，内容としての自己よりも，「この瞬間の中で（in-the-moment）」という性質を持っている。継続的な自己認識というのは，言語内容へ気づいていくプロセスである。自分の思考や感情，身体感覚に対して無自覚な人は，多くの文脈において，あまり効果的に機能することができないだろう。身体感覚に対する気づきの欠如によって生じる結果の極端な例は，先天性感覚性ニューロパシー（先天性の知覚麻痺としても知られている）を抱える人たちである。このような人々は，神経が皮膚の表面に十分に近いところにまで達していないために，痛みの感覚を感じられない。痛みを決して感じることがないというのは，望ましいように聞

こえるが，先天性の知覚麻痺のために痛みを感じることのない人たちは，数多くのケガをするのである。このような人たちには，痛みが提供してくれる危険やケガに対する早期警告サインに気づく能力がないため，この問題がより悪化してしまうのだ。このような人たちは，頻繁に骨折，切傷，火傷を経験し，自分の舌の一部を噛み切ってしまうことさえある。このような点において，自己認識の欠如は問題のあるものなのである。

これほどまでに極端ではない例として，子ども時代に「男の子は泣かないの！」と言われ，大人になった今も，泣くことや悲しみと接触することに対してウィリングネスではない男性について考えてみよう。彼は，面倒な感情に接触する代わりに，麻痺を感じたり，ひょっとすると怒りさえも感じたりするかもしれない。感情や継続する思考の流れに接触したくないような人の抱える苦境というのはわびしいものである。さらに，過去のトラウマに関係した思考や感情を回避しようとしている女性の例について考えよう。彼女は，危険性の高い状況に自分の身をさらしているという，重要な現在の環境からの合図を見落としてしまうかもしれない。このように，繰り返し犠牲者になってきたような人は，警告信号や危険に関する思考を体験的に回避しているため，結果的に，リスクの高い行動に従事してしまうようなことが起こりうるのである。過去についての自分自身の思考と接触することへの非ウィリングネスが，現在において，彼女が再び犠牲者になってしまう可能性を増してしまっているのである。私たちのクライエントであるリックは，自分の行動や感情についての継続的な自己認識の質を最小化したり，変容したりするために薬物を使用する。上述の例に挙げられた人たちは，言語内容を回避しようと試みている一方で，継続的な自己認識に含まれる言語プロセスを破壊することによって，そのようにしていることに注目してほしい。

継続的な自己認識は，「今，この瞬間」との接触のひとつの形であるが，痛みを伴う内容に気づくためには，しばしば，ウィリングネスとアクセプタンスが必要になる。セラピストは「たった今，あなたは何を体験していますか？」といった質問をクライエントへ投げかけることを通じて，彼ら

の継続的な自己認識を，セラピー・ルームへ運び入れることができる。同様に，クライエントが言語内容のなかで迷子になっているようなときにも，セラピストは「たった今，あなたは何を体験していますか？」と質問することができる。そして，たいていの場合，クライエントは，「継続的な自己認識」とは対照的な「概念化された自己」と接触するなかで，回避や，麻痺，生命力の欠如に気づいていくだろう。脱フュージョンの技法は，内容への執着を最小化してくれる一方で，プロセスへの焦点化（たとえば，「私は〜という思考を持っている」）を増強させるためにも使えるのである。

視点としての自己

　視点としての自己（「文脈としての自己」とも呼ばれる），あるいは「観察者としての自己」は，「思考や感情，記憶，身体感覚のような私的出来事が生じる文脈」（Hayes, Strosahl, Bunting, et al., 2004, p.9）として考えられている。視点としての自己は，文脈であるため，この自己には内容がなく，言語内容と同じような「モノ」の性質はない。このような超越的な性質があるために，視点としての自己の体験について語ろうとすると，ことばのもつれの中で混乱することになる。そこで，セラピストは，その代わりとして，エクササイズ，メタファー，マインドフルネス・エクササイズを通じて，「観察者としての自己」の体験を促進するのである。この自己の体験は，不変なものであり，そこには境界線がない。それは，常にそこに存在している自己の体験であり，思考や感情，身体感覚が，その思考や感情，身体感覚を持っている「私」と分離される場所である（Strosahl, Hayes, Wilson, & Gifford, 2004, pp.44-45）。「視点としての自己」の感覚は，ACTに特有のものではない。他の伝統では，それに対して別の名前がつけられている。それは多数の宗教伝統やスピリチュアルな伝統にとって，必須のものであり，特に仏教と結びついたものである。ACTセラピストは，しばしば，この伝統に由来するメタファーやエクササイズを借用することがある。たとえば，Hayes et al.（1999, p.187）では，内容としての自己と文脈としての自己との関係性を描写するために，

バスバ・ラム・ダス（訳注：スピリチュアル指導者）の書から借りて，「雲と空との関係」のメタファーを使っている。このメタファーの中では，観察者としての自己は，空に喩えられている——それは，たとえ雲で覆われてしまって見えないようなときにも，常にそこに存在しているのだ。言語内容は，雲のようである。雲は，時にはそこにない場合もあり，あるいは小さくてほとんど気づかれないような場合もある。また，私たちの空の視界を完全に覆うほどに厚く大きい場合もある。とはいえ，たとえ空が見えなくても，私たちは空がそこにあることを知っていて，それがそこにあると知るために，雲を動かす必要はないのだ。同様に，私たちは，文脈としての自己の感覚から，言語プロセスに気づくだけでなく，言語内容にも気づくことができるのである。それに執着することなく，また，それが変化することも必要とせず，それを現実，あるいは本当の自己として見ることもなく，ただ，それに気づくことができるのである。

　仏教の尼僧である，ペマ・チョドロンは，文脈としての自己の体験を「エゴのない状態」と描写し，次のように述べている（2000）。

> 　エゴのない状態，すなわち，私たちのありのままの状態を認識することは，盲目であった後に視力を取り戻す，あるいは耳が聞こえなかった後に聴力を取り戻すかのようである。エゴのない状態は，太陽の光線に喩えられてきた。確固とした太陽が存在しないとき，その光はちょうど放射状に広がっている。同様に，目覚めは，私たちが自分自身にあまり関心を持っていないようなときに，放射状に広がっているのである。エゴのない状態というのは，基本的な善良さや仏陀の性質と同様のものであり，私たちの無条件の存在なのである。それは私たちが常に持っているものであり，決して本質的に失われることがないものなのである。（p.62）（訳注：ここでは，太陽がエゴ，光がエゴのない状態として喩えられている。太陽やエゴがはっきり存在しているときには，そこにあるはずの光に気づくことはできない。しかし，確固とした太陽が存在しなくなる，あるいは，エゴを解き放つことができれば，そこに，光が存在していたのだということに気づけるようになるのである）

ペマ・チョドロンの描写は,「文脈としての自己」の超越的な性質とその内容の「なさ」をうまく捉えており,多くの(すべてではないが)人たちは,「観察者としての自己」と接触することを喜ばしい体験であると評価するのだ。

　「視点としての自己」の体験は,しばしば,クライエントにとって強力なものとなり,ウィリングネスとアクセプタンスにとっては恩恵となる。視点としての自己は,人が,そこから内容や体験をありのままの姿で見ることのできる,安全な場所なのである。この場所から見ると,内容は,それほど脅威を感じるものではない。というのも,そこで,内容と「文脈としての自己」の違いを体験できるからである。思考をしている者から思考を分離し,感情を感じている者から感情を分離できるようなときには,ネガティブに評価された経験は,それほど脅威的なものではなくなるのである(Strosahl et al., 2004, p.44)。思考と感情がこのような方法で捉えられるときに,アクセプタンスはより生じやすくなる。というのも,ネガティブに評価された内容が,自己の本質ではなく,ただの内容としてみなされるようなときには,人はそれを回避したり,それと格闘したりするプレッシャーをそれほど感じなくてすむからである。

☞チェックイン

- あなたがこの本を読んでいることに気づきましょう。
- 「私はこの本を読んでいる」と言うことで呼び起こされるのは,自己のどのような感覚でしょうか?
- 私はこの本を読んでいる,とあなたが気づいていることに気づいてみましょう。
- あなたがこの本を読んでいることに気づいているのは,誰なのでしょうか?

視点としての自己は，価値づけられた方向性への動きを促進する。人が「視点としての自己」に接触するとき，その人はより自己を連続的で安定したものとして捉えることができ，そして，何をしようとも，望んだゴールを達成しようとしまいと，喜びを体験しようと痛みを体験しようと，観察者としての自己は脅かされることはなく，完全なままである，と知るのである（Hayes et al., 1999, p.186）。

　視点としての自己は心理的柔軟性を増大させる。すでに触れたように，視点としての自己は，「モノ」のような性質を持っている内容としての自己とは，かなり異なるような体験である。「無」として，あるいは「モノではないもの」として，観察者としての自己には境界線も制限もない。個人が自分自身に関する限定された描写によって，負担も阻害も受けることがないので，制限のない自己には偉大なる自由がある。ありのままの姿で内容を捉えることは，その人が，新しい行動を試し，リスクを受け入れ，より効果的に行動できるように，解放してくれるのだ。Hayes（2007）が提案するように，あなた自身についてあなたが言語的に知らないことはたくさんある。セラピーの文脈において，このことは，クライエントに自分たちを苦しめているあらゆる内容を集結したとしても，海ほどの大きさのある「文脈としての自己」の中ではそれは涙の一滴にすぎないのだ，ということを理解してもらうことの助けとなる。体験的な事実として，このことを認識することで，たとえ価値づけられた方向に進むことに対するバリアに直面したとしても，より柔軟にふるまうことを自由にできるようになるのである。

　もちろん，私たちが，文脈としての自己を体験することに，自分の時間の大半を費やす可能性は低い。あるメタファーでは，私たちの文脈としての自己の体験は，自転車に乗ることに喩えられており，別のメタファーでは，落馬後に再度，馬の背中に乗ることに喩えられている（Hayes et al., 1999）——私たちは，バランスを崩したり，落下したりすることもあるかもしれない。けれども，いつでも乗り直せるし，時間が経てば前進しているものである。では，今から，文脈としての自己に関する個人的な導入と

して，次のエクササイズを数分間，行ってみよう。

> **✽セラピストのスタンス**
>
> 　人の人生はどのくらい長いのでしょうか？　それに答えるために，あなたの呼吸をたどってみましょう——心地よく吸って，心地よく吐きます。あなたは，たった今，先ほどの質問に答えたのです。
> 　このエクササイズをあなたにやらせたのは，あなたの何なのでしょうか？　それに答えながら，息を吸い，あなたの答えが不完全なものであることを知りつつ，息を吐いてみましょう。

ケースの概念化と視点としての自己

　クライエントの自己に関する問題の多くは，内容としての自己への執着と継続的な体験（プロセスとしての自己）に気づく能力が制限されていることに関連している。時として，臨床上の問題は，クライエントの「視点としての自己」との体験が制限されていることにも関係しているであろう。「視点取り」の問題は，回避やフュージョン，コミットされた行為の欠如，「価値の明確化」の不足，「今，この瞬間」との接触の欠如に関係しているのだと，あなたはもうすでに推測しているかもしれない。「内容としての自己」への執着と継続的体験に気づく能力が制限されていることは，心理的非柔軟性につながるのである。

　以下のような，特定のクライエントの行動は，視点取りのスキルの低さを示唆していると考えられるだろう。

- 「内容としての自己」とのフュージョン——たとえば，自分自身を「失敗者」「太っている」「薬物依存」「親」「学生」などにすぎないとみなしているようなクライエントである。これは，まるで，その

人が実体化されたように行動をしているかのようである。これは，感情とのフュージョンにおいても生じる可能性があり，それはたとえば，ある人があたかもそれがその人のすべてであるかのように「私はうつである」と言うような場合が挙げられる。

- 新しい行動を試すことへの非ウィリングネス。これは，ある人が「でも，私はずっとこんな調子できたんですよ」，または「それは何の役に立つのですか？」と言って，そのような言語化と調和したふるまいをするときに生じる。

- 継続的体験を描写する能力の欠如。たとえば，自分の考えていることや感じていることがわからないと報告するクライエントを考えてみよう。この人はただ感情を回避しているのでも，あなたに伝えるのを躊躇しているのでもない。そうではなく，今までに方法を学んでこなかったために，本当に，感情を描写して名づけることができないのだ。このようなクライエントのケース概念化の際には，この人に自分の感情を弁別するように援助する計画を立てて，自分の感情にラベルを貼る方法を教えることが賢明であるだろう。

- 「今，この瞬間」との接触の欠如（上記参照）。そのとおり！　クライエントが現在との接触の欠如を示すような行動に従事しているようなときにはまた，クライエントは，制限された視点取りのスキルも同様に明示しているのだ。というのも，視点取りは，常に「今」，体験されるものだからである。

第11章と第13章では，「内容としての自己」とのフュージョンを打破するために，クライエントに働きかける方法や，継続的な自己認識を建設的に使用する方法，そして観察者としての自己を体験する方法に，より焦点を当てることにする。

第 8 章
価値，コミットメント，そして行動の変化：3つのプロセス

　心理的柔軟性は，（クライエントによって選択された）その行動が実際に行われて初めて知ることができる。もちろん，この「実際に行われる」とは，そのクライエントが重要だと思っている，さまざまな反応を具体的に行うことを意味している。つまり，それは「その反応について語るだけ」ということを意味してはいない。そして，その人が自ら選んだ方向性を重要だと考えているとき，その方向性はその人の価値（values）（訳注：複数であることに注意）を反映しているのである。このように「価値」と「コミットされた（自分で選択し，それを他者に表明した）行動の変化」との間には密接な結びつきがあるため，この章では，価値，コミットメント，そして行動の変化を併せて論じることにしよう。

価　値

　価値の領域は，ヘキサフレックスの中で最も豊かで，最も存在論的に（あり方として）複雑な領域であると考えられている。しかし，同時にその領域はシンプルな美しさも兼ね備えている。また，価値はヘキサフレックス・モデルの中で最も研究されていないプロセスかもしれない。しかし，何千年もの間，哲学者や詩人は価値というものに向き合ってきた。価値を明確するために，クライエントは「あなたは自分の人生のテーマを何にしたいですか？」とセラピストから尋ねられる。それは，最も深い欲求，憧

れ，好みと関係している。「思いのままに行動しなさい」「自分の好きなことをして，その自分のしたことを愛しなさい」「チャンスが巡ってきたとき，それを逃さないように」「夢見ることができれば，それは叶う」といったフレーズを耳にしたことがあるだろう。あなたの身の回りの人たち（たとえば，親など）は，遠い未来にあるゴールにたどり着くという夢を持たせ，それに向かって情熱を傾けるように促すだろう。私たちセラピストもまた，クライエントに，人生に対する「北極星アプローチ」（訳注：「北極星」は，夜空が曇っていなければ，位置が不変であることから，転じて「自分の位置を確かめるために有用となる指針」としてのメタファーとなっている）をとるようにと促す。つまり，クライエントが自分自身の方向づけと人生のナビゲーションに役立つように，明確で，しっかりとした方向を選ぶことをセラピストは提案するのである。

　価値についての質問は，自らが大切にする方向性にクライエントを踏みとどまらせることができる。以下に挙げる例を見ていただきたい。その例は，価値について少し検討するだけで，怒りを抱え，そのために粗暴な行為に及んでしまっていた人たちが徐々に落ち着きを取り戻していった，というものである。その人たちは，離婚調停のため，裁判所から育児行動を学ぶための講習会に参加するように命じられていた。講師が話をしている間，彼らの私語は多く，教材にも興味をほとんど示さず，受講態度もひどいものだった。その時，その講師は次のように受講生たちに問いかけた。「みなさんは人生をこれから先，どうしたいと考えていますか？　命尽きるその時に，自分の人生を振り返り，満足だったと言えますか？　いつも明日を楽しみに迎えられていますか？　今，この瞬間，あなたの人生はどうですか？　このつらい時期に，お子さんの面倒をみる最も良い方法を学ぶことに，この時間を使うことはできませんか？　人生に少しゆとりを持たせることができませんか？　それができたら，生き生きと生活できるし，価値のあることもできるようになるでしょう。そして，生活全部が離婚にまつわる諸々のゴタゴタに巻き込まれないようになるはずです。この授業が，みなさんが本当にいたい，ありたいと思っているところへ運んでいっ

てくれるものだとしたら,どうでしょう？」。受講生たちは,その講師からの問いかけの途中から私語などをしなくなり,残りの45分間集中して,その講師の話を聞きつづけた。もちろん,これは逸話的なエビデンスにすぎない。しかし,価値へのオリエンテーションで講義を始め,いかに価値が人生に豊かさを加えるかについて話すことの方が,ありきたりの話で講義を始めるよりも,より耳を傾けてもらえるということは言えるだろう。

　私たちが価値について話すとき,それをどのように捉えているだろうか？　おそらく「モノのように」捉えているのではないだろうか？　しかし,価値とは決して固定的な「モノ」ではない。価値とは,生命力・活力を与える「何か」なのである。そのため,一見つまらない行動も,価値によって活力に満ちた生き生きしたものになるのである。つまり,この価値という概念を「価値ある生き方をする」あるいは「価値に基づいて行動する」のように捉え直してみよう。価値という概念をアクションとして捉えてみよう。価値そのものについて話す場合,価値という語が名詞であるために,私たちは,それが動きのない,固体のような感覚を持ってしまうことがある。しかし,それがたとえ名詞として記述されていたとしても,それ自体は,今まさに生じ,動いているようなプロセス（an ongoing process）のことなのである。また,価値とは「家族の価値」に従うというような,明白なかたちで道徳的な縛りや規範を形成していくことでもないのである（価値が文化に関連する道徳的な規範などの影響を受ける可能性があるとしても）。

ゴールと価値を明確にする

　ここで私たち著者が意味する価値とは,達成されたもの,つまりゴールのことではない。そうではなく,ここでの価値とは,自らが選んだ人生の方向のことを意味しているのである。それではここで,セラピストとスコットの間で交わされた会話（この会話は,Hayes et al., 1999 の影響を受けて作成された）を見てみよう。スコットは38歳の音響技師であり,ハ

ルシノジェン（hallucinogen；幻覚剤の一種）の乱用という問題を抱えている。

スコット：あなたの言う価値の意味が全然わかりません。みんなが持っているような家族的な価値とか，親の宗教的な価値とか，そういうものは好きになれないし，そのような価値なんかを無理やりに飲み込ませようとするのもイヤなんです。

セラピスト：そうですよね。おっしゃることはよくわかります。もちろん，ここであなたに何か約束をさせて，何かをやらせようというのではないんです。価値というのをあなたが考えているようなものとは違ったものとして考えみようということなんです。どうです？やってみませんか？

スコット：だいぶ慣れてきましたよ，その話の持っていき方。いいですよ，やりましょう（笑）。

セラピスト：（笑）了解です。それでは，やっていきましょう。あなたは，今，自分の人生の進んでほしい方向を選ぶことができます。そして，その人生の方向を西向きと選んだとしましょう――もちろん，その場合，あなたは実際に西に進むことができますよね。そうです，あなたは実際にそれを選べます。そして，人生をその方向で進んでいけば，あなたはある何らかのゴールを達成することになるでしょう。たとえば，カリフォルニアに辿り着くかもしれませんし……カリフォルニアよりももっと西のどこかに辿り着いているかもしれません。そして，あなたはカリフォルニアに到着したことをひとつのゴール達成として捉えることができます。それは，西に進んでいるときに「これより，カリフォルニア」「カリフォルニアへ，ようこそ！」といった標識に出くわすときのようなものです。けれども，これはあなたが西に到達したことを意味してはいません。いつだって，行くことのできる「さらなる西」はあるものです！　ちょっと常識にとらわれずに考えてみてください。カリフォルニアからさら

第8章 価値，コミットメント，そして行動の変化：3つのプロセス 239

に西に向かうには，どうしたらよいでしょう？ そうです，船か飛行機を使えば，大丈夫です。もしあなたが西に行くことに価値を置いているのなら，その手段はいくらでも考えつくことができます。次は，フィジー，それともハワイ？ ついには，アジアに着くことになるでしょう。もちろん，あなたは，そのような場所に辿り着くというゴールを達成して，自分が価値を置いている方向に進んできたことを知るに至ります。でも，あなたはまだ西には辿り着いていないのです。進むべき「さらなる西」はあるのです。あなたは，永遠にずっと西への旅を続けることができるのです。スピードが落ちることもあるでしょう，なかなか距離を稼げないこともあるでしょう。それでも，西の方へ小さな一歩を踏み出すことができれば，あなたは自分の価値づけた人生の方向へと進んでいることになるのです。

スコット：そして，それが価値であると？

セラピスト：今までの話は，価値を説明するための手段にすぎません。価値とは，あなたのする「何か」です。価値とは，あなたがすることの中に体現されている「何か」です。

スコット：（目を見開いて）体現されている？

セラピスト：少々，わかりづらかったですね。それでは，別な言い方をしてみましょう。あなたが何かをするとき，その中に，あなたにとって，どのような大切なものが反映されていますか？ そこに表現されている大切なものはいったい何ですか？ ただし，それは，あなたが大切だと「考えている」ものではありません。そして，一般的に大切に「すべきだと言われている」ものでもありません。社会や親が「若者よ，西に向かえ！」と言うのを，そのまま飲むか，飲まないかということを自分で決めるべきだ，ということを言っているのではないのです。そうではなく，あなたが深く大切にしている方向に生きることを選ぶ（ここでは「選ぶ」とは「行動する」という意味です），ということなのです。そして，あなたは，今，ここ

で，それを始めることができます。というのも，今，ここで，私たちは価値について話し，コミットメントについて話をしているからです。「なぜ」がわかれば「どのように」も見つけられるでしょう？

スコット：（考え込み）ふむ。

このように価値に方向づけられて生きることは，たとえ選択肢が限られているときでさえも可能である。というのも，スコットが目指す人生の方向性は，光のスペクトルのように幅の広い領域にわたっているからである。

ここで覚えてほしいのは，ACTにおいて価値とは「**言語的に解釈され，包括的に希求される結果（verbally construed global desired consequences）**」として定義されている（Hayes et al., 1999, p.206, 強調原文どおり）ということである。次の数節で，この定義を解きほぐしていくことにする（字義どおり，一語一語について）。

「結果」とは？

この「**結果（consequences）**」という用語は"results"や"outcomes"という語と関係している。そして，「結果」という語は，ほとんどの場合，次のようなことを意味するものなのである。それは，環境的な事象や刺激によって，ある特定の行動が強められる（強化される）可能性がある，ということである。また，ほとんどの場合，「結果」とは「ある限られた時間設定の中で，行動の後にくる最終ポイントとなるもの」というニュアンスを持っている。「価値＝結果」と捉えると，人生のさまざまな結果，つまり生涯にわたって生じるさまざまな結果について考えることと同じになる。それには，蓄積的なものもあれば，その日その日に生じるものもあり，1回限りのものもある。人生の中で生じる結果には，それ以外にとりようのない形態のものもあれば，見た目はさまざまに変化するものもある。「価値＝結果」とするACTの考え方によって，人は「今，この瞬間」と接触するようになり，同時に通常のゴールが示唆する未来を「今，ここ」

第8章 価値，コミットメント，そして行動の変化：3つのプロセス

へ持ってくることもできるようになるのである。つまり，私たちは，価値によって，今を生きてはいる。しかし，生きることのほとんどは，未来の結果につながっているのである。さらに換言すれば，価値とは，生きた結果であり，同時にプロセスでもある，ということなのだ。ここで注意をしなければならないのは，「価値」に対するACTの定義が，あなたが知っている他の定義とはまったく違うということなのである。

ACTでは「『プロセスがそのまま結果となる』がゆえに，『結果＝プロセス』なのである」というフレーズ（Hayes et al., 1999, p.219）がよく使われる。そのフレーズは，「価値づける」ことと「生きる」ことの普遍的な性質を言い表していると言える。つまり，自分が望み，個人的に価値のある行為の流れの中にずっといるということはプロセスであると同時に結果でもあるのである。その場合，ゴールの設定と達成は，プロセスの一部であるような結果として捉えることもできるし，価値づけされた生き方の結果に先行するプロセスとしても捉えることができる。誰かが何らかの価値に従っているという場合，その人は価値に方向づけられたゴールを可視化して設定することによって，それが達成できたかどうかという通常のフィードバックを受けるようになるだろう。しかし，その人は，そのゴールが達成されたかどうかに関係なく，自分の行動を修正していくだろう。たとえば，マラソン・ランナーはレースに勝つというゴールを設定し，ランニングとクロス・トレーニングのプログラムを組み立て訓練していくだろう。しかし，その人がレースに勝つという最終的な（結果としての）ゴールを達成しようとしまいと，エクササイズをして自分の健康のケアをするというプロセスとしてのゴールは達成している。そのため，この人は自分の健康を改善・維持し，おそらく他のランナーたちと仲良くなるかもしれない。そして，「ただただ」走るのを楽しむようになるかもしれない。たとえレースに勝とうが勝つまいが，それはまったく関係がない。また，結果としてもっと友人が欲しいと考えている人が，そのゴールを達成できるかどうかはわからない。しかし，この人にとって，誰かに会う，リスクを冒す，他人に親切にするという結果は，プロセス・ゴールとして達成す

るかもしれない。プロセス・ゴールは，価値として，それ自体が結果となるのである（おそらく，自己開示のしすぎかもしれないが，本書の編集プロセスの終盤にさしかかるにあたって，私たち著者は「第8章の編集を終える」といった狭いゴールにとらわれがちであった。それと同時に，私たちは自分が書いているものの背後にある真の価値——つまり，ACT を広め，もっと多くの人たちに手にとってもらえるようにすること——を顕在化させることで，どれだけ励まされたことか……）。

「希求される」とは？

"Merriam-Webster's Collegiate Dictionary（第11版）"は，"desire（欲求）"を「その達成において喜びや満足を約束するような何かに向かう意識的な衝動」（p.338）と定義している。そしてその語は，熱望されたり，希望されたりしている「何か」というニュアンスも含んでいる。その辞書はもちろん行動分析家によって書かれたわけではないので，この定義には構造主義や精神主義的な発想が多少なりとも含まれている。それでは，行動分析学的に再定義してみよう。"Desire"とは，好的な刺激（appetitive stimuli）を含むような，言語的に派生した条件性確立操作（conditioned establishing operation）と定義できるだろう。とはいえ，この定義はセラピーで生かせるほどに「こなれたもの」にはなっていない！

それでは，何かの活動に参加したくなるような，その人の感じる魅力（attraction）とは，いったい何だろうか？　言い換えれば，やってみて初めて，それがやりがいのあるものだとわかるような行動とはどのようなものなのだろうか？　それは，単に，ある人がするのを「望んでいる（want to）」ことではない。Hayes et al.（1999）によれば，価値を置いているものを言い表すときに，"want"という語を使用することに注意をしなければならない。なぜなら"wanting"という英語には，何かが欠けていて，その空白を埋めるために，何かが起こらねばならないという含意があるからだ。しかし，ACT は，「足る（すでに豊富な状態ある；abundance)」というスタンスを支持している（Wilson, 2006 b）。つまり、まるでクライエントはすでに心理的に必要なものを持っていて、そこから願望——熱望あるいは希望する出来事——に向かって前進していると捉えるのである。"Wants" は、定義上「今、ここ」には存在するものではない。しかし、価値は常に「今、ここ」に存在し、人はそれを生きているのである。

「包括的」とは？

この価値という概念には「包括的（global）」という修飾語が使われている。なぜなら、「希求される結果がいかに総合的な（comprehensive）ものとなる可能性があるか？」ということを示すからである。自らの価値に則して行動をしている人は、特定的で制限された結果を得ようとしているわけではない。たとえば、ある人が職場で積極的に仕事をするということに価値を置いているとしよう。その場合、その人は通常、年間最優秀社員賞を単に狙っているわけではないだろう（より大きな計画の中ではそのような目標が重要な意味を持つこともあるだろうが）。積極的に仕事をすることに価値を置くということは、仕事の上で必要な人間関係を築き、その職場の中で人と違った貢献をし、顧客を満足させ、部下に対しては良いお手本となり、上司に対しては良い部下となるという目標も含まれるだろう。以上のようなさまざまな目標は、年間最優秀社員賞を受賞するかどうかに関係なく、そのような優秀な社員でいるためには必要となるものである。クライエントがセラピーに来て、「私はどうしても年間最優秀社員賞が欲しいのです」と言ったり、何か他の明確な最終目標を達成したいと考えたりするかもしれない。もちろん、ACT セラピストも、このようなアジェンダに沿って援助していくことはできる。たとえば、優れたパフォーマンス・マネジメント・プログラムを用い随伴性をアレンジすることによって、その人の社会的スキルを改善し、生産性を上げるための援助ができるだろう。そして、ACT セラピストも、X という目標を達成するという観点から、その人の行動を機能分析することになるだろう。

- なぜ，この女性には，このように限定された目標がそれほどまでに大切なのだろうか？

- 何が，そのアジェンダを支えているのか？ そしてこれは，1回限りの「望み（want）」をかなえるだけというものではなく，もっと包括的なもので，長期的で直接体験できるような結果によって影響されているものなのだろうか？

- この目標は，たとえば「私は最低のセールスマンだ」といった思考から逃避することを手助けしてはいないだろうか？

- この目標は，暴力をふるう夫や要求ばかりしてくる親に対して，自分には「それなりの価値がある」と反論するのを手助けしてはいないだろうか？

このように言語的に解釈された随伴性を明確にしていくことで，私たちはより包括的かつ臨床的に配慮しなくてはならないことを検討できるようになるのである。体験の回避というアジェンダを探すことによって，治療的なやりとりをより促進していくことができるようになるのである。そして，ひとりひとり異なるアプローチの仕方をアセスメントしていくことによって，介入の目的をどのような方向へ持っていったらよいのかを見つけることができるようになるのである。

「言語的に解釈された」とは？

ことさらに言うこともないかもしれないが，価値のように複雑で，特に人間的なものは，何らかの派生的な関係反応（derived relational responding）の影響を強く受けている。この定義が「構築された（constructed）」ではなく，「解釈された（construed）」という語を使ってい

る点に注目していただきたい。私たちは，包括的に希求しているものを，人生の中にあるさまざまな結果として解釈している（interpreting）のである。私たちが価値を定義するとき，それは言語的なものである。しかし，価値づける（valuing）こととは，行為（action）なのである。人は何かを価値づける（people value something）。この「人は何かを価値づける」という文の中にある動詞は「価値づける（value）」という単語だけである。つまり，価値づけること（valuing）は「する」ものなのである。

　セラピーの中で，人生について包括的に希求するものは何かということが話し合われるとき，自分の使う「ことばの罠」にはまらないように気をつける必要がある。価値を明確化するプロセスには，何が生じているだろうか？　そこには，クライエントとセラピストとの間にコミュニケーションが生じているはずである。そして，そのコミュニケーションの話題は，クライエントにとって最も意味のある行動は何かということである。そして，価値の明確化とは，オーギュメンタルの機能を持っていると言えるだろう。つまり，「私は，自分の子どもたちにとって，愛情深い親であることに価値を置いている」と言語化すると，育児行動が増加し，育児に関係した結果が持っている強化機能が増大するだろう。しかし，私たちがここで援助したいのはルールを確立することではない。そうではなく，クライエントが人生の中で本当に大切に思っているものはいったい何かということをはっきりとさせることなのである。

　誰かが価値に基づいた行動をしているとしよう。その場合，その人はセラピーで話し合われたいくつかの理由を抱えながら（with reasons），行動しているかもしれない。しかし，その人はそれらの理由のために（for reasons），その行動をしているわけではない。つまり，価値は，その点で，ルール支配行動ではないのである。柔軟な行動は，理由を抱えながら（with reasons）行われるが，理由のために（for reasons）行われてはいない（Hayes et al., 1999, pp.212-213）。すなわち，理由は派生関係（derived relations）として現れ，一緒についてくるかもしれない。しかし，その理由は行動を引き起こす原因ではないのである。たとえば，ある

人が「退職後の蓄えにもっとお金を回せるように，この高価な新しいハンドバッグは買うのを控えよう」という考えを持つかもしれない。しかし，そのような考えを持ったからといって，彼女がそのハンドバッグを買い控えるとは限らない。おそらく，彼女がハンドバッグを買い控えるという事態を生じさせる随伴性と，そのような考えが生じる随伴性が同じであるにすぎない，という可能性の方が高いだろう（このような「理由づけ（reason giving）」については，第9章でさらに論じられる）。

　価値づけることは，選択（a choice）なのである。ある人がある方法で行動することを選ぶとき，その選ばれた行為はその人の価値なのである。価値は，実際に実行に移されるまでは，言語的な行動であるにすぎない。ある人の発言から，その人が何に価値を置いているかを知ることはできない。しかし，その人の実際の行為からなら，それがわかるのである。

価値を明確化し特定化する

　Dahl and Lundgren（2006）は，自分の価値がいったい何であるかを話し合う「きっかけ」を与えてくれる10個の異なる人生領域を提案している。

- 親密な関係
- 育児
- 家族関係
- 社会関係
- 仕事
- 余暇
- 市民権
- 個人的成長
- 健康
- スピリチュアリティ

数セッションにわたって，クライエントの価値が何であるか，ということを話し合うことは，セラピーを最も適切な方向に向けさせるのに役立つだろう。あなたのクライエントに，セッション内に，あるいはホームワークとして価値のアセスメントを完成させることは，重要なアセスメント・データを提供してくれるだろう。そして，それは体験的エクササイズとしてもやるだけの価値があるだろう。ただし，1つだけ注意しなければならないことがある。このアセスメントはクライエントに，価値をやや抽象的な言語形態で考えるように仕向ける必要がある。そのため，クライエントの中には，要領を得ないダラダラと長いものとして価値を表現してしまったり，自分の価値が「正しい」のか，包括的なものになっているか，などということが気になってしまったりする人がでてくるかもしれない。もし，このようなことが生じた場合には，セラピストは，その作業を抽象的（言語的）なものから，体験的なものへと，ゆるやかに変更していくべきである。

「価値」の意味とは何か？

「価値（values）」という語は，ラテン語の **valeo** に由来している。このラテン語は，パワー，強み，有効性，意味を持っている，ということを表している。行動分析学的に，その語源を言い表そうとすると，次のようになるだろう。「価値」という言語反応は，人間の営みに関係した環境的・言語的刺激（たとえば「意味」「未来の目標」「効果的なコミットメント」など）が提示されたときに，生起するような反応である，というものである。では，ACTセラピストが「価値」を語る場合は，どうなるだろうか。その場合，「価値」という語は，①ある人が示す行動のレパートリーと言語的に関係している，②その行動レパートリーは，個人的に有意味な環境的，社会的，言語的刺激に支配されている，③その行動レパートリーが生起することによって，制限された目標が達成されるだけではなく，

その生起自体が結果となる，と表現されることとなる。

価値は「好良的に」定義する

ACT セラピストは，以下のようなものを包括的な強化子として定義するだろう。それは，目的的に活動をするときに手にするもの（この「目的」については，第3章における機能的文脈主義からみた「目的」を参照のこと），あるいは良好な状態（well-being）を維持しようとし，その結果，その行動クラスを維持しようとするために，より豊富に手にするものである。つまり，価値に焦点があれば，行動はより豊かになり，良好な状態を維持できるようになるのである（訳注：「好良的」は造語。「嫌悪的」と対照させるためにここでは使用することとした）。

❀ケース・スタディ❀　子育てをするという価値

サラは，息子のことをいろいろと気にかけ，世話をやくということに価値を置いている。そのため，彼女が積極的に選択しているのは，息子と一緒にいて，本を読んであげたり，友だちと仲良くなる方法を教えたりする，といったことである。サラにとって，息子と関わり，やりとりをすることは強化子である。また，彼女にとって，息子がどんどん本を読むのがうまくなり，人との関わり方がだんだんとうまくなるのを見ること，それも強化子となっている。おそらく，彼女がそのような行動をする頻度はさらに高まると考えられる。なぜなら，息子の発達変化を目にするという結果事象が生じているからである。全体的にみて，彼女が「母親業（mothering；母親としての役割とされるさまざま行動）」をつとめることは強化子なのである。そして，世話やきの母親であることの「結果」は，息子との間に生じる社会的行動のプロセスの中に生じることなる。たとえば，息子の発達を援助し，ポジティブに関わるというプロセスそのものが強化的な「結果」となる。また，育児に熱心な親であることは，息子にいろいろな

ことを教え，本を読んだりしてあげたりするなどのプロセスの「結果」でもある。サラはどんなときでも育児に熱心な親でありつづけることはできないだろう。しかし，同時に，育児に熱心な親であることを達成する（＝「結果」）チャンスは，流れゆく時間の中の瞬間に常に存在している。つまり「結果」とはプロセスなのである。なぜなら，プロセスそれ自体が「結果」となるからである。

　育児においては，制限的で完全に達成できるような最終目標は存在しない。育児に価値を置いている大人にとって，親であるということは，生涯にわたる長いプロセスだからである。サラは，あるいは同様のスタンスを採っているどんな母親たちも，息子が18歳のバースデー・ケーキにあるろうそくの火を吹き消したからといって，自分の手をはたきながら「母親業，おしまい！」と言うことはないだろう。もちろん，子どもが成人に達するのを見届けることは，母親業という道の上にある1つの目標だろう。しかし，それは最終目標ではないのである。母親業はその子の生涯にわたって行われるものなのである。たとえば，親しい大人として，孫を思いやるお祖母さんとして，死という尊厳のモデルとしてでさえ，母親としてやれることはいくらでもあるだろう。

　「ちょっと待って！　でも，もし，その母親が，息子の生涯にわたって母親業に価値を置くとコミットメントしているにもかかわらず，子どもが思春期になったときにグレてしまって，母親を遠ざけているという場合は，どうしたらいいの？　結局のところ，親より，仲間たちの意見の方が，思春期の子どもたちの生活スタイルの選択にかなり強い影響力を持っているのに……」などと異を唱える人もいるかもしれない。確かに，これは，その子どもにとって，そして母親にとって問題なことである。しかし，たとえそうだとしても，そのような問題は，彼女の価値に基づいた行動を脅かすものではない。親業の中には，息子が母親を遠ざけるときでさえも，息子を助けるために，母親にできる適切な行為が含まれている。たとえば，母親は息子の行為が適切か不適切かに基づいて，親子関係を育み続けることができ，良き助言を与えることができ，そして息子の行動がどのような

結果を招くかを推測することができる。たとえ息子が母親の言うことに耳を貸さず，母親のもとを去っていったとしても，彼女の価値に方向づけられた行動を止める必要はない。時に息子の好きなようにやらせることも，親業の積極的な行為のひとつとみなすこともできるからである。ここで思い出してもらいたいのは，価値に方向づけられた行動とは，限定された目標（たとえば，息子が高校を卒業する，愛情を表現したり「愛しているよ」と母親に言ったりする）を達成することではない，ということである。もし，このような限定された目標が母親業の「結果」ではないとしたら，どうだろう？　その母親は（心理的に柔軟であれば），価値に方向づけられた行動をし続けることができるはずである。たとえば，その母親は息子を探し出し，保護の申し出をし，「好きなときに出て行って，好きなときに帰ってきなさい」という態度を示すこともできる。逆に（そうするのが機能的であれば）その母親はただ息子が過ちを犯すに任せて，当然の報いを受けさせ，彼の行動に対して「厳しさという愛情」を示すこともできるのである。

　親を煙たがったり，問題行動を示したりする思春期の子どもを持つ母親の場合には，具体的なかたちで，自分の母親業が報いられることはそれほど多くないかもしれない。しかし，同時に，彼女は，母親業が常に報いられるチャンスはあるものだと前向きになることもできる。彼女は，特定のポジティブに評価された目標が何ひとつ達成されなくても，育児に熱心な親になるという自分の価値を放棄しなくてもよいのである。彼女の息子が放蕩息子になることを選び，親としてできることはもう何ひとつとしてなくなってしまったとしても，それでもなお，彼女は母親であることに価値を置くことができるのである。心理的柔軟性があれば，彼女は「もう母親であることをやめてしまおう」という感情をただ持つことができ，「息子をどうにかしてやりたい」とか「自分はなんてひどい親なのだ」といった考えにただ気づくことができるのである。彼女がそのようになれるのは，自分が持っているのは「今，この瞬間」だけだということを知っているからなのである。そして，自分の「人生の内容（母親であるというアイデン

第8章 価値，コミットメント，そして行動の変化：3つのプロセス　251

ティティという内容でさえも）」は，自分そのものではないということを知っているからなのである。さらに，彼女は息子を愛することにコミットできるし，最も適切な方法で息子が帰ってくる準備をしておくことにもコミットできる。彼女はどんなときも「西を向いて進んでいくというスタンスを維持する」のを選択できるのである。たとえ息子が建てた石の壁が彼女の鼻先に立ちはだかっていようとも。

価値は「嫌悪的に」定義しない

　価値の明確化は，何に向かって，何のために生きるかを探求するのがテーマである。逆に，価値の明確化は，何かを遠ざけようとし，何かが起きないようにすることについては考えない，と言うこともできる。価値について話をするときには，いろいろな出来事が生じ，実り豊かな人生（人が積極的に選べるような人生の方向）について話し合うのがよいだろう。嫌悪的な随伴性（負の強化子，あるいは罰子〔punishers〕を含む）は，正の強化で維持するオペラント行動を抑制するからである。回避という随伴性は，心理的柔軟性を減らすものだからである。そして，私たちはもっと幅広い，もっと柔軟なレパートリーを構築しようとしているからである。

　そもそも嫌悪的な随伴性には問題がある。負の強化や罰の随伴性は副次的な効果が伴うものだからである。たとえば，攻撃的な反応が喚起されたり，うつに類似した感情的な反応が喚起されたりするのである。このようなタイプの随伴性でほとんど占められているような生活スタイルでは，ウキウキ，ワクワクするような体験をすることほとんどないだろう。回避のアジェンダ（回避をすることに腐心すること）は，体験の回避を増やすだろうし，心理的柔軟性も低くなるだろう。別の言い方をすれば，何かを取り除こうとして得られた「結果」がプロセスとなってしまうからである。というのも，回避そのものが「結果」となるからである。たとえば，ジリアンが引っ越しをしたり，人とあまり関わらないようにしたりすることで，友人を失うという痛みを体験しなくていいように，どんどんと引きこもっ

てしまうようになる。つまり，友人関係を構築するのを回避することがそのまま「結果」となってしまっているのである。マルチェロが人から拒絶される痛みを体験しなくてすむように，仕事に応募するのをやめるという場合，そのような回避は「結果」となるのである。そして，マルチェロの求職行動はさらに柔軟性が低いものとなるのである。

　首尾一貫性のある生活スタイルは，どのようなときに築かれる確率が高まるのだろうか？　それは，その人がそこから離れたい場所ではなく，行きたい場所を選ぶときなのである。「東以外のどこか違う場所」に行くことよりも，西に行くと選ぶことには首尾一貫性がある。西に行くことは，選択と前進を促進するものである。東以外のどこか違う場所に行くのでは，逃げる，あるいは堂々巡りをするという結果になりかねない。

　覚えておいてもらいたいことが1つある。価値は，他者から評価されることもあるし，社会的な影響を受けることもあるということである。なぜなら，価値は言語的に描写することができるからである。ほとんどの人が，言語を使用する社会的共同体に参加することで，自分の価値を学んでいく。しかしながら，価値はまた，高度に個人化されるものでもある。というのも，言語は生成的なものであり，言語行動はユニークな強化ヒストリーを持った各個人に対する「結果」によって形成されるからだ（訳注：言語行動は随伴性形成行動であり，その随伴性は個々人によって異なるものである。なぜなら，個々人の強化ヒストリーが異なるためである）。私たちは誰かに向かって「私は，結婚と家族は重要だと考えている」と言うことができる。しかし，その人に「あなたも結婚と家族に価値を置くべきだ」とは言えない。誰かの価値は，他者から十全に評価されることはできない。なぜなら，それを評価する者は，自分自身の価値の文脈に基づいて，そこから評価せざるを得ないからである。ある人にとって価値のあることは，必ずしも他人によって価値のあるものとはみなされない。それはそれで OK なことだ。なぜなら，ひとりひとり違っているのだから。価値に関しては「黄金基準」はない。それゆえ，価値の良し悪しを決めることはできないものなのだ。

行為の中にある価値（まるで他の方法があるかのようだ！）

　価値を明確化する作業では，しばしば，ワークシート（ホームワークとしてクライエントが完成させた）を使って，セラピー・ルームで検討することから始められる。とはいえ，ことわざにあるように「言うは易く，行うは難し」である。つまり，価値を明確化するとき，言語行動は有用なものであるが，アクション（非言語行動）が伴わなければ何の意味もないのである。

✿ケース・スタディ✿　広場恐怖

　メロディの話によれば，彼女は広場恐怖を抱え，「9年間か11年間」ニューヨークにあるビルの最上階に住んでいた。その1,000平方フィート（およそ92平方メートル）もある部屋に引っ越してきてから何年になるか正確には覚えていない，ということであった。メロディは，ハキハキとした教養のある女性として，約10年間，ビッグ・アップル（ニューヨークの愛称）の中心部にある高層マンションのビップな部屋で暮らしてきたのだ。彼女は，年2回だけ（ユダヤ教の特別な日である「過越祭」と「贖罪の日」）自分の部屋に人を招いたが，それ以外は，読書，テレビ鑑賞，そして都会の路上で起こしたパニック発作を頻繁に鮮明に思い出すことに，自分の時間の大半を費やしていた。そして彼女は，次の発作が起こらないように回避するに腐心していたのである。というのも「パニック発作は，自分の我慢の限界を超えている」（メロディ談）と考えているからであった。この彼女の発言は，オーギュメンタル（第4章を参照）と捉えることができる。そのような考えによって，パニック発作と関係するような，あらゆる刺激の嫌悪的な機能が増してしまうのである。また，彼女は部屋から一歩も出ないことで，次の発作や発作に関係しそうな出来事から回避していた。

　それでは，ここで，この彼女の状況を概念化してみることにしよう。今

までの情報から，私たちはメロディが価値を置いているものを見つけることができる。彼女は，極端なレベルの不安を体験しないように，部屋から一歩も出ずにほとんど人にも会わないで生活することに価値を置いている。もちろん，価値は，感情でもなければ，計画でもない。メロディは，部屋にずっといることが嫌いなのかもしれないが，同時に部屋にいることにも価値を置いているのである。それは，彼女の行動が示しているとおりである。定義の上から言えば，メロディは広場恐怖の生活スタイルに価値を置いていることになる。それは，彼女が自分の人生で自ら決めたことなのである。このような生活スタイルから得られる結果は，プロセスでもある。というのも，彼女自身がそのようなスタイルを生きているからである。インフレクサヘックスを用いたケースの概念化モデル（特に，「価値の明確化」の不足という領域）を使うと，以下のようにアセスメントできるだろう。彼女は，自分の人生を本当はどうしたいのかということに関する葛藤を抱えているとアセスメントできる。それでは，ここでもう一度，彼女の話の続きを聞くことにしよう。

　メロディは，自分の娘（別の州に住んでいて，過越祭の時に年1回，彼女の部屋を訪問する）からの電話を受けた。その電話で，自分の娘が婚約し数カ月後に結婚するということを知った。それを聞いて，自分が抱えている「回避のアジェンダ」のせいで人生への参加が減っている，ということを彼女は悟った。そこで，メロディは自分も結婚式に出ると決意し，トリートメントを求めるべく臨床家に電話をした。

　メロディは，最初のセッションで，もっと豊かで充実した人生を生きたい，娘の結婚式に母親として出席することができる，ということをはっきりと口にした。彼女の価値は，セラピストによって求められたものではなく，彼女の口から自然と出たものであった。メロディは，自分が生きたいと思っている人生を生きていないと，はっきりと口にしたのである。また，彼女が生きたいと望んでいる人生を生きるという価値づけられた方向がはっきりしたことで，自己発見のプロセスと，アクセプタンスと脱フュージョンのプロセスへと向かう道筋が開けたのである。「この壁なんです。こ

の壁を見ることだけに、私のこれまでの人生の多くを費やしてきました。だって、パニック発作が怖かったから。心臓がバクバクする？　気分が悪くなって、めまいがする？　ああ、そんなことたいしたことじゃないわ。娘から電話をもらって初めて、もっと悪いことが私に起きていることに気づいたんです。すべてを失いかけそうになっていたんです。自分の人生を見失ってしまいそうになっていたんです。結婚式のことを思い浮かべながら部屋にずっといるくらいなら、パニック発作になるかもしれないという不安を抱えながら結婚式に行く方がずっといいわ。行かなきゃ、本当のところ、何も感じやしないものね」とメロディは言ったのである。広場恐怖から回復するために踏み出そうとセラピストに電話をかけた時点で、彼女はコミットされた行為をしていたのである。これは、今までの自分の生活スタイルには生命力がないと彼女が悟ったことと、自分のパニック症状に対して新たなスタンスをアクセプタンスするに至ったことによるのである。その後、彼女はエクスポージャーのトリートメントを継続したから、それがコミットされた行為であったことが示されたのである。そして、ついに彼女は娘の結婚式に出席することができた。このことは、献身的な母親であることに価値を置くという方向性の中で達成されたひとつのゴールである。

コミットされた行為

　コミットメントはACTの重要な側面である。肝心なところで、コミットされた行為が生じるものなのである。それがどのようなときに生じるかというと、クライエントが「改善」の兆しを示すような臨床関連行動に取り組んだときである。クライエントがコミットされた行為へ促されるとき、臨床的な改善に向かう最初の一歩を踏み出すためのより良い足がかりを手に入れるのである。つまり、踏み台として、より良いものを手に入れるのだ。そして、このコミットされた行為とは、その人の価値に基づく行動と定義され、役に立たないルールや言語的事象から脱フュージョンし、この

瞬間と接しながら行われ、その状況で喚起される生理的・認知的反応をアクセプタンスしている、というものなのである。

❂ケース・スタディ❂　公の場で話すことへの恐怖

　ローレンは、生涯にわたって学び続けることを追求するということに価値を置き、小さな子どもを教えるという職業に就くという進路を選んだ。彼女はまた、公の場で話すのが怖く、それによって自分の人生の方向が邪魔されているということを口にした。「教育者になりたいのに、話を聞いてくれる人たちの目を見ることが怖いのです」と彼女は訴えるのである。さらに、大学を卒業するために、オーラル・コミュニケーションのクラスに合格する必要もあった。いくつかの行動療法介入（たとえば、エクスポージャーのトリートメント）とACT介入（第3部で論じる、アクセプタンス、脱フュージョン、マインドフルネスのエクササイズ）を組み合わせれば、彼女が訴える問題は解決することができるだろう。しかし、その中で最も重要なことは、クラスの前で話すという目標に向けて、ローレンが実際に目に見えるレベルで改善していくことである。公の場で話すためのエクスポージャーのトリートメントは、見たところ小さなこと（公の場で話す体験と接触するための行為、たとえば、大学の授業中に挙手する、ガソリンスタンドの店員に道を尋ねるなど）から始められる。その時でさえ、彼女は彼女の生涯にわたる価値へのコミットメントを具体的に示すような行為をしていることになるのである。たとえよちよち歩きの赤ちゃんの一歩でさえも、価値づけされた生き方に向かえば、それはコミットされた行為に違いないのである。

　価値とコミットされた行為を連結できれば、セラピストは多大な推進力を手にすることになる。というのも、小さなステップでさえも価値に方向づけられた行動とみなされれば、価値に基づいた行動をするチャンスは、ほとんどいつでも存在することになるからである。現時点で、ローレンが子どもたちのいる教室で教壇に立つことができなくても、彼女は、教師に

第8章　価値，コミットメント，そして行動の変化：3つのプロセス　　257

なるために社交恐怖のエクスポージャー・エクササイズを始めることはできるのである（たとえば，見知らぬ人と会話を始める，たくさんの乗客が乗っているバスに向かって，1分ごとに時刻を読み上げる）。

　ACT方略の中には，破壊的な言語プロセスを弱くするという目的を持っているものがある。それとは対照的に，コミットされた行為と価値は，言語をポジティブに使っていくことを援助するものなのである。コミットされた行為は，「行動－環境」との新しい関係性を生み出すのである。換言すれば，それは，今までの環境（職場や学校で）の中で，新しい方法を使って（社会的スキルを学んで）ふるまうことができるようになったり，新しい環境（会議室や教室などの多くの人の前で）の中で，熟達した反応（話すこと）を実行できるようになったりするということである。このような「行動－環境」の関係性が新しくなっていくことで，クライエントの価値が具体化されるようになり，心理的柔軟性が進展し始めていくのである。

リスクを冒すことに対するウィリングネス

　コミットされた行為は，ウィリングネスの文脈内で展開する（第14章を参照）。**ウィリングネス**とは，以下のような能力に支えられているような行動の性質（a quality of behavior）のことである。その能力とは，感情的・身体的出来事をアクセプトすることと，困難な認知的内容を脱フュージョンすることである。今までの環境で新しい行動にコミットメントしたり，新しい環境での今までの行動にコミットメントしたりするとき，意図された結果も，意図されない結果も起こるものである。そのように恐れている結果，あるいは普通ではない結果が生じたときに，それと積極的に対峙しようとすること（willingness to contact）によって，重要で生命力を持ったコミットされた行為が生起するようになるのである。

　クライエントが価値づけた方向を言語化したとき，それはアジェンダを言語的に描写しているにすぎない。どのような行動も，行動に関するどの

ような計画も，思いもよらない結果につながる可能性がある。クライエントは，自分が価値づけた方向をとることで，いったい何が起こるのか，いつもわかっているわけではない。私たちが，すべてをわかったように話し，いとも簡単に問題を解決できるのは「ことばの世界」でのことなのである。「切れば血が出るようなリアルな世界」では，そう簡単にはいかないものだ。役に立たないアジェンダを打ち破ったり，人生において手に入る別の結果を柔軟に見つけたりできるのは，今までとは違ったアクションを実際に行ったときだけなのである。もちろん，これは簡単なことではない。ウィリングネスに裏打ちされ，アクセプタンスと脱フュージョンが育まれ，自らの価値に基づき，言語的内容を実際に脱フュージョンできている，という人にだけ，プロアクティブ（前進的）な行動が生じるのである。

柔軟性とコミットメント

　ACT のクライエントは，心理的柔軟性こそがセラピーのゴールである，ということに気づかされる。**心理的柔軟性**は，新しい環境的要求に応えるために新しい方法でアクションする，という意味も持っている。そして，**柔軟性**は，ある文脈では今までの方略を変えることを意味し，別の文脈ではある行動を持続することを意味する。価値づけられた方向に新たに接触することで，何らかの方向転換が迫られたとき，それに応じることができるかどうか？　もし，それに応じることができれば，その人は柔軟であると言える。一方，ある反応クラスについては，ブレないでそのままなのも柔軟であることの証拠なのである。しかし，今までと同じ問題に，今までと同じ反応で応じ，これが自分の価値づけた生き方の方向と合致していないとすれば，それは**非柔軟な行動**とみなされるだろう。

　アイスホッケーの試合を観戦したことのある人は，試合前に，ゴールキーパーが筋肉のストレッチをして，柔軟性を高めているのを目にしたことがあるだろう。これによって，ゴールキーパーの身体的柔軟性は高められるのである。試合中，相手チームの選手が至近距離でシュートし，彼がそ

第8章 価値，コミットメント，そして行動の変化：3つのプロセス 259

のパックを跳ね返したとき，時々，自分でもまったく違う行動を同時に行っていることに気づくことがある。つまり，ゴールされるのを防ぐために，スティックを持っている腕はある方向へ突き出し，もう一方のグローブをはめている腕は別の方向に動かしているのだ。彼は環境の変化に応じて，（形態的に）新しい反応を生起させる。柔軟になることによって，字義どおり，ポジション・チェンジや，新しいやり方で素早く動くことが可能となるのである。もちろん，それは，相手チームがゴールをあげるのを防ぐという彼のコミットメントに寄与するものでもある。そして，場合によっては，彼はまったく動かずにいる必要もある。つまり，スラップショットがゴールキーパーの彼のところに時速95マイル（約153キロ）で飛んで来るようなとき，彼の仕事はゴール前で一歩も動かないでいることである。ゴールキーパーである彼は，超高速で自分の方へ向かってくるパックに対して，逃げずにゴール前で待ち構えていなければならない。そのようなときに，ゴールキーパーが必要とするようなもの，それがウィリングネスと心理的柔軟性なのだ！

　ニッコロ・マキャヴェッリ（Niccolò Machiavelli）（訳注：ルネサンス期におけるイタリアの政治思想家である。有名な著書に『君主論』がある。政治を宗教・道徳から切り離した現実主義的な政治理論を創始した）は「ウィリングネスが偉大であるところでは，困難は偉大なものとはならない（ウィリングネスは苦難を凌駕する）」と記した（1532/1984）。彼のこの発言は慧眼である。時々刻々と変化し，常に魅惑的である世界において，新しい反応を生起させたとしても，今までの反応を一貫して変化させないとしても，この発言は当を得ている。このようなウィリングネスは，コミットされた行為の燃料となるものである。セラピーにおけるコミットされた行為とは「はい，私は変わります」のように単に言語化することではない。つまり，ただコミットメントをはっきりと口にするということではないのだ。コミットされた行為は，実際にそれを実行に移すことなのであり，臨床的に関連した，人生の肯定的な変化が実際に生じることなのである。ただし，そこには，行動を持続することも，行動の何かしらの次元を変化させることも含まれる

コミットされた行為と実証的に支持されたトリートメント（EST）

　セラピーで行動を変容することは，実証的に支持されたトリートメント（EST）によって達成可能である。セラピストはセッション中に，単に言語的なコミットメントとアクセプタンスという知恵を伝授するのではない。臨床家は，最新の応用可能な研究に基づいてトリートメントを計画し，各クライエントの行動上の問題を機能分析することによって，アプローチを統合していくのである。

　応用分野の行動科学者は，10年以上にわたって経験的に評価されてきた，さまざまな治療アプローチを目録化してきた（心理学的な手続きの促進と普及のための特別委員会, 1995；Chambless et al., 1998；Chambless & Ollendick, 2001；Nathan & Gorman, 2002）。ESTの文献によって，臨床家は，治療的なアプローチの選択（類似の臨床上の訴えを抱えた別のクライエントで効果的だと示されたもの）と，特定のクライエントに対するトリートメント・プランの立案（別のクライエントで効果が見られたことに基づいて）が可能となるのである。そして，クライエントの行動を機能分析し，アクションがずっと生起しない，衝動的に行動する，回避的な行動をするといった問題をインフレクサヘックスによって「ケースの概念化をする」ということを検討するのである。さらに，価値づけされた目的を達成するために，どの行動を増やす必要があるか，あるいは減らす必要があるかをそれによって見極めなければならないのである。セラピストは，臨床的な問題のための最善の治療選択肢に関する最新の文献に精通するように，そして，実証的に支持された実践の最新情報に通じていないときには，その文献のレビューを実行するように促されているのである。そして，そのEST文献情報の中から，行動レパートリーを変えるのに効果的だとされている介入を選ばねばならない。この文献情報は膨大であり，

すべての臨床的な問題に対してどのトリートメントがよいかということを選ぶという組み合わせも，本書の趣旨を超えている。しかしながら，認識しておかなくてはならないのは，EST で行われている作業（たとえば，不安障害に対するエクスポージャー・トリートメント）は，ACT で行われている作業の一部分でもある（ヘキサフレックス・モデルのコミットされた行為の領域）ということである。

ACT と EST を統合するトリートメント・プラン

　「すでに証拠に基づいたトリートメントがあるのなら，なぜ ACT を統合するのだ？」という疑問を持つ人もいるかもしれない。文献はこの点でまだ不十分だが，ACT は物質乱用，うつ，皮膚むしり（skin picking），社会的スティグマ，精神病（展望論文としては，Hayes, Masuda, Bissett, Luoma, & Guerrero, 2004 参照）で効果的であるとみなすに足りる知見を得ている。また，ACT と習慣逆転法（habit reversal）の組み合わせも効果的であるという知見が得られている（Twohig & Woods, 2004）。

　研究対象数が少ない研究において，ACT は OCD にも効果的であることが示されている（Twohig et al., 2006）。OCD のための ACT 研究の興味深いところは，すべての参加者がこのトリートメントに対して大いに受け容れ可能なものだと報告したことである。これは，OCD に対する証拠に基づいたトリートメントを受けている人たちからの典型的反応とかなり異なっている。曝露反応妨害法（exposure and response prevention；ERP）は，OCD のトリートメントのために広く効果が示されている方法である（Abramowitz, 1997）。しかし，クライエントのおよそ 25 ％がこのトリートメント方法を拒み，クライエントの 3 ～ 12 ％が，主として自分たちの恐れている刺激に曝されたくないという理由で，この ERP のトリートメントを途中でやめてしまうのである（Foa, Steketee, Grayson, & Doppelt, 1983）。Foa, Franklin, and Kozak（1998）によれば，トリー

トメントの受け入れ可能性が低いことと，クライエントのコンプライアンスが低いことによって，トリートメントが望ましい結果を導かない，ということが示唆されている。このようなクライエントに対して，私たちACTセラピストは，トリートメントにおけるウィリングネスが低い，というアセスメントをするだろう。おそらくACT介入（脱フュージョン，アクセプタンス，価値の明確化のワークを含めて，ウィリングネスを構築する）は，ERPに対する補助的な役割を果たすことになるだろう。今後の研究が必要ではあるが，単独のACT，あるいはERPとACTの組み合わせが，より効果的なOCDの治療となるかもしれない。

あるクライエントに対するACTのトリートメント・プランが，立証ずみの介入を伴うトリートメント・アプローチを記述し直すことになるかもしれない。というのも，ACTを実践する場合，セラピーの志向性は形態的なものから機能的なものに変わるばかりではなく，臨床関連行動の設定が広がるからである。言い換えれば，ACTアプローチは，ただDSM診断（行動の機能を注目しない）に基づいたトリートメント・プランを提供するというより，クライエントの問題行動を支える環境的事象を探究することになるからである。

さらに，ACTの臨床家は，クライエントが回避している体験は何か，ということをアセスメントする。クライエントは，コミットされた行為が生起するには，物事なり出来事なりが除去・変容されねばならないと言っているだろうか？　この質問に対してクライエントがどのように答えるかで，トリートメント・プランが違ってくるのである。その後のセラピーの進展は，このような証拠に基づいた作業に加えて，クライエントがセラピーそのものに対する内的，感情的，認知的バリアを受け容れることができるかどうかにかかってくる。なぜなら，トリートメントのアジェンダが「問題を排除する」というものではないからである。そして，ACTの臨床的作業には，次のような理解があるからなのである。その理解とは，ある種の心理的事象は，変容・回避をするよりも，接触の方が容易である，というものがある。ACTセラピストの仕事は，クライエントが人生をそ

のまま体験できるようになるのを後押しすることなのである。さらに，クライエント自身の価値に基づいて，もっと柔軟にふるまえるように，彼らが自らの行動を変えるのを助けることなのである。

ケースの概念化：価値とコミットされた行為

　価値は，コミットされた行為のための燃料である。価値とコミットされた行為の領域におけるケースの概念化は，価値の明確化を行った後で，価値づけされた生き方を目指して，コミットされた行為を計画するのが最善である。コミットされた行為の生起頻度は高いものの，価値があまり明確ではないというクライエントもいるだろう。たとえば，人生にはっきりした方向性を見いだせず，薬物でハイになることにコミットしているクライエントが，この例に該当するだろう。一方，価値はかなり明確になってはいるものの，コミットされた行為に乏しいというクライエントもいるだろう。たとえば，強く望んでいる結果が達成できず，それに対して深く失望し，強いフラストレーションをためていると訴えるものの，それでもその結果に向かって進むというアジェンダを持とうとしないクライエントが，その例に該当するだろう。また，価値も明確ではなく，行為に目的を見いだせず，空虚な感覚が混ざったような状態のクライエントもいる。さらに，ここで注意すべきことは，次のようなことである。価値とコミットされた行為にまつわる多くの問題は，回避，フュージョン，現在の瞬間との接触，かつ／または視点の移動などの問題と関係している可能性が高い，ということである。

　以下に，価値やコミットされた行為に問題がありそうな，クライエントの行動の例をいくつか挙げよう。

- 自分の人生の無意味さを訴えるクライエント。たとえば，そのクライエントの人生の方向に関する，多くの痛切な質問に対して，「自分がどこにいるのか，あるいはどこに向かっているのか，わかりま

せん」と言ったり，またはより単純に「わかりません」「どうだっていいのさ」などと言ったりするクライエント。

- 重要なゴールや価値に方向づけられた生き方について話をしているときに，何度も「はい，でも〜」と言うクライエント。たとえば，「はい，私は学校に戻りたいです。でも，それは本当に難しいと思います」，あるいは「ええ，私はもっと良い父親になりたいです。しかし，私の仕事は非常に厳しいのです」などという若い男性がこれに該当するだろう。ケースを概念化する際，クライエントがとても深く大切だとしているかもしれない方向に対してコミットメントをしないということに注意が必要（感情的な回避やフュージョンのような他の問題と同様に）。

- 他人の価値を自分自身の価値より優先するクライエント。「両親はとても孫の顔を見たがっていますが，私は自分が子どもを持ちたいのか，はっきりしません」または「皆が私はマネージャーに昇格するだろうと思っていますが，私はそれを自分のキャリアとしたいのか，よくわかりません」または「私の家族は結婚にこだわりを持っていますが，私は彼と結婚していたいのか，よくわかりません」などと言う女性がこの例に該当するだろう。このような状況では，このクライエントは他人の価値に部分的に影響されているのである。

- 価値ではなく，ゴールに焦点化してしまうクライエント。たとえば，ゴール達成のために，テストでカンニングをしたり，試合中に反則をしたりするなど。有能な労働者あるいは父親であることに合致するような実際の行動についてよりも，良き労働者あるいは父親としての彼に対して，他人がどのようなイメージを持つかということに関心がある男性であるなど。

- 日々の仕事に結びついた価値を見失い，仕事で身動きがとれないという無意味さの感覚を訴えるクライエント（別の言い方をすれば，結果がプロセスになるのではなく，単にプロセスが結果になっている場合）。たとえば，最近シングルマザーになって，夜の授乳やおしめの交換の負担感に打ちのめされ，母親であることの喜びを見失ってしまった人がこの例に該当するだろう。また，受験勉強に明け暮れ，学ぶことの価値を見失ってしまった学生も同様。

- 自分が価値を置くものを知っているが，コミットされた行為に伴うかもしれない私的出来事を恐れているという回避的なクライエント。たとえば，自立した子どもを育てることに価値を置いているのにもかかわらず，心配や余計なストレスが伴うであろうという理由から，ティーンエイジャーの子どもに対してほとんど自己決定を許さないクライエント。

- しばしば，ネガティブな自己評価を経験するクライエント。20年間も虐げられた結婚生活に甘んじ，その関係に甘んじていることをバカらしく感じているクライエントがそうである。また，統合失調症で，薬物の服用を長年回避し，浪費してしまった年月を後悔しているクライエントや，長年満足のいかない仕事にとどまり，玄関マットのように踏みつけられ汚されるような役回りをしているという，怒りを感じているクライエントもそうである。

問題となるようなほとんどすべての行動は，価値の明確化に関わる問題，あるいはコミットされた行為に関わる問題という観点から解釈することができる。セラピストとしてのあなたにとって，最も難しいことは，このような行動を同定することである。そして，あなた自身の価値と，クライエントの価値とが明確に違うということを認識することなのである。

第9章
アクセプタンスのプロセス

　ACTモデルには，アクセプタンスのプロセスが2つ存在する。それはアクセプタンスと脱フュージョンである。アクセプタンスと脱フュージョンは，共に，心理的柔軟性を促進する。他の4つのコア・プロセスと同様に，アクセプタンスと脱フュージョンは，実践の中で，他のすべてのプロセスと統合可能である。

アクセプタンス

　アクセプト（accept）とは，出来事や状況を取り入れる（take in），あるいは受け取る（receive）という意味である。**アクセプタンス**は，効果のない「変化のアジェンダ」を放棄することも意味している（Hayes et al., 1999, p.77）。しかしながら，アクセプタンスはよく誤解される。たとえば，アクセプタンスは，心理的柔軟性を増加させるアクションとみなされる代わりに，評価（出来事についての判断や意見），出来事への受身的スタンス，悪い場合には，敗北の承認と捉えられてしまうことすらある。ある出来事をアクセプトするということは，その出来事が好きだとか欲しいとかという意味に誤って捉えられてしまうこともある。しかし，出来事や状況の受け取り，または取り入れる，ということとしてのアクセプタンスは，その出来事や状況が好きか嫌いかという判断を含まない。というのも，アクセプタンスの中には，ある出来事を取り入れ，その出来事が好き

ではない，ということをアクセプトする，という場合もあるからである。たとえば，マイクは，化学のクラスでC評価を望んでいなかったし，化学のクラスでC評価をとってしまった事実に対しても好ましいとは考えていなかった。しかし，彼は，AかBの評価をもらいたかったとはいえ，C評価が彼の学業に対する公正な評価であり，そのクラスで自分はC評価の学生であったということをアクセプトしたのである。

　また，アクセプタンスとは，受身的なプロセスであると捉えられてしまうこともある。クライエントが，望まない心理的な出来事をアクセプトするという発想をセラピストから聞かされて，最初はとても驚くにちがいない。それは当然のことだ。たとえば，「私に，不安発作をただアクセプトしろ，と言うのですか？」ということを言うだろう。しかし，取り入れ，または受け取ったりするという意味でのアクセプタンスは受動的なものではない。それどころか，多くの場合は，クライエントにとって，能動的で努力を要することさえもあるプロセスなのだ。たとえば，アレクシスは，ショッピング・モールに行ったときに，パニック発作を体験するかもしれないという自分の考えをアクセプトすることは，難しいと感じていた。彼女は，買い物を回避するか，あるいはモールに入る前にパニック発作を体験しないですむ方法を見つけたくて，トリートメントを受け始めた。しかし，ここでも，アクセプタンスがギブアップと等価なものだと誤解されれば，それは敗北と同じだとみなされるだろう（たとえば，もし，アレクシスがただ「もう二度とモールなんか行くものか」と考えているのなら）。もちろん，これはアクセプタンスではない。しかし，体験を取り入れたり，受け取ったりすることは，ギブアップとは正反対なものと捉えることができるのである（たとえば，アレクシスが自分の私的出来事を回避または排除しようと試みるのではなく，不安に関係した私的出来事に注目し承認すること）。このような考えに基づけば，アクセプタンスの結果としてギブアップされるのは，不機能な（unworkable）「変化のアジェンダ」だけなのである。

　Hayes et al.（1999，p.77）は，次のように指摘している。クライエン

トがなんとかしたいと思っている問題を抱えている場合，クライエントとセラピストがするべきアクセプタンスは，程度の差こそあれ，心理療法には潜在的に存在するものだ，ということである。というのも，問題なのは，当該の問題を解決するためにクライエントがやろうとしていることそれ自体である場合がよくあるからなのだ。

理由づけ，「原因」，そして回避

　人間の言語行動の大半は，人間の行動（その人自身の行動と他人の行動の両方）を解釈することに寄与する。**理由**とは，「どうして，それをしたの？」あるいは「どうして，それが起きたの？」のような質問への回答として提供される言明のことである。理由づけ（reason giving）には有用性がある。というのも，社会的なやりとりの中では，自分の行動に対して理由を説明することが求められることが多々あるからである。たとえば，雇用主に「インフルエンザのため，今日は仕事に出られません」と伝える場合のように。しかし，理由が単なる出来事の描写ではなく，出来事の原因とみなされる場合，トリートメントを求めるクライエントにとっては問題となるのである。Hayesらが指摘しているように（1999, p.51），クライエントは自分には問題があり，その問題は何かによって引き起こされているという信念を持ってセラピーを受けに来る。問題が何かによって引き起こされていると信じている場合，そこに隠れているのは「ひとたび，その問題の原因を同定できれば，私たちはそれを解決できる」という前提なのである。たとえば，アレクシスは，自分のパニック発作の原因を究明できれば，その発作はおさまると信じているだろう。

　自分の行動について説明をできなくてはならないという社会規範があり，出来事同士の因果関係を探す（他人の行動の原因を探すことを含む）ように社会から求められる。理由を行動の原因とし，その理由を思考や感情として報告することは，非常に社会的に支持されている。たとえば，誰かがリックに「なぜ，マリファナを吸っているの？」と質問するという場合を

考えてみよう。彼は「退屈とフラストレーションを感じているから」と応答するかもしれない。このリックの応答は，退屈とフラストレーションがマリファナ吸引の原因である，ということを示唆している。そして，彼が「私はどうして自分がマリファナを吸うのかわからない」あるいは「マリファナを吸いたいと思うから」と答えた場合よりも，他人に認められる可能性が高い。もし，私たちがリックに退屈やフラストレーションを感じる理由をさらに質問した場合，彼は「自分の仕事に満足していないので，フラストレーションと退屈を感じるんだ」と言うかもしれない。この場合，ここで暗示されているのは，退屈とフラストレーションが不満の証拠であるということではなく，不満がフラストレーションと退屈を引き起こすものである，ということなのである。私たちは，退屈とフラストレーションは，不満によって引き起こされた結果ではなく，「退屈・フラストレーション＝不満」と概念化することさえできる。このようなタイプの誤った因果論的な理由づけは，世の中に蔓延しているのである。

　子どもがしゃべれるようになる前から，親や環境内にいる他の話者たちは，あらゆる種類の行動に対して理由を述べるものである。多くの場合，その理由として感情が挙げられ，そしてそれが行動の原因とされる。たとえば「妹をぶつなんて！　疲れているのね」「彼女が遊んでいるところを見てみて。ホントに幸せって感じだから」「ニコリともしないのね。悲しいの？」のように。ひとたび「感情は行動の理由である」と教えられると，子どもたちは何かをした理由を感情とからめて答えるようになる。幼いときから，子どもたちは自分の行動について感情的な原因を探し，それを報告するように社会的に教えられるのである。

🌱 セラピストのためのエクササイズ

理由づけ

　リックは，マリファナを吸引する原因は，退屈とフラストレーションを感

じることだと言っていました。

　もし，私たちがなぜ退屈やフラストレーションを感じるのかと聞けば，彼は「自分の仕事が嫌いだから」と答えるかもしれません。

　このエクササイズで，あなたがすることは，数分間ブレイン・ストーミングをして，以下の各行動に対して，できるだけ多くの理由を生み出すことです。つまり，なぜ，その人はそのようにふるまうのだろうか，ということについて考えるということなのです。

- ジョアンナはクッキーを1箱全部食べた。
- マーティンは妻と口論を始めた。
- マヤは些細な書類上の間違いを理由に，彼女の秘書を怒鳴りつけた。
- ウィリーは父親にするように言われた雑用をやらなかった。
- カルメンはパーティでひどく酩酊するところまで飲酒した。

　ここで，あなたの回答を振り返ってみましょう。あなたの回答のうち，どれだけ行動の原因として感情を挙げているかに注目してみてください。たとえば，「問題の人物たちは，退屈，怒り，悲しみなどを感じていた」とあなたが言った回数です。

　ほとんどの場合，あなたの回答のかなり多く（全部ではないが！）が，行動の原因として思考や感情を挙げたことでしょう。

　のちほどすぐに，このエクササイズについて再び検討するので，この回答を手元に置いておいてください。

私的出来事と理由づけ

　思考や感情は，行動の理由あるいは原因として焦点化されることが多い。なぜなら，思考や感情は，しばしば，重要で，記憶に残る出来事や臨床的に重大な出来事に対して，先行あるいは後続するからである。そのため，

クライエントは「自分はうつのせいで，落第しそうだ」と訴えたり，「不安を感じてしまうので，満足のいく社会的関係が営めない」と訴えたりするのである。さらに，私たち臨床家やメンタルヘルスに関わる研究者たちも，自分のクライエントと同じように，この手の理由づけをしてしまうという点では同罪である。つまり，思考や感情に基づいて，障害を定義し，命名し，研究し，トリートメントを行うからである（たとえば，不安障害，気分障害，思考障害など；Hayes et al., 1999, pp.154-156）。

　私たちには，精神障害を行動の原因として記述する傾向もあることに注目しなければならない。先ほどの「理由づけ」のエクササイズでの回答を見返してみよう。あなたがその人の行動について考えた原因の中に精神障害が含まれていないだろうか？　たとえば，ジョアンナは神経性過食症のためにクッキー１箱を食べた，カルメンはアルコールを乱用しているので飲酒をした，ウィリーは反抗的行為障害なので雑用をしなかったなどと，あなたは書いていないだろうか？　この手の答えでは，感情を原因とする代わりに，精神障害が問題行動の原因とされている。しかしながら，このような因果関係による理由づけが問題なのは，自分は単に症状の集合を記述しているだけなのに，症状の原因を扱っていると錯覚するところにあるのだ。たとえば「その人は，物質使用障害のために，お酒を飲みすぎる」と言うのは，臨床的に有用ではない。アルコール乱用は，過度の飲酒によって生じるのではない。アルコール乱用は，過度の飲酒で定義されるのである。同じように，過食症は，むちゃ食いと嘔吐行動によって生じるわけではない。過食症はむちゃ食いと嘔吐行動で定義されるのだ。あなたの周りで生じる会話，そして教科書や研究報告に見られる行動の説明にもっと注意を払ってみよう。感情を理由として，理由を行動の原因として描写する傾向がいかに蔓延しているかにあなたは気づくだろう。

　私たちが理由を原因とみなすことは，気をつけなければならない問題としてではなく，社会的に適切なこととして捉えられなくもない。というのも，理由づけによって，社会的会話が円滑に進むことがよくあるというのも，また事実だからだ。しかし，その人が理由を行動の原因だと信じると

きに，理由づけは問題になる。なぜなら，もし，感情が問題行動を引き起こすのであれば，そのような感情の除去や回避が問題への解決策としてみなされてしまうからである。

　社交不安のためにトラブルを抱えていると訴えるクライエントを考えてみよう。非常に多くの場合，不安障害が問題であるとする人たちは，不安を取り除くことを目的としている。深刻な社交不安障害を抱える人たちは，デート，就職面接，自己主張，社会的孤立に関する問題を訴える傾向がある。そして，このような人たちは「問題なのは，自分が社会的な状況を避けること，昇進を求めないのでキャリア・アップしていかないこと，家族以外の人をホームパーティに呼ばないこと，おおかたの社会的状況は避けるか，その場を立ち去ってしまうために，今ではほとんど完全に社会的に孤立していることです」のようなことを言いながら受診してくるのは稀である。このような発言は問題をかなり正確に描写しているかもしれない。しかし，多くの場合，クライエントは「私の問題は不安です。もし，私がこの不安を取り除くことができれば，他のすべてはうまくいくでしょう」のようなことを言うものだ。このスタンスに暗に含まれているのは，不安に対する非アクセプタンス（nonacceptance）というものである。そして，まさに不安というものの性質のために，不安が悪いもので，アクセプト不能なものとみなされる文脈では，不安を回避することがとても重要なこととなり，気にしすぎてしまうのである。つまり，不安がいつ何時，姿を表すかもしれないと常に警戒し，不安が生じそうな状況をひどく恐れているということなのだ。このスタンスを採ることで，どのような結果が生じるだろうか？　不安を避けようとすればするほど，逆に，不安になっていくのである。

　ACTの実践の中でクライエントと向き合う場合，理由づけが生じていないかどうかを注意深く観察する必要がある。さらに，理由づけを見つけたら，回避を探さなくてはならない。なぜなら，この2つは相互に関連しながら問題を大きくしていっているからである。そして，回避への解毒剤になるものがアクセプタンスなのである。クライエントが出来事や体験を

取り入れる，または受け取ることにウィリングネスを持つようになれば，その出来事や体験がクライエントに与える影響力は大幅に減少する。その不安を取り入れることができるようになって初めて，クライエントが不安のために社会的に孤立していくようなこともなく，その社会的に孤立するという問題に本来的な意味で対処できるようになるのである。たとえば，不安が問題行動を引き起こさないものとなれば，不安が生じようが生じまいが，クライエントは部屋に家族以外の人たちを招いたり，何かの集まりに参加したり，近所の人と会話をするようになれるのである。もし，クライエントがアクセプトできるようになれば（つまり，不安が実際に生じたときに，それを取り入れるか，受け取れるかできれば），不安が低かろうが高かろうが，自分で決めた社会的行動をとることができるのである。

理由づけと「そして／でも」の区別

「でも（〜が，〜／しかし；英語では"but"）」というささいなことばは，理由づけの具体例で多く使われている。たとえば，不安を避けているクライエントは「私は彼女をデートに誘いたかったのです。でも，私は不安でした」と言ったりする。同じように，禁酒を解いてしまった物質乱用者は「断酒をし続けたかったのですが，あまりにストレスがひどくて，飲んでしまいました」と言ったりするだろう。Hayes et al.（1999, pp.166-168）は，"but"という語はラテン語の「外にある」という意味の語に由来する，と指摘している。それはまるで，不安が自分の人生や生活の外側に存在するかのようである。「私は彼女をデートに誘っただろう。不安の感情が自分の外にさえあれば……」と言うことと似ている。"but"の後に生じた出来事は，その前に生じたことを台無しにしたり，取り消したりするのである。このように"but"を使うことで，2つの出来事が共存しているのではなく，さまざまな面で（思考，感情，行為など）互いに対立しているかのように思うようになってしまうのである。しかし，不安を抱えているクライエントは「彼女をデートに誘いたかった。そして，彼は不安を感じていた」と言う方が正確なのである。同じように，物質乱用

のクライエントは「断酒を続けたかった。そして，飲んでしまった」のだ。ACT が目指すものは心理的柔軟性の促進である。それには，価値に方向づけられた行動をするためのウィリングネスが含まれるのである。しかも，その臨床的に問題となっている私的出来事が「存在しているにもかかわらず」ではなく「存在している状態で」，そのような行動ができることを目指すのである。ACT では，クライエントに「でも（〜が，〜／しかし）」という語を使いたくなるところで，「そして（"and"）」という語を使うように教え，このような理由づけをしないようにしていく。それには慣れが必要だろう。そして，この使い方に慣れることで，私的（内的）出来事と顕在的な（外的な）行動との間の想像上の結びつきを弱めるのである。さらに，それが弱まることで，脱フュージョンとアクセプタンスを促進する文脈が作られるのである。言い換えれば，思考と感情は行動の原因ではない。つまり，人は何らかの感情を持ち，その感情を変えなくても，何らかの行動をすることができるのである。「外にある」と同じような機能を持つ語として使える語がある。たとえば，「とはいえ（"yet"）」「しかしながら（"however"）」「〜を除いて（"except for"）」などである。もちろん，このような語を使うことにも注意が必要である。そして，このような語の形態ばかりではなく（"not only"），その回避的な機能についても（"but also"）注意が必要である（注意；この文の"but"という語は，文法的に「助格」と言われる用法であって，感情的な回避ではない！）

すべての回避が問題なのか？

あなたは，回避について，モヤモヤしてスッキリしないものを感じていないだろうか？　たとえば，「なぜ，不安を回避しないのか？（不安はないに越したことはないだろう？）」「不安は望ましくないものではないか？（望ましくないものなら，回避したっていいだろう？）」「私たちセラピストはクライエントに，気晴らし（distraction）やリラクセーション訓練を教えるべきではないのか？　そして，精神科に抗不安薬をもらいに行くように，と提案すべきではないのか？」「誰が不安になりたいだろうか？」

機能的文脈主義の立場からは，理論的に次のように考えられる。感情に対して回避がほとんど機能しないのは，感情は直接コントロールできるものではないからである。私たちは，感情を喚起する環境を変えることでしか，感情をコントロールできないのである。リラクセーションや気晴らしのようなテクニックは，ごく一部の状況で，かつ不安がそれほどひどくない場合にのみ機能するのであって，そうではない場合にはおそらく機能しないだろう。通常，目標を何らかの感情の除去にしてしまうと，結果として，生活環境が縮小されていくことになる（たとえば，混雑した場所に行かない，あるいは知らない人には会わない，または不安をごまかすためにアルコールが飲める場所にでかけるなど）。このような非アクセプタンスな行動は，心理的柔軟性を意味するものであることは少ない。つまり，多くの場合，非アクセプタンスな行動は，より多くの問題を意味しているのである。対照的に，アクセプタンスによって，クライエントが変えられるようになるものは，クライエント自身が直接に変えられるもの，つまり自分自身の顕在的な行動なのである。クライエントは，感情をコントロールするかわりに，不安をアクセプトすることによって，見た目に新しい行動，あるいは今まで選択してこなかった行動を選択するようになり，自らの価値が示す方向に動いていくようになるのである。このように，感情をアクセプトすることは，自分の環境を拡大していくことにつながるのである。

　思考もまた，直接変えることができない行動である。（唐突だが）ここで，緑色のキリンについて考えないようにしたとしよう。しかし，あなたは，どうしても，緑色のキリンのことを考えてしまうのだ！　意図的に思考を回避する（なんとかそのことを考えないようにする）ことは，うまくいかないものなのである。なぜなら，思考はルール支配行動ではないからである。たとえば，私たちは「あなたの前の奥さんについて考えてはいけない」といった思考を抑制せよ，というルールに，どうしても従えないのである。逆に，思考を抑制する試みは，その思考を増加させることにつながるのである（Wegner et al., 1987）。直接的に思考を回避しようとするかわりに，望まない思考を喚起しかねないような，ありとあらゆる刺激を

も回避しようとする人がいる。しかし，そうすることによって，その人の生活スタイルはさらに活力のないものになっていく。たとえば，別れたボーイフレンドについて考えたくないクライエントが，その例に当てはまる。彼女は，彼のことを考えたくないので，2人で一緒に行った場所，共通の友人，彼のことを思い出させる曲を避けるようになっていった。また，次のようなクライエントも，同様である。彼は，自分が取り除きたいと思っている侵入的思考を体験している。彼の頭の中には，頻繁に「私は自分自身が嫌いだ」という思考が浮かんでくるのだった。そして，その思考が浮かんでくるのは，多くの場合，自分がミスを犯した後に現れる，ということに思い至った。その後，その彼がどのような解決策を採ったかというと……なんと，彼は，ミスを犯す可能性を減らすために，何か新しいことに手を出すことを一切しない，という策に出たのだ。この2人のクライエントにとって，ある思考を考えるのを回避しようとした結果は，望まない感情を回避しようとしたときと同じように，生活環境が狭まり，望まない思考を考えてしまうことが逆に増えてしまい，心理的柔軟性が減っていく，というものだった。

　実践場面において，多くのクライエントは，望まない思考や感情をアクセプトするという発想をすぐには受け入れない。この作業をする場合，セラピストのスタンスが重要となる。ACTセラピストとして，あなたはアクセプタンスのモデルを示すのである。これには，クライエントの人生はクライエント自身のものであるということをアクセプトしたり，クライエントの臨床的な問題をアクセプトしたりすることも含まれる。さらに，クライエントがアクセプタンスしていないことや回避していることも，これには含まれる。このようなアクセプタンスのスタンスは，セラピスト自身が回避と向き合い，接触することで育んでいける。そう，私たちは，時と場合によって，誰でもが回避するものなのだ。いや，もちろん，著者は，読者であるあなたの日常を知らない。でも，あなたも人間だ，ということは重々承知している。つまり，ここで言いたいのは，私たち著者やあなたのクライエントと同じように，あなたもまた，次のような文化の中で育っ

てきた，ということなのである。私たちが育ってきた文化では，理由づけが重要なものとされ，何の疑いもなく感情や思考を行動の原因とし，望まない思考や感情に対する合理的な対処の仕方として回避することが推奨される。クライエントを相手にACTを実践することは，ACTを自ら実践することによって，常に促進されていくのである。そして，もし，あなたが自分自身の回避された内容と接触しようとするなら，クライエントに対するのとまったく同じように，自分自身に対しても優しくなければならない。アクセプタンスは受身的なものではないのである。それは，取り入れる，受け取るという能動的なプロセスなのである。ただし，それがシンプルなものであるからといって，必ずしもイージーなものであるとは限らない！

トラップ（罠）としての回避

　先述したように，クライエントは望まない内容をアクセプトすることに積極的ではない。ウィリングネスと「絶望から始めよう（creative hopelessness）」のエクササイズ（第3部の「ACTを実践する」のうち，特に第10章の「絶望から始めよう」，第15章の「アクセプタンス」で詳細に述べる）が，アクセプタンスの能動的プロセスを促進する。ACTにおいて，非アクセプタンスは，しばしば，トラップ（罠），あるいは勝つ見込みのない負け試合にたとえられる。Hayes et al. (1999) は，チャイニーズ・フィンガー・カフ（あるいは，チャイニーズ・フィンガー・トラップ；古代中国で使用された手錠を起源に持つオモチャのこと）を使ったエクササイズを論じている。これは織り合わせた竹の筒で，その中に左右の人差し指を入れる。ひとたび，指を中に入れ，その筒から引き出そうとすると，その筒はきつく締まり，強く引くほどに，それはさらにきつくなっていく。実際，両方の腕を一緒に押す（＝とらわれていることをアクセプトすること）ことで，筒がゆるみ，指を動かすスペースや柔軟性が生まれ，そのトラップから抜け出す方法を見つけ出せるようになるのである。つまり，ここでは，とらわれているという状況をアクセプトすることが求めら

れるのだ。

　「アジアン・モンキー・トラップ・メタファー」という興味深いメタファーがある。このメタファーもまた，何かと格闘することの不毛性を描いたものである。サルを捕まえるためのトラップは，中をくりぬいたひょうたんの実でできていて，サルを誘う果物や実で満たされる。ひょうたんの「口」は，サルが手を入れて，エサをつかむのにちょうどよい大きさになっている。サルは，ひとたびエサを握ったら，そのまま手を取り出すことはできなくなってしまう。なぜなら，エサを握った手は大きすぎて，ひょうたんの口を通らないからだ。このトラップが効果的なのは，それを仕掛けた人間がこん棒を手にして近づいてきても，サルはエサを放そうとしないからなのである。サルが「強化子を失うこと」にウィリングネスであれば，ひょうたんから手を抜くことができ，自らの命を救うことができる。逆に，サルが「強化子を失うこと」にウィリングネスでなければ，サルは自分の命を失うことになる！　言い換えると，もし，サルが即時的な強化子を失うことにウィリングネスでなければ，その後に手にすることのできる強化子を得るチャンスをすべて失う，ということである（ウィリングネスについてのより詳細なエクササイズと説明は第14章を参照）。

　クライエントの中には，回避する代わりにアクセプトするということにすんなりと乗れる人もいるかもしれない。というのも，（思考や感情を）コントロールしようとしてきた今までの努力が実を結ばないのを十分に味わってきたからである。一方，あまりウィリングネスではないクライエントに対して，ACTセラピストは，それを高めるテクニック（第14章で紹介する）を使用しようとするだろう。また，「絶望から始めよう」という感覚（次章の主テーマ）を培おうとするだろう。あるいは，脱フュージョンのテクニック（このACTモデルの中にある2つのアクセプタンス・プロセスのうちのひとつ）を使用するだろう。

ケースの概念化とアクセプタンス

　アクセプタンスに関する問題は，トリートメントの非常に早い段階で見つけられることが多い。というのも，ほとんどのクライエントは，望んでいない思考や感情を回避・除去するという明白なアジェンダを持って相談にやって来るからである。しかし，アクセプタンスに関する問題は，トリートメントが進み，改善が見られた，もっと後の段階でも生じる場合がある。たとえば，社交不安を抱えてトリートメントを受けに来たクライエントが，その不安をアクセプトする程度にまで改善したものとしよう。しかし，彼女は，他人と実際にやりとりをするということにコミットする段になって，他人から拒絶されるかもしれないという恐怖や他者と親しさを維持できるかという恐怖のような，新たに回避したくなるような状況を自覚するに至ることもあるのだ。具体的には，あまり興味がないパーティの誘いを断る場合に，「誘ってくれた人の気分を害してしまう」ことから生じる不快な感情をアクセプトすることにウィリングネスを持てないということもあるだろう。したがって，アクセプタンスに関する問題は，トリートメントの早い段階に姿を現す可能性が高いとはいえ，セラピストは（クライエントも），いついかなる時でも，その問題が生じる可能性について警戒しておかなければならない。

　アクセプタンスに関する困難がありそうなクライエントの行動をいくつか以下に示すことにしたい。

- クライエントが私的出来事を除去したいという明白な目標を口にする。トリートメントの早期に，多くのクライエントは「私は，もうこれ以上，悲しんだり（怒ったり，ナーバスになったり）したくありません」と言う。「このうつが消えてなくなれば，人生を前進させることができるのです」とか，さらに悪い場合には「私は，ただハッピーになりたいだけなのです」といったように，もう少し幅広

い「不快な状態を除去したい」というアジェンダが示唆されることもある。

- クライエントは，私的出来事によって正当化された頻繁な回避行動についてはっきりと口にすることもある。たとえば「不安を感じ始めたら，その場から立ち去る必要があります」などが，それに該当する。

- クライエントは，思考や感情を行動の原因と捉えている。たとえば「別れた恋人のことをつい考えてしまうので，新しい関係をうまく築いていくことができません」などが，それに該当する。

脱フュージョン

脱フュージョン（defusion）はHayes et al.（1999）による造語である。それは，認知的フュージョン（クライエントが何らかの言語刺激にさらされたときに，その刺激機能の転換によって影響を受けるインパクトのこと）を軽減しようとする試みのことを意味する。脱フュージョンのプロセスが目的としているのは，「その人の行動」と「ことば（words）による刺激性制御」とが渾然一体となっている状態を分離する（"defuse"）ことである。脱フュージョンの実践は，それ自体として有用であるが，しばしば，アクセプタンス，「今，この瞬間」との接触，視点取りのワークと一緒に実施される。認知的フュージョンは，自分自身を自分の思考や感情と区別できない（第6章を参照）ことも含め，人が「ものごと（things）」と「ものごとについての描写」とを区別できない場合に生じる。たとえば，リックは「未来は暗い」という思考を単なる思考として体験する代わりに，フュージョンが生じているせいで「未来は暗い」という思考が，まるで暗澹たる未来を実際に生きた体験と同じであるかのようにみなしている。リックは「私は負け犬だ」というフレーズを自分が下した単な

る評価として体験する代わりに，自分自身がまるでそうであるかのように体験してしまっているのである。自分と思考とがフュージョンしているのだ。

　脱フュージョンは「人-思考・感情」との関係性を変えることを意味している（訳注：脱フュージョンは，思考・感情の内容それ自体を変えることではない，ということに注意！）。機能的文脈主義の視点では，思考も感情も心理的内容であると見なされる。そして，脱フュージョンが可能にするのは，自分自身とその内容とを区別することなのである（Hayes et al., 1999, p.73）。リックは「自分」と「自分の思考」とがフュージョンしなければ，自分の思考を「思考」として，自分の評価を「評価」として捉えることができる。それらは，ある状況下で生起する言語的内容にすぎず，しかも彼はその生起をほとんどコントロールできない。ある思考とフュージョンしていることと，思考を内容として見ることとの間の区別は，取るに足らないささいなことのように思われるかもしれない。しかし，この区別は，人がどのように出来事を体験するかということに対して，大きなインパクトを与える可能性がある。リックの事例でいえば，「未来は暗い」というフレーズが，物理的で非恣意的な世界に1対1対応するような断定的物言いなのだとしたら，そのフレーズが彼の行動を変える誘因となることはほとんどない。しかし，機能的文脈主義の観点から考えると，リックは自分の未来を強化子が奪われたものとして言語的に捉えてしまっている。そのような記述によって刺激機能の変換が生じ，さらにその変換によってレパートリーが狭まっていくことになるのである。リックが「未来は暗い」を単なる思考として受け取れれば，リックは同じことをさらに繰り返すことなく，自分の行動を広げることによりウィリングネスになれるかもしれない。脱フュージョンされたスタンスがあれば，「暗い未来」の刺激機能の変換は，彼の行動を支配しない。

　「暗い未来」というリックの思考について考えてみよう。定義上，未来は「今，ここ」にあるものではない。それなのに「未来は暗い」がフュージョンしている場合，リックは，言語化された「暗い未来」（これは「今，

ここ」に存在しない・できないものである）と「今，ここ」の出来事とを関係づけて反応してしまっている。このようなフュージョンは，破壊的な結果を持つことにもなるのである。別の例として，スーザンが「私は，宝くじの『当たりくじ』を持っている」という思考とフュージョンしているとしよう。つまり，スーザンは「私は，当たりくじを持っている」という思考に対して，実際に当たりくじを持っているのと同じように反応するのだ。彼女は仕事をやめてしまい，バンバンと買い物をし，お金を寄付し，何千万ドルもすぐに手に入るかのようにふるまうかもしれない。これを，自分はただ「私は当たりくじを持っている」という思考を持っているにすぎない，と気づいた場合の彼女の行動と対比してみよう。その場合，彼女はおそらく，実際に宝くじに当たるのはどのような感じであるか，想像しながらも，仕事に行き，請求書の支払いをし，お金のやりくりを考えるだろう。

　一見すると，スーザンの例は，あまりに非現実的なものに見えるかもしれない。「私は，当たりくじを持っている」と考えたからといって，宝くじに当たったかのようにふるまう人などどこにもいないだろう。しかし，それは本当に，思考や感情とフュージョンしている場合に，クライエントが行う（そして，私たちも暗にしている）ことと大きく違っているだろうか？「未来は暗い」「誰も，私のことなんか好きじゃない」「店に行けば，パニック発作が起きてしまうだろう」「私は，もうこれ以上，この痛みを我慢できない」「このうつは決して治らないだろう」のような思考とフュージョンしていることは，「私は，当たりくじを持っている」のような思考とフュージョンしていることと，実質的には違わないのだ。もちろん，持ってもいないのに「私は，当たりくじを持っている」と考えるような，より奇異な思考内容とのフュージョン，あるいは，「やつら皆が私をつかまえようとして狙っている」「私は，本当は生きていない」のような思考とフュージョンしている場合，それらは妄想観念であり，時々浮かぶ奇妙な思考とは区別する必要があるだろう（Bach, 2005）。とはいえ，フュージョンされた思考（「未来は暗い」）に反応する体験は，脱フュージョンさ

れた思考（「私は『未来は暗い』という思考を持っている」）に反応することとは，かなり異なっている。同じように，「誰も，私のことなんか好きじゃない」とのフュージョンは，脱フュージョンされた「私は『誰も，私のことなんか好きじゃない』という思考を持っている」とは，質的に違うものである。思考そのものが問題なのか？　あるいは，思考とクライエントとの関係が問題なのか？　その答えは，以下のエクササイズにある。

> ### 🌱セラピストのためのエクササイズ
> ### フュージョンと「両極端に考えてみる」
>
> 　自分自身のことで気にしていることを 1 つ挙げてみてください。たとえば，自分の体重が気になる，家事がうまくこなせない，仕事の生産性が上がらない，など。それでは，次に，そのような自己評価をもう少し極端に表現してみましょう。もし，あなたが，それを声に出してもよい場所にいるのだとしたら，実際に声に出して言ってみましょう。そうでなければ，心の中で自分自身に言ってみてください。たとえば，「私はデブだ」「私は怠け者だ」「私はのろまだ」など。
> 　実際に，そう言ってみたとき，どう感じましたか？　それを本気にしますか？　そうじゃないと反論してみたり，そのように考えないようにしたりしましたか？
> 　それでは，ここで「私は〜という思考を持っている」というフレーズで，先ほどの自己評価を言い直してみてください。たとえば，「私は『私はデブだ』という思考を持っている」というふうにです。実際に，そう言い直してみたときに，なにか印象が変わりましたか？　「私は怠け者だ」と表現したときより，「私は『私は怠け者だ』という思考を持っている」と表現したときの方が，よりアクセプトしやすいものではありませんでしたか？
> 　今度は，このエクササイズにもうひとつのステップを加えてみましょう（Hayes et al., 1999, p.189 にある「両極端に考えてみる」のエクササイ

ズ)。先ほどの思考を取り上げて，それをもっとポジティブに表現してみましょう。たとえば，「私は怠け者だ」を「私は，ときどき怠け者になる」に変えてみましょう。今度は，それをもっとポジティブに(「私は，ときどき一生懸命働く」)，それを完全にポジティブ(「私は，どんな人よりも一生懸命に働く人！」)になるまで，どんどんポジティブにし続けてみてください。そして，そのようにステップを上げていくたびに，あなたのマインドがどのように反応するか，ということに注目してみてください。

　今度は，逆に，それをよりネガティブ(「私は，とても怠け者だ」)にし，極端にネガティブなもの(「私は，地上で最も怠け者だ」)にまでしてみてください。そして，先ほどと同様に，そのときのマインドの反応に注目してみてください。

　上述のエクササイズで，あなたはネガティブな自己評価とポジティブな自己評価のどちらを，より難しいと思っただろうか？　一般的には，おそらく，極端にポジティブな表現にも，極端にネガティブな表現にも，抵抗を感じる自分に気づくだろう。もし，それらすべてを抵抗せずにアクセプトできたとしたら，(すばらしい！)あなたはすでに脱フュージョンに長けているのだ！　では，自分に「私は，脱フュージョンに優れている」，そして「私は，脱フュージョンのチャンピオンだ」と言ってみよう。ここでのポイントは，内容の方に焦点を当てた時点で，それがポジティブであるか，ネガティブであるかは，あまり重要ではなくなってしまう，ということなのである。フュージョンはフュージョン，つまり，フュージョンしていることには変わりはないからなのだ。誰かが思考とフュージョンしていたら，ポジティブな思考ともネガティブな思考とも同じように格闘するようになるのである。たとえば，シャンドラは，自分の子どもたちの問題について考えると，罪悪感を持ち，問題を引き起こしたことに対して，自分自身を責めてしまう。また，彼女は，子どもたちの問題について考えていなかったことに気づいたときでさえ，罪悪感を持ってしまう。というの

も，その場合は，子どもたちの問題について心配していなかった，という理由で，自分を悪い母親であると感じてしまうからである。このような内容のレベルで留まっている限り，彼女に勝ち目はない。脱フュージョンは，思考の「内容」を変えることがテーマなのではない。そうではなく，クライエントと私的出来事との「関係性」を変えることこそがテーマなのである。

脱フュージョンは認知再構成法ではない

経験的に，私たちは，内容を変えることと文脈を変えることとは違う，ということをよく知っている。だからこそ「脱フュージョンと認知再構成法はまったく異なるものである」ということをはっきり述べておく必要があるだろう。認知再構成法では，セラピストの目標はクライエントの非合理的思考を変え，問題となる感情や願望を変容することにある（Ellis, 2003）。つまり，認知再構成法で力点が置かれているのは，私的出来事の内容を変えることにある。たとえば，「誰も，私のことなんか好きじゃない」は異議を唱えられ，「私を好きな人たちもいる」や「私はきちんとした人間だ」に変えられるかもしれない。同じように，「店に行けば，パニック発作が起きてしまうだろう」は，「店に行っても，必ずしもパニック発作は起きない」，または「店に行ったとしても，パニック発作を起こすかもしれないし，起こさないかもしれない」と再構成されるかもしれない。そして，もし「誰も，私のことなんか好きじゃない」という思考が，絶望的な感情へつながるのであれば，思考内容を変容することで，その感情を減らすことが期待される。そして「店に行けば，私はパニック発作が起きてしまうだろう」という思考が再構成されれば，おそらく，その思考内容を変容することで，パニックの減少と店への外出の増加につながるだろう。一方，認知再構成法とは対照的に，認知の脱フュージョンで力点が置かれているのは，クライエントの思考や感情の内容を変えることではない。その目標は，内容自体が変わるかどうかにかかわらず，思考や感情とクライ

エントとの関係性を変えることにある。クライエントは「誰も，私のことなんか好きじゃない」という思考を持ち続けるかもしれない。そして，その思考を持つことで，絶望を感じるかもしれないし，感じないかもしれない（そして，そのクライエントは，そのような思考が頭に浮かんだとき，絶望感に気づき，それを脱フュージョンするだろう）。思考とフュージョンしていなければ，その人は「誰も，私のことなんか好きじゃない」という思考を持ちながらも，誰かを夕食に誘うかもしれない。同じように，その人は「店に行けば，パニック発作が起きてしまうだろう」という思考を抱えるかもしれない。そのような不安を感じるかもしれないし，感じないかもしれない。そして「店に行けば，パニック発作が起きてしまうだろう」という思考を持ちながらも，店に行くことを選ぶかもしれない。つまり，そこには，感情や実際の目に見えるアクションが変容するには，クライエントの思考内容が先に変容しなければならない，という前提が存在しないのである。以上のように，認知の脱フュージョンと認知再構成法はまったく違うものである。そのため，脱フュージョンと認知再構成法を同時に使用することは（臨床的に）禁忌事項とされる。

　このような区別が生じるのは，認知主義アプローチと機能的文脈主義アプローチは，認知について異なる前提を持っているからである。認知再構成法が依拠している前提とは，クライエントは非合理的信念に対して合理的信念を選ぶことができ，信念が変容することによって感情が変容していく，というものである（Ellis, 2003）。対照的に，機能的文脈主義アプローチが依拠している前提とは，クライエントは私的出来事（思考）をほとんどコントロールすることができず，またその思考が何らかの行動を引き起こす原因とはならない，というものである。ある単一の刺激が，ネガティブな思考と回避行動の両者に先行して生起しているかもしれない。この場合「ネガティブな思考が，ネガティブな行動を引き起こす原因である」と言うことはできない。つまり，思考や他の私的出来事も，随伴性によって形成された反応であり，（ある思考を別な思考によって）直接的に変容することはできない，と捉えるからである。たとえば，シャンドラが「そ

れは，私のせいだ」という思考を持っているとしよう。そのような思考は，自分あるいは自分の子どもたちがネガティブに評価された感情や体験を持ったときに生じる。自分の過去を振り返ってみると，今までものごとがうまくいかなかったときに，周りの人たちからすぐに責められた経験を持っていることに気づくかもしれない。今，現在にあっても，彼女は，ネガティブな出来事を体験するような文脈で「それは，私のせいだ」という思考を持ってしまう。彼女は「それは，私のせいだ」という思考を選択しているのではない。むしろ，その思考は彼女の今までの体験の産物なのだ。私たちが第4章で検討したように，関係フレーム理論では，私たちは，言語的ネットワークから「引き算」をすることはできず「足し算」することしかできないのである。この視点から考えた場合，1つの思考を別の思考で置き換えるというのは不可能なことのである。もちろん，新しい思考への頻繁なエクスポージャーが，古い思考を弱める場合もないわけではない。たとえば，もしシャンドラが周りの人たちから頻繁に「あなたに責任はない」と言われるという体験をしたならば，最終的には「すべて，私のせいだ」という思考をそれほど頻繁に持たなくなるだろう。しかし，その一方で，誰かが彼女に「あなたに責任はない」と言っても，彼女は「すべて，私のせいだ」と考えてしまい，さらに「今，この状況で，責められるべきは，私なの！」と激しく反論する，という可能性も等しく存在するだろう。思考を変容しようとしている場合，彼女の悪戦苦闘は内容のレベルにあり，失敗や非難といった言語的観念に絡め取られてしまっている。脱フュージョンを実践する場合，彼女は「すべて私のせいだ」という思考を持っていると気づき，それが自責以外の合図となり，行動のガイド役となるかもしれない。もし，彼女が自分の思考や感情とフュージョンしている場合，失敗の感情を回避することや，自責の念を変えることが非常に重要となってくる。これでは，彼女の心理的柔軟性は制限されてしまうことになる。というのも，その場合，彼女に残された選択肢は，それを回避するか，自分自身と言い争うという「マインドな（mindy；頭でっかちな）」行動をするか，のどちらかしかないからである。そのため，自責の念を回避するの

が重要な文脈では，彼女はすべての状況を回避するようになるだろう。たとえば，誰かが（自分も含む）責任を押しつけようとする状況，自分に責任があるのかどうかについて誰かと（自分も含む）口論になる状況，自責の念を感じることを自責し，それによって落ち込んでしまうのに，さらに自責する状況などである。それでは，これと脱フュージョンとを対比してみよう。脱フュージョンでは，シャンドラは，自分が自責の念や感情を持っていることに気づく。そして，彼女は自分の思考や感情をネガティブに評価していることに気づく。さらに，自分の思考や感情を評価しているのは，自分自身であるということに気づけるようになる。そうなれば，彼女の手にする行動的な選択肢は拡がる。つまり，彼女の選択肢は，回避行動やフュージョンした行動だけでなく，別の方法で行動する（自責の念や感情がつきまとうかもしれないが）というのもあるからである。ここでは，自責はもはや大事（だいじ）なことではない。いや，むしろ，シャンドラはもはや自責をおおごとである（"matter about"）と捉えるのをやめるようになるのである。ACTセラピストはしばしば，自分にとって大切なものごとを「～をおおごと（大事；だいじ）とする」と言う。この「～をおおごととする（大事だとする）」のいうフレーズが「する」であることに注意！　つまり，環境内の出来事は，本質的におおごとではないのだ。人がそれをおおごとに「する」のである。人が何らかの事柄や状況を「おおごととする」のだ（動詞としての「コト化する（"mattering"）」に関するさらなる議論は第12章を参照）。シャンドラは，自責の念に対して自責しないということを選んでいるのである。つまり，罪悪感という感情や思考が伴っていようと，その行動が何かしらの価値づけされた「結果」と合致していれば，彼女は罪悪感や自責の念や感情を回避することはないのである。

　シャンドラの自責の体験は，アクセプタンスと脱フュージョンとが相互に関係しているということの具体例であると言えよう。アクセプタンスは脱フュージョンの後に生じたり，脱フュージョンはアクセプタンスを促進したり，脱フュージョン＝アクセプタンス，というときもある。望まない

思考を持つことにウィリングネスがあるクライエントは，それを脱フュージョンできるくらいの状態にある。望まない思考から脱フュージョンしているクライエントは，それをアクセプトすることにさらにウィリングネスになれる。そのような思考から脱フュージョンする行為は，アクセプタンスの行為となる場合もある。

✳セラピストのスタンス

多くの場合，特にACTにまだなじんでいないセラピストは，ことばを「敵」のように捉えてしまう。しかし，ものごとにはふさわしい時間と場所がある，ということを思い出してください。この話をするときに，よく引用されるACTのフレーズがあります。それは「あなたのマインドは，あなたの友人でもなければ，敵でもない」というものです。時として，セラピストは，このフレーズの2番目の「敵でもない」の方を忘れてしまいます。ことばは，人間の文化にとって必須なものです。言語的なふるまい（聞くことと話すことの両方）も行為（an act）なのです。そして，私たちは，絶え間なく変化する文脈の中にある行為の機能を分析するのです。言語が，私たちの毎日の生活にとって必要不可欠なものです。それには，数多くの側面があります。ことばは，私たちにとって福音なのです。そして，それは，時として，呪詛ともなります。おそらく，このフレーズは「あなたのマインドは，あなたの友人だが，時として敵となる」とする方がよいでしょう。

ケースの概念化と脱フュージョン

フュージョンは，トリートメントのどんなときにでも，顔を出すだろう。しばしば，回避があるところには，フュージョンもあるのだ。たとえば，不安を回避するクライエントは，多くの場合に「不安は悪い」または「私は二度とパニック発作を体験するなんてできない」のような信念とフュー

ジョンしている。

　脱フュージョンに困難があると思われるクライエント行動には，以下のようなものがある。

- クライエントによる自分自身の評価が，評価ではなく，事実として述べられる。たとえば，クライエントは「時々，私は自分が負け犬だと思う」のような，やんわりとした表現の代わりに「私は負け犬だ」と言う。

- クライエントの回避が，フュージョンされた信念と関係している。たとえば，慢性疼痛を抱えるクライエントで「私は，これ以上痛みを我慢できないので，ほとんどの時間，ベッドの中にいます」と言う場合が，それに該当する。

- クライエントは，世の中がどのようなものか，他人がどのようにふるまっているか，ということについて頑なな信念を抱いていて，それを自分の意見にすぎないものだということを認めない。「私は，結婚前にセックスをすることは悪いことだ，と信じています」あるいは「私は，結婚するまで性的な関係を持ちたくないのです」ではなく「結婚前にセックスをすることは悪いことだ」と言うクライエントが，それに該当する。

　アクセプタンスと脱フュージョンのプロセスも，他の4つのプロセス（「今，この瞬間」との接触，視点としての自己，価値，コミットされた行為）の中でも，何らかの役割を演じる。このことについては次章以降で触れることにしたい。また，アクセプタンスの方略を実践に移すことについては，第15章でさらに検討することにしたい。

第3部

ACTを実践する

第 10 章

「絶望から始めよう」:「解決策」が問題である場合

　「解決策が問題の一部である」というこの奇妙な言い回しは，苦悩を抱えている人にとっては，あまりに奥深く簡単に理解できるものではないかもしれない。トリートメントを受けに来るクライエントの大半は，ある程度の期間，「問題」を解決しようと試みてきているのであって，いきなり心理療法家にかかることで問題を解決しようとするのは一般的ではないだろう。たいていの場合，人は最初に，問題を自力で解決しようと努力するものである。たとえば，家族や友人，専門家の卵に助言を求めたりする，自己啓発書を読んでみる，さらには，薬物療法に励んでみたり，医者にかかることなく自己トリートメントを追求してみたりするなどといった具合である（Hayes et al., 1999, p.94）。そうして，何カ月か，何年か，何十年経ってから，最終的に，自分から，または他人から紹介されて，心理療法を求めてくるのである。「解決策が問題の一部である」という発想は，最初は，多くの新しいクライエントには奇妙に聞こえ，納得されにくいかもしれない。結局のところ，問題に対するクライエント自身の「解決策」が問題であると受け取られることは，ほとんどないのである。短期的には，字義どおり，解決策は問題を解決してくれるため，それ自体が問題の一部だとは思わない。そのため，「解決策が問題の一部である」ということが機能的に検討されて初めて，それがクライエントの体験と共鳴する可能性が高くなるのである。あなたが機能的アセスメントを用いて，ACTの介入計画を立てるために，インフレクサヘックスの「ケースの概念化」ワー

クシートを見ていく際に，「解決策が問題の一部である」は有用な考え方となる。アセスメントの手段として，「解決策が問題の一部である」という考え方を得ることにより，あなたはクライエントの回避行動へ注目するようになる。また，その考え方は，言語的な行動，外顕的な行動の両者を含んだクライエントの行動の間にある機能的な関係性を理解するスタート地点となるのである。介入計画を立てる際に，この「解決策が問題の一部である」という考え方は，セラピストであるあなたの役に立つものなのである。そして，もっと重要なことに，その考え方によって，クライエント自身が，過去の問題解決の試みそれ自体がいかに問題であったのかを把握することができるのである。「解決策が問題の一部である」という考え方は，「絶望から始めよう（creative hopelessness；創造的な絶望）」を理解するうえでの中核となるものなのである。

「絶望から始めよう（創造的絶望）」を定義する

「**絶望から始めよう**」とは，過去の問題解決のための試みが実際には問題の一部である，という体験に接触しているときのクライエントのスタンスである。臨床的に関連のある問題に対してこの視点を取ることで，クライエントに新しい変化方略を試す準備をするように影響を与えることができる。ただし，この「絶望から始めよう」は，しばしば誤解される概念でもある。実際，ACT セラピストの中には，代わりに「希望から始めよう（creative hopefulness）」と呼ぼうと提案した者もいるほどである。このことに関する誤解は，何が「絶望的」であると描写／評価されるのかに関する混乱によって生じる。クライエントが絶望的なのではない。より効果的な生き方への可能性も絶望的ではない。そうではなく，クライエントがこれまでに行ってきた過去の「変化」のアジェンダこそが絶望的なのである。クライエントは，望まない私的出来事を回避するために，コントロールできない事象をコントロールしようとしたり，事象を回避しようとしたり，あるいは，その両方をしてきたのだ。しかも，心理的柔軟性を減少さ

せ，価値ある結果を達成することを避けるようなかたちで行ってきたのである。私的出来事をコントロールするための，不毛でわびしい変化のアジェンダへ固執することは，失敗をもたらす運命にあるのだ。これこそ絶望的というものだ！

> **セラピストのためのエクササイズ**
> **感情をコントロールしようと試みる**
>
> 感情をコントロールするのが難しいことは，容易に実証することができます。試しに，まさに今，本気で怒りを感じてみてください。あるいは，悲しみを。または恐怖を。そうです，できないのです。ACTの訓練の中で，私たちは，しばしば，次の例を用います。それは，「もし，あなたが，あそこにいる人と恋に落ちたなら，1万ドル払いましょう」というものです。ほとんどの訓練生は笑いますが，冗談半分で，大金目当てに見知らぬ他人に恋をすることを申し出る訓練生もいます。そこで，私たちは，その申し出をした訓練生が，その他人に本当に恋をしているのか，あるいは，ただ単に，時間を共に過ごしたり，スキンシップを取ったり，「愛している」という言葉を言うなどといった，恋愛中の感情と合致するような外顕的な行動を演じているだけなのかどうかを尋ねるのです。外顕的な行動は容易にコントロールすることができます——けれども，恋愛中の感情はそうはいかないのです。

コントロールのアジェンダは，外顕的な行動の文脈においては，適切に機能する。物質的な世界に存在する物事をコントロールするという私たちの能力の実用性は，私たちを取り囲むすべての驚くべき人間の創造物を見ると明らかである。私たちは，全体的な，または，微細な運動筋肉の動きをコントロールして，車の運転や，コンピューターの組み立て，ギター演奏，継続した会話，顕微手術の実施などを可能にできるのである。また，

運転者や外科医は，そのような活動を実施しながらも，あることを考えたり，何かを感じたりしているものである。つまり，運転者の場合には，道にある次のカーブを心の中で予期しているかもしれないし，外科医の場合には，間近に迫った手術に対して緊張感を感じているかもしれないのである。このような私的出来事は，運動筋肉の活動よりも，コントロールすることが難しい。要するに，コントロールすることは，運転や外科手術，そして何千何万ものその他の活動においては上手く機能する。しかしながら，思考や感情という文脈においては，コントロールがそれほど効果的には機能しないのである。私たちは，意志の力で，自分自身に対して，あることについて考えるのをやめさせたり，ある特定の感情を感じさせたりすることはできない。つまり，運転者は，自分が道を曲がるか曲がらないかをコントロールすることはできるが，道を曲がることについて考えるか考えないかをコントロールすることはできないのだ。同様に，外科医は手術室で行う活動をコントロールすることができるが，手術室で感じる感情まではコントロールできないのだ。

感情をコントロールする

「コントロールというものは，私的出来事においては機能しないのだ」ということに，あなたは納得するだろうか？ あるいは逆に，自分は不安や怒りの感情を直接的に変容することができるという思考を持っているだろうか？ もし，あなたがこのような思考しているのであれば，私たちが言えることは「もちろん，あなたはそう考えている！」ということだけである。このような思考は，あらゆる思考と同様に，あなた自身のヒストリーによる産物なのだ。そして，そのようなヒストリーは，あなたがもし西洋文化の中で育ってきたのであれば，人は自分の感情をコントロールできるし，そうすべきなのだ，とあなたに命じる可能性が非常に高い。たとえば，私たちは「私に腹を立てないでちょうだい」「怖がらないで」「何にもおかしいことじゃないんだぞ！ そんな笑顔はやめてくれ！」といったよ

うなことを言われる。これらは,「変化」のアジェンダの側面を拡張したもの（一般化したもの）にすぎないのである。「変化」のアジェンダは,次のような場合には機能する。たとえば,まだ眠っていたいのに目覚まし時計が邪魔をするのであれば,アラームの一時停止ボタンを押すことで,それから解放されることができるし,部屋が暗すぎるのであれば,照明をつけることで,目の疲労をなくすことができる。また,漆による皮膚のかぶれが痒すぎるのであれば,軟膏を塗ればよいのである。このように,複数の経験を通して,人々は,上に記したようないくつかの文脈では効果的に機能してくれる負の強化を受けた回避レパートリーを発展させていくのである。言い換えれば,「人は,たいていの場合,不快を除去できる」ということを学ぶのである。

　クライエントはしばしば,不快でネガティブに評価された感情をもっと上手にコントロールする方法（あるいは,たとえば「私は幸せだと思うべきだ」といったような,ポジティブに評価された感情を引き起こす方法）を学ぶ,という目標を掲げてセラピーに来る。クライエントはまた,「もしも,感情 A と B を除去することができれば,その時は X, Y, Z をすることができるだろう」のような「変化」のアジェンダを持ち込んでくる。このような行動とその結果の間の言語的な関係性は,外顕的な行動の領域においては,魔法のようにうまく機能する。それは,たとえば,「もし私が出費をコントロールできれば,家を買うことができるだろう」や「もし私がゴルフをする頻度をコントロールすれば,もっと仕事をする時間が持てる」などである。そして,この「変化」のアジェンダは私的出来事へと一般化されていくのである。ここで懸念すべき点は,物質的世界においては素晴らしいツールであるが,思考や感情の世界においては,それほど便利ではないツールをクライエントが手にしているということである。もしも,ある人が持っている唯一のツールが金槌であるような場合には,すべてのものが釘のように見え始めてしまうのである。痛っ！

問題となる解決策の臨床例

不安の問題は，望まない思考，感情，その他の私的な体験をコントロールしようとする効果のない試みとして，容易に概念化することができる。社交不安を抱えているような人にとって，社交的イベントに参加することは，望ましい社交的あるいは職業的な結果の達成に有用かもしれない，という事実があるにもかかわらず，不安から逃れるために社交的イベントを回避するのである。パニック障害のクライエントは，パニック発作を避けるために，多くの活動（たとえば，運転やショッピングモールのような混雑した場所への外出）を回避する。OCDを抱える人は，強迫観念に関わる思考内容を回避するために，強迫行動を実行するのである。とはいえ，トリートメントを受けに来る人が，価値づけされた結果の達成を妨げる問題として一般的に見なしているものは，回避ではなく，不安なのである。加えて，望まない感情や思考は，ネガティブな人生の結果をもたらす原因として見なされているのである。

回　避

不安は回避の観点から最も容易に概念化されるものであるが，他の代表的な問題もまた，回避の観点から概念化することができる。以下の例を見てみよう。

❀ケース・スタディ❀　心　配

マーサは，16歳の息子であるマイケルを薬物依存のトリートメントのために連れて来た。マイケルは，友人が親戚から盗んできた精神安定のために処方された薬を使っているところを捕まえられたのだ。この逸脱行為への罰として，両親は，マイケルに，毎月，薬物検査を受けさせ，その検査代も彼がアルバイトで稼いだ収入から払わせた。マイケルはまた，午後9時の門限を課され，両親が信用できないと見なした友人を訪問すること

も許されなかった。マーサは，その後，マイケルが門限を越えても帰宅しなくなり，新しいガールフレンドと一緒に過ごすために学校をサボり始めたということで，息子をトリートメントに連れて来たのだ。このようなマイケルのふるまいを罰するために，マーサはさらに息子の門限を早めたのであるが，それに彼はカンカンに激怒してしまったのである。マイケルは，問題の一件の前にもそれ以降にも，決して薬物を使ったことはなかったし，実際に彼の薬物検査はすべて陰性であった，と話してくれた。マイケルは自分が「囚人のように」感じていることや，午後 8 時以降は外にいることができないので，友人も自分を誘ってくれなくなったことなどを話してくれた。彼は母親に腹を立てていたものの，彼女の信頼を裏切ってしまった責任は認めていた。一方で，マーサは「息子を家に閉じ込めてしまっていることに対して悪く感じてはいますが，どうしようもない息子のいとこのように依存症者になってしまうのではないかと心配しているのです。息子が私たちの目の届かない所にいる間，薬物を使用して，また別のトラブルに巻き込まれているのではないかと恐れています。彼がいない間，ずっと心配しているのです。私は息子に大学に行って，いい人生を送ってほしいのです」と話した。マーサが語ったこのアジェンダは，息子の成功を援助するという価値づけされた目的には役立っていたが，一方で，マーサは，彼女自身の心配の感情をコントロールするという，語られていないアジェンダもまた持ち合わせてしまっていたのである。このコントロールのアジェンダは，その後の数セッションの中で次第に明らかになっていった。マーサは心配を感じると息子の活動を制限してしまっていたのだ。これは，息子が家にいるときには，彼女が心配することが減るという意味では機能していた。しかしながら，息子が規則を破り始め，マーサに対して心を閉ざし，そうすることで，マーサも息子を信頼できなくなり，ますます心配するようになってしまったという意味では機能しなかったのだ。息子が彼女の信頼を取り戻すチャンスを（限定のあるなかで）与えることよりも，彼女は自分の心配の感情を減らすことに必死になり，しまいには，息子をもっと信頼できなくなって，ますます心配してしまうという結果に至った

のだ。彼女の解決策こそが，彼女の問題の一部なのである。

理由づけ

　理由づけも，もうひとつの問題となる解決策である。形式的には，理由というのは，出来事の間の関係性を言語的に描写したものであると言えるだろう。たとえば，「彼は失業したので，金を持っていない」といった具合である。ACTセラピストは，思考や感情が行動の理由や原因として見なされている場合に，過度の理由づけを，解決策としてよりもむしろ，問題として概念化する（Hayes et al., 1999）。そのような場合とは，たとえば，「あまりにも不安だったので，私は会議に行けなかった」「このうつを取り除くことができたら，仕事を見つけられる」「あまりにも腹が立ったので，彼女に電話をしなかった」「動揺していたので，酔っぱらってしまった」などである。過度の理由づけと，機能しないコントロールとの間の関係性はすぐに顕在化するものではないが，両者は確かに関連し合っている。思考や感情が行動の原因として見なされている場合には，そのような望まない思考や感情をコントロールすることが重要なことになるのである。しかし，これらは「行動は思考や感情が変化した後で初めて変化しうる」という想定に基づいている。ACTでは，このフォーミュレーションが逆転する。つまり，行動が変わるときに，思考と感情も変わるかもしれない——あるいは，変わらないかもしれない——ということである。しかし，実際に大切なことは，価値づけられた方向へ進むためにふさわしいような方法で，行動が変化していくことなのである。

解決策が問題の一部となりうるようないくつかの形

　このような考え方——解決策が問題の一部になりうる——は，読者にとって新奇なものかもしれない。そこで，練習のために，解決策が問題の一部となっている様子をいくつか考察してみたい。解決策が問題の一部になっているということは，つまり，「解決策」が解決しようとしている問題と同じ問題を，新たに作ってしまうような場合である。

❈ケース・スタディ ❈　問題のある飲酒

　アーティは自分がもっと社会的に有能な存在であると感じるために，アルコールを摂取している。アルコールを使用することは，彼がアルコール摂取後にはいつも，普段より社会的に有能な存在であることを実感するといったような，いくつかの文脈においては，彼の問題を解決してくれるだろう。ただし，それと同時に，彼が過度にアルコールを摂取することで，酔っぱらい，不適切なふるまいをして，彼自身の社会的な有能性を低下させることにもなる。さらには，他者から否定的な社会的評価を受けていることに気づくことで，より不安が高まってしまうことにもなるのである。さらに，彼は次回の社会的イベントに備えて，「神経を落ち着かせるため」に，少しのアルコールをとることで「潤滑剤を補給する」かもしれない。というのも，前回酔っぱらって自分がとってしまった不適切な行動を見られた人たちにまた会うであろうから，その人たちにちゃんと顔を合わせられるように酔っておきたいのだ。そうして，このストーリーはどこまでも続いていくのである。時として，クライエントが新しいコントロールの「解決策」を考えつくとき，ACTセラピストは熟考するであろう。「これは，『さらなる同じことの繰り返し』なのであろうか？」と。

短期的強化子 vs. 長期的強化子

　このようなサイクルの狡猾さは，人々が短期的な強化子に誘惑されて，長期的な，おそらく，より価値のある強化子に接触できないということにある。このような「随伴性の罠」(Baum, 1994) は，薬物依存，業績の低さ，不安，うつといったような，多くの人間の苦しみの一因となりうる。
　不安に直面したときに「液体状の勇気づけ」を飲むのがアーティの解決策なのであるが，実際にはこれが問題となって，「さらなる同じこと」として永続化されるのである。このような臨床的に関連のある「解決策」は，大半の文脈において，どうにも上手く機能しないのである。アーティは社交不安をコントロールしようと懸命に努力し，そうするために，内的な不

安の引き金となるものに絶えず用心深く注意し，さらに，他人が自分をネガティブに評価しているかもしれないような社会的な引き金にも注意を払っているのである。このような行動をとることによって，彼はさらに不安を感じて，重要な社会的な引き金を見逃したりしてしまうかもしれない。そうして，彼の行動は彼の社会的な有能性を低下させ，彼の社交不安を悪化させるのである。

　しかしながら，私たちの状況の見方次第では，アーティの飲酒は確かに機能している。つまり，「不安」と呼ばれる生理的な身体感覚を変化させるという文脈においては，大量のアルコールの摂取は魔法のような効果をもたらしてくれるのである。「私はこれらの身体感覚を除去せねばならない」という文脈においては，アルコールは効果的な解決策（原語の"solution"は「液体」も指すが，ここでは駄洒落ではない）となるのである。しかし，実際のところ，クライエントが，単なる生理的症状やアルコール消費，それ自体を理由に，セラピーを受けに来る可能性は低い。クライエントは，頻繁に酔ってしまうことで，社会的問題，職業的問題，または健康上の問題が引き起こされているために，セラピーを受け始める可能性が高いのである。別の言い方をすれば，頻繁に酔うことは，他の文脈において価値づけされていることと合致していないのである。よって，飲酒は，時には短期的に効果をもたらすこともあるが，長期的に見て，質の高い生き方を促進するように機能する可能性は低いのだ。

❂ケース・スタディ❂　仕事中毒

　別の例として，エイ・ジェイを考えてみよう。彼はより能力のある親になるために，もっと金を稼ぎたいと思っている父親であるが，時として，より多くの金を稼ぐためにもっと働こうと必死になるあまり，子どもたちをほったらかしにしてしまう。より多くの仕事をすれば，彼はより良き扶養者になることが可能となり，そのようなことは効果的な育児の一側面であるのだが，一方で，別の効果的な育児の側面である，子どもと一緒に時

間を過ごすということが妨げられてしまうのである。短期的には，彼の行動は効果的であるが，もし彼が効果的な育児に価値を置くのであれば，彼の制限されたレパートリーは，その長期的な価値の方向性の中では機能的ではないのだ。ACTは心理的柔軟性を生み出し，行動レパートリーを広げることを支援する。より多くの金を稼ぐことが悪いことなのではない。しかしながら，育児に価値を置いているこのクライエントの文脈においては，良き扶養者になることは，それが他の育児行動とバランスのとれたものでない場合には問題となるのである。行動レパートリーを拡大させることは，心理的柔軟性を高めるうえで，核心となるものである。

解決策の代償

　繰り返すが，時としてクライエントの「解決策」は機能する。そして，その代償として心理的柔軟性が減退されるのである。過去のトラウマや虐待について考えたくないと望み，心の働きを鈍らせるために薬物を使用している女性について考えてみよう。彼女の解決策は，過去のトラウマについて考えて過ごす時間が減るという意味では機能する。しかし，そうして薬物が望まない思考や感情を上手く処理するための唯一の解決策になってしまうことで，彼女の行動は非柔軟なものになるのである。彼女の薬物の使用はまた，彼女自身の社会的・職業的な機能性の多くの領域にネガティブな影響を与えるのである。

　次に，問題の一部となっている解決策について示した上記の例のすべてが，相互に交換可能なものであることに注目してみよう。つまり，各々の例において，その解決策がいくつかの文脈では効果をあげていることに気づくことができるだろう。しかしながら，その解決策はまた，問題をより悪化させ，さらなる問題を引き起こし，心理的柔軟性を減らすのである。クライエントのほとんどの主訴はこういったものであり，ABC機能分析シートやインフレクサヘックスの「ケースの概念化」ワークシートで査定することが可能なものである。いったん，このような問題が機能的に同定

され，フォーミュレートされたならば，このような仮説をクライエントにどのように提示するかが，次の課題となる。

「絶望から始めよう」をどのように伝えるか？

　フォーミュレーションをクライエントに提示する際には，それが単なる論理的な問題としてではなく，それがクライエントと体験的に共鳴していることが重要となる。ACTにおいてセラピストは，ここで，おなじみの「私を信じないでください。あなた自身の体験を信じてください」，あるいは「あなたの体験はあなたに何を教えてくれていますか？」のようなセリフを使うのである。ここで目指していることは，クライエントが，「変化」のアジェンダを，同じような非機能的な問題解決をさらにとるための別の1つの理由として，論理的にみなすのではなく，変化のアジェンダの不毛性に体験的なレベルで接触することである。ACTセラピストは，クライエントの主訴を聞きながらも，非機能的な変化のアジェンダの証拠を探り，「絶望から始めよう」を伝えるために，クライエントを自らの体験の方へと導いていく。

✦ケース・スタディ✦　パニック発作

　ジョーンは2カ月前に「何の前触れもなく」パニック発作を経験し始めたと報告しており，トリートメントを開始した時点では，もはや車の運転をすることができない状態にあった。その後，何の前触れもないとは言い切れないような発作のパターンが出現してきた。ジョーンのパニック発作が，彼女の姉が30マイル（約48キロ）離れた所に引っ越した直後に始まったのである。それまでジョーンの姉は，高齢で寝たきりの姉妹の父親をずっと介護してきたのであるが，今では，ジョーンが一番父親と近い距離に住んでいるので，姉と2人の兄弟はジョーンが父親の介護を引き継いでくれることを期待していたのだ。ジョーンの父親は大酒飲みで，酒を飲む

と妻に身体的虐待をし，子どもたちには言語的な虐待をしてきた。ジョーンは父の介護をしたくはなかったし，さらに，きょうだいが自分に父親の介護をすることを期待していることに怒りを感じていることを認識していた。セッションの中で，彼女は自分が父親の介護をしたくないと思っているためにパニック発作が起きているという可能性はあるのだろうかと，声に出してあれこれと思いめぐらしていた。ジョーンのフォーミュレーションをさらに詳しく検討すると，彼女のパニック発作の「原因」が何であるにせよ，彼女のパニック障害は，自分が父親に会いたくないことを認識することなく，父親に会うことを回避できるようにしていることが示唆された。つまり，彼女は自分のパニック発作をコントロールすることができないので，父親の援助をしないことに対する「正当な理由」を有しており，罪の意識を感じることを回避できたのだ。このフォーミュレーションは，彼女の体験と共鳴した。彼女のパニック発作はすぐに消えはしなかったが，頻度がわずかに少なくなり，彼女は父親との過去の経験について，より多くを語るようになった。そうすることによって，ジョーンは，自分が父親と一緒に時間を過ごすことで，父親による過去の虐待の記憶や彼への激しい怒りが引き起こされ，さらに，「あれは過去のことであって，今では，父は病気で，私を必要としているというのに」と罪の意識も感じてしまうということを認識することができた。

　ジョーンの当初のトリートメント・ゴールはパニック発作を減らすことであった。それから，彼女は自分のパニックをコントロールすることはできないのだということをアクセプトし，代わりに罪悪感と怒りを制御することに焦点を当てた。最終的に――過去のことが現在の状況に影響を与えるような形で現れてくるために，罪悪感と怒りの感情が生じていたのだということを，彼女がアクセプトし，さらに，このような望まない感情に対してより受容的になったために――ある時には，父親の介護をすることに，もっとイエスと言えるようになり，また別の時には，もっとノーと言いやすくなったのだ。そうしてある程度の期間が経ったころ，彼女は積極的にきょうだいとの話し合いを始めた。彼女のきょうだいは，父親への介護の

大半を任せるために住み込みのヘルスケア・ワーカーを雇うという計画を一緒に立て，さらに，交代で定期的に父親を訪問することに同意した。ジョーンは近くに住んでいるので，他のきょうだいよりも頻繁に父親を訪問することにウィリングネスになり，さらには，「しなければならない」というふうに感じるのではなく，そうすることを選択しているように感じていると私たちに報告してくれた。

　訪問することを選択する（訪問しなければならないというのとは対照的に）ことは，ジョーンの状況に対する怒りを低減させているように思われた。ジョーンは，これらの関係性を論理的な問題としては見なさなかった——彼女のパニック発作については「論理的」なものはほとんどなかったのだ。フォーミュレーションが，ジョーンにとって，体験的なレベルにおいて意味をなしたのである。彼女は自分の怒りから逃避しようとする試みが不毛であると認識したときに，「絶望から始めよう」を体験したのである。彼女は父親ときょうだいが自分に対して要求していると感じたときには彼らに対して怒りを感じ，そのうえ，その要求を自分が拒絶したときにも，「私に罪の意識を感じさせるから」という理由で，家族に対して怒りを感じていたのだ。彼女が罪悪感と怒りを感じることをアクセプトできたとき，その感情は力を失ったのだ。というのも，それらが回避しなければならないような体験ではなくなったからだ。代わりに，ジョーンは罪悪感と怒りを不快なものではあるが回避する必要のないものとして体験したのだ。自分の怒りを征服することへの絶望感を認識したことで，創造的な代替案への道が開かれたのである。

🌱セラピストのためのエクササイズ
機能しない変化のアジェンダ

　ジョージはうつの診断を受けています。彼は6カ月前に仕事を解雇され，それ以来，仕事をしていない状況です。最近では，飲酒の量が増え，週に4

〜5晩はビール6本かそれ以上を飲んでいます。そして彼は，飲酒することで，「私は眠りやすくなる。だから，自分はなんという失敗者なのかと考えて，眠れずに横になっていなくてすむのだ」と報告するのです。彼は二日酔いのときは職探しをすることもできないし，「誰もネガティブな人間を雇ってくれないだろう」から，ひどくうつうつと感じるのだと語ります。おまけに，12年間連れ添った妻に，飲酒と職探しをなんとかしないと別れると脅されたので，セラピーを受けに来たのです。

ジョージの症例を検討しながら，以下の質問について考えてみてください。

- ジョージの回避，あるいはコントロール，またはこれら両方について，問題となる根源として考えられるものは何でしょうか？
- 「解決策」は，どのようにして問題の一部になっている可能性があるでしょうか？
- インフレクサヘックスの「ケースの概念化」ワークシートに記入するためには，どのような情報がさらに必要となるでしょうか？

少し時間を取って，ジョージの症例について検討し，上記の質問に答えてみてください。そして次に，あなたの応答と以下に示した私たちの回答とを比較してみてください。

私たちの回答：ジョージは自分のうつが和らぐまでは仕事を探すことはできないと言っている点で，問題のある理由づけを用いている。彼は悪い気分になることを回避するために飲酒をしているのであるが，実際には，長時間にわたって気分は悪く，また二日酔いのために職探しをすることが妨げられていると語っている。また，彼の飲酒は結婚生活にも悪影響を及ぼしている。私たちは，飲酒と結婚生活との間の関係性について，可能性を探ってみたい。おそらく，彼は，飲酒という手段を用いることによって，自分が失業してしまったことやうつ状態にあることに対して，不快を感じることを回避しているのだ。さらに，そうすることで，結婚生活や職探しの能力に対してもネガティブな影響が出ているのだ。そうして，さらに悪い感情が引き起こされ，

> 長期的に見たときに，彼のうつは緩和してこなかったのである。

　クライエントは，ACTのフォーミュレーション（非機能的な「変化」のアジェンダを問題として見なすような）を受ける際に，洞察のような感覚を体験するかもしれない。そうした場合，何が問題であるのかということを誤解して，行動を変容することは比較的容易なのではないかと思ってしまうかもしれない。あるいは，望まない体験を変容することに対して絶望感を感じ，「私には不安を取り除くことができないとおっしゃるのですか？」「私はずっとうつのままだという意味なのですか？」などと受け取るかもしれない。さらには，自分自身が絶望的なのだと感じる人たちもいる。そのような場合には，「私は何事もまともにすることができないようです」や「私は失敗者だ」などが話題に上ってくるかもしれない。このようなことが起こったら，非機能的で絶望的なのは「変化」のアジェンダであって，クライエントの置かれている苦境は，これまでの過去を考えれば理解することができるものであり，避けることのできないものでさえあったのだと，セラピストがクライエントに伝えることが重要となる。私たちは，固有のヒストリーを持っているために，特定の文脈において，自分が感じていることを感じ，自分が考えていることを考える。非機能的な行動は，一時的に，あるいは，いくつかの文脈においては機能してきたのだ。そうでなければ，クライエントはそのような行動には従事しないだろう。私たちが行っているすべてのことは，自分のヒストリーの結果なのである。セラピストは，クライエントには欠陥があり，不十分である，あるいは，自分の苦境に対して責任をとるべきだ，といったようなスタンスをとらない。そうではなく，セラピストは，ある特定のヒストリーを持った個人が，ある特定の現在の問題をどのようにして抱えているのかを正確に理解するであろう。クライエントが，絶望的なのは（自分自身ではなく）「変化」のアジェンダなのだ，ということに接触するとき，クライエントはより創造的な空間へと移ることができる。この心理的な空間は，より柔軟である

ため、より創造的なものである。つまり、クライエントは言語的ルールや評価の世話にならなくてすむのである。これが「絶望から始めよう」が意味することである。つまり、上に記したような変化のアジェンダには、絶望的なものが存在しており、それが、異なるアプローチを試すことへのウィリングネスを生み出すのである。

「絶望から始めよう」のメタファー

メタファーは、クライエントが「絶望から始めよう」に、論理的な問題としてではなく、体験的に接触するための有用な方法であるだろう。「トラの赤ちゃんにエサをやる」メタファーは、クライエントの行動が問題をいっそう悪化させてしまうような、非機能的な変化のアジェンダを打破するために役に立つものである。シャンドラというクライエントの初期のセッション中から抜粋したものを例として取り上げてみよう。

セラピスト：そうすると、あなたがおっしゃっていることは、赤ちゃんトラにエサを与えているようなことかもしれませんね。トラがうなり声を上げているときにはちょっとおっかない感じなので、うなるのをやめさせるためにエサをやってしまうのです。

シャンドラ：それが、息子がトラブルに陥っているときに、さらなるトラブルに巻き込まれないように、私が息子を助けることみたいってことですか？

セラピスト：そのとおりです！　あなたはトラにエサをやりますが、エサをやると、赤ちゃんトラはどうなるでしょうか？

シャンドラ：もっと大きくなります。

セラピスト：そうすると、もっとおっかなくなるでしょうから、あなたはもっと多くの餌をやりますよね。罪悪感があなたをおびえさせるので、息子さんをトラブルから救出することによって、あなたの罪悪感にエサをやるのです。他人があなたをどんなふうに評価してい

るのかを心配することであなたはもっと心配になります。だから，昔の友人を回避することで，またトラにエサをやってしまうのです。

シャンドラ：でも，エサをやることには効果がないのですか？　トラはうなるのをやめますよね……。

セラピスト：では，そうやってトラがうなるのをやめた後に，いったい何が起きるのでしょうか？　息子さんがトラブルから救い出された後に，または，あなたのボーイフレンドがまた一緒に住もうと言って戻って来た後に，さらには，罪悪感の感情が弱まった後に——トラたちはいったいどうなるのでしょうか？

シャンドラ：（落胆した様子で）しばらくはおとなしくしていますが，またうなり始めます。

セラピスト：まったくそのとおりです。しかも，トラたちはもっと大きく成長しているのです。そして，あなたがトラに食べさせている「トラの食料」は，あなたの人生の一部なのです。それは，あなたの自尊心やあなたの生命力です。あなたは，息子さんの一番最近の問題に対して罪の意識を感じなくてすむように，家を購入するために貯蓄しておいたお金を手放してしまうのです。また，社会的グループの中にいる人々が何を考えているのかについて心配しなくていいように，そのグループを放棄してしまう。さらには，孤独を感じることを回避するために，自尊心を手放してしまうのです。

シャンドラ：そうしてトラはどんどん大きくなっていってしまうのですね。そうして，私は，今や，トラのエサを使い果たしてしまいそうな状況にあるのです。

「アクセプタンスとウィリングネスは，非機能的な変化のアジェンダと奮闘することへの代替策なのだ」ということを伝えるために，別のメタファーを使うことができるかもしれない。「モンスターとの綱引き」メタファーでは，クライエントが奮闘してきた非機能的な変化のアジェンダが——お察しのとおり！——モンスターとの綱引きにたとえられているので

ある（Hayes et al., 1999, p.109）。モンスターはたいへん強靭であり，それゆえに，クライエントは引いて，引っ張って，格闘している。クライエントとモンスターの間には，明らかに底なしの穴がある。よって，この戦いに負けることは，穴に落ちることを意味しているのである。セラピストは，次のうちのどちらかを行うことができる。それは，解決策を提供してしまうのか，あるいは，クライエントが奮闘し続けることへの代替策として綱を手放すことを励ますために，ソクラテス式の質問を徐々に使用していくのか，のいずれかである。思考や感情と奮闘する代わりに，クライエントはそれをそのままにして，思考や感情を体験することにウィリングネスになれるかもしれないのだ。

　この段階における危険性は，クライエントが誤解して，「擬似的アクセプタンス」に従事してしまうかもしれないということである。つまり，クライエントは形式的にはウィリングネスとアクセプタンスを描写している一方で，機能的にはアクセプタンスとウィリングネスを，他の回避形態として意図しているということである。すなわち，クライエントは「私が不安をアクセプトしたら，不安が消えてなくなるということですか？」あるいは「もし，私がお酒を飲みたいという衝動を体験することにウィリングネスすることができれば，この衝動はおさまるのですか？」といったようなことを言うかもしれないのだ。これらは，解決策が問題の一部となっているような，同じような昔なじみの変化のアジェンダのさらなる実例にすぎない。形式上では，不安の体験をアクセプトしようと試みている，次のようなクライエントを想像してみよう。「私はこれらの感情をアクセプトします。私はこれらの感情を**アクセプト**します。私はこれらの感情を**アクセプトします！**　もう，消えたかな？　いや！　もっと懸命にアクセプトしよう。あぁ，だめだ！　感情はまだ存在しているぞ！　うまくいっていないんだ！　ひょっとしたら，間違ったやり方をしているかもしれない！　もしかしたら，何ひとつ，私を救ってくれるものはないのかもしれない！」

✻セラピストのスタンス

　最終的には，解決策は，クライエントにとってそうであるように，セラピストにとっても問題の一部となりうるのです。ACTにおけるセラピストのスタンスは，徹底的なアクセプタンスとクライエントへ敬意をはらうというスタンスです（Hayes et al., 1999, p.274）。これは，クライエントの体験へのアクセプタンスと，セラピストであるあなた自身の体験へのアクセプタンスを意味しています。しばしば，逆転移として言及されるプロセスにおいて，セラピストはクライエントの訴えに対して反応します。セラピストは，ケースの概念化と機能分析によって，クライエントが彼らのヒストリーや現在置かれている環境に基づいて特定の方法で行動し，考えるように影響を受けているということを理解することができるのです。一般的な随伴性を前提とすると，明らかにされたクライエントの異常性を，実際には正常な反応であるとして概念化することで，この徹底的なスタンスを促進させることができます。加えて，自分自身の判断を，言語的事象であり自動的なものとして見なす場合には，特異的かつ文化的な影響を受けた，恣意的に適用可能な関係性の反応もまた，問題ではなくその人物を見るという点で，セラピストを助けてくれるのです。自分自身の体験をアクセプタンスすることは，私たちセラピストも，クライエントと同じ運命にあるのだということを認めることになります。私たちは皆，人間の状態を体験するのです。私たちセラピストも同様に，認知的フュージョンや不快な思考，感情，回避行動に対しては脆弱なのです。この徹底的なアクセプタンスや，私たち自身をクライエントと平等な立場に置くことなどによって得られるポジティブな側面は，アクセプタンス，マインドフルネス，ウィリングネスのモデルをクライエントに提示する機会を与えてくれるということです。それはまた，クライエントの苦境に対する私たちの共感をも高めてくれるのです。

臨床家が「問題」で犯す誤り

セラピストもセラピーの中で，「解決策が問題の一部である」という罠にはまりかねない。通常，これはセラピスト自身の感じている不快感を減らそうと意図した行動に反映される。以下のような例は，セラピストの行動における回避や非機能的な変化のアジェンダのありがちな形態である。

■沈黙の不快

ケイのセラピストは，ケイがあまり話をしていないことに気がついた。セッション中では，数回の長い沈黙があった。セラピストは，その沈黙の時間を不快に感じて，次から次へとケイに質問をすることで沈黙の時間を埋め始めた。セッションが続くにつれて，セラピストは，次第にケイとの距離が広がっているように感じ始めた。そうして最終的に，セラピストは何が起こっているかに気がついた――セラピストはクライエントに対して十分に反応しないで，自分自身の不快感に反応してしまっていたのだ。セラピストはケイに質問するのをやめ，沈黙があってもそれをそのままにしておいた。そのセッションの終わりに近づいたとき，セラピストは「私はあなたのことを理解することに対して難しさを体験しています」と感想を述べた。すると，ケイは明らかにリラックスしながら，自分が今，少し緊張していることや，いつも誰かと知り合いになるには時間がかかることを打ち明けたのだ。ケイとセラピストとの間の人間的な関係性に変化が生じたことは明らかであった。

■問題を解決する

ジェイムズは息子の態度を改めさせるために，あらゆることを試みてきたが，次にいったい何をすべきなのか途方に暮れているのだと訴えた。そこで，セラピストとクライエントは，セラピストが解決策を考え出し，それをジェイムズが否定していく（たとえば，「それはすでに試しました」や，「ええ，でも，私の妻がそれには同意しないでしょう」）というような

形で，問題の解決を試み始めた。ジェイムズの行き詰まりや，セラピスト自身の行き詰まりに陥ることをせずに，セラピストは問題を解決しようと試みてしまっていたのである。

■感情表現に伴う不快感

ドナは最近，動揺した出来事について話しているときに，突如泣き始めてしまった。セラピストはすぐに彼女へティッシュを手渡し，それから慰めの言葉をかけた。そうして介入の方向性は別の話題へと移っていった。セラピストは，ドナの苦悩に対して自分自身が感じている不快感に反応していることに気がついたのである。そして，不快感のアクセプタンスのモデルを提示するのではなく，自分自身の苦悩を減らすために，ドナの苦悩を変えようと試みたのだ。ドナは快く引き受け，苦悩をそれほど感じていないような話題へと話を移した。

■問題を私たちの見方で見るようにクライエントを説得する

セラピストが過度のコントロールや理由づけを使ってしまうような別の形は，クライエントが示す抵抗へ対処する際に生じる。抵抗が生じているということは，多くの場合，私たちセラピストがクライエントの置かれている状況でクライエントを受容せずに，私たち自身のアジェンダの方を追求してしまっているというサインである。クライエントの抵抗を減らすため，クライエントに，私たちの見方で問題を見させようとして，うっかりクライエントと口論をしたり，クライエントを説得したりしてしまう可能性がある。もちろん，このような方略は，自分が認めてもらえていないように体験される可能性が高く，さらなる抵抗を増やしてしまう恐れがある。たとえば，ダイアンという名前のクライエントは，学校を中退するつもりだと主張していた。彼女は学校が嫌いで，両親が大学に行くようにとしつこくせがむので，仕方なく大学に在籍していたのだ。ダイアンにとって，このことは，より独立した，必要以上に助言を求めることなく決断を下すという価値づけされた方向性への動きであった。しかしながら，セラピス

トはこれが悪い考え方であると思い、学校に残るべき理由をダイアンに示し始めてしまった。クライエントは、最初は口論していたが、次第に口数が少なくなっていった。セラピストは、自分を抑え、ダイアンを信じて、彼女に選択をさせようとせずに、自分のアジェンダをダイアンに押し付けようとしていたことを認めた。そうするとダイアンは、自分はいつか大学に戻ろうとはっきり決心するかもしれないということを認識した。セラピストが彼女に大学に行くように説得するような人物として体験されたときよりも、自分の味方でいてくれる人物であるとして体験されたときの方が、ダイアンは胸の中を打ち明けやすくなったのである。

■クライエントに解決策が問題の一部であると納得させる

　クライエントに「解決策が問題の一部である」と言語的に納得させようとすることでさえ、クライエントがそれと体験的に接触していないような場合には、「解決策が問題の一部である」の実例になってしまう。最高のセラピストでさえも、セッションの中で、自分自身の体験を回避しようとする罠にはまるときはあるだろう。そのようなときには、マインドフルネスが特効薬になってくれる。マインドフルネスはそのような体験のすべてを防いでくれることはないかもしれない。しかし、私たちセラピストがより素早く自分自身を抑え、セッションを軌道に戻すことを可能にしてくれる。そして、時には、私たち自身が行っている回避またはコントロールの動きを認識することが、強力な介入になりうるのだ。私たちは皆、同じ流れの中で泳いでいるのだから。

☞チェックイン

- クライエントとのセッションの中で、あなたが不注意にも、私的出来事をコントロールあるいは回避しようと試みてしまうようなときはありませんか？

- あなたにとって，どのような感情や状況が最も扱いにくいものですか？
- それらは，解決策が問題の一部になっている例となってしまう可能性がありますか？

第 11 章
マインドフルネスを臨床的なワークに取り入れる

　マインドフルネスと「視点としての自己」は，クライエントにとってなじみのない概念かもしれない。マインドフルネスに関して非常に「頭でっかちに」なってしまったり，「視点としての自己」のワークで視点を失ってしまったりしやすいものである。あなたのワークが変化し続けるための鍵となるのは，ワークを体験的なものに保ち，あなた自身がマインドフルであり続けることである。

ACT におけるマインドフルネス

　一部の人々にとっては，マインドフルネスはメディテーション（瞑想）と同義語である。しかし，私たちは，メディテーションはマインドフルネス訓練の一形態ではあるが，メディテーションよりも広義のものであるという立場をとることにする。つまり，この関係性は階層的なものであり，メディテーションは「マインドフルネス訓練」という集合体の一部なのである。

　マインドフルネスには多くの定義があるが，そのいずれも，普遍的に承認されているものではない。マインドフルネスの定義の中で ACT と最もよく合致している特性は，描写すること，気づきと共に行動すること，判断を下すことなく受容すること，である（Hayes & Shenk, 2004）。マインドフルネス訓練は心理的柔軟性のモデルにおけるすべてのプロセスと結

びついている。たった1つのエクササイズを行うことによって、他のプロセスのいずれか、あるいはそのすべてを「今、この瞬間」に持ち込むことがあるかもしれないのである。マインドフルネスは、「今、この瞬間」と接触することや、この瞬間に世界を体験するという考え方と最も深く関連している。これらは「マインディネス（mindiness）」によって生成された言語的世界において、あなたの頭の中で生きるのとは対照的である。マインドフルネスは視点としての自己とも関連している。というのも、観察者としての自己は、今、ここでの「今、この瞬間」の中でしか、自己によって体験されないからだ。マインドフルネスはコミットされた行為を促進するであろうし、多くのクライエントにとって、マインドフルネスの実践それ自体がコミットされた行為の一形態となっているのである。マインドフルネスは脱フュージョンを促進させ、はっきりとはそのようなものとして描写されてはいないものの、多くのアクセプタンスと脱フュージョンのエクササイズには、マインドフルネスの構成要素が含まれている（たとえば、「モノ化」エクササイズ、第15章参照）。マインドフルネスを実践している人は、訓練中に浮かんでくる思考や感情、身体感覚をアクセプトする――あるいは、自分がコントロールや回避しようとしていることに気づく――というようにして、マインドフルネス訓練では、訓練そのものの中でアクセプタンスを促進するのである。マインドフルネス訓練は、クライエントが最も大切にしていることに気づくために、ただ自分自身の体験にマインドフルに接触することを促進させることで、クライエントが価値を明確化するのを助けることができるのである。

今日のマインドフルネスの伝統

マインドフルネスは新しい考え方ではない。なぜなら、実質的には、すべての宗教的伝統、スピリチュアルな伝統には、何らかの類のマインドフルネス訓練が含まれており、多様なマインドフルネス・エクササイズに関しては、三千年の記録が存在するからだ。数多くの現代の書籍やCDによ

って、メディテーション訓練が提供され、多種多様なマインドフルネス・エクササイズの手引きが紹介されている。マインドフルネスのためのアプローチにはスピリチュアルな観点を持つものもあるが、完全に非宗教的なものも存在する。しかし、このような書籍や他のメディアは一部の人々には有用であるが、必ずしも必要とされるものではない。というのも、マインドフルネス訓練のチャンスは無限に存在し、いつでも、どこでもできるものだからである。しかし、多くのクライエントは（そしてセラピストも！）、手に入るマインドフルネスの手段の多さに喜んで飛びつく代わりに、マインドフルネスとは何なのか、あるいはそれはどういうふうにして行うものなのかと問われると、どういうわけだか立ちすくんでしまうようである。

執着せずに抱きかかえることとしてのマインドフルネス

　私たちは、マインドフルネスがいわゆるトランス状態になったときにのみ、それが恐ろしいものように見えるのだと考えている。マインドフルネスは、実践の中では、実際、極めてシンプルなものである。マインドフルネス訓練には、多くのバリエーションがあるが、そのほとんどの訓練では、参加者はあるものに注意を集中させ、それを注意深く観察するように求められる。ある種のメディテーションの中には、人に自分がしている何か——たとえば、呼吸や食事、歩行、運転、皿洗いまでも——を観察するように求めるものもある。マインドがさまよってしまったら、そのことに気づいて、観察に戻るように求められる。身体的感覚が現れたならば、それらに気づき、そしてまた、観察に戻るのだ。マインドフルネスの訓練をしている最中に、多くの人々は身体感覚に関連した衝動を持つことがある。それらは、エクササイズをやめたい、姿勢を変えたいといったような衝動である。そういったものにも気づき、そして観察することに注意を穏やかに戻すのだ。いくつかのマインドフルネス訓練では、参加者は、自分がどのようにして観察することから気をそらしてしまったのかを描写することばを、心の中で、あるいは、声に出して言うこともあるかもしれない。そ

れは，たとえば，呼吸を観察しているなかで，参加者が私的出来事にラベルを貼るようなことであるだろう。そのラベルとは，「考えている」「やめたい衝動」「退屈している」「膝の痛み」といったようなものである（Baer, R.A. & Krietemeyer, 2006）。さまざまなマインドフルネス訓練の中で，感情が扱われる方法には多少の違いがある。いくつかの伝統では，人は，生じてくる感情に焦点を当てて，それを注意深く観察し，どのように，いつ，それが変化するのかに気づいていく。一方で，他の伝統においては，人は感情についても，ただ思考と同じ方法で気づき，そうしてまた，観察に戻る。

気づきとしてのマインドフルネス

　他の種類のマインドフルネス・エクササイズでは，ある単独の刺激に意識を集中するように導く。この刺激は，時計のカチカチという音，メディテーション用の鉦（かね）・叩き鐘，マントラ（真言），クライエントが繰り返す音節などの聴覚的なものであってもよい。あるいは，刺激は視覚的なものでもよく，それは，たとえば，ろうそくの炎，ある物体，床のしみのひとつに焦点を当てるなどといったようなことである。このようなタイプの訓練の中では，人は，マインドがさまよい離れてしまったと気づいたらすぐさま，音なり物体なりのところに注目を連れ戻すようにと指示される。この訓練では，気がそれた事態の性質について気づくことはせずに，ただ，気がそれたという事実にのみ気づくという点で，上記の訓練とはいくぶん異なっている（Baer, R.A. & Krietemeyer, 2006）。

　さらに，環境に注意を集中させ，景色，音，匂い，質感について観察させるといった別の種類のマインドフルネス・エクササイズもある。それは，たとえば，公園に散歩に行って，公園に注意を払いながらも，生じてくる思考や感情に対して，それらを変えようと試みたり，それらを評価したりしないで，気づくといった具合であるだろう。このエクササイズでは，観察している間には，関心を向け，オープンで，受容的なスタンスをとるようにと指導される（Baer, R.A. & Krietemeyer, 2006）。これを実践して

いるクライエントは，臨床的に関連のあるような体験に気づくかもしれない。たとえば，シャンドラは，散歩に出かけた後に次のように報告している。「若いカップルが手をつないで歩いているのを見たときに，悲しみがこみ上げてきて，私は人生の中で，あのような愛を決して手に入れることができないだろうと考えていることに気づきました。そうすると今度は，自分が哀れに思えたのと，公園を楽しむことができないのとで，自分自身に嫌気がさしてしまったのです。私が言いたいのは，鳥がさえずっていて，美しい日であったのに，私は自分の人生がいかに惨めなのかについて考えていて，頭の中で行き詰まっていたということなのです。私は，このマインドフルネスとかいうものに取り組んで，もっと訓練する必要があると思っています」と報告した。やがて，訓練を続けるにつれ，シャンドラは，散歩の際に公園にいる時間が増え，頭の中で過ごす時間が減ったということに気がついたようであった。

🌸クライエントのためのエクササイズ
マインドフルネスをガイドする

　周りの環境を観察することはセッションの中でも行うことができます。Hayes et al.（1999, pp.162-163）の中で記載されている「マインドを散歩に連れて行く」は，クライエントに，いかに私たちのマインド（私たちの継続的な言語反応の流れ）がおしゃべりにおしゃべりを重ねているのか，また，そのおしゃべりのどれほど多くが評価的なものなのか，さらには，いかに私たちのマインドが「今，この瞬間」と接触することを妨げるのか，といったことを体験させることを目指したマインドフルネス・エクササイズです。このエクササイズでは，セラピストがクライエントのマインドの役を演じるので，クライエントは言語的内容から脱フュージョンしやすいです。セラピストはエクササイズの目的を紹介し，それからクライエントに散歩に行くように求めます。クライエントは自分が選ぶ所へはどこへでも行くことが

できますが，マインドも付いて回ってしゃべり続けます。クライエントはマインドに話し返してはいけません。マインドの言っていることに耳を傾け，そしてマインドを気にしない（"not mind"）ようにしてみます。このエクササイズを約5分間続けたら，その後に，エクササイズを終えた後の感想を聞くのがよいでしょう。このエクササイズは屋外で行われるのが最適ですが，屋内でも実行可能です。工夫されていて興味深い点としては，エクササイズの前に，クライエントが自分の車の所まで行き，ナンバープレートに触る，あるいは，雑誌のあるページを見つけるなどといったような，ある種の反応をするのに同意を得ておくことです。マインドの仕事は，クライエントがかなり単純な行為を実行することをやめさせるように説得することです。マインド役のセラピストは，次のようなことをしなければなりません。それは，評価する，判断する，分析する，比較する，予言する，クライエントに何をすべきか命じる，その環境の中にある事物についてコメントする，未来について語る，などです。例としては，以下のようなものです。（住宅地の道を歩きながら）「あの車を見ろよ。オレもあんな車を持っていたらなぁ。それで思い出したぞ。オイル交換をしなきゃいけないんだった。それに後で店にも行かないといけないな。絶対に用事を全部片づけられないだろうな。おい！　なんでそっちの道に行くんだ？　別の道の方がいいんじゃないのか。方向を変えて別の道に行くんだ。お前は何にも言うことを聞かないんだな。別の道の方がもっと面白いのに。このつまらない景色を見ろよ。おそらく，何か楽しいものがあったとしても見逃してしまうだろう。あの女がこっちを見ている。彼女はきっと，お前が気ちがいだと思っているぞ。彼女にこっちの話が聞こえないといいけど。あぁ，このエクササイズが退屈になってきたなぁ。でも，家の中で座ってリアリティ・テレビ（訳注：ドラマではなく，一般人の日常の出来事をドキュメンタリー的に見せるテレビ番組のひとつのジャンル）を見るよりかは退屈ではないか……」。こんなふうにしてマインドは5分間が終わるまで，ずっと話していなければなりません。クライエントはそれから，5分間，今度はひとりで歩くように指示され，セラピストもまたクライエントから離れてひとりで歩くのですが，その際に，クライエントはそれでもなお，

自分がマインドを連れて散歩しているのだということに気づくよう求められます。エクササイズ後の報告で，クライエントは，このエクササイズの中での自分の体験をセラピストとシェアします。クライエントは，マインドにイライラしたことや，話すのをやめさせたかったこと，あるいは，マインドの言うとおりにしないでいるのは難しいこと——たとえば，マインドがそうせよと言うと，そのとおりに方向を変えて，別の道へ行きたくなってしまうなど——を感じたといったような報告をするでしょう。セラピストは，クライエントがひとりで歩いたときにも，マインド——クライエント自身のマインド——を一緒に散歩に連れて行っていたことに注目しなくてはなりません。さらには，自分自身のマインドと一緒に散歩している間に，何に気づいたかをクライエントに質問しなければなりません。これは臨床的に有用なツールです。なぜならば，クライエントがある思考を持っていたとしても，その思考の世話になっていないということを，そのことが実証してくれるからです。マインドを散歩に連れて行くことはまた，脱フュージョンのワークとも本質的に関連しています。

洞察としてのマインドフルネス

　もうひとつのマインドフルネス訓練は，洞察のメディテーションである。このメディテーションでは，望まない感情が生じたときに，それに気づき，そしてそれを「吸い込む」ようにと指示される。感情に貼り付いている内容は無視され，人は望まない感情を回避する代わりに，それらを吸い込み，それをアクセプトするのである。このエクササイズは，クライエントと同じように苦悩を抱えている知人の苦痛を吸い込むことを含め，クライエントと同じ苦境に陥っている他人の苦しみをも吸い込んだり，あるいは，あらゆる人々の苦しみを吸い入れたりすることにまで拡張できる。一部の仏教の伝統の中では，この訓練は**トンレン（tonglen）**と呼ばれている(Chödrön, 2000)。この「吸い入れる」というのは，アクセプタンスの姿勢であり，完全に防御されることなく行われるものであり，そうでない場

合には，それは体験的に回避されていた刺激へのエクスポージャーになってしまうのである。

❀ケース・スタディ❀　茶　会

マインドフルネス・エクササイズについて話しているとき，レナードは次のようなことを話してくれた。

> 僕は大学生のころに，マインドフルネスについて本で読んで，実際に，それをやっているんだ。でも，一般的に言われているような方法でではないがね。特別なティーポットやお茶，カップを買って，それから特別なやり方で目的を持ってお茶を淹れ，茶葉が湯の中で広がっていくのを見て，それにマインドフルになって，他のことにはとらわれないでいるようになっていることは知っているよ。それからお茶を飲んで，その経験と共にとどまるんだよね。うん，僕はまぁ言ってみればそんな感じのことをやっているんだ。インスタントのオートミールの袋を取って，プラスチックのボールへそれをマインドフルに注ぎ込み，それを電子レンジに入れながら，自分の行っていることに注意を向けるのさ。マインドフルにウィーンというモーターの音を聞いて，レンジの中でボールが回転するのをじっと観察する。以前は，オートミールが温まるまでのその1分の間にも，新聞を読んでいたのだけれど，そんな時には，読んでいるものに注意を払うこともなかったし，食事ができたらできたで，朝食をがっつきながら，残りの記事を一目でざっと読んでいたものさ。でも今は，準備しながら自分のしていることをただ見つめながら，オートミールを温めているその1分の間に生じていることに注意を向け，それと共にとどまるんだ。（笑いながら）この10億年の歴史のある神聖なる訓練を完全に粗末なものにしてしまったな。僕の茶会はね，プラスチックのボールに入れたインスタントのオートミールを電子レンジで温め，それを自分の朝食コーナーで食べるという代物のさ。でもね，何はともあれ……僕自身には効果テキメンなんだ。

さて、このクライエントは、自分で、マインドフルネス訓練を実践していると思っている。それを「10億年の歴史のある神聖なる訓練」と呼んでいること——実際には紀元9世紀に始まったばかりなのであるが、彼の言いたいことはよくわかる——を除けば、オートミールを作って、それを食べることに注意を払うという目的は、マインドフルネスの核心をつく基本的な例であるのだ。「茶の湯、茶の芸術」という題名のエッセイを読むと、茶会の修養について学ぶことができるのであるが、それに加えて、「ここでは、気づきこそが目指されるべきものであり、それは手段でもあり、目的でもある」ということを学ぶこともできる（裏千家財団、発行年未詳）。しばしば、マインドフルネスやメディテーションを紹介された人たちは、その実践に関連した「グッズ」に夢中になってしまう。一部の小売団体は、特別なろうそくやマット、マインドフルネスな衣装（袈裟）などで、この市場を食い物にしている。そのようなグッズは非常によくできていて、一部の人たちには役に立ちさえするであろう。しかしながら、グッズよりも重大なポイントがあるのだ。それは、マインドフルネスは「今、この瞬間」にあなたが持っているものでもって行われるのだということである。

マインドフルネスを実践の中で行う

クライエントは多くの場合、初めは、マインドフルネス訓練に戸惑いを抱えている。クライエントたちは、自分は特別に何かを感じることになっているのか、あるいはまったく何も感じないことになっているのか、さらには、焦点を当てているものについて考えるように努めるべきなのか、考えないようにすべきなのか、と悩んでしまう。クライエントはまた、自分がスピリチュアルな体験のようなものをすべきなのか、あるいは、マインドフルネス実践中に、何かが生じるべきなのか、悩むかもしれない。また、自分が正しく実践できているのかどうかがどうしたらわかるのかを知りたいと思うかもしれない。マインドフルネスを実践することが容易である一

方で，実際にマインドフルになることは困難なことであり，それゆえに，このような疑問が生じてくるのだ。皮肉にも，私たちのマインドはマインドフルネスを邪魔するのだ。それというのも，あらゆる種類の言語的事象によって体験が乱されずに，現在にとどまることは難しいからである。

　マインドフルネスのひとつの目的は，私たちが言語的事象とフュージョンしている際に，言語的事象のために，「今，この瞬間」に十分に存在することが妨げられている様子を直接的に体験することである。クライエントはまた，体験の回避がマインドフルネスの邪魔をすることにも気づくかもしれない。人は完全に意識的な人間として「今，この瞬間」に接触しながら，それと同時に，その内容を回避することはできないのである。マインドフルネスのその他の目的は，内容にほとんど注意を払うことなしに，考えたり，感じたり，感覚でとらえるようなプロセスに関心を向けることである。これは，脱フュージョン，アクセプタンス，観察者としての自己と接触するために役立ってくれる。こういった意味で，マインドフルネスは，反復し，訓練するにつれて上達していくスキルである。やがて，定期的にマインドフルネスを訓練していくことで，「今，この瞬間」との接触を妨げる言語的事象によって心をかき乱されにくくなってくるのだ。そうすると，今度は，人の行動を制御しているかもしれないような環境内の別の特徴にも，もっと気づけるようになる。こうした結果によって，コミットされた行動が促進され，価値の明確化がしやすくなるだろう。また，このことは，心理的柔軟性が高まることと同義である　（Hayes & Shenk, 2004）。

第11章 マインドフルネスを臨床的なワークに取り入れる 329

将軍の骨董品

将軍は自分のお城で、とても大切にしている骨董品を愛でていました……。

わぁぁっ、たいへんだ！

私は何千もの兵を戦場に率いてきた。死に直面しても、決して恐れたことなどなかったのだ。それなのになぜ、私はこんなちっぽけな茶碗のために、かくも怯えてしまったのか？

ふぅ〜！危なかった。

そうしてついに、将軍は気がついたのです。自らの怯えをもたらしたのは、自らの心の中にある「好き」と「好きでない」の識別だったのだということに。そのことに気づいた将軍は、茶碗を肩越しに放って、粉々に砕いてしまいました。

損得に関心を持つことは、私たちに幸福や不幸の感情をもたらすのです。私たちは善悪や損得の概念を超越すべきなのです。幸福というのは、状況に応じて行動することなのですから。状況がどのようなものであろうとも……。

©1994 Tsai Chih Chung (蔡志忠), Brain Bruya 訳。蔡志忠とB.Bruyaの許可を得て転載。"Zen Speaks；Shouts of Nothingness"（New York：Anchor. 1994), p.49。

> ### 🌼 セラピストのためのエクササイズ
> ## マインドフルネス
>
> 　この章で記載されているマインドフルネス訓練の中から1つを選んで，それを20分間実践してください。
> 　訓練が終わったら，その体験がどのようなものであったかについてじっくり検討してみてください。検討する際には，手引きとして，以下の質問を使ってください。
>
> - マインドフルネスを容易であると思いましたか？　あるいは難しいと思いましたか？
> - あなたのマインドはさまよいましたか？　あるいは，注意を集中したままでいられましたか？
> - どのようなプロセスが，あなたが観察をすることから気をそらさせましたか？
> - 思考内容にとらわれてしまいましたか？　あるいは，気を散らさせるようなプロセスを穏やかに手放し，観察に戻ることができましたか？
> - エクササイズを完了しましたか？
> - 完了しなかったのであれば，あなたとあなたがエクササイズを完了させることとの間に，いったい何が立ちはだかっていたのでしょうか？
> - マインドフルネスを実践することさえしなかった場合には，自分自身が定期的に実践しているところを想像できるでしょうか？
> - なぜ，そう思いましたか？　あるいは，なぜ，そう思わなかったのですか？

　私たちがすでに述べてきたように「マインドフルネスは単純なものであ

ると同時に，それほど容易なものでもない」ということをあなたは体験することができたかもしれない。ACTセラピストが「マインドフルネスを定期的に訓練するべきかどうか」というのはよく問われる質問である。この質問には正しい答えも誤った答えもない。私たちは，マインドフルネス訓練は，個人的にも職業上においても，自分たちにとって有益なものだと思っている。個人的には，私たちはクライエントが得るのと同じ利益を得るのだ。その利益とは，アクセプタンス，脱フュージョン，心理的柔軟性の増加である。職業的には，マインドフルネスは時として，モデリングやラポート形成，マインドフルネス実践を行う際にバリア（障壁）となるものの同定，さらなるマインドフルネス・エクササイズの発見，新しいエクササイズの開発，などにとって有益なものとなる。ある意味では，マインドフルネスは他のどんな学習された技能とも同じようにみなすことができる。たとえば，スポーツ——ここではゴルフにしよう——をプレーする方法について，ゴルフに関する本を読み，他人がゴルフをしている様子を見て，テレビでプロゴルファーを観察して学び，それから，他者にゴルフのやり方を教えようとしてみるといったことを想像してみてほしい。これは，おそらく，あまり効果的な方法ではないだろう。なぜなら，見たり読んだりしただけでは，十分ではないからだ。ゴルフをプレーする方法を学ぶためには，ゴルフクラブを振り，ゴルフボールを打たねばならない。あなたはマインドフルネスを定期的に，あるいは連続的には実践しないでおこうと決めているかもしれないが，クライエントへ適用しようとしているマインドフルネス・エクササイズに関しては，どんなものであっても，まずは自分自身でやってみることを私たちは強くお勧めしたい。

　日常生活の中で，メディテーションや他の形態のマインドフルネス訓練をするようにクライエントに求めるべきかどうかというのも，セラピストからよく質問されることである。これは完全にセラピストとクライエント次第である。マインドフルネス・エクササイズは，それが機能的に用いられたときの方が，より役に立つ可能性が高く，それが私的出来事の回避や逃避のために行われているならば，それが誤用されている可能性があるだ

ろう。ACTのプロトコルの中には，毎日メディテーションを行うように指示するものもあれば，セッション内で行われるものを除いてはマインドフルネスについて言及しないものもある。私たちの場合には，一部のクライエントには，一定期間，毎日実践をするように指示したり，それ以外のクライエントにはマインドフルネスのワークをもっと少なくしたりするように思う。私たちは，一般的には，クライエントが必ずしも私たちに指示されなくてもマインドフルネスを実践するように促す。トリートメントにおいて，セッション中にさまざまな種類のマインドフルネス訓練を取り入れているときの方が，クライエントが定期的に訓練する案を受け入れてくれやすいだろう。

　マインドフルネスは，あらゆる介入の中で一番実行しやすいものとして説明されるかもしれない。なぜなら，あらゆる瞬間がマインドフルになれるチャンスを与えてくれるからだ。歩きながら，運転しながら，食べながら，仕事をしながら，子どもと遊びながら，エクササイズをしながら，セックスをしながら，皿を洗いながら，税金の申告書を仕上げながらでも，マインドフルネスを実践できるのである。一方で，すべてのACTプロセスにおいても同様のことが言える。あらゆる瞬間において，私たちは視点としての自己の観点から，アクセプトし，脱フュージョンし，「今，ここ」にとどまり，行動し，価値づけをするチャンスを与えられているのだ。

視点としての自己

　観察者としての自己は，描写によっても，論理的な理由づけによっても，あるいはそれについて語ることによっても，発見されることはない。視点としての自己は体験されるものであり，そのため，この領域におけるACTのワークは，主として体験的なワークである。観察者としての自己は，「客観的なモノ性」がないために，それについて語ることが難しい。それについて語ることが難しい一方で，そのように説明や描写することが非常に困難なものを説明し，描写しようとするうちに，ついつい多くを語

ってしまうということもありがちである。

　第6章で述べたように，ACTでは，自己知識に関連した3つの自己の感覚を考慮に入れていることを思い出してほしい。概念化された自己とは，内容としての自己である。それは，あらゆる描写や評価，そして，自分自身について語られるその他のことすべてである。概念化された自己は，評価され，回避される自己であり，それとフュージョンしてしまうような自己である。プロセスとしての自己，言い換えると，自己認識は，人がその中で，感情や身体感覚，知覚，継続的な思考の流れ，などの私的出来事に気づくような自己の感覚である。自己認識は，目的のある行動や効果的な行動をとるうえで必要なものである。また，アイデンティティは，このプロセスとしての自己に最も強く関連している。というのも，自己が体験の場となっているようなときには，私的出来事というのは，その人が持っている体験であり，つまり，それらは自己ではないからである（Hayes et al., 1999, pp.187-188）。対照的に，概念化された自己が支配的なときには，評価や体験の回避が生じやすい。視点としての自己は，その中で，人が自分は気づいているのだと気づく自己の感覚である。これは境界線がないという意味で超越的であり，「純粋な意識（pure consciousness）」として描写することが可能なものである。

　視点としての自己はスピリチュアリティと関連しているが，宗教的な性質のものではない。視点としての自己は，それが超越的なものであるという意味ではスピリチュアルなものである。それは，言葉や形態による定義を超越したものなのだ。あらゆる体験の文脈となるのは，この自己の経験であり，これには境界線がない（Hayes, 1984）。宗教的なものも，他のどのような種類のものも，内容が存在しないならば，それは宗教的ではない。つまり，スピリチュアリティのように体験されるものとは違って，宗教は体験というよりも信念の問題なのである（Hayes et al., 1999, p.199）。多くのマインドフルネスや観察者としての自己のエクササイズは，宗教的な性質をおびた言い回しで記述されてきた。そのような素材は，クライエントにとってそれが快適なものであると感じられる限りにおいては，

使用することを受け入れてもらえる。さらには，スピリチュアルではない素材も利用することが可能である。

　このワークを説明するために，シャンドラと彼女のセラピストの間で交わされた対話を使用してみたい。セッションの中で使われたエクササイズは，Hayes et al.（1999, pp.190-191）のチェス盤のメタファーを適応したものである。

シャンドラ：それを受け入れることが必要だ，というのは私もわかっています。それでも，ただそれに消えてほしいのです。四六時中，悲しみを感じていることに，もうウンザリなんです。私には，ものごとが自分にとって，どういう結末を迎えてきたのかということについて，たくさんの心残りがあるんです。

セラピスト：そして，それがあなたという人物でもあるのでしょうか？ 後悔と心配でいっぱいの人，これがあなたですか？ 後悔と心配には，おかしなところがあります——それは，後悔は「過去」についてのことであり，心配は「将来」についてのことだということです。では，「今」には，いったい何が起こるのでしょうか？

シャンドラ：ただの何かくだらないようなものだと思います。

セラピスト：そのとおりです。あなたが頭の中にいて，過去のことを考えているとき，そこは「ここ」ではないのです。そして，未来——これも「ここ」ではありませんね。それはまるで，今を体験する余裕がないかのようです。

シャンドラ：ごめんなさい。怒ってませんよね？ でも，私，本当に努力しているのです。

セラピスト：今度は，私の考えていることや感じていることについて心配しているのですね。それは，あなたらしいのでは？（微笑んで）

シャンドラ：（ため息をついて）……そうですね。

セラピスト：あそこにあるのと［近くのテーブルの上のチェス盤を指差す］似たようなチェス盤があると想像してみてください。ただし，

第11章　マインドフルネスを臨床的なワークに取り入れる　335

それはテーブルを超えて，全方向に伸びるものだと想像してくださいね。赤と黒の正方形のマスがあって［正方形を指す］，白と黒のチェス駒があります［話しながら駒を取り上げる］──キング（王）とクィーン（女王），ナイト（騎士），ビショップ（僧正），ルーク（城），ポーン（歩兵）です。白い駒が，あなたの悪い思考や悪い感情，悪い記憶，悪い身体感覚であると想像してください。反対に，黒い駒はあなたの良い思考，良い感情，良い記憶，良い身体感覚です。そして，それらが死闘の戦争を繰り広げています。「黒い駒」対「白い駒」の戦争です。あなたは，その戦闘に巻き込まれていて，その戦闘に勝つことは，あなたにとってものすごく重要なことであるかのようです。この話とあなたのお気持ちとをつなげることはできますか？

シャンドラ：だいたい，その戦争の感じはつかめています。

セラピスト：そうしていると，白のナイトが「シャンドラ，お前は悪い母親だ」と言って攻撃してくるでしょう。それとともにあなたは「罪の意識を感じる」ようになってきます。そこで，あなたは「私は，もっと上手く子どもたちを助けてあげられるようにします」と言って黒のクィーンを送り出します。そうすると白のビショップが，恐怖と悲しみを両脇に抱えながら，「チャールズはお前を本気で愛してなんかいないんだ」と言って攻撃してくるのです。あなたが黒のナイト，「彼と別れてやる！」で反撃を加えると，白のクィーンが再び反撃に出てきます。「嘘よ！　どうせ別れられないくせに！　結局あなたは，いつもチャールズのところに戻ってしまうのよ」と。そうして，戦闘はいつまでもいつまでも続いていくのです。

シャンドラ：ええ。それは，まさに私の頭の中で起こっていることのようです！

セラピスト：これは戦争ゲームですので，対戦相手は敵と戦います。この戦闘で問題となるのは，あなたの体験が両方の対戦者の側にあるということなのです。あなたが，自分の思考や感情，記憶と戦って

いるとき，あなた自身の体験があなたの敵になってしまうのです。どちらの側が勝っても，あなたの一部は負けます。さらに，あなたは駒と一緒に戦場に出ているために，駒もあなたと同じくらいに根拠のある現実的なもののように思えるのです。あなたが戦えば戦うほど，戦闘はより激しさを増し，自分自身の駒を敵に回したこの戦争で戦うことに，どんどん人生の多くの部分を費やしてしまうことになるのです。戦争に勝つことが大切であればあるほど，あなたは駒をチェス盤から倒し落とそうと必死になります。あなたは，自分が勝てばこの戦いは終わるだろうと考えているのです。駒は，決してチェス盤から落ちることはないし，勝とうとして懸命に頑張れば頑張るほど，戦闘が血まみれで残虐なものになるということを，あなた自身の体験があなたに教えてくれているというのに。あなたが自分はこの戦闘に勝たねばならないと，より強く確信していればいるほど，あなたは駒たちとより激しく奮闘し，戦闘に勝つという見通しはより絶望的に感じられるのです。そして，あなたは戦争地帯の外側で営まれている生活から，より遠くへ，もっと引き離されてしまうように感じるのです。あなたは長い間，戦場で生きてきたのです。もう，そんな生き方，冗談じゃないですよね。

シャンドラ：では，私はどうすればよいのでしょうか？　戦争はひとりでに進んでいっているように見えるのですが。

セラピスト：そのように感じられたとしても，私は驚きませんよ。だって，あなたは長い間，戦ってきたのですから。ただ，私はあなたに，あなたがチェスの駒ではない可能性について考えてみてほしいのです。考えてもみてください。もし，このメタファーの中で，あなたがチェスの駒でないならば，あなたはいったい誰になりうるのでしょうか？

シャンドラ：ゲームをしている人になると思います。駒を動かしているのは，私ですから。

セラピスト：それでは，チェスで遊んでいるその人は，白い駒と黒い駒

第11章 マインドフルネスを臨床的なワークに取り入れる

のどちらが戦いに勝つかを気にしていますか？

シャンドラ：ええ。そのゲームをしている人は自分のチームに勝たせたいと思っています。

セラピスト：そのとおりですね。ではさらに，あなたは，誰とゲームをしているのでしょうか？　さぁ，私たちは駒たちが死闘の戦争を繰り広げている所に戻ってきました。それでは，あなたがプレーヤーではなく，駒でもないのなら，あなたは誰なのでしょう？　何が残っているでしょうか？

シャンドラ：チェス盤ですか？

セラピスト：ビンゴ！　もし，あなたがそのような視点を持ったならば，あなたの戦争との関係が変わります。チェス盤は駒を乗せていますね。だから，チェス盤がなければ，駒が陣取るための戦場もありません。つまり，駒には行き場がないのです。これらの駒――良い思考も感情も，悪い思考も感情も含めて――は，自分たちを乗せてくれるあなたがそこにいなければ，存在することさえできないのです。それに，チェス盤にとっては，戦闘はあまり重要なものでもないことに注目してください。チェス盤は，白チームが勝つか，黒チームが勝つかということに関して利害関係を持っていないのです。戦闘は続いていくかもしれないし，終わるかもしれません。駒は黒かもしれないし，白である可能性もありますし，赤や青であることもあるかもしれません。けれども，それは，チェス盤にとっては問題ではないのです。チェス盤としてのあなたは，そういった黒と白の思考や感情を乗せることができるし，それらがいつ戦っているのか，いつ戦っていないのかに，気づくこともできるのです。そして，チェス盤としてのあなたは，一方の側が勝とうが，もう一方の側が勝とうが利害関係を持っていません。あなたは駒を乗せているのであって，駒はあなたではありません。あなたはあなたの思考や感情を持っているのであって，それらはあなたではありません。あなたが，駒たちと同じレベルにあるときには，駒はより大きく，より重要な

ものに思われて、あなたは何としても勝たなければならないように感じられるのです。しかし、チェス盤のレベル、または、あなたがチェス盤であるとき、つまり、あなたの思考や感情があなたでないときには、それらの近くにいるということをそれほど恐ろしく感じることはないでしょう。あなたは場あるいは視点であって、あなたは駒を収容しているチェス盤のようなものなのです。あなたが戦闘をしているときには、駒と戦うためには大いに努力することが必要です。しかし、あなたがチェス盤であるときには、駒を持っていることは、それほど努力の要ることではありません。あなたは自分の思考や感情を持っているのであって、あなたは思考や感情ではないのです。

シャンドラ：わかったような気がします。

セラピスト：あなたは、駒の中の１つを取り除きたいのだと想像してみてください。あなたは、どうやって取り除きますか？

シャンドラ：ただチェス盤に乗って、取り除きます。

セラピスト：そして、もしチェス盤に乗ると？

シャンドラ：私は戦闘に戻ってしまいます。

セラピスト：そうです、あなたは駒のレベルに戻っているのですね。戦闘に戻ってしまっているのです。では次に、チェス盤としてのあなたが、どこかに移動したいのだと想像してみましょう。駒には何が起こるでしょうか？

シャンドラ：駒もチェス盤と一緒に移動するでしょうね。

セラピスト：そうですね、ただし、チェス盤自体は戦闘の中にいることはないので、駒を一緒に連れて行くことは、それほど努力のいることではありません。

シャンドラ：では、私は自分の頭の中にあるそのガラクタと一体になっていさえすればよいのですね。ただそれをそこに置いておけば、他のことができるのですよね。本当に重要なことが。

セラピスト：そして、あなたは、それを実践してきましたよね。

シャンドラ：マインドフルネス・エクササイズですか。
セラピスト：そうです。では，あなたが奮闘している思考がマインドフルネスの訓練中に現れてきたら，あなたは何をするのでしたか？
シャンドラ：いつも，私は自分が思考の中にいることに気づくには1分ほどかかります。それから，私は自分をとらえて，そして，マインドフルネスに戻るのです。
セラピスト：このシナリオでは，それはまるで，駒のレベルとチェス盤のレベルの間を行ったり来たりしているかのような感じなのです。あなたはあなたの感情ではないのですが，時としてあなたが，あなたの思考と感情であるように思えるのでしょう。でもそんなとき，あなたは自分が駒のレベルにあるということに気づけば，いつでも駒のレベルからチェス盤のレベルに移ることができます。
シャンドラ：なるほど。
セラピスト：おそらく，そのことを論理的には，なるほどと思うでしょう。では，あなたの体験は，あなたにどのようなことを言っていますか？
シャンドラ：「自分の思考や感情を相手にした戦闘には，決して勝ちに行かない！」と言っています。

　概念化された自己との奮闘は，多くの場合，継続的な戦闘のようなものである。あたかも言語的内容によって自分自身が定義されているかのようにして，内容と関連していくことにとらわれてしまいやすいのである。体験的なワークである視点としての自己のワークによって，クライエントは，戦闘を離れ，自己を内容ではなく，視点として体験することができるようになる。このことについて，Deikmanは以下のように説明している。

　　観察者としての自己に関して最も重要なことは，それが物体化できないということである。読者は自己の境界線を定めるために，自己を探し出そうとするように求められるが，これは不可能な課題なのである。つまり，

何であれ，私たちが概念化できるものは，すでに認識される対象になっているものであり，認識そのものではない。認識というものは，私たちがある対象物を体験するときには，一歩後ろへ下がってしまうようである。体験の他のすべての側面——思考，感情，願望，機能——とは異なり，私たちは，観察者としての自己について知ることは可能でも，その位置を定め，それを「見る」ことはできないのである（1982, pp.94-95）。

「視点としての自己」は脅威を与えるものではない。というのも，それが私的体験を包んでいながらも，私的体験の外側にあるからだ。視点としての自己そのものは評価されることはないが，同時に，評価や，感情，思考などが展開される場でもある。また，「視点としての自己」は変化することはない。「観察者としての自己」は，変化しないという性質を持っているが，このことは安定した自己の体験を得ることを可能にしてくれる。内容は変化する。人は新しい体験をし，新しい記憶を持ち，それが古いものに付加されていく。私たちの身体でさえも，生涯を通じて変化していくのだ。しかし，視点としての自己は変化することはない。つまり，私たちの内容がどうであろうと，私たちの環境がどうであろうと，常にそこに存在してきた，同じ継続的な観察者としての自己は，今でもなお，そこに存在し，観察と体験をしているのである。「観察者としての自己」の継続性は，内容からの解放と連動して，「視点としての自己」を平和的で安全な体験にしてくれるのである。

いったん，「観察者としての自己」が体験されたならば，その自己を，クライエントの多くの問題におけるワークの中で活用することができる。たとえば，ジーンを例に挙げよう。彼女は脱フュージョンとアクセプタンスのワークを通じて，いくらか前進を遂げたクライエントであったが，彼女は自分のアイデンティティを失ってしまうことを懸念していた。彼女の「概念化された自己」は非常にネガティブであったにもかかわらず，彼女は「私が悲しくて孤独で，違う過去を持っていたらよかったのにと願っているのでなければ，私は自分が誰なのかわからなくなってしまうだろう」

と恐れていた。彼女の「概念化された自己」が彼女のアイデンティティをそれほど支配しなくなったときでさえも,「視点としての自己」のワークによって,彼女は連続性を体験することができたのだ。

「視点としての自己」が役に立つと考えられる別の領域は,その人の「概念化された自己」を完全に変えてしまうような,人生における望まない変化に苦悩しているクライエントを相手にしている場合である。たとえば,ローレンは,離婚して子どもの養育権を失い,新しい仕事を始めるために引っ越しをした。彼女はうつを感じていて,「私はもはや,自分が誰なのかがわからないのです。私は,かつて,ニューヨーカーであり,妻であり,母親であり,今の会社とは違う会社の従業員でした。今,私はこれらのもののどれでもないのです」と訴えた。彼女の人生における役割や環境は変わってしまったものの,「視点としての自己」のワークをすることで,ローレンは自分自身の連続性を体験することができた。観察者としての自己のワークを数回行った後,彼女は,価値やコミットされた行為について検討することに対して,よりウィリングネスになった。彼女は,脆弱な概念化された自己からではなく,より揺るぎない自己の感覚によって,それを行ったのである。

「視点としての自己」が有効であるような3つ目の領域としては,自分はペテン師であると信じているようなクライエントを相手にする場合である (Hayes et al., 1999, pp.198-199)。たとえば,社交不安と格闘しながらも,もっとデートをしたがっているジェフリーは,「もし,他人が本当の私を知ったら,私がいかにひどいヤツなのかがバレてしまうだろう。私はある程度の距離を保ちながらであれば演技をしていられるが,近づいてしまうと,人々に本当の私がバレてしまうのだ。本当の私を知ったら,人は離れていってしまうとわかっているのに,わざわざ骨を折ってするだけの価値がないように思える」と信じていた。セラピストは,ジェフリーに対して,どの自己が自分の行動を評価し,どの自己が未来を予言しているのかを質問し,それから穏やかに,彼を体験と「観察者としての自己」のところへ連れ戻すのである。

臨床家にとって最も危険なことのひとつは，「視点としての自己」を内容として語ってしまうような罠に陥りやすいということである。この罠を回避する一番簡単な方法は，体験と体験的ワークに焦点を当て続けることだ。クライエントの観察者としての自己のワークは，クライエントが観察者としての自己について語る方法にはおいてはそれほどはっきりと表れないだろうが，行動変化においてはより明確に表れる。それはたとえば，望まない私的体験へのウィリングネスやアクセプタンスの増加，自己に微笑むことのできる能力，そして内容と奮闘することにとらわれているときに気づきを得るといったことである。これらは，価値のワークへ進み，人生においてより生命力ある方向に向かって進むための準備がクライエントにできているというサインなのである。

訳注：本章では，マインドフルネス実践に関わる記述の中で，注意集中を重視するサマタ瞑想に関する記述が多く見られる。瞑想には，サマタ瞑想（止）とヴィパッサナー瞑想（観）がある。両者は目的が異なり，サマタ瞑想では，心の働きを静めることを目的とし，心を1つの対象に結び続けることが重要である。一方で，ヴィパッサナー瞑想では，身体が感じるすべての感覚をひとつひとつ対象化して気づくことを通し，次の2つを目指す。それは，気づきの行為が，気づかれる対象（色）と気づいている心の働き（名）に分類されること（名色分離智）を体得すること，さらには，心の一連の働きを変えていくこと，の2つである（蓑輪，2008）。「マインドフルネス」（mindfulness）とは，パーリ語の「サティ」（Sati）が英訳された言葉であり，サマタやヴィパッサナーの瞑想で行われる，気づきに関わるものであるが，特に，ヴィパッサナー瞑想において重要な要素となるようである（菅村，2007）。サティ瞑想とヴィパッサナー瞑想では目的が異なるため，本来であれば区別されるべきであるが，このようにマインドフルネス実践において両者が混在されることが多く，今後，その違いを整理する必要があると考える。詳しくは，『仏教瞑想論』（蓑輪，2008）をご参照されたい。
※上記の訳注を記すに当たり，琉球大学准教授伊藤義徳先生にご教授いただきました。

引用文献

蓑輪顕量　2008　仏教瞑想論　春秋社
菅村玄二　2007　補遺　マインドフルネス心理療法と仏教心理学　Segal, Z. V., Williams, J. M. G., & Teasdale, J. D. 2002 MINDFULNESS-BASED COGNITIVE THERAPY FOR DEPRESSION. A New Approach to Preventing Relapse. New

York：Guilford Press.（越川房子〔監訳〕2007　マインドフルネス認知療法—うつ病を予防する新しいアプローチ　北大路書房）

第 12 章
価値のワーク

　価値への焦点化は，ACT を定義づける特徴のひとつである。価値のワークは，クライエントがドアを開けようとする瞬間から始まり，決して終わることはない。そして，それはトリートメントの全体を通して最大の臨床的な焦点となることが多い。価値のワークにおいては，セラピストが注意すべき落とし穴がたくさんある。その一方で，価値のワークはセラピストとクライエント双方にとって，最も楽しみのあるものになるだろう。なぜなら，価値を置く方向に向かって進むことは，トリートメントの最終的なゴールのひとつだからである。

なぜ，価値を追求するのか？

　ACT のスローガンには，次のようなものがある。「感情をコントロールすることは，人生のコントロールを失うことである」（Strosahl et al., 2004，p.45）。クライエントがトリートメントを受けようとドアを叩くとき，彼らは希望を捨て，夢をあきらめ，楽しみはほとんどなく，泥沼のような効果のない「変化」のアジェンダに身動きがとれなくなってしまっている。彼らが，自分の口から「望ましくない感情や思考を避けようとすることが問題なのです」と言うことはないだろう。クライエントは自分の価値をはっきりと言い表せないこともある。しかし，彼らが何かに価値を置いていることは確かである。なぜ，確かだと言えるのだろうか？　私たち

は皆，何かに価値を置くものである――それはたとえ，コンパスを失って価値の方向を見失ったとしても，自分が何に価値を置いているのか言語化できないとしても，価値を置く活動を諦めてしまったとしても。これは，セラピストにとって朗報である。なぜなら，価値のワークは ACT のまさに核となる中心的なものだからである。価値に向かう行動は，アクセプタンスのワークに伴う痛みに威厳や尊さを与えることがある。つまり，価値はウィリングネスとコミットされた行動の燃料になるのである。価値は人生に意味と方向をもたらす。そしてセラピストは，クライエントが価値を同定し，さらに価値づけされた行為の実施におけるバリアに直面するよう，彼らを援助する。このことは，クライエントを援助するセラピストのワークを方向づける（Hayes et al., 1999, p.205）。

価値を定義する

ACT のセラピストは，効果のない「変化」のアジェンダを弱め，言語を脱フュージョンすることにかなりの時間を費やす。一方，価値は，セラピストが行動に及ぼす言語的影響を促進する領域のひとつである。それはなぜだろう？ それは，そうすることが効果的だからである！ 第8章では，Hayes et al. による以下の価値の定義を示した。「**言語的に解釈された，包括的に希求される人生の結果**」（1999, p.206, 強調は原文どおり）行動に破壊的な影響を与えうる言語的事象は数多くある。しかし，価値はとても遠くに離れた，ずっと達成しえないかもしれないような結果に向かって，個人が行動することを援助する（Hayes et al., 1999, p.207）。たとえば，平和活動家は，戦争が絶えず起こっていようとも，戦争終結のためにその生涯を捧げるだろう。孫のいるおじいさんは，孫が大学に進学するまで自分が生きていないとしても，彼らのために学費を貯めるだろう。研究者は，対象とする事柄について，知りうるすべてを知ることはできないとしても，世界のある面を理解しようとするだろう。結果や成果の中には，非常に遠かったり，起こる確率がとても低かったりするものがある。

しかし，価値は今，存在するものである。前述の平和活動家はたとえ戦争を止められずとも，世界がより平和になるように，今，何らかのアクションをすることができる。おじいさんは，孫の未来を見ることができなくとも，その未来に，今，貢献することができる。科学者は，すべてを学ぶことはできなくとも，今，何かを学ぶことができる。

　価値は人に力をみなぎらせる。その最たる側面は，価値によって特定された結果事象が遠く離れていたり，現実には起こりそうにないものであっても価値の方向に進む機会は，あらゆる瞬間に存在するということである。言語的で遠くにあるという価値の性質は，自ずと価値を柔軟にする。そして，価値の「今という性質（nowness）」は，価値に活力をみなぎらせるのである。

価値のワークを導く

　価値は，得ることがたくさんある一方で，セラピスト，クライエント双方にとって大きなチャレンジとなりうる。幸運なことに，価値のワークが道をそれたことに気づくのは比較的，容易である。それは，非常に知的になり，体験的なところがほとんどなくなってしまったり，回避がワークに入り込んでしまうという状況だろう。セラピーの脈をとってみて，活力が低下していれば，価値のワークがコースを外れていると考えられる。反対に，価値のワークが生き生きとして活気があると感じられれば，価値のワークが軌道に乗っている可能性は高い。

　価値は，多くの重要な生活領域の文脈において検討することが可能である。たとえば，家族，仕事，教育，娯楽，友人，健康，コミュニティ，スピリチュアリティなどである。以下に示すのは，子育てと仕事の領域における価値のワークに関する2つの臨床例である。

価値を探求する：子育ての例

　以下の会話は，シャンドラが行った価値のワークの一部である。これを読んで，シャンドラが価値の方向に進んでいるのか，それとも方向からそれているかを判断してみよう。

セラピスト：あなたはどんなふうに，今，自分が親として価値に沿った方向に進んでいることに気づくでしょうか？

シャンドラ：それは，子どもがあまり問題を起こさないということだと思います。

セラピスト：なるほど……では，息子さんが刑務所に入らなければ，あなたは立派な愛情のある親ということになり，息子さんが刑務所に行けば，親としては失格ということでしょうか？

シャンドラ：たぶん……（間をおいて）はっきりそうとは言えません。今，頭が混乱しているのです。

セラピスト：では，ジムを地下室に閉じ込めて，刑務所に入るようなことを何もできないようにしたらどうでしょうか？　そうすれば，あなたは立派な親になるのでしょうか？

シャンドラ：あの……いいえ……もちろん，それは違います。でも，私が何をしても，息子はいつも問題に巻き込まれてしまうのです。

セラピスト：あなたは，ご自分が立派な親であるかどうかは，ジムとカレンが何をするか次第であると考えておられるのですね。優れた親になることが，あなたが何をするかではなく，お子さんたちが何をするかによって決まるのなら，あなたが優れた親になるチャンスは永遠にないかもしれませんね。

シャンドラ：あの，別に私はそういうことを言おうとしたわけではありません。

セラピスト：では，愛情のある親になるために，今日，何ができるでしょうか？

シャンドラ：ジムに少しお金をあげることはできると思います。一文無しで私にお金を無心に来ましたから。でも，私のあげたお金を彼が食べ物や電話代の支払いに使うことはないでしょう……きっと薬物に使って，また面倒を起こすと思います。

あなたは，シャンドラの価値のワークを読んで，死んだような生気のなさを感じただろうか？　彼女は，息子の行動を自分の親としての成果とみなし，ゴールの達成を測るという罠にはまっている。このようなタイプの行動は「価値の明確さ」の不足を示している。ACTのセラピストは今後，セラピーで取り組むべき問題として，インフレクサヘックスの「ケースの概念化」ワークシートに，このことを書き込むだろう。シャンドラが，自分の子どもが大人として成功している場合にしか，自分は親として優れていると思えないなら，彼女がさまざまな回避や非機能的な行動に時間を割く可能性は高くなるだろう。たとえば，親として成功しているという評価を持ち続けられるように，息子を行きたがっていない方向に進ませてしまうことがあるだろう。問題を起こす子どもは，そばにいると自分が無能であるという感情を呼び起こすので，彼らを避けるようにもなるだろう。あるいは，うまくいっている子どもにエネルギーを費やし，そうでない子どもには注意を向けないことで，「成功したら，あなたにも愛情を注ぐ」というメッセージを伝えることもあるだろう。さらには，シャンドラがしたように，「息子は問題を抱えている」や「自分は悪い親だ」という考えに触れなくてもすむように，問題が起こりそうになったら，いつも子どもを助けるということもあるだろう。そうされた子どもは，いつまでも自分でトラブルから抜け出して，成功を達成するというチャンスを持てないことになる。

価値を探求する：仕事の例

シャンドラの価値のワークと，ここでみるリックの価値のワークとを比

較してみよう。

> **リック**：コンピューターのプログラミングは自分のひとつの価値だと思います。
>
> **セラピスト**：おっしゃっていることを十分に理解するために、もう少しそのことについて話してもらえませんか？
>
> **リック**：ええ、私はとにかくプログラミングが好きなんです。プログラミングになら何時間も時間を費やせますし、時間が過ぎたことにも気づかないくらいです。
>
> **セラピスト**：それはすばらしい！
>
> **リック**：それと、あまり言いたくないんですが、私は人に見せびらかすのが好きなようです。自分のプログラムを人が気に入ってくれるとうれしくて。
>
> **セラピスト**：なるほど。では、あなたがプログラムを作ったことは誰も知らないとして、そのプログラムをみんなが気に入ったとしたらどうでしょうか？
>
> **リック**：ああ、それは問題ありません。以前、シェアウエア（訳注：有料のソフトのこと）を作ったときに、そういうことがありました。たくさんの人がプログラムを使ってくれました。その人たちはそれを私が書いたことを知りません。
>
> **セラピスト**：まったく誰も？
>
> **リック**：ええ。たまたま、大学生がプログラムのことを話しているのを耳にしたんです。彼らは、「このプログラムはすごい。ものすごく勉強に役立つんだ」と話していて、私にとってはすばらしいことでした。
>
> **セラピスト**：おぉ！
>
> **リック**：そうなんです。私も「おぉ！　みんながこのプログラムを使ってくれているんだ……自分の作ったものを」と思いました。
>
> **セラピスト**：（笑いながら）ええ、今日は驚きの連続ですね。数分前、

あなたは自分が利己的なクズ野郎だと言っていましたが，今では，あなたは自分が意味ある存在になることが好きだと言っています。

リック：（少し照れながら）ええ，そうだと思います。本当に，好きなのだと思います。でも，誰にも言わないでください！（笑）

セラピスト：（冗談ぽく）あなたの秘密は守りますよ。

　リックは，仕事について話すときは生き生きとしている。上記の対話は，セラピストに少しショックを与えるものであった。なぜなら，普段のリックは，むっつりしていてネガティブだからである。私たちが初めてリックに出会ったとき，リックは「私は，自分の仕事が嫌です……でも……辞めるつもりはありません……未来に希望はありません」と話していたことを覚えているだろうか。この発言は，ケースの概念化シートに，「柔軟でなく，有用でない」と記入したものである。セラピストと価値について話しだすと，彼は急に生き生きとして，笑いさえするようになった。大まかな指針として，セラピー・ルームに活気があると感じられるときは，価値のワークが適切な軌道にのっていると考えてよい。セラピストは知的に価値を関係づけるのではなく，価値を体験するのである。そして，クライエントが価値に触れている間は，室内にはエネルギーと活力が生まれ，クライエントとセラピストはともにそれを感じることができる。

　リックは，コミュニティに寄与することと，創造的表現をすることに関連した価値に触れた。彼のトリートメントにおける次の課題は，もっと多くの生活領域において，価値を具体化していけるよう，援助することである。たとえば，リックは「行き詰まった」仕事についてよく不満を訴えた。彼は，給料をもらっている仕事に，彼の持てる創造的な能力を少しも発揮していなかった。それからしばらく仕事をした後，リックは自分がもっと仕事で成功したら，他者から多くの注目を浴びるようになり，それが今よりも大きな社交的不安を生むことを恐れているということに気づいた。リックは，価値に沿った方向に進むことへのバリアに直面したのである。価値のワークの次なる段階は，不安に関するアクセプタンス，ウィリングネ

ス，コミットされた行為に進むことである。

　リックの例は，価値がどのようにアクセプタンスのワークに威厳を与えるのかをうまく示している。ACT は，苦痛という感情を感じること自体に本質があるから，クライエントに不安や恥，罪悪感，悲しみといった感情を感じるよう求めるのではない。苦痛の感情がクライエントと，彼らが価値に沿った結果に向かうこととの間に存在するとき，その苦痛の感情を感じることにウィリングネスであってほしいのである。クライエントが自分の価値に生きようとすると，価値に沿った生活へのバリアを直進するように情動的な痛みを体験するだろう。それと同時に，クライエントは今までにはなかった活力を体験するだろう。

トークをウォークする：クライエントの話を検証しよう

　価値のワークは日常の行為の中にある。自分の価値が何であるかをことばで言い表せないときでも，人は何かに価値を置いている。言語行動よりも外的な行動に，あるいは，言語行動と外的行動の不一致に目を向けることは，価値のワークにおいて，ただ価値について抽象的な会話をするよりも，多くの場合，有用である。たとえば，ボビーは「他者と仲良くやっていくこと」が価値であると話した。その後の数回のセッションで（価値のワーク以外のセッションも含めて），彼女は家族の確執について話し，姉が「意地悪で自分が悪いと絶対に認めようとしない」ので，姉とは口を利いていないと話した。また，彼女はチームメートとの対立のせいでバレーボール・チームを辞めたと話した。その理由は，「仲良くできないのであれば，同じチームにいる意味がない」というものであった。少し経って，ボビーは，読書クラブのメンバーのひとりに対して「腹立たしい。いつも会話を独占しようとする」という理由でクラブを辞めるように求めた，と話した。ボビーは，ことばでは「自分は他者とうまくやっていくことに価値を置いている」と言う。しかし，彼女の行動は，対立を避けることや，正しくあること，あるいは，彼女が好きな人や同意する人とだけ時間を過

ごすという価値と一致していると思われる。彼女の行動は，うまくやっていくという方向に向かっていなかった。むしろ，対立を避ける方向に向いていたのである。

価値は行動に反映されているか？

　ある一連の行動をすると言いながら，まったく逆のことを行う人がいる。行動は逆を示しているのに，口では価値を置いているという人もいる。スティーブンの例を挙げよう。28歳の彼は，高校卒業時に奨学金に推薦されたのに大学に進学しなかったというのを理由に，勉強や教育に価値を置くことを否定した。しかし，勉強や教育への価値を否定した一方で，彼は公共図書館の常連であり，さまざまなトピックに関するあらゆるジャンルのノンフィクションの本を借りていた。歴史や科学のドキュメンタリーを見て，わからない疑問の答えを調べるため，インターネットを使ったり，本を参照したりしていた。彼が学ぶことに価値を置いているのは明らかだった。それを否定するのは，大学に行かなかったことへのネガティブな社会的評価を回避するのに役立っただろう。あるいは，彼に高等教育は「インテリ気取りや弱々しい男子のやること」と言われたヒストリーがあれば，教育への価値づけによるネガティブな評価を回避することに役立ったであろう（もちろん，臨床家はこの点を決定するために機能分析を行わなければいけない）。

　誰もが何かに価値を置く。そして，価値づけされたものは「自らの足で行うこと」，つまり「どこで立ち上がり，どこに行くのか？」という行動から類推することができる。価値のワークは，個人がどこに向かっているのかを観察し，その方向に向かってどの程度うまく進めているのかをアセスメントし，そして，マインドフルにある方向を決定するためのスペースを創造するものである。

その行動は感情に基づいているか？　それとも価値に基づいているか？

　価値のワークでよくある混乱は，感情としての価値を置くことと，行為としての価値を置くことの区別である。たとえば，リックは母親と愛情ある関係を持つことを価値として述べた。ところが彼は，母親は認知症で施設に会いに行くこともほとんどしていないと言う。その理由は，「母を訪ねても，2回に1回は私が誰なのかわからないのです。わかっても，同じ話を何度も何度も繰り返すのです。それに，老人ホームはひどいのです。あまりに臭いがひどくて胃がむかむかして吐きそうになります」と言う。リックは，愛するという感情を持つことと，愛情のある関係に価値を置くことを混同している。どのような関係でも温かい感情は常には存在しない。

　感情が行動に指令を出すのであれば，価値は容易に維持できないことになる。たとえば，活動をするかどうかが感情だけで決定されるのであれば，人はかなりの頻度でプロジェクトをやめたり，関係を終えたり，創造的で常に上を目指すような努力をやめたりするだろう。残念ながら，西洋文化は，ある人の感情は行動に対する十分な理由になるという観念を支持している。これは，第9章で述べた理由づけと回避の説明によく似ていると気づいた方もおられるだろう。Hayes et al.（1999）が述べたように，「愛という感情と愛という行為の結びつきを支持する文化的文脈は，広場恐怖のクライエントが強い不安があるときに家に閉じこもる，あるいは，アルコール依存者が強い衝動があるときに飲酒することを支持する文化的文脈と同じなのである」（p.209）。

❀クライエントのためのエクササイズ
価値を実践する

　クライエントが価値と感情の違いを区別するのを助けるひとつの方法は，

彼らが特に大切に思っていないものを使って，その文脈の中で価値を考えてもらうことです。リックが行ったエクササイズを見てみましょう（Hayes et al., 1999, pp.210-212 のアーガイルの靴下エクササイズより）。

　　リック：わからないのです。母に会いに老人ホームに行くのは，ひどく嫌な気分がして，消耗しきってしまうのです。そんなことにどうやって価値を置くのでしょうか？

　　セラピスト：では，あなたの価値とは全然関係のないもので試してみましょう。どんなものかをつかむための少々馬鹿げた方法ですが。

　　リック：やってみます。

　　セラピスト：はい。では，あなたにとって，同僚が青色のペンでなく，緑色のペンで書くことが非常に重要であるということを，強く感じてください。そのことを信じ込んでください。（間を置く）感じられましたか？　同僚が，緑色のペンで書くことはとても重要です。そのことを信じて，そう感じられましたか？

　　リック：馬鹿げています。何色で書こうと，誰が気にするんですか？

　　セラピスト：気にしようとしてください！

　　リック：できません。バカバカしすぎて，気にすることなんてできません。

　　セラピスト：わかりました。では，たとえあなたが気にすることができなくても，同僚に緑色のペンで書くことが重要であると思わせる方法をイメージしてください。それが大事であると強く感じていなくても。たとえば，「緑色のペン・ルール」というのを作ることができるでしょう。同僚にとって，緑色のペンで書くことが重要になるには，他にどのようなことができるでしょうか？

　　リック：わかりません……おかしな話です。

　　セラピスト：では，そのおかしな話だという考えを持ちながら，同僚にとって緑色のペンで書くことが重要になる方法をイメージできますか？

　　リック：（微笑んで）そう言われると思いました！　わかりました……緑色のペンをみんなに配る。

> セラピスト：そうですね！　他にはどういうことができますか？
> リック：職場にある備品の棚に，緑色のペンの箱を置いて，青色のペンを出してしまいます。
> セラピスト：もっと続けて！
> リック：上司に緑色のペンを使っている人にはボーナスをあげるようお願いするでしょう。他には，緑色のペンを使っている人を見たら，1ドルをあげるとか。
> セラピスト：調子が出てきましたね！　では，あなたが，今言ったことを全部やったとしたら，同僚にとって緑色のペンで書くことが本当に重要になることに注目してください。そして，同僚の誰も，あなたが「バカバカしすぎて，気にすることなんてできない」と思っていることを知らないということにも注目してください。
> リック：うーん。
> セラピスト：先ほど話した全部のことをやったとしたら，あなたは緑色のペンに価値を置いているでしょうか？
> リック：そうなると思います。
> セラピスト：感情では，「気にするなんてバカバカしい」と感じていたとしても，あなたは確かに緑色のペンに価値を置いています……。
> リック：つまり，価値とは，私が考えたり，感じたりすることより，私が何をするかということに関わるものなのですね。

■価値に沿って行動を導く

　外的な行動に価値を置くことは，感情に沿って価値を置くことよりも効果的であるだろう。外的行動は，感情と比べて，より意識的な制御を受けるものである（つまり，行動的次元は，言語的事象によって変容が可能である）。リックの場合，そうしたくないと思いつつ，母親が彼をわからないとイライラしてフラストレーションを感じ，そのことに罪悪感を感じながらも，老人ホームへ母親に会いに行くだろう。彼は，セラピーのもっと

前の段階では,「母親に会いに行きたくないので,自分の価値に沿って生きていない」と話していた。しかし,彼は「今日,会いに行くと,以前より嫌悪的でなくなった」ということを報告した。それは,母親がいつもと違ったからではなく,私的出来事への引っかかりが弱まり,母親に会いに行くことに対して,自分が選択肢を持つことに気づいたからというのが大きな理由であった。選択肢を持つことは,人に活力を与えるのである。

■価値に沿って選択をする

価値のワークが重要である理由のひとつは,クライエントが選択肢から選択をするということにある。私たちは日々,何千という選択の機会を持っている。大きなものから(「大学に進学するか,しないか?」「結婚のプロポーズにイエスと言うか,ノーと言うか?」),そう大きくはないもの(「ランチはピザにするか,サラダにするか?」),些細なものまで(「テレビで再放送を見るか,野球の試合を見るか?」)さまざまある。価値と感情の混同の他に,価値と判断もよく混同される。たとえば,サラダのほうがピザよりカロリーが少ないから,ピザではなくサラダを選ぶというのは,**判断**をしている。サラダを選び,それとともに,ピザよりサラダのほうがカロリーが少ないという思考を持つ,という人は**選択**をしているのである。この区別は,行為に移したときにより明確になる。

🌼クライエントのためのエクササイズ
選択をする

セラピストは,クライエントに選択するよう求めることで,違いを明確にすることができます。たとえば,ペンと紙など2つの物を持って,「どちらかを選んで。今すぐ!」と言います。クライエントが一方を選んだら,なぜその選択をしたのかを尋ねます。おそらくクライエントは特定の答えは持っていないでしょう。もし何らかの理由,たとえば「紙を選んだのは,あなた

> が紙を私に選ばせたいと思ったから」という答えがあれば，それは選択ではなく判断をしたのだということを伝えましょう。そして，数回繰り返して，このエクササイズをやってみましょう。

　重要なことは，クライエントに理由の・た・め・にではなく，理由と・と・も・に選択するという可能性に気づかせることである（Hayes et al., 1999, p.213）。理由のために選ぶということと，理由とともに選ぶということの違いは，アクセプタンスや脱フュージョンのワークに関係してくる。理由というのは，言語事象や私的出来事として生じ，選択の原因にはなることはない。しかし，判断としての選ぶという行為には含まれるものだろう。

判断か，選択か？

　この2択は，判断を・し・て・は・い・け・な・いという意味ではない。人は常に判断をしている。たとえば，私たちは判断によって，天気の情報をもとに，職場へ傘を持っていくかどうかを決めるだろう。あるいは，自宅を売却するかどうかを決定するために，住宅市場の分析をすることもあるだろう。判断自体は何も悪いことではない。しかし，判断を価値と混同すると問題になる。口語的に言えば，私たちは・頭で判断し，・心とそして・行・為で価値を置く。

　会話の中で，「公共の安全は，私にとって重要で，関心事である」という人がいるだろう。これをACTの言い回しでは，このように言う。人は自分にとって重要なものを「（自分に関する）コトにする（matter about）」。このことは，さらに次のように言える。公共の安全（や世界の飢餓，地球温暖化）は何もコトにしない。言い換えると，こうした問題は何を「コ・ト・化（mattering）」もしないのである。公共の安全や，世界の飢餓，地球温暖化のような問題を「コトにする（matter about）」，あるいは，「重要にする（make important）」のは，・人なのである。人がコト

化（mattering）をしたり，重要にしたり（importanting）するのである。何がその人に関するコトになるのかは恣意的である。個人が「コトにする（matter about）」ものは，その人のヒストリー（個人史）によって決定される。そのようにして導かれたのが，その人の現在の文脈に影響を与える，その人にとっての選択された価値なのである。

プロセスそのものが結果となるとき，結果はプロセスである

　ACTが強調する価値の観点からは，一般的な**結果（アウトカム；outcome）**と**プロセス（process）**の区別が逆転する。多くのトリートメント場面において，トリートメントのゴールと「良い結果（good outcome）」は，使用する薬物の減少やトリートメント遵守（treatment adherence）の増加，あるいは（および），強迫行動の減少といったものだろう。ACTは，これらのゴールを，結果（アウトカム）のゴールとしてではなく，プロセスのゴール（process goal）としてみなされる。クライエントは，上記のような行動の変化それ自体を最終目的として，薬物をやめたり，トリートメント・プログラムを遵守したり，強迫行動を減少させるわけではない。クライエントは，あることのために行動を変えるのである。そして，そのあることとは**価値**である。薬物の使用頻度や強迫行動の軽減を選択するということは，価値に沿った行為のバリアを取り除くということを意味する。クライエントにとって，ただ行動を変えるためだけに，自分の行動を変える理由などまずもってないだろう。

■**動機づけの源としての価値**
　価値のワークは，行動の変化に対する動機を与える。それは，クライエントが薬物の使用や強迫などの行動が，自分と自分の価値の方向に進むこととの間に存在していることに気づくからである。価値のワークは，コミットされた行為の厳しいワークにもエネルギーを与える。たとえば，価値と接している間に，クライエントが薬物依存症者の匿名の会に行くならば，

もはやその人は，薬物使用をやめるためにそうしているのではない。そうするのは，愛情のある親やパートナーになるためであり，優れた従業員になるためであり，健康的なライフスタイルの生活を送るためなのである。

■活力に焦点化する

クライエントがしていないことという観点から，行動を検討することは，往々にして活気のないものになる。実際に，クライエントがやめるべきことに焦点を置いたプログラムは，揶揄をこめて「死人プログラム」（Lindsley, 1968）と呼ばれてきた。なぜなら，死んだ（あるいは，生気を失った）人でさえ，飲酒したり，強迫行動をしたり，ののしったり，他人にどなったりといったことはしないだろうからである。臨床家として，クライエントが（時にはあなた自身も），消去している行動に過度に焦点を当てないように注意することが必要である。クライエントやあなたがこの方向に向かっていると気づいたら，クライエントが自分の人生がこうあってほしいと望む方向へ，そして，もっと減らしたいと望むより，もっとやりたいと望む方向へと舵を切り直そう。

■旅がゴールである

結果とプロセスの違いに触れるひとつのメタファーが「スキー・メタファー」（Hayes et al., 1999, pp.220-221）である。クライエントにスキーに行く場面をイメージするよう伝えよう。山を下りるために頂上に立ったとき，ヘリコプターが頭上を飛んで，パイロットがこう言った。「私は，あなたが山を下りたいということを知っていますよ」。そう言うと，パイロットは彼女を頂上から引き上げて，ふもとまで飛んで連れていった。クライエントに，彼女がこのパイロットの行動に反対する理由を尋ねてみよう。きっと彼女は「あのパイロットは重要なところを見逃している」と言うだろう。つまり，スキーというのは，ただ，ふもとに下りることだけが目的ではない。スキーで山を滑り下りることと，ふもとに着くということは，「プロセスそのものが結果となるとき，結果はプロセスである」とい

う状況を具体的に表している。スキーの目的は，ふもとに着くことではない。ふもとに着くことは，スキーのプロセスの結果であって，それは肝心なことではない。山の頂上からふもとまで下りることが，スキーをするという結果を達成するプロセスなのである。これは，価値とアクセプタンスや，価値とコミットされた行為の関係においても同様である。ある面で，アクセプタンスとコミットされた行為は，結果とみなされるものだろう。また別の面では，それらは価値に沿った方向に進むという結果を達成するためのプロセスである。価値は，アクセプタンスとコミットされた行為へのウィリングネスを高めるものである。

✱セラピストのスタンス

ACT のセラピストは，徹底的な尊敬（radical respect；Hayes et al., 1999）というスタンスに立ちます。これは，価値のワークだけでなく，すべてのトリートメントの領域について言えることです。このことにマインドフルでないと，トリートメントの全体性を失ってしまうことがあります。価値のワークにおける，そのようなパターンをいくつか挙げてみましょう。

- クライエント自身よりも，セラピスト自身の価値に沿った方向に持っていこうとする。
- クライエントの価値を判断する。
- 過度に知的になる。
- セラピストの価値とクライエントの価値が不一致の状態になる。

最後のケースで，セラピストとクライエントの価値が一致しない場合は，トリートメントを台無しにしてしまわないよう，クライエントの価値に焦点を当て続けることが基本です。

❀ケース・スタディ❀　倫理と価値

　ジャスティンの場合を考えてみよう。彼は，ゲイの大学生で，自分が性的暴行の被害者であること，加害者は自分の知っている人物であることを警察に言いたくはなかった。ジャスティンの友人や家族は，そのことを警察に訴えるべきだと感じていた。彼がセラピーを受け始めた理由も，ひとつには家族や親しい友人にそう促されたからであった。セラピストも，彼自身の価値に沿って，暴行を受けたことを通報すべきだと感じていた。セラピストは，自分の評価を彼と共有する代わりに，ジャスティンの価値と，彼が警察に行かないのは何のためなのかということを探ることにした。彼の反応は，警察に言ってしまうと「暴行の相手と友人たちにいつも」会わなければならず，「みんなが自分に何があったかを知ってしまう」ので嫌な気持ちになるだろうというものだった。その後も，ジャスティンは暴行を通報せず，学校，仕事，社会的活動に対する低い動機づけとうつを抱えながら，他の領域のワークを続けた。そして数ヵ月後，突然の出来事のように，彼は警察に通報しにいくと言い出した。ジャスティンは，「通報してもしなくても，加害者にはいつも会う。それに，自分に起こったことは，他の誰にも起こってほしくないということに気づいた。たとえそれが『みんなが自分に何があったのかを知ることになっても』」と言った。彼には，アクセプタンス，脱フュージョン，価値，価値へのバリアを除去することの領域で，多くのワークが必要であった。これらのワークが一度，十分に行われると，彼は自ら，価値に沿った行動を選択した。トリートメントの終結時，彼はセラピストに警察に行くよう，促さなかったことに礼を述べた。

セラピストにとっての価値の「罠」

　ACTのインターン生はよくこう尋ねることがある。「クライエントが小児性愛や物を手に入れるためなら他人のものを盗むというような完全に

非倫理的なことに価値を置いていたら，どうしたらよいのですか？　そのときは，そのような価値でも，クライエントを助けないといけないのですか？」。答えは，イエスであり，ノーである。ACT のスタンスに一貫するには，セラピストは，やはり，それがクライエントの価値であるということに敬意を払わなければいけない。一方で，セラピストもまた自らの価値に沿って行動しており，そのクライエントをトリートメントせずに，他のトリートメント提供者を紹介するということを選択することもあるだろう。そのうえで，次のことに注目することは重要である。それは，私たちが知っているセラピストの誰ひとりとして「他人を害することが価値である」と述べたクライエントを聞いたことがないということである。選択を与えられたとき，ほとんどの人は，恵みをもたらす方向に進むことを選択し，破壊へと向かうよりも，自分の成長に向かって進もうとする。価値の対立や葛藤から，このクライエントと価値のワークはできないと感じてしまう罠に陥らないように，クライエントが本当に価値を置くことがわかるまでは注意しよう。

セラピストのためのエクササイズ

判断の習慣に打ち勝とう

　セラピストになると決意したとき，あなたは何歳だったでしょうか？　人生のもっと早い段階で，何か別の仕事のゴールを持っていたでしょうか？
　あなたが「非現実的な」ゴールを持っていた人生の過去の段階に戻ってみましょう。映画スターになりたい，メジャー・リーグの選手になりたい，主役のバレリーナになりたいなど，何でもよいのです。そういうゴールを掲げることが，どういう感じだったのかを実際に感じてみましょう。
　では，その子に，そのゴールは現実的でないと伝える様子をイメージしてください。そう言われて，あなたの体はどのように感じるでしょうか？　現実的でないと言われたとき，姿勢がどう変わるかに注目しましょう。思考は

どうでしょうか？　現実的でないと言われて，どのような考えや思いが浮かぶでしょうか？　がっかりするでしょう！
　ここで，若き日のあなたを助ける様子をイメージしてみましょう。その子に微笑んで，ゴールを持ったということがどれほどすばらしいことかを伝えましょう。そして，あなたがどんなふうに力になれるかを尋ねてみましょう。
　あなたがどんなふうに感じているかに注目しましょう。

　クライエントの価値とゴールを判断することは，セラピストが避けるべき，もうひとつの罠である。たとえば，ジョッシュの場合を考えてみよう。彼は，芸術的な表現の中でも，特に音楽に価値を置き，ロックスターになるというゴールを持っている。セラピストは，これを現実的なゴールとは考えなかったが，価値に沿った方向へ進むことへのバリアを除去するために，ワークを行った。ジョッシュは，最初は，社交恐怖と診断されていた。それがトリートメントの終わりには，彼は音楽の指導を受け，社交的な関係作りをするために，以前は避けていた多くの社交的活動をするようになったのである。ジョッシュはまだロックスターではないが，バンドを結成し，地元のクラブで演奏をしてお金を稼ぐようになった。どれほど多くの人が自分の掲げたゴールを，ずっと達成できずにいるだろうかということを考えてみても，ゴールを設定することは，価値を明らかにすることを助け，時には日々の生活を形作り，自分の価値に沿った方向に私たちを動かすような，予期せぬ出来事をもたらすのである。

✲セラピストのスタンス

　前述のエクササイズをあなたのクライエントに当てはめてみましょう。クライエントの中には，すでに自分の持つゴールが現実的でないという考えを持っている人がいるでしょう。そのような考えは，コミットされた行為へのバリアとして機能することがあります。その際，あなたがクライエントのゴ

第12章　価値のワーク　365

> ールは現実的でないという評価を持ちだせば，火に油を注ぐようなものです。それは，クライエントが身動きのとれない状態から抜け出すのを助けるというより，身動きできないよう，そこに閉じ込めるのを助けているのです！

　セラピストが陥りやすいもうひとつの罠は，価値を知的に扱ってしまうことである。クライエントが接しやすいように価値について話すことは，チャレンジを要することだろう。価値について話すことにとらわれ，選択を合理化する方向へ進み，あっけなく価値から判断に移ってしまうという事態は，非常に簡単に生じる。あなたがクライエントよりも多く話していたり，クライエントが体験に触れるより，考えていることを言語化していたら，あなたは理知的にセラピーを進めているだろう。そのようなときは，そのことに気づき，より価値に沿った方向にセラピーを向かわせよう。私たちの体験では，クライエントはその変化に気づくものである。また，セラピストがこのようなことを言うと，感謝されることさえある。「おっと，また評価にとらわれてしまいました。今の質問を言い直させてください……」。

価値は完全である

　価値のワークにおける最後の点は，次のようなことを認識するということである。それは，価値は完全である，ということだ。なぜなら，価値とは，完全にその人自身のものであるからである。別の言い方をすれば，誰も他人の価値を判断することはできない。なぜなら，そのような判断は，自分自身が持つ価値の視点からしかできないからである。クライエントは，セラピストのアクセプタンスを感じて，それはセラピー・ルーム全体に広がっていく。クライエントはまた，セラピストのアクセプタンスのなさ（nonacceptance）も感じることができる。これは，つながりよりも，むしろ距離を作ってしまうものである。

価値は，ひとりひとりの世界の体験を通じて形成されるという点で，個人的なものである。それは，ひとりひとりの人間が唯一無二の存在となるうえで，欠かせないものである。その人が価値を置くことに価値を置く，これについてその理由や方法を説明する必要はない。価値は，それ自体で成立するものである。「私は，Xに価値を置く」と言えば十分なのである。人の価値を正当化したり，説明する必要はない。クライエントが，これまで声にしてこなかった夢や希望を互いに伝え合うということも珍しいことではない。これは，価値のワークをとても親密なものにする。クライエントが互いに，ありのままの自分を共有するとき，クライエントとともにその場に立ち会うことは，セラピストにとって心を打つものである。セラピストが自分に素直になり，体験の回避のベールをとって，本当にありのままの自分になりながら，全面的に相手を受け容れることは，クライエントにとっても同じように心に響くだろう。

第13章
脱フュージョンと脱言語化

　人生の出来事には「ことば」を介さずに，つまり，記述や評価を一切しないで体験できることがあるということに想像をめぐらしてみよう。実のところ，これは実行不能なことで，言語の計り知れない有用性を考えれば望ましいことでもない。しかし，言語からの脱フュージョンは，「ことば化すること（languaging）」が価値に沿った人生の方向を妨げている場合には，臨床的に重要な一歩となる。

　時として，人は壮大な出来事や恐ろしい出来事に直面する。そして，そのことを話すよう求められると，多くの人が「ことばが出ない」と言う。たとえば，自動車事故をスローモーションのように目撃したり，子どもの出産に立ち会ったりするときのように，人の一生にはことばを超える瞬間がある。これらは，ありふれた出来事ではない。稀にしか起こらない出来事は比類のない特殊な文脈にある。そのため，言語行動を引き起こさないのである。つまり，記述することばが少なかったり，出来事があまりにも強烈なため，評価や問題解決を行うことも含めて，さまざまな反応がほんの一瞬，抑制されるのである。その際，マインドのページは一瞬，空白になる。

　日々の出来事にもことばを超越することがあるだろう。日没を見たり，子どもがスヤスヤと眠っているのを見たり，愛する人の目をじっと見つめるときなどがそうだろう。後述するように，自分のマインドを意図的に空白にするのは困難である。しかし，これまで見てきたように，ことばや考

えを持ちながら，その意味に飲み込まれないようにすることは可能である．

Lorem ipsum dolor sit amet, consectetuer adipisicing elit, sed diam nonummy nibheuismod tincidunt ut laoreet dolore magna aliquam erat volutpat. Ut wisi enim ad minim veniam, quis nostrud exerci tation ullamcorper suscipit lobortis nisl ut aliquip ex ea commodo consequat. Duis autem vel eum iriure dolor in hendrerit in vulputate velit esse molestie consequat, vel illum dolore eu feugiat nulla facilisis at vero eros et accumsan et iusto odio dignissim qui blandit praesent luptatum zzril delenit augue duis dolore te feugait nulla facilisi.

Nam liber tempor cum soluta nobis eleifend option congue nihil imperdiet doming id quod mazim placerat facer possim assum. Typi non habent claritatem insitam; est usus legentis in iis qui facit eorum claritatem. Investigationes demonstraverunt lectores legere me lius quod ii legunt saepius. Claritas est etiam processus dynamicus, qui sequitur mutationem consuetudium lectorum. Mirum est notare quam littera gothica, quam nunc putamus claram, anteposuerit litterarum formas humanitatis per seacula quarta decima et quinta decima. Eodem modo typi, qui nunc nobis videntur parum clari, fiant sollemnes in futurum.

前の2つの段落を目にしたとき，どのような反応が起こっただろうか？皮肉なようだが，2つの段落は，脱フュージョンとはどのようなものかを理解する一番の方法といえるだろう．上記の「lorem ipsum（ロレム・イプサム）」で始まる文章はラテン語で書かれたものである．この文章は，ことばの内容を読み解くことはできても，個人の行動に一切，直接的な意味や影響を持たない（RFTの用語では，「刺激機能の転換が起こらない」という）．この2段落は，形式上は言語の特性を備えているが，そのことは英語の話者には何の意味も持たない（訳注：日本語の話者には，なおさらそうだろう）．読者が2段落の一語一語を，それまでと同じように読む可能性はきわめて低いと考えられる．上記の文章は，形式的には文字の刺激である．

しかし，それらを読むという反応を喚起しなかったであろう。なぜなら，それらの刺激は，読者の条件づけのヒストリーに関するフレームには含まれていないからである。賭けてもよいが，多くの読者はこのように反応しただろう。それは一応，テキストを読んでみるが，すぐにほとんど読み飛ばしている自分に気がつく。そして，自分がヒストリーを有する関係フレームに確かに存在するテキストを目にしたところで，やっと読み飛ばすことをやめるのである。

「ロレム・イプサム」の文章について補足すると，これは印刷やウェブページ・デザインの業界で使われる標準模擬テキストである。上記の表現や似た形式のフレーズは，実際に版下を印刷に回したとき，ページがどのように見えるかを確認するため，14世紀から使用されている。印刷業界では，従業員が生産的に作業することを期待する一方で，実際に意味のある文章を使った場合，彼らがその文字を読んでしまい，レイアウトから注意がそれてしまうことを危惧した。一方，「ロレム・イプサム」のようなラテン語のフレーズは，通常の英語の語句と外見的な類似性があり，かつ，従業員の関係フレームには存在しないものだった。そのため，それらの語句は刺激関係の転移を起こさず，労働者が文章を読んでしまうこともほとんどなかったのである。この文章に関しては，さらにすばらしいアイロニー（皮肉）がある。それは，世界中のメディア業界で使われる，この非常に有名なダミー・テキストはACTと密接なつながりがあるということである。このテキスト（上記の2段落の文章ではなく，実際に印刷業界で使われている文章）は，キケロ（古代ローマの政治家・哲学者）のDe finibus bonorum et malorum（On the Ends of Goods and Evils；善と悪の究極について）からの引用である。その翻訳（45 BC/1914）の一部は以下のようである。

> それが喜びであるという理由で，喜びそのものを拒否したり，嫌ったり，あるいは回避する者はいない。しかし，喜びの探究の仕方を知らない者は，道理として非常に苦痛のある結果に直面するため，そのようなふるまいを

する。同様に,それが苦痛であるという理由で,苦痛そのものを得ることを愛したり,追い求めたり,望んだりする者はいない。しかし,苦労や苦痛が,時として個人に偉大なる喜びをもたらすことから,そのようなふるまいは生じる……それゆえ,賢者はそれらのことに関して,次のような選択の原理を保持する。より大きな喜びを得るために喜びを拒否し,より大きな痛みを避けるために痛みを耐え抜くのである。(pp.35-37)

数えきれない人たちが,コミットメントの拡大には,痛みのアクセプタンスが不可欠であることを示唆する,この含蓄のあることばに接しながらも,それがラテン語であったばかりに,刺激機能の転換を体験できなかったことは惜しいというほかない! さて,「ロレム・イプサム」についての歴史的側面を垣間見たところで,私たちの今やるべき課題「脱フュージョンと脱言語化」に戻ろう。

脱フュージョンを定義する

ヘキサフレックスとインフレクサヘックスのプロセスは,同じコインの表裏を表すものである。したがって,脱フュージョン(defusion)を適切に論じるには,先に認知的フュージョンについて論じる必要がある。

フュージョン再訪

認知的フュージョンは,個人の反応が環境事象よりも言語事象に支配的に導かれているときに生じることを思い出そう。体験の刺激と言語事象を「一緒に注ぎ込む(pouring together)」ことが,認知的フュージョンをもたらすのである。これは臨床的な問題を生じる可能性がある。なぜなら,単発の即時的な言語事象は個人の行動を支配し,価値を満載した長期的な結果事象に対する感受性を低めてしまう可能性があるからである。もうひとつの問題は,言語事象が「私は悪い人間だ」といった発言のように不十

分にしか構築されていなかったり，役に立たなかったりする場合である。フュージョンしている人は，そのような思考を絶対的な真理であるかのように買ってしまったり（訳注：ACTでは，「思考を文字どおり鵜のみにする」ことを「思考を買う（buy a thought）」という言い回しをする。日本語訳でもこれを踏襲した。「buy into」で「〜に巻き込まれる／黙従する」という意味があり，「思考を持つ（have a thought）」という表現と対置して使われる），その思考が駆り立てる不安を全面的に回避しようとしたりして，機能的でないふるまいをするだろう。

「良い」という思考とのフュージョンは問題を起こしうる

　今よりもっと「ポジティブ」な思考とのフュージョンも，臨床的な問題を生じる可能性がある。その理由は，**第一に自分自身のポジティブな思考を増大するために行動することは，フュージョンのアジェンダを促進する**からである。それは，「私の思考にはその思考が語る字義どおりの（literal）大切な真実がある」と言うようなものである。長期的に見て，このような考えが言語にアプローチする機能的な方法になる可能性は低い。**第二に，関係（relation）の文脈は，機能（function）の文脈では生じないことがあるからである。**たとえば，ある男性が「非営利の組織で働いているので，私は良い人間だ」と思うことで，（関係の文脈において）自分を価値のある存在だと考えていたとしよう。彼が将来，予算の削減によって仕事を解雇されたら，（「職をなくす」という機能の文脈において）彼の善良さはどこに行ってしまうのだろうか？　**第三に，「良い」ことだけに焦点化すると，最終的に「悪い」ことが引き起こされる可能性があるから**である。以下に挙げた社交不安のクライエントの発言は，そのような状態を示している。

　　クライエント：販売会議に行く直前に，自分にこう言い聞かせたんです。「私は大丈夫。コントロールできる。冷静でいられる。パニック発作なんか起こさないぞ。あの思い出したくもないパニック発作……いや！　考えないようにしよう。落ち着くんだ。この前みたいには

ならないぞ」。そう自分に言い聞かせた後，心臓がドキドキしだして，脈の高鳴りが聞こえてきました。——どうしてだと思いますか？　そのとき，私はまさに前回のことを考えていたんです！　私は，会議に出る前にUターンしてこう言いました。「落ち着いて冷静になるんだ。もう会議には出ないぞ。でもとにかく冷静になるんだ」。

思考とのフュージョンは問題を起こすとは限らない

　すべての言語行動がフュージョンであるわけではない。また，すべての回避がよりよく生きる人生の敵というわけでもない。こうも言えるだろう。「『回避が悪い』と言うのは悪い！　文脈がすべてである」。たとえば，あなたはお腹が減っていて，誰かにレストランの道順を教えてもらったとしよう。このとき，あなたは「空っぽのマインド」を持ちたいとも，前述の「ロレム・イプサム」のダミー・テキストのように，レストランの道順を関係づけたいとも思わないだろう。レストランに行く途中の交差点で，「交差点を左折」という言語的指示を受けたとき，そのことばを「単なる考え」として気づくことは，この文脈ではまったく役立たない。なぜなら，それでは，あなたはただ交差点に立つだけになってしまうから……しかも，お腹は満たされないままで！

　外的な事象を評価する際に関係づけの文脈に反応することは，機能の文脈に反応することよりも有効であるだろう（第4章を参照）。たとえば，「犬に注意」という標識のある庭を回避することは，実際に一度，庭に入って犬に咬まれ，この次は回避しようとするより，有用だろう。言語的な問題解決方略を使うことも，それらが強化をもたらす限りにおいては機能的になりうる。たとえば，言語的な指示を含む説明書を読みながら，ひとりで組み立て式の家具をセットするような場合が挙げられる。このような状況では機能の文脈に反応し，試行錯誤的に机を組み立てるより，関係づけの文脈に反応するほうが効果的である可能性が高い（しかし，男性は一般に，説明書の指示から脱フュージョンしてしまうことが多い）。映画鑑

賞のような人気の娯楽も，言語の刺激機能の転換なしには面白くも何ともないだろう。映画を見る人が，そこでの出来事を意味やことばの失われた，ただスクリーンに映る視覚刺激や聴覚刺激の変化という事象としてだけ体験するのであれば，もはや映画館に行くことの醍醐味は失われている！

　上記の例は，言語事象に導かれた効果的な結果を示すものである。関係づけの**有用な形態**と**有用でない形態**の違いには，選択の問題が含まれていると思われる。つまり，映画館に行く人は，一時的に不信や疑いを持つことをやめている（ある程度はそうである――たとえば，キングコングが怖い人も，映画館から逃げ出したりはしない）。「犬に注意」という標識を読む人は，その標識に注意を向けることを選択している。もしその標識と完全にフュージョンしてしまったら，その人は標識を実際の犬と同じように怖がるだろう。同様に説明書に従う人は，その指示を読み，言語事象と組み立てるモノとを関係づけることを選択しているのである。

フュージョンと価値

　価値の領域は，言語を積極的に使用するもうひとつの例である。価値の文脈では，外的な行動は言語的に構築された人生の結果事象と，等位（coordination）のフレームで関係づけられている。ACTのコミュニティには，価値が言語との有用なフュージョンであるのかどうかについての議論がある。これに関して，価値のワークに関するACTの理論的説明は一貫しているものの，価値を置くことがフュージョンかどうかという問いに，明確に答えるプロセス研究は現時点では欠如している。私たちは，価値は基本的にはフュージョンでないと考える。なぜなら，クライエントは自分の価値に沿った方向に動くことを選択するからである。彼らは，自分が価値の方向から外れたとき，いつでも舵を取り直すという選択が可能であることを知っている。一方，フュージョンしている人は，選択の機会を体験することができず，ルール支配された感受性の低さや衝動性，強迫的行動を示すようになる。

　たとえば，トリートメントの早い段階で，シャンドラは子どもを助ける

ことが価値であると話した。しかし,子どものひとりが彼女に特定のタイプの援助を求めると,その要求を満たすことが実際に「子どもを助ける」という行動になるのかどうかや,自分が最も適切に子どもを助ける方法を十分に考慮することはなかった。その代わり,彼女はマインドレスに(心が空っぽのような状態で)要求を満たしてしまい,そのほとんどは金銭を渡すということであった。彼女が子どもの要求を満たすことが,実際には彼らを助けていないことに気づいていない可能性もゼロではないだろう。その場合,支援の方法として心理教育を実施することが考えられる。しかし,心理教育を受けても,子どもたちが本当に必要とする厳しさのある愛情を示す際,その妨げとなる情動的なバリアや,ルール支配によるバリアが消失することはない。むしろ,問題のある行動への強化を停止すると,そのことに伴う潜在的な罪悪感や苦しみ,努力を体験的に回避する可能性が高いのである。

　彼女のことをこうも表せるだろう。シャンドラは,金銭的に子どもを援助することで,「子どもを助ける」ことに価値を置いている。しかし,彼女の金銭援助行動を機能分析すると,彼女は,子どもたちが自分に助けを求めるときは不安を感じており,彼らが違法な薬を買うためにお金を使うことを知りながらお金を渡している。また,自分に助けを求めるのを恐れるせいで,子どもたちとあまり連絡をとらないようにしている。つまり,彼女は,「子どもたちを助けること」と「求められたら,お金を渡すこと」が等位フレームで関係づけられた関係の文脈のもとで「子どもを助けている」。ところが,実際の援助行動に関する彼女自身の記述によれば,彼女は子どもたちが薬物乱用を続けることを援助し,自らの不安を回避し,同時に助けを求められる場面も回避して,最小化している。これは自分の子どもを助けることに価値を置く人には似つかわしくない!　直接の随伴性の文脈において,彼女のお金を渡すといった「援助行動」は回避として機能している。価値を置くことに関して彼女が用いることばは,価値に沿った方向に進むためのものであるより,自分の援助行動を正当化するための理由づけになっていると思われる。

シャンドラが回避に価値を置くという可能性もなくはない。しかし，価値は言語的に解釈された結果である。したがって，彼女が回避に価値を置くなら，「私は自分の子どもを助けることに価値を置くので，彼らが求めてきたらお金を渡す」とは言わずに，「私は不安を回避することに価値を置くので，子どもにお金を与え，彼らと電話するのを避ける」と言うだろう。シャンドラは，フュージョンを起こしているが，それは価値とのフュージョンではない。混乱のもとは，シャンドラが本来，価値に関することばを，関係の文脈のもとで使用することにある。

さらなるフュージョンへの焦点化

Strosahl, Hayes, Wilson, and Gifford（2004）は，巧妙に考えてそうしたのか，偶然にそうなったのか，以下の抜粋の中で脱フュージョンを実演しながら，フュージョンに関する問題を解説している。

　このトリートメント要素において，あなたが取り組むことになると思われるのは，特に問題のある3つのフュージョンの形態である。それらは，①評価と評価に関連づけられた事象とのフュージョン，②痛みを伴う事象に関するイメージされた有害さ（imagined toxicity）とのフュージョン，③クライエントの「ストーリー」を集合的に形成する恣意的な因果関係とのフュージョン，④概念化された自己，または，未来とのフュージョン（p.40）。

上記の抜粋を読む際，あなたが「3」という文字とフュージョンしていたら，大切なポイントをすべて吸収することは困難だっただろう。鈴木俊隆がことばを超えて，こう述べたように——「禅の秘はたったの2語である。いつも　そうとは　限らない（not always so）」（Chödrön, 2002, p.119）（訳注：米国で有名なチベット仏教の指導者〔1936—〕。多数の著書がある）。もう一度，前述のStrosahl et al.の引用の主眼に戻ろう。ACTのクライエントは，いくつかの理由から援助を必要とすると思われる。すでに述べた

ように,「私は悪い」といった個人的な評価とフュージョンしているとき,その人は実際にうつに似た行動に従事すると考えられる。なぜなら,その人は,「私は悪い」という思考にただ気づくよりも,その思考を買って,その文字どおりの意味に行動がコントロールされるからである。記憶や身体的感覚は「イメージされた有害さ」を持ちうる。それはまるで,現在,起きているトラウマのフラッシュバックの体験が,過去のトラウマの出来事を,文字どおり,現在へとそのまま運び込むかのようである。エクスポージャーによって,クライエントはそのような私的出来事は単なることばや想像にすぎず,ただそれらを持つということを体験できるようになる。——そして,フラッシュバックを体験することは,苦痛を伴う一方で,クライエントを「壊し」たり,価値に沿った方向に進めなくしたりはしないということを体験していく。加えて,フュージョンの対象が概念化された自己や人生のストーリーになると,別の問題を引き起こす可能性がある。関係フレームを使う能力を獲得する際,人は自分の適用するフレームを首尾一貫させることを学ぶ。それだけでなく,そのようにして形成されるストーリーは筋が通っており,矛盾のないようにする必要があることを学ぶ。**私たちにとって一貫しているということは,それだけで強化的なのである。**

　たとえば,ある男性が形成したストーリーが「常に自立し,人に頼らない」というものであったとしよう。彼が足に重傷を負い,看護のケアを必要とする状態になったら,落胆や憂うつに苦悩することだろう。彼が強く握りしめてきたストーリーの字義的意味は,ほころび始める。このような自分のストーリーとのフュージョンは,彼が「自分の行動は依存的で,他人を頼りもするが,私自身は自立している」ということを十分に受け容れるだけの柔軟性を持つことを妨げる。自立的に生きることに価値を置く人は,その方向を目指し,長期的に見てより自立的であるために,一時的にケアやトリートメントを利用し,他者に依存することを選択する場合もあるだろう。対照的に,「私は自立している」という考えとフュージョンしている人は,自立と依存が心理的に関連している文脈において,柔軟でないふるまいをするだろう。そのような場合,人は体験の回避の方向に進む

可能性が高い。たとえば，助けようとする人に怒ったり，攻撃的になったりして，さらには孤独になり，自分を管理できなくなるだろう。自己概念とのフュージョンにしがみつくという解決策は，実際にはもっと厄介な問題を起こしかねないのである。今や彼は怪我をしたことに加え，自分のつじつまの合わないストーリーや，それに対する自分の怒りにまで腹を立てている。また，自分のストーリーとのフュージョン以外にも問題はある。Strosahl et al.（2004）は，人は過去や未来とのフュージョンにも苦悩しうると示唆している。上記の怪我をした男性は，概念化された過去への執着や，概念化された未来に対する評価とのフュージョンも生じているだろう。たとえば，「マラソンで勝つはずだったのに」「息子のフットボール・チームのコーチはもうできない」，だから「楽しみにすることなんてないし，そんな人生なら，私は無意味だ」などである。このように未来の評価とのフュージョンは，未来には何の希望もなく，人生から恣意的な面が消えたかのようにふるまうという行動や，うつ的なレパートリーを引き起こすだろう。

脱フュージョン

　さて，これまでのところで，脱フュージョンの輪郭を切り出すという作業は終わった。クライエントが自分は何者か，自分の過去はどうであったのか，未来にはどのようなことが起こるべきかという「ストーリー」を話す際，臨床家は彼らが**言語的内容とどのようにフュージョンを起こしているのか**に関心を寄せるだろう。世界に対する彼らの評価，彼ら自身への評価，彼らが体験するあらゆる事象に対する評価に関しても，それは同じである。臨床家として，私たちは思考や感情といった私的出来事とクライエントの外的な行動との関係性に介入することができる。つまり，臨床家は，言語ベースの随伴性と直接の随伴性との関係を脱フュージョンしたり，両者を引き離すということをしているのである。CBTのワークにおいて認知再構成を行う際，その介入の目的は私的出来事の**内容**を変えることであ

る。それは，新たな内容には新しい，および（もしくは），これまでとは異なる行動が伴うだろうという期待のもとに行われる。一方，脱フュージョンのワークにおいて，その目的は**内容と行動の関係性**を変えることである。内容を変えるかわりに，**文脈**が変更されるのである。字義性の文脈（context of literality）は，私的出来事とのフュージョンを選択する。一方，マインドフルネスの文脈は，内容ではなく，考えるプロセスにただ気づくことを選択する。脱フュージョンのエクササイズには，自己生成した内容から自己を離れさせて距離をとるという体験をもたらすものもある。

　脱フュージョンのゴールは，ことばが行動に対して及ぼしうる，問題のあるコントロールの根底を掘り崩すことである。根底を「掘り崩す（undermine）」という用語は，脱フュージョンの状態を表すために，ACTのコミュニティでよく用いられるものである。これは，詩的でふさわしい記述である（訳注：英語の「undermine」は，「～下に（under）」と「（坑道を）掘る（mine）」が組み合わさった単語で，「～の下を掘る」という直接の意味が転じて，「土台を崩す／弱らせる」といった意味がある）。苦悩の根底にあるものとしての言語について対話し，個人が構築した現実の中にトンネルを掘ることで，私たちは，まさに言語の基盤に穴を掘り，そこからことばによって作られた世界の構造を見るのである。

　ことばの字義性を掘り崩すことで，人は自然な随伴性への感受性を低めるようなルールや評価，問題解決のアジェンダだけに影響されるのではなく，自らを取り巻く世界の直接の随伴性に触れることが可能になる。先述したように，これはすべてのルール，評価，問題解決が問題であるといっているのではない。ただし，そうとはいえ，これらの言語事象は，活力ある人生を生きることに悪影響を及ぼしうるものである。Strosahl et al. (2004) は，脱フュージョンを行う際，少なくとも4つの考慮すべき介入レベルがあるとし，次の点を検討するよう示唆している。それらは，①言語の自動性（automaticity），②フュージョンのスピード，③評価の恣意性，④思考のプロセス（思考の産物ではなく）である。

言語の自動性

　脱フュージョンを導入するひとつの方法は，言語の自動的な性質について話すことである。子どもが一度，関係フレームを適用することを学ぶと，直接の随伴性と社会的随伴性が流暢な言語レパートリーの発達を強化する。評価と記述は，非常に高い確率で生じる可能性があり，また現実に生じている。その多さから，ほとんどの体験は言語的な要素の色味を帯びており，起きている間はほぼ四六時中，関係フレームの適用が起こっている。これらの言語事象は，自動的に起こるように思われる。成人のクライエントの場合，セラピー中に，思考を止めることは難しいという考えに触れている可能性は高い。したがって，セラピーの文脈において，そのことを指摘するのはなおも有用であろう。

　言語の自動性を指摘することは，簡単に_____ことである。言語に流暢な一般的な話者ならば，この文を埋めることは可能である。また，この文の2〜3語を省いたら，クライエントはおそらくその_____をかなり上手に埋めるだろう。この3文を読んでいる間，まさにあなたが試みようとしたように，一般的に，一貫性のある関係のネットワークに基づいて話すことは強化される。逆に，一貫性のないネットワークに基づいて話すことは罰される。したがって，ことばがつなぎ合わされるとき，その連鎖は合理的で一貫性のある反応を生じる可能性が高いと考えられる。

🌸クライエントのためのエクササイズ

言語の自動性

　基本的にどんなことばであっても，提示する文脈次第で，言語の自動性の体験的エクササイズに用いることが可能です。たとえば，「行く年_____」や「百聞は_____にしかず」などです。クライエントの状況に応じて，セラピストがもっと刺激の強いことばを選ぶこともあるでしょう。例として，「可愛い子には_____」「ミイラ取りが_____」「善の裏は____」

といったものがあるでしょう。初期の脱フュージョンのワークでは，言語の自動性を体験することが重要です。セラピーの初期に，自動的な言語反応や情動的反応を生じさせることは，その後のセラピーにも役立つでしょう。

フュージョンのスピード

　特筆すべきもうひとつの言語の側面は，概念に言語的なフレームを瞬時に関係づけるフュージョンのスピードの速さである。関係学習の容易さは，言語事象がどれほど恣意的で，どれほど役に立たないものであるかを示唆する。「その数字は何？」エクササイズは，この概念を具体的に示す点で有用である。このエクササイズはACTのワークショップでもよく使用され，文献にも記載されている（Hayes et al., 1999； Strosahl et al., 2004）。おそらく，その最も興味深い記述は，文脈的行動科学学会（ACBS；Association for Contextual Behavioral Science）のウェブサイトにあるものだろう。それは「簡単な数字の並びを提示し，この心理的事象が恣意的でありながら，永続的であるということについてクライエントを悩ませる」（Gifford, Hayes, & Strosahl, 2005）というものである。

クライエントのためのエクササイズ
「その数字は何？」

　このエクササイズでは，セラピストはクライエントに今から数年間，ある数字を記憶できれば，100万ドルがもらえると伝えます。その数字とは，「1-2-3」です。そして，以下のようなやりとりによって，クライエントにどうしても「1-2-3」の反応が自動的に生じてしまう困った状態を体験させます。それは，ある文脈的な変数を提示し（たとえば，セラピストが目の前で「数字は何ですか？」と質問するなど），クライエントに「1-2-3」と自動的に反応しないように求めるというものです。このようなお遊びのちょ

っとした「訓練」でさえ自動的な反応は生じます。数字を思い出すことに，一切，強化子が与えられない場合にも，それは同じです（実際に100万ドルの報償金がかかっていないことは，エクササイズの文脈で明白になるようにします）。

このように，いとも簡単に関係が作られることを体験すれば，関係づけられた事象を深刻に受け止めすぎるという反応にはブレーキがかかるだろう。「1‐2‐3」の反応は，適切な刺激性制御があれば，ほぼ永続的に維持される。また，この反応は持っていても，何の役にも立たないものである。おそらく，私たちの言語行動の多くは，このように実質を伴わないものなのだろう。

評価の恣意性

言語は人とともに進化してきた。それは，言語が人の生存に欠かせないものだったからである。狩猟や採集に生きた太古の人々は，食べられる植物を探し歩いた。その際，ある植物に毒性があると評価できれば，その集団は直接の随伴性に実際に触れることなく，危険な結果事象を回避することが可能になる。また，洞穴で熊にはちあわせするという非常に嫌悪的な随伴性に接し，生き延びる体験をした男性は，その洞穴を指して部族のメンバーに「悪い」と伝えるだろう。部族のメンバーが，「悪い」ということばと罰的な結果事象とを関係づける社会的コミュニティを形成してさえいれば，このような原始的な言語だけでも，他のメンバーはその随伴性を避けることが可能になる。ある刺激を以前に触れた刺激や，言語的に派生した考えと比較することは，現代の世界では広く一般化した行動であり，それは生存と幸福に貢献しうるものである。

その一方で評価は問題も引き起こしうる。ある文脈では，「悪い」は危険な洞穴や毒性のある植物と有益に関係づけられるだろう。また，数学の

公式や選挙のキャンペーン，超高層ビルの完成予想図などとも，有益に関係づけられることがあるだろう。しかし，「悪い」という評価が字義的な文脈において，個人の人となりや身体感覚，記憶，その他の私的出来事と有益に関係づけられることはない。これは，関係づけが常に不適切であるということではない。むしろ，不適切であるのは，関係づけが実際に行動を支配し，「悪い」と関係づけることが有益な外的事象と同様に，有益でない私的出来事も回避してしまうということである。

「悪い」というのは，つまるところ，**他のあらゆることばと同じように，恣意的な刺激なのである**。それは，そのことばが有益である限りにおいて，真なのである。物事の「悪さ」は人間の評価によってもたらされる。「悪いコップのメタファー」（Hayes et al., 1999, p.169）のバリエーションを用いた以下のやりとりを検討してみよう。

❖ケース・スタディ❖　うつと評価

アーノルドは，DSMで重度の大うつ病性障害と診断されている。彼は，10代になる前に聖職者から性的虐待を受けたヒストリーがあり，過去10年の間に何人かのセラピストにトリートメントを受けてきた。

アーノルド：すべて腐っています。完全に腐っている。妻のこと，教会を相手取った裁判のこと，自分の仕事のこと。毎日，「ここから抜け出さないと」と思っています。私が言いたいのは，その，腐り切っているんです！　人生は腐っています。［彼は自殺念慮を一貫して否定し，現在の状況から逃避するため，具体的計画はないが，外国に行くことに関心を持っている。この発言はそのような関心から出たものである］

セラピスト：人生は腐っている？

アーノルド：そうです。僕の人生すべてが腐っています。1つくらいは良いことがあったでしょうなんて言わないで。自分の人生について

間違った解釈はしていません。僕は,「どんな苦境にも希望の光は差す」ということばは嫌いです。
セラピスト:なるほど。
アーノルド:人から「そこまで最低じゃないよ」などと言われると,不快でたまらないんです。
セラピスト:なるほど,では何か他のことをやってみませんか?
アーノルド:ふむ。(しかめ面をする。同意しながら,半分疑っている様子で)
セラピスト:[立ち上がって,自分の椅子を指差して]これは腐った椅子でしょうか?
アーノルド:(疑り深い目でじっと椅子を見て,見下すように笑いながら)ええっと……いいえ。あなたがいつも座っているんですから,その椅子は大丈夫です。
セラピスト:あなたにわかりますか? 私はそれには反対です。この椅子は腐っています。私がわかるのは,そう,いつも私はこの椅子に座っていますから,わかって当然です。ほら,座ってみてください。[互いの席を入れ替わる]どう思いますか?
アーノルド:おう! なんと! 僕があなたの椅子に座っている。なんてことだ。あなたはソファに座ったことがありますか?
セラピスト:もちろん,何百回だって! それで,その腐った椅子はどうですか?
アーノルド:ほらきた,やっぱり……馬鹿な真似はしないでください。あなたがやろうとしていることはわかります。あなたがそれは「腐っている」と言った後,僕がその椅子を触って,そして,椅子の良いところをあなたに伝えるんです。苦境の中にも光は差すと言わんばかりに。
セラピスト:ふむ。それは私の言いたいことではありません。つまり,腐った椅子について,私はあなたが納得しないことはわかっています。私も,あなたを納得させようとはしていません。いいですね?

では，あなたの腐った人生はどうか？　これも「納得させること」が，私の役割ではありません。あなたは賢く，そのようなトリックを見抜いていることを私は知っています。いずれにしても，ここでは，**あなたにその椅子が腐っていないという理由を話してほしいのです。**

アーノルド：ふむ。裂けたり，ほころんだりしたところがないので，腐っていません。良いクッションを使っていますし，回転したり，滑らせるように動かすこともできます。現に座れていますから！

セラピスト：でも，その椅子には腰の支えが入っておらず，背もたれも十分に傾きません。机に肘かけが当たるので，肘かけのところが擦りむけています。

アーノルド：なるほど。あなたがその椅子は腐っていると言うことはできます。でも，**腐っているのは椅子ではありません。**

セラピスト：おぉ，まさにそれです。あなたには，椅子についてあなたの語ることがあり，私にも私の語ることがあります。では，「腐っている」というのは，どこから来るのでしょうか？

アーノルド：あなたは僕に，僕の人生は腐っていないと言おうとしています。それは僕の見方にしかすぎないのだと。でも，考えられますか？　ある日，目が覚めて突然，僕の人生はすばらしいなんて思うことはありえない。

セラピスト：はじめの部分には同意します。腐っているというのは評価なのです。**あなたの人生が腐っているのではない——あなたが人生を腐っていると評価したのです。**そして，私は人生について，あなたに違うことを考えてほしいと言っているのではありません。そうではなく，これまでとは違ったように考えてほしいと言っているのです。

アーノルド：それはどういうこと？

セラピスト：アーノルド，もっとこういう感じだったら，どうでしょう？　**正解と誤りや，すばらしいことと腐ったこと，それらの考え**

の間で右往左往するをやめるのです。どちらか一方が他方に勝つということが大事ではないのです。もしここで，私たちふたりがこの部屋を去ったとしたらどうなると思いますか？――ここに椅子だけを残して去ったら，「腐っている」というのは，どうなるでしょう？

アーノルド：（10秒ほど過ぎてから，首を横に振って）僕は……僕にはやっぱりわかりません。

セラピスト：では，椅子はまだ腐っているでしょうか？

アーノルド：ずっと椅子は腐っていませんよ。あなたがそう言っているだけです。

セラピスト：ええ。私がこの部屋を去ると，「腐っている」というのも一緒に消えていきます。**腐っているというのは，椅子の中にあるのでも，私の中にあるのでもありません。それは，私と椅子の相互作用の質なのです。**ですから，私が部屋を出るとき，この椅子がそこに存在しなければ，椅子について考えることも認識することもありません。もう一度，繰り返します。**腐っているというのは，椅子がもつ質ではありません。私と椅子の相互作用が持つ質なのです。**

アーノルド：ふむ。では，あなたは，水に濡れても濡れたことを感じなければ，水は濡れるものではないと言うのですね。

セラピスト：この話は，まだあまり大きく広げないでおきましょう。その質問に答えるには，注意すべきことが2つあります。1つは，評価が変化しても，水そのものは変化しないということです。たとえば，魚は水に濡れていても，「水に濡れた」とは言いませんよね。でも，もっと重要なことがあります。アーノルド，さっきのあなたの指摘は的を射ていました。もっと重要なことは，**あなたは今，水を記述したのです。先ほどのことばは評価ではありませんでした。**

アーノルド：（うなずいて同意しながら）ええ，そうですね。

セラピスト：はい。では，今言ったことをこの椅子に当てはめてみるとどうでしょうか？

アーノルド：うーん，えっと，僕はあなたの席に座っていて，この椅子は腐っているということも，腐っていないということもない。これらは評価なのです。そして評価は人の一部であって，モノの一部ではない。

セラピスト：評価されているのはモノではない。

アーノルド：そのことと私の人生が腐っていることは，どうつながるのですか？

セラピスト：それは，あなたが私に話してください。

アーノルド：あ，はい，えっと，僕の人生が腐っているのではなく，自分の人生を良く思う必要もない。あなたが言おうとしているのは，**それらは昔からのただの評価にすぎない**ということです。つまり，私の人生は腐りきっているのではない。人生はただあるようにあるのだと。

セラピスト：今のはとても役立つ見方だと思います。やがてわかってきますよ。そろそろ，私の椅子に戻ってもよいでしょうか？

アーノルド：あの……僕はあなたがこの椅子を好きでないと，言ったのだと思っていました。だって，この椅子は"腐っている"とまで言っておられましたし。（引用符〔""〕の記号を指で表し，強調しながら）

セラピスト：はい。確かに先ほどそう評価しました。その椅子は私の物です。それを所有すること，持つことに私は前向き（willing）でいます。だって，私の唯一の椅子ですから，私はそれを持てるのです。たとえ腐っていると言っても，ここから自分が大切にしている仕事をすることができますから。［黙ってふたりは席を交代する］たった今，私はこの椅子に座って，自分が椅子をどんなふうに評価したかを自覚しています。これは腐っていて，ひどいものだと。それと同時に，私にとって大事なことをやり続けるのも，この椅子なのです。すべてはここからなのです……腐っているという考えも，その他のあらゆることも！

第13章　脱フュージョンと脱言語化　387

アーノルド：（じっくりと考えるように）そうかぁ。

思考のプロセス vs. 思考の産物

　アーノルドは，思考や評価が恣意的であることを学ぶとともに，それらが動きを持たないただのモノとしての産物ではなく，プロセスであることも学んでいた。意識の流れは，モノのように扱われることが多い（訳注：たとえば，日本語でも「しっかりと意識を持つ」や「意識が足りない」「意識をなくす」などの表現がある）。しかし，意識は「流れている」ということに注意しよう。クライエントにとって「飛行中の」思考のプロセスをつかむことは意味深い。また，思考を当然のように「巣の中」まで近づいてどアップで見るのでなく，浮かんでいる思考と距離をとって検証することも有用である。

　思考に気づくことは，マインドフルネスの実践によって促すことができる。マインドフルネスはクライエントに人としての状態に触れさせる――すなわち，マインドフルネスは機能の文脈と関係づけの文脈があることをより明確にするのである。空に浮かぶ雲や，パレードを行進する兵士やテレプロンプター（テレビなどで，出演者に台詞を電子的に表示する装置）に流される文字のように見ることは，思考を新たな文脈に置く（このエクササイズには，さまざまなバリエーションがある。一例として Hayes et al., 1999 の「パレードの兵士たち」〔pp.158-162〕を参照のこと）。これらのエクササイズにおいて，思考は見られているのであり，思考から見るというのではない。思考は通常，**関係の文脈**（字義的な文脈とも言われる）のもとで生じる。たとえば，関係の文脈において，ある人が言語的に刺激Aを刺激Bと等位のフレームで関係づけたとしよう。その際，刺激Bが強化的な性質を持っていれば，刺激Aも強化的な性質を持つようになる可能性が高い。しかし，機能の文脈では，刺激Aと刺激Bに対する反応は，それぞれの持つ自然な刺激特性によって異なり，関係づけという事象も，それらとは別の刺激事象として認識される。ただし，**機能の文脈**では，刺激機能の転換は生じない。このことから推測可能なように機能の

文脈だけにとどまることは，不可能ではないにしろ，極めて難しい。なぜなら，関係フレームを適用する反応は四六時中生じており，すべての体験は最終的にことばで評価されるからである。

　思考の産物と，思考のプロセスの違いをクライエントに説明する際の一例を以下に示す。

　　セラピスト：人は考えを買ってしまうことで，自分の考えに苦悩します。それらが現実であるかのように……思考に引っ張られてしまいます。私たちがことばやイメージと呼んでいる音や映像……目と耳の奥で起こるこれらのことを，まるで「最高司令」であるかのように受け止めることはよくありますよね。私たちは思考を持ち，（思考を手で表しながら）それに耳を傾け，その言うとおりに従います。でも，私たちが何かを考えたからといって，物事が実際にそうなるわけではないですよね。たとえば，「私は紫のバナナである」と考えたからといって，あなたは紫のバナナに変身するでしょうか？　もし，あなたが「私は紫のバナナ」という考えを持っていたら，きっと「この考えはどこから出てきたんだろう？」と疑問に思うでしょう。そして，その疑問を持ちながら，立ち止まることなく先へと進むでしょう。どんな考えも，こんなふうに接することができるとしたらどうでしょうか？　あなたは，思考の馬鹿らしさやおかしさに引っかかってしまうことはありません。そして，いわゆる思考の重みを買ってしまうこともありません。ただ……気づけばよいのです……ありのままの思考に，それが音や映像であることに──思考が何を言うかに気づくのではなく──それに引っ張られて，価値に沿った方向から外れてしまうのではなく……。

同じ流れを泳いでいるというスタンス

　フュージョンと脱フュージョンについて話すことは，臨床家の立場をクライエントより一段上に上げる可能性を持つ。しかし，ほとんどの場合，

セラピストもクライエントと同じ流れを泳いでいるということに留意しよう。脱フュージョンにおいて，クライエントの反応を促すには，クライエントとセラピストが一緒に取り組める体験的エクササイズを行うことが適している。講義のように一方向的な進め方をすることは，あまり影響力を持たないだろう。その理由は，講義は集中して聴くのが難しいだけでなく，「蒔いた種は自分で刈らなければならない」からである。クライエントに，自分自身のことばに引っかからないようにと伝えることばの束は，効果のないモデリングでしかない。

　脱フュージョンを教える際に，ヒューマニスティックなスタンスを持つことは適切である。自分が恐れたり，心配することに「ただ気づいてください」と言われたクライエントは，誤解や中傷を受けたと感じることもあるだろう。そのため，あなたがその点を理解し，あなたも彼らと同じように，ことばの重みやことばを危険だと感じる体験を幾度となく繰り返し，今もそれは変わらないことを伝えるのは有益だろう。言語は自動性を持つことや，フュージョンは非常に素早く起こることを繰り返し伝えるとよい。以下のやりとりで，セラピストがレモンについて話をするとき，何を言わんとしているのかに注目してみよう。

ひつじ，レモン，そして壊れたコピー機

　脱フュージョンは，セッションの一連の流れにおいて一度実施した後，ある程度時間が経ってから，再び取り組むことが可能である。以下に示すやりとりは，ACT のいくつかの基準をもとにした脱フュージョンのセッションのバリエーションである。

　ケンは，自分が恐ろしい胃腸の病気になるのではと心配しきりで，吐き気をもよおすのが怖いと訴える。彼は現在，3 回目のセッションを受けているところで，すでに「絶望から始めよう」の介入を体験している。

　セラピスト：では，あなたは汚れのせいで自分が病気になるという考え

を止めようと苦労しているのですね。なるほど。自分が汚れたと思うときは，どうするのですか？

ケン：汚れたところを洗います。

セラピスト：なるほど。洗う。そうすると役に立ちますか？

ケン：うーん，ええ，しばらくは。でも，やはり考えを追い払うことはできません。どうしてもできないんです。

> ### ✳ セラピストのスタンス
>
> 　過度に言語的になったり，堂々巡りに陥らないように注意が必要です！　クライエントにセラピーの方向を明確に示すことが重要です。ことばの説明で頭ごなしにクライエントを打ち負かすことがないように注意しましょう。脱フュージョンのエクササイズは，体験的なものであることを覚えておいてください。以下の質問を自分に問いかけてみましょう。
>
> - 苦悩しているとき，あなたは理知的に対処しようとしますか？
> - セッションでの沈黙は不快ですか？
> - セッション内の混乱は不快ですか？
> - あなた自身，あるいはクライエントのセッション内で生じる不快を体験的に避けようとしますか？
> - 前述の脱フュージョンは，あなたにとって役立つものでしょうか？

セラピスト：そうですね。では，本当に考えるのを止めるにはどうしますか？　あなたのマインドは，それ自身マインドを持っています。この世界があなたに何かを考えさせるようにできているのであれば，考えるのを止めることはできませんよね。今から言うことをよく聞いてくださいね，いきますよ。メリーさんの……

ケン：ひつじ。
セラピスト：はい。では今度は，「ひつじ」のことを考えないでください。（間をおいて）メリーさんの……
ケン：（笑いながら）スカート。
セラピスト：（笑って）いいですね。スカート。いい選択です。「スカート」を選んだのはなぜ？
ケン：面白いから。
セラピスト：そして，それは……ではなかったですね。
ケン：ん？……ではなかった？　ああ，それは「ひつじ」ではなかった。
セラピスト：そうです。つまり，あなたはただ「ひつじ」のことを考えないために，「ひつじ」以外のことを考えようとしていたんですね。少なくとも，「『ひつじ』ではないものは何だろう？」と自分に問いかけたでしょう。そうやって問いかけながら，あなたは……について考えていた。
ケン：あ……ひつじ。
セラピスト：ではもうひとついきましょう。ホップ，ステップ……
ケン：ジャンプ。
セラピスト：では今度は，「ジャンプ」のことを考えないでください。大丈夫ですか？　いきますよ。（間をあけて）ホップ，ステップ……
ケン：つばさ。
セラピスト：「つばさ」を選んだ理由はわかりませんが，きっとそれは**「ジャンプ」ではないから**でしょう。「ジャンプ」と答えないようにするために，少なくとも「ジャンプではないものは何？」と考えたでしょう。そうやって関係していないものを選んだ。
ケン：あの，えっと，実はものすごく関係があるんです。
セラピスト：どういうこと？
ケン：有名なマンガ，少年ジャンプで大人気だった「キャプテン翼」の主人公の名前が「つばさ」なんですよ。

セラピスト：（笑いながら）ほぉ，なるほど。今，1つわかったことがありますね。あなたは，あることを考えたくないから，別のことを考えようとした。でも，結局，そうやって考えたことは，あなたが避けようとしたはずのことに関係していた。つまり，この世界はあなたに「ジャンプ」や「ひつじ」のことを考えるように方向づけ，それを回避するために，あなたはあらゆることをしてみた。ところが，それがどうにもうまくいかなかった。そうですか？

ケン：ええ，確かに。

セラピスト：ひつじやジャンプは単純ですよね。もちろん，わかっています……あなたの考えはもっと重みのあるものだということを。では，今から私の言うことをイメージしてください。あなたがこのレモンを持っているとしましょう。［レモンを手で表す］この熟した，明るい黄色のレモンを手にとって，まな板の上に置き，においをかぎます。そして，あなたはナイフでレモンを半分に切ります。すると，果汁がこぼれてまな板にあふれ出てきます。それから，あなたは半分に切ったレモンを口に運び，果汁を搾り出して，レモン汁を飲みます。できましたね。唾液は出ていますか？

ケン：ええ，たくさん。

セラピスト：私もです。そしてここがポイントです。この部屋から少なくとも400メートル以内にレモンはありません。このビルにレモンは1個もない。なんとことばは強力なのでしょうね。レモンのことを話すだけで，あなたの唾液腺は，液体を分泌し始めました。このようなことは，レモン以外のたくさんのことについても起こりえます。

ケン：怖い映画について話すと，ゾクゾクッとするというのも？

セラピスト：そのとおり。真昼でさえ，ジェットコースターのことを話すと，私も同じようになります！　話すだけで興奮して，鳥肌が立つことだってあります。こんなふうに単なる物事についてのやりとりだけで，ことばはあらゆる別のことを感じさせるのです。唾液を

第 13 章　脱フュージョンと脱言語化

　　　　分泌させたり，あなたを怯えさせたり，興奮させたりも。それ以外にもたくさんのことを。

ケン：ふむ。

セラピスト：（ゆっくり，慎重に）そして，ことばは……実際に……物事が……存在しなくても，そのような力を持つのです。不思議ですよね？

ケン：うん，確かに。

セラピスト：では，もうひとつ試してみましょう。準備はいいですか？　私と同じようにしてください。［何かを聞こうとしているように，手を耳のところに当てる］レモン，レモン，レモン……

ケン：（同時に）レモン，レモン，レモン……

セラピスト：もっと大きく！　レモンレモンレモンレモンレモン……［20秒が経過したら，声に出さずにジェスチャーで終わりを伝える］レモン。

ケン：（笑）

セラピスト：おかしいですね。レモンはどんなふうになりましたか？

ケン：壊れたコピー機のような音に聞こえだしました！

セラピスト：（笑）ええ，だんだんノイズになっていく。単なる音に。数分前には「レモン」のことを話し，唾液が出ていたのに！　なんとことばは強力でしょう。そして，同時にそうなる必要もないのです！

ケン：私の強迫的な考えもそうだというのですね。

セラピスト：それはどうでしょう。強迫的な考えとどう関わりがあるのか，あなたが説明してくれますか？

ケン：うーん，止まらない，いや，その，私は……私は考えを止めることはできない。その……考えは自動的に浮かんでくるもので，私を動揺させる。でも，ええ……それらは単なる「音」なんだから，動揺する必要はない。……でも，これってちょっと虫が良すぎやしませんか？

セラピスト：ええ，わかります。では，もうひとつワークを。私の言うことをただ信じないようにしてください。やってみましょう。どんなことが起こるのか，注意してください。まずは種をただまいてみませんか？

ケン：ええ，その，どんなふうになるのか，見てみたいです。

ケースの概念化に注目するとき，脱フュージョンはトリートメント全体のパズルの1ピースであることを理解しよう。それは治療薬ではない。万能薬となることを期待しているわけでもない。加えて，ケンに「吐き気吐き気吐き気」エクササイズをすることは推奨されない。このエクササイズは，吐き気を取り除くという排除のアジェンダを設定してしまう恐れがあり，脱フュージョンの概念化を一般化しないであろう。脱フュージョンのエクササイズは，セラピーを心理的柔軟性の方向に向ける。ケンの場合，自分は思考を持っており，それらは自動的なもので，行動に大きく影響する必要はないということを理解する能力が，思考の潜在的な力を弱めるだろう。脱フュージョンの介入はそれ単独で実施されるものではない。脱フュージョンのワークは，彼が吐き気の感情と吐き気をもよおすことへの不安を受け容れることを支援する文脈のもとで進行するのである。気分を悪くしたくないことに結びついた彼の言語行動，気分が悪くなることの「恐ろしさ」の評価，気分が悪くならないようにと彼が考えた解決策，これらはすべてアクセプタンスのもとでは，固執するのでなく，ただ体験されるものである。ケンが自分の人生に関係している人たちと，社会的に，ゆとりを持って存分につながりたいと願うことを価値として明らかにしたとき，病気や汚れについての自分の考えを買うのでなく，価値に沿ったゴールを実現するため，脱フュージョンのスキルを奮い立たすことができるだろう。エクスポージャーのセラピーから，さらに重要な日々のレパートリーへと生態学的に有用な拡大を進めるなかで（第14章のFEELエクササイズを参照のこと），彼は価値を置く行為にコミットしながら，同時に，思考にただ気づくことができるのである。興味深いことに，彼のマインドフルネ

スの実践は,「マインドフルに食べる」というメディテーションのワークで取り組まれ,彼が「今,この瞬間」と,視点としての自己に触れることを促した。また,「あるのは『今』だけ」ということを学ぶことで,将来,病気になることへの評価が弱まった。そして,思考は束の間の評価や不安であるということに気づいたことで,彼は自分自身を**思考の内容**としてでなく,**思考の文脈**として見始めるようになった。それによって彼の脱フュージョンのスキルはより高められるのである。

ものごとを違って捉える(もしくは,HOK ANOD ATSUGE NGO KAN OHOHO)

　他の脱言語化の方法を持つことは,臨床家の柔軟性をさらに増大する(あなたは見出しのチンプンカンプンなことばが最初に目に入ったとき,その意味のなさに気づいただろうか? そして,1文目が確かに意味を持っていたことに気づいただろうか? 物事を違って捉えることは,脱フュージョンを促進する。この段落の最初の5語は,見出しではチンプンカンプンな文字の並びである)。あるクライエントに効果を示した一連の脱フュージョンの方法が,別のクライエントには効果的でないこともあるだろう。その際は,脱言語化をもたらす他の方法が必要である。脱フュージョンは,クライエントに言語化された内容に振り回されるのでなく,言語化が生じていることに気づくということを教える。これは,普段の用法とは異なるやり方でことばを提示するという方法によっても可能である。この方法には,ことばへの過剰エクスポージャー(overexposure),および(あるいは),プロセスへの注目の増大による字義的な文脈の弱体化がある。

　クライエントに自分自身の挑発的な語句や,それらを見る違った視点を提示することは,そのような言語事象が体験の回避のレパートリーに対して及ぼす刺激性制御を弱めるだろう。その方法はいくつかあり,ここで提示したのはそのごく一部である。しかし,さらに有意義であるのは,セラピスト-クライエントの2者関係の中で独自のエクササイズを作り出すこ

とである。以下に，あなた自身のエクササイズを作り出すためのアイディアを示そう。

言語行動を見る

　「レモン，レモン，レモン」エクササイズ（訳注：ACTでは「ミルク，ミルク，ミルク」エクササイズという名称が一般的）は，最初はとても喚起的だったことばが，その後，違った見方を提示されると（この場合は反復するという視点），影響力が弱まっていく様子を示している。不安を抱えるクライエントに特定のことばのエクスポージャーを実施するだけでも，適切な脱フュージョンの方向に一歩進むことが可能である。そのことばが不安の反応を喚起する場合は特にそうである。このエクササイズは，「『あっち行け！』カード」エクササイズと呼ばれている。臨床家は，クライエントが怖がるフレーズをインデックス・カードに書き，それをクライエントの膝の上にポンとのせる。さらに，クライエントがこれまでに思ったり，考えてきた喚起的な思考を書いて，どんどん「思考」を浴びせていく。この間，クライエントはカードを「あっち行け！」と追い払ってよい。その後，クライエントに対して，十分に，防衛せずにただカードを膝の上にのせ，払い落とさないように教示する。カードが積み重ねられていくにつれ，クライエントは，カードを持たないようにと常に気を使うより，ただカードを持つほうが楽であることに気づくだろう。

　筆者は「『あっち行け！』カード」エクササイズを重度のOCDのクライエントに実施した際，拒まれたことがある。彼は，エクスポージャーするカードを膝にのせられると，我慢できないと話した。これに対し，セラピストは，「**たれふ　にんき　まい**」とカードに書き，少し離れたところから見せた。それが彼にとって何の意味も持たなかったことを確認してからセラピストはカードをとり，彼の膝の上にのせた。ここで彼が字義的な文脈の随伴性に気づけば，機能の文脈にも触れることが可能になる。つまり，その文字の並びが「今，菌に触れた」であるとわかった瞬間，ことばはつまるところ，文字の集まりにすぎないということにも気づくのである。

彼は，気づいた直後は驚きを見せたが，その後はじっと座って「汚れた」カードを膝の上に置いて，身を任せるようにした。

　言語の聴覚的な形態（聞こえ方）を変えることは，クライエントにとって，テキストの形態（見た目）を変えるのと同様に示唆的なものになりうる。たとえば，「ゆぅぅぅっっっくり」ことばを言うことは，言語行動の刺激性制御を緩め，字義的な意味を機能性という光の中に置くだろう。「私は完全に失敗した」ということばに引っ掛かっているクライエントを想像してみよう。彼は恣意的な面がなく，完全な失敗者であるかのように人生を生きており，そうでないと説得されると否定する。この反応はACTのセラピストにとってはまったく問題ない。なぜなら，もともとACTのセラピストは説得を仕事としていないからである。ACTのセラピストは，この反応に対して，彼にエクササイズに進んでもかまわないかどうか尋ねるだろう。「このことばをスローモーションで言うと，どんなふうに聞こえるかを試してみましょう。せーの　**わぁぁぁぁぁぁ　たぁぁぁぁぁぁ　しぃぃぃぃぃぃ　はぁぁぁ　かぁぁぁぁんぜぇぇぇんにぃぃぃぃ　しぃぃぃっぱぁぁぁいぃぃ　しぃぃたぁぁぁ**」。これは，ことばの字義性を取り除くエクササイズである。また，考えを声に出して歌うという方法は，脱フュージョンの良いエクササイズになるだけでなく，ウィリングネスの良い機会にもなる！　ただし，セラピストは，クライエントの思考を辱めるようなことがないように注意する必要がある。ここではセラピストは，クライエントが自分の思考と，今までと違った関係をとれるように促すことが重要なのである。

　先述の注意を思い出してほしい。「レモン，レモン，レモン」エクササイズは，「レモン」という単語を脱フュージョンするには有用だろう。しかし，複雑な言語ネットワークを対象とするときには役立たない可能性がある。クライエントに「**セイテキギャクタイノセイデモウワタシハフツウノジンセイヲオクルコトハデキナイ**」と言うことを求めても，それは役には立たず，無効化（invalidating）の体験となる可能性もあるだろう。また，「レモン，レモン，レモン」エクササイズを新たな回避の形態として

用いる誘惑に駆られるクライエントもいる。たとえば,「このことばを何度も繰り返したら,嫌な感じが消え去るにちがいない」といったように。このエクササイズで重要なのは,**恐れを感じない刺激を使って,クライエントに脱フュージョンの体験をもたらすことである**。

言語行動の文脈を見る

第11章では,「マインドを散歩に連れて行く」エクササイズ（Hayes et al., 1999, p.163）について述べた。これは,セラピストがクライエント自身のマインドになって,クライエントの言語行動にエサを与えるというものである。それによって,マインドがまくしたてることばを脱フュージョンしながら,どのように行動に従事するのかを表すものである。このエクササイズは,クライエントが次のことに気づくのを助ける。それは,クライエントが言語的内容を持ち,その内容は価値に導かれた行為とはまったく別の事象によって,増幅されているということである。

社交恐怖を抱える男性のケースにおいて,セラピストは次のことをとても明確に示した。それは,セラピストがクライエントのマインド役として,「行け！」と言ったら,その他にどんなことを言われても,待合室のドアの取っ手に触るということである。男性は,セラピストがたとえ何を言おうと,間違いなくやれると答えた。セラピストの「行け！」というかけ声とともに,男性は立ち上がり,物理的には何にも阻まれることなく,ドアに向かって歩きだした。マインドは椅子に座り,次のようなことを言った。「あーあ。こんなエクササイズをしていたら,きっと馬鹿だと思われてしまう。自分の馬鹿なところを見られないように,待合室には誰もいなかったらいいのに」。すると,男性はそこに座ってしまった。そこで,「レモン,レモン,レモン」エクササイズと,以前に行った視点としての自己の体験をおさらいし,価値に沿ったコミットメントへとあらためて方向づけし,もう一度「マインドを散歩に連れて行く」エクササイズに挑戦した。「行け！」のことばの後,セラピストは社会的評価やエクササイズに取り組む滑稽さの記述を繰り返した。「価値なんていうのは,みんなデタラメだ。

この考えこそ本物だ！　とっとと，あのマインドを黙らせないと」などと言って，男性にさらにプレッシャーを与えた。しかし，それに対して今回，男性はそれに振り回されることなく，取っ手を触った。

　ことばの強さを弱めるのに加えて，ことばは現実ではないということをクライエントに気づかせることは，脱フュージョンを促す。ACT の慣例的な「言ってくれてありがとう，マインド！」エクササイズは一度取り組むと，言語行動の一部は自動的で役に立たず，価値よりも，ルールに基づくものであることがクライエントに伝わる（「言ってくれてありがとう，マインド！」エクササイズの詳細は，以下を参照のこと）。

■ サングラスを外そう

　サングラスを小道具に使って，人と人が持つ思考は，別物であることをクライエントに示すという方法がある。

セラピスト：かけているのを忘れてしまうくらい長い時間，サングラスをかけていたということはありますか？　［セラピストはサングラスをかける］その体験は新しい色がついたり，影のかかった世界を見るかのようです。それは，あなたが世界を直接に体験したときの本当の見え方ではありません。［セラピストはサングラスを外し，周りを見回して，再びかける］評価や他の思考を通して世界を見るとき，世界は色合いを帯びます。それは，世界をもっと暗く見せ，かけるサングラスによっては，世界をより歪んで見せます。そして，あなたはそれにすっかりなじんでしまうのです！　素晴らしいことに，今，あなたはそのサングラスを外すことができるということを学びつつあります。あなたのことば，考え，それらの評価は，あなたを取り巻く直接の世界ではありません。それらは，あなたが世界を見るときに通すフィルターのようなものです。このサングラスのように。こんなふうに，それらを外せるとしたらどうでしょうか？　［セラピストは，サングラスを外して，サングラスをじっくりと見

る]「ああ，僕はサングラスをかけていたんだ。これを外したら，世界はこれまでとは少し違ったように見えるんだ」。そのことを伝えたいのです。あなたが評価というサングラスを通して，世界を見ていることに注目してください。

　現実には「サングラス」はそう長い間外されないことを私たちはよく知っている。私たちは，過剰に学習された思考や評価の行動に影響されやすい生き物である。しかし，ヘキサフレックスのモデルを通じて，ワルツを踊りながら，このサングラスを外すスキルを養い，それらをより生じやすくすることは可能である。クライエントが自分の価値に気づき，価値に導かれた人生を生きるとき，その方向をぶれさせる思考は，もう少し明確なものになる。重要な行為にコミットしているとき，コミットメントの流れとその動機はフュージョンした状態から内容をはがしとってくれる。マインドフルネスの実践は，「今」に触れることを助ける。クライエントがそれを自分の生活に取り入れていくにつれ，評価や問題解決が今ではなく，過去や未来に対するものであることに気づけるようになる。この気づきは思考の影響力を弱め，考えに引っかからずに，その影響力を調整することを可能にする。視点としての自己は，いわばこびりつかないテフロンであり，フュージョンした内容は，体験を拡大する文脈に引っつくことはできない。また，生理的事象に対するアクセプタンスのスタンスを持つことも，脱フュージョンを促進する。個人が十分に，防衛せずに事象をアクセプトすることを学ぶとき，評価の感情と感覚は能力を失うのである。

☞チェックイン

　ACTには，気の利いた多数の体験的エクササイズがあります。あなたがその気になれば，エクササイズの小道具をしまうためにオフィスのインテリアに合った，靴や物品の収納棚を1つ買っておくとよいでしょう。それぞれの仕切りには，ACTのエクササイズで使う小道具を入れておきます。サン

> グラス（本章に記載）や3×5センチのインデックス・カード（未記入のものと，記入済みの各クライアントのカード），チャイニーズ・フィンガー・カフ（第9章に記載），そして，あなたの「悪いカップ」（Hayes et al., 1999, p.169）など。こうした小道具を用意しておくと，セラピーが途切れにくくなり，実際にそうしたモノをセラピーで使用する機会が増えていくでしょう。

■ 「言ってくれてありがとう，マインド！」

　価値に沿った方向から，直接の随伴性を切り離してマインドを捉えることが，サングラス・エクササイズの第一の目的である。「言語マシーン」は，とても巧妙な苦悩の発生源である。そのため，次の2者間に距離を置くという状況を示すことは，強力な介入になるだろう。その2者の一方は，延々と続く言語的内容の流れであり，他方は活力ある生き方の探究である。ACT がマインドを別「人」として扱う理由はここにある。このエクササイズは，マインドを散歩に連れていくという状況を設定し，「このセラピー・ルームには4人がいます。——私，あなた，そしてあなたのマインドと私のマインドです」（Hayes et al., 1999）とクライアントに伝える。そして，この関係をセラピーのやりとりに直接，反映させるというものである。そこでのセラピストの確かな「言ってくれてありがとう，マインド！」という反応は，言語的に支配された体験の回避のプロセスを浮き彫りにし，クライアントの話す内容と，価値に沿った方向とのずれを明らかにする。以下の例について考えてみよう。

- OCD を抱える人が，「同僚のライフスタイルについて，あれこれ考えるのをやめる最善の策は，仕事に行くのをやめてしまうことです」と言う。

- アルコール依存症とうつに苦しむ人が，「私にとって，酔うことが

唯一の選択肢なのです……私には，期待されるような社会的スキルはないのです」と言う。

- セクシュアリティの問題に苦悩する10代の若者が，「どうせ私は修道院に入るだけです……何もかも放り出して！」と言う。

あなたは，それぞれのクライエントに「言ってくれてありがとう，マインド！」と反応することができる。上記のことばは，評価や「解決策」であり，それらは，原理に沿った選択や価値へのコミットメントではなく，言語による万能な変化のアジェンダに基づいている可能性が非常に高い。インフレクサヘックス・モデルに沿って，ケースを概念化する際，クライエントにどのような変化のアジェンダがよく見られるのかをシートに記録しよう。そのシートは，典型的な変化のアジェンダが記録されたリマインダーとして，定期的に振り返るようにしよう。それらのアジェンダは，時間が経つとまたひょっこり現れるものであるため，クライエントがどのような変化のアジェンダを計画しているのかによく耳を傾けよう。体験を回避するための体験の歪曲や，不適切な計画は，どんなものでも脱フュージョンの標的になる。同時に，そのような考えを思いついたマインドに感謝するという特別な行為の対象にもなるものである。

■私は〜という考えを持っています

もうひとつの標準的なACTのエクササイズは，クライエントに，「私は〜という思考を持っています」と言うように教えることである。この行為の目的は，私的出来事の出現を記述することにある。「私は，『私はダメだ』という考えを持っています」とスムーズに言えるようになることは，「私はダメだ」という発言の影響力を弱める可能性が非常に高い。ことばの単純な違いを見てほしい。「私は〜を持っている」は，それだけでも「私は〜である」ということからの距離を示すものである。「持つこと（having）」は何かを抱えている，あるいは，保持しているということで

あり，一般に永続的でない状況において用いられる（つまり，そのような状況で，この言語的反応は引き起こされる）。一方，「いる／ある／である(being)」は，存在や生き方について述べることばであり，より永久的なものを記述する場合に用いられる。「私は，〜という感情を持っています」というのは，その人に感情と距離をとらせ，感情をありのままに直接，体験するためのスペースや柔軟性を生み出す。多くの場合，人は感情が一時的なものであることを知っている。少なくとも，そのことを学ぶことができる。そのため，「私は，怒りの感情を持っている」と言うことは，「私は怒っている」と言うことに比べて，感情に対する苦悩を減らす可能性が高いのである。

✤セラピストのスタンス

健康に携わる行動的な立場の実践家にとって，1つの困難があります。それは，あなたはすでに多くのことを理解しているということです。日々，不安の問題を抱える人に対して脱フュージョンのエクササイズをしていると，少々忍耐切れのようになることもあるでしょう。しかし，クライエントはこれまで，脱フュージョンのエクササイズをやったこともなければ，ただ考えに気づくことなど想像もしなかったでしょう。また，恐れを抱く物事に向かって前進することが，逃避することより効果的な対処方法であることを学んでもこなかったでしょう。これらは，とてもよくあることなので心に留めておいてください。また，クライエントとの関係性を傷つけるような傲慢さにも注意してください。大多数の人にとって，ACTの取り組みは初めてのことなのです。おそらく，一度，学んでしまうとそれは深遠さを失ってしまうものでしょう。しかし，初めてマインドフルネスのエクササイズを体験したときの自分を思い起こしましょう。あなたは今，クライエントにとても奥深い考えで接しようとしているのです。それは，敬意をこめた話し方や態度に最もよく表れるものなのです。

マインドフルネスと脱フュージョン

　私的出来事とのフュージョンが持つ息も止まるようなインパクトを弱め，直接の非言語的な随伴性の体験を増加させることは，価値に導かれた生活を促進しうるものである。それは ACT の中心でもある。本書の中で取り上げるマインドフルネスのエクササイズは，視点としての自己に触れることに加え，その人の行動を役に立たないルール，評価，そして「解決策」から解放し，脱フュージョンするうえでも有用である。たとえば，アルコール依存症の女性が「飲まないと 1 日も生きていられない」と話す場合，その考えがテレプロンプターを横切って流れていく状況をイメージし，それにただマインドフルに気づくようにと伝えることができるだろう。この一見，何気ないセラピーの流れは，ヘキサフレックスの 6 つの領域のうち，特に脱フュージョンと視点としての自己と関係がある。別のある男性が自分自身を評価してこのように言ったとしよう。「僕は女性をデートに誘えるほどハンサムではない」。彼には，そのことばを水の流れに漂う葉っぱにのせ，そのことばをただ見るように伝えるとよいだろう。またある母親が拒食症の娘を持ち，家族療法を受けている最中に「今のままでは良くありません。基準が低すぎます」と言ったとしよう。この高い基準によるプレッシャーに，娘がネガティブに反応しているのであれば，母親には，上述の問題解決の思考をただマインドフルに持ち，それに沿って行為しないように伝えるとよいだろう。家族のひとりひとりがその考えを生み出したマインドに感謝し，これまでに述べてきた脱フュージョンの方略を使って，思考が自分の人生に与える影響力を弱めることができるだろう。そして，ひとりひとりが生きたいと望む方向に十分に触れることで，ことばの泥のたまった液体から価値を蒸留することができるのである。

　本章は，脱フュージョンのエクササイズを網羅しようとしたわけではない。Strosahl et al.（2004）は 35 もの異なる脱フュージョンの介入をリストアップしており，ACBS（Gifford, Hayes, & Strosahl, 2005）のウェブサイトには，さらにたくさんの介入が掲載されている。本章で紹介した例は，あなたが変動性と方向性を得るのに十分なものであるため，「もう

オリジナルな介入を作ることができる」と，自分に言ってみよう。それに対して，「いや，私にはできない」という自分の声が聞こえたら，あなたのマインドにその考えに対して「ありがとう」と感謝し，その考えに注目しよう。そして，その思考が何と言おうとも，言われたことではなく，ただあるがままの思考に気づこう。

> 👉**チェックイン**
>
> クライエントが思い悩む思考について，「第2の波」の認知療法のアプローチと，ACTのアプローチにはどのような違いがあるでしょうか？
>
> **私たちの回答**：認知療法は，認知再構成法と反駁を用いて内容を変化させることにより，私的出来事と行動間の問題ある関係に影響しようとします。つまり，悪い内容を良い内容に変化させることで，問題行動が止まるというものです。
>
> 対照的に，ACTは事象と事象の記述が同じ，または類似した機能を持つ字義的な文脈を掘り崩し（undermine），私的出来事と行動との関係を変化させることを狙いとします。脱言語化の文脈では，思考とは記述であり，それが記述する物事ではありません。
>
> 反駁と脱フュージョンの違いは何でしょうか？
>
> **私たちの回答**：反駁は，字義的な文脈のもとで行動を変化させるという観点から，思考の内容にチャレンジします。一方，脱フュージョンは，内容の変容ではなく，思考のプロセスに気づくことに焦点を当てます。機能の文脈が第一義なのです。

第 14 章
ウィリングネス

　ここに，2人の少女がいる。生きる活力にあふれ，子どものときに享受できるすべての楽しみを体験したいと思っている少女たちだ。そんなふたりが，ローラー・スケートを初めてすることになった。ふたりとも転ぶのは怖い。だから，彼女たちはそれぞれに，次のことがすぐにわかるようになる。ある方向に体重を少しでもかけたら，その反対方向に足を動かしバランスをとらなくてはならない。ただじっと立っていようとしても，手足がバタバタし始めてしまう。なんとか立っていようとがんばるのだが，結局，尻もちをついてしまう。概ね，自分の選んだ方向に向かって滑り出そうとした方が，転んでしまう回数を実際に最少化する（長い目で見れば）ことにつながる。しかし，それ以上にもっと大切なことがある。それは，動くことにウィリングネスである（それゆえ，転ぶことにもウィリングネスである）かどうか，ということだ。一方の女の子は，動くこと転ぶことにウィリングネスであったため，実際にローラー・スケートになった。しかし，もう一方の子は，じっとしているだけだったので，実際には，ただのローラー・ウェア（ローラーのついたスケート靴を身につけただけ）だったのである。

　「確かに。でも，じっと立っているのを選んだ方の子は尻もちをつくだけ。もう一方の子（実際にスケートをしている子）は，前に転ぶでしょう。どう考えても，その子の方が，もっと激しく転んでしまう。その子の方が，ケガをする確率は高いわ！」と言う人がいるだろう。このようなコメント

に対して，価値に方向づけられた生き方について十分に理解している人なら，次のように返すだろう。「そうね。でも，忘れちゃいけないのは，スケートをしているのは『一方の子だけ』ということ。苦痛（pain）は両方の女の子が感じるかもしれないけど，苦悩（suffering）はそのうち1人しか感じないはず。そして，苦悩を感じるのは，激しく転ぶ方の子ではないのよ！」

もし，スケート選手になりたいと思っている人が，転ぶことにウィリングネスでないのなら，その人は落ちていくだけだろう（身体的にはお尻から落ち，概念的にはスケート選手として落ちていく）。なぜなら，スケートを学ぶために，転ぶことにウィリングネスである子は，長い目で見れば転ぶ可能性が低くなるからだ。その子は，転んで尻もちをつかないようなやり方を学ぶだろうし，転んでもすぐに立ち上がるようになるだろう。転ぶことにウィリングネスでない子は，わけもわからず手足をバタバタし続けるか，ただリンクの縁につかまったままだろう。さらに悪いことに，強化子が随伴しないせいで，その子は最終的にはスケート，スケート・リンク，スケートをする人たちなどを回避するようになるかもしれない。もっと悪い場合には，そのようなアジェンダのせいで，転倒や失敗をしそうな文脈になると，その子は，いつも回避をするようになるかもしれない。

もちろん，ローラー・スケートをする少女の話はメタファーである。臨床的な関わりで言えば，問題なのは「あなたは，自分の価値づけた方向に自分の人生を進めて行くこと，そして転んでしまうかもしれないという考えや失敗してしまうかもしれないという恐怖と共に歩んでいくことにウィリングネスを持てるかどうか？」ということである。セラピーにおいて，問題となるのは，その人が転んでしまうかもしれない，ということではない。むしろ，その人が体験の回避をしすぎて，まったく動かなくなってしまう，ということなのだ。このような理由で，体験の回避が多くのACTアプローチのターゲットになるのである。そして，ウィリングネスは，それに対する「解毒剤」の一部なのである。

回避 vs. 非ウィリングネス

　ゲール（ケルト系の言語を話す民族）のことわざに「ウィリングネスではない者に，簡単なものは何ひとつない」というものがある。また，ノーベル賞受賞者であるヘレン・ケラーも「安全か安全ではないかということで言えば，長い目で見たら，危険を回避することと，その危険を真正面から対峙することとは，たいした違いはない」と言っている。ある意味で，両者とも，回避と非ウィリングネスは，人間にとってやっかいなものである，ということを教えてくれる。

「回避」再考

　ウィリングネスは，すでに6つのACTプロセスの文脈の中で論じた。また，ウィリングネスは，それだけを議論するに値するほどに重要なトリートメント上の問題でもある。とはいえ，回避と非ウィリングネスとの関係性は，つかみどころがない。**回避**は，行動分析学の専門用語であり，シンプルに「ある反応をすることによって嫌悪刺激が生起しないように予防する」（Catania, 1992, p.364；第3章参照）と要約できる。すべての生体が，過去に接触した苦痛刺激を回避するためのレパートリーを発達させていく。たとえば，ネコはショックを回避するためにレバーを押すように訓練することができる。また，自然な随伴性によって，咳の発作や嫌悪的な毛玉の問題を防止するために，ネコは咳払いをするようにもなる。ヒトの場合も，咳の発作を予防するために咳払いをするのは，簡単で無害な回避の動作である。また，部屋に入るときに灯りをつけるのも，回避の動作と考えられる。以上のように，回避の専門的な定義を使って考えてみると（そして，その定義を使って，いろいろと自分の身の回りを分析してみると），人は毎日，数え切れないほどの回数で，さまざまな形態で，回避をしている，ということに気づく。つまり，回避とは，本来的に病理的なも

のではない，ということを心に留めておく必要がある。実際，回避はとても適応的なものとなる場合もあるのだ。私たちは，文脈の中で行為(アクト)を捉えている（looking at the ACT-in-context）ということを忘れてはならない。

「非ウィリングネス」初考

　非ウィリングネスは，ある言語的事象である。そして，そこに含まれている言語的な諸関係によって，回避反応が確立・維持している。また，非ウィリングネスは派生的な関係反応である，と言うこともできる。そのような関係反応によって，刺激機能が変容し，それゆえに回避反応の生起確率が増大するのである。もっとわかりやすく言えば（その半面，正確さは減ってしまうが），非ウィリングネスとは，何かをすることに対して自覚的・意図的に抵抗することである。

　非ウィリングネスも，回避と同じように，本来的に病理的なものではない。たとえば，ある人が，次のようなルールを言語化したとしよう。それは「人種差別的な雇用主（たとえ，そのような雇用主はいなかったとしても）の下で働くことなんかできない（〜のために働くことに非ウィリングネスである）」というルールだ。もし，自分のボスが人種差別者だとわかれば，仕事を辞めるという手段で，そのルールに従うことはできる。また，その人は，街灯を修理するために30フィート（約9メートル）のハシゴを上ることにも抵抗があった（非ウィリングネスであった）としよう。この人は，今までに，人種差別を直接に受けたこともなければ，ハシゴの上の高いところに上りクラクラした経験もない。しかし，そのような結果（差別されたり，クラクラしたりすること）に関する言語的な諸関係によって，それらを回避することが可能になるのである。非ウィリングネスは，他の行動的な事象と同様に，文脈に依存しているものなのである。つまり，ありとあらゆるものに非ウィリングネスを示すということではなく，今までに何か関係があった出来事が生じたときにのみ示すものなのである。

❀ケース・スタディ❀　広場恐怖

　非ウィリングネスは，クライエントの非機能的な「変化」のアジェンダの最も中核的なものである場合が多い。広場恐怖を抱えているグロリアを考えてみよう。彼女は，次のような種類のルールを持って，人生を送っている。そのルールとは「私は，呼吸が浅く速くなるのを体験したくないし，路上でパニック発作を起こしたときのことを思い出したくもない――だから，ここに，安全な家の中にずっと留まっていよう。そうすれば，もうこれ以上，この問題を抱えなくてすむ」というものだ。このルールは，明らかに，非ウィリングネスを示す「変化」のアジェンダである。彼女は，以前に起こしたパニック発作について思い出したり，同様の症状になったりすることにウィリングネスになれない。一方，彼女の言語的なプランが目指している変化させようとしているものは，彼女の関わる世界の中であまりにも困難なこと，つまり，ある思考や感情の頻度を変えることを目指しているのである。そして，この言語的に支配された，私的出来事の回避によって，彼女の臨床的な症状が3つの方法で悪化していくことになる。

　第一に，グロリアが非ウィリングネスであることによって，回避行動が「負の強化」で維持されることになる。それゆえに，さらに回避が増加することになる（これは，少々遠回しな表現であるが，これから説明するので，このまま読み進めてほしい）。呼吸の浅さ・速さ（呼吸困難）とパニック発作の記憶という2つの事柄が，彼女自身によって「悪い」と「～を持っていない」という2つの言語刺激に関係づけられる。そのような関係づけが生じると，呼吸困難と発作の記憶が持っている機能を変容し，その嫌悪的特性が増大することになる。さらに，自宅に留まるという行動は，呼吸困難そのものの回避だけではなく，呼吸困難の言語的に派生した機能とパニック発作の記憶に対する回避によっても強化されることになる（ただし，これは「負の強化」である）。

　第二に，彼女の非ウィリングネス（回避を喚起する刺激機能を変容するような，彼女の派生的な関係反応）によって，彼女の広場恐怖的な行動に

対する刺激性制御（その刺激とは「発作の記憶と呼吸困難」のことである）が強められることになる。グロリアは、呼吸困難もなく、パニック発作の記憶もない世界の中だけで生きていくという計画を立てている。言い換えれば、彼女はパニック症状を体験しないという条件が整った場所で生きていこうとしているのである。そのため、パニック障害の症状である内部感覚の手がかりや記憶が生じることによって、彼女のレパートリーはさらに狭められていく。つまり、呼吸困難や記憶が弁別刺激となっているのである。というのも、その刺激の存在が回避反応の機会を提供することになるからである。もし、彼女の言語反応（すなわち、彼女の非ウィリングネス）によって、呼吸困難や記憶（しかも、それらは「悪い」ものとされている）の嫌悪的機能が維持されるのであれば、それらは回避行動（つまり広場恐怖）を維持するような弁別的機能を持ち続けることになるだろう。

　第三に、非ウィリングネスによって、広範囲で多種多様な潜在的に入手可能な強化子から、彼女は遠ざかることになる。そうなることで、彼女の臨床問題はさらに悪化していく。もちろん、私たちは「広場恐怖患者の孤立した生活スタイルを生きるということが彼女の価値を反映していない」ということを単なる前提としてではなく、実際にアセスメントしていく必要がある。彼女は、問題な感情や思考だと自分が評価しているものを回避する（この回避はルール支配行動である）。その場合、彼女は、広場恐怖の「症状」を維持しているだけでなく、別の抜き差しならない問題をも生み出している。つまり、人生に柔軟性がなくなり、多くの場合、活力すらなくなっていく、という問題である。

　彼女の生き方に関するルールのせいで、自分の顕在的な行動が支配され、彼女は家から一歩も出られないでいる。彼女が持っているルール支配行動のレパートリーは、限定され、硬直している。そして、不運にも、彼女はパニックの症状を体験し続ける可能性が高い。なぜなら、彼女が自宅にこもっている間にも、パニック発作は、言語的に存在し、多くの思考・感情・身体感覚と結びついているからだ。自分の部屋にいて、パニック発作を起こす可能性について考えている間、彼女は他の潜在的に価値のある体

験をするチャンスを逃しているのである。ルールに従うことによって影響を受けた行動に関する実験研究が，次のような示唆をしている。その研究によれば，ルール支配行動は，シェイピングによって獲得された行動（随伴性形成行動）よりも，随伴性の変化に対する感受性が鈍く（Baron & Galizio, 1983；Hayes et al., 1986；Shimoff et al., 1981；Skinner, 1969），行動が随伴性の変化に抵触するときにのみ感受性が見られる（Galizio, 1979），ということである。

　玄関口に近づき，最終的に外出すれば，グロリアは，恐怖刺激にさらされ，その結果，随伴性と接触することになる。これによって，不安反応がレスポンデント消去され，彼女は他のさまざまな強化子（おそらく，彼女の価値に関係した強化子）と接触することになるだろう。状況的現実エクスポージャー（situational in vivo exposure）は，広場恐怖に対するエビデンスに基づいたトリートメントである（Barlow, 1988, Jacobson, N. S., Wilson, & Tupper, 1988）。このトリートメントによって，グロリアの生理的なリアクションが減少し，彼女のドアへの接近行動が強化されるのである。

　ACT は，彼女のセラピーに参加するウィリングネスを高めることによって，広場恐怖のトリートメントを支援できるのである（Carrascoso Lopez, 2000 を参照）。具体的には「彼女の言語的な評価は，ただの『ことば』にすぎない」「彼女の身体的症状は正常なものであり，全面的に防衛なしに体験可能である」「『自分＝思考・感情・身体感覚』ではない」「価値に方向づけられた人生を生きることに『今，ここで』コミットすれば，幅広く，プロセスに基づいた強化子を手に入れることができる」ということを示していくのである。ACT のウィリングネス・エクササイズは，「負の強化」の随伴性からの影響を減らし，今まで価値を置いていた事象に対する刺激性制御をゆすぶり，実際に価値づけされた強化子が存在する場にクライエントを置こうとするのである。

ウィリングネス

　以上のような検討によって，非ウィリングネスがどのように見えるものなのか，ということにイメージが持てたのではないだろうか？　それでは，ウィリングネスとはいったい何だろうか？　それを定義することは，骨の折れることだと言ってよいだろう。Wilson, Hayes, Gregg, and Zettle (2001) でさえ「ウィリングネスを持つとは，どういう感じなのか……どうにも適切なことばが見当たらない」(p.234) と言っているくらいだ。ウィリングネスは，必ずしも言語的なプロセスではない（言語的なプロセスによって，それを援助できるとはいえ）。「理由づけ」の議論（第9章）と同様に，「ウィリング」な行動は，ルールとともに「する」ことが可能な行動であるが，ルールのために「する」ということの少ない行動なのである。**ウィリングネス**は，役に立たない変化のアジェンダを放棄することによって得られる「結果」なのである。

　ここで，スケートを始めたばかりの2人の少女のアナロジーに戻ろう。2人とも，転んで身体を地面に強く打ちつけるという嫌悪刺激が生じる事態を回避するために行動している。しかし，その回避の方法はそれぞれに異なっている。一方の女の子がしている転倒を回避する試みは，スケートを学ぼうとすることに向けられ，実際にマネジメント可能なステップが見て取れる。たとえば，誰かと手をつないで滑る，壁の近くに沿って滑るなど，である。彼女がもっと上手になるまでは，時々，身体のバランスをとろうとして，手足をバタバタすることもあるだろう。これらはすべて，回避行動であり，スケートが上達することにつながっている。つまり，この行動には，ウィリングネスの性質があるのだ。転倒を回避しながら，その子は，スケートをするのに必要となる，よりよいバランス技能を習得するかもしれないし，転び方も学んでいくだろう。余談ながら，多くのスポーツ（スキーや武道）には，基礎訓練の一貫として，転び方の実践が含まれているものだ。スケートには，転倒がつきものなのである。つまり，転ばないようなスケートは存在しないのだ。そして，スケートをしている人が，

複雑で瞬間的な行動をしている場合，転倒を回避するためのルールに従っているかもしれない。たとえば「わかったわ。手を前に出して，前を見る。両足を交互に蹴って，その惰性で滑るようにする」のようなルールのようなものに。このような瞬間瞬間のルールも，スケートをすることに役立っているのである。ただし，彼女は，スケートをすること自体を回避するためにルールに従っているのではないのだ。

　もうひとりの女の子がしている転倒回避の試みは，じっと立っている，座り込む，さらにはスケート靴のひもをほどくことまでも含むだろう。これらの全部が回避行動である。そして，それは，転倒しないために行われている。しかし，スケートをするために行われてはいない。このように転倒を回避している間は，その子は決してバランス技能を習得できないし，転倒の仕方も決して学べない。そして，悲しいことに，決してスケートを学ぶことができないのだ。さらに，彼女は，スケートに関係した思考や感情の回避さえも習得しかねないのである。この子は，転倒することにさらされないために，スケートすることにもさらされることはないのである。そして，アナロジーの目的のために言えば，彼女は，スケートが与えてくれるすべての楽しみを体験するという，個人的で，包括的で，願望された人生の「結果」に接触していないのである。スケートを学ぶという文脈において，転倒をしないようにする（転倒を回避する）ことと，転倒のことを考えないようにする（転倒について考えることを回避する）ことは「無理な相談だ」と言えるだろう。

回避の機能は文脈に依存する

　この「見出しのタイトル」のように，回避そのものは，ある文脈で「問題なもの」と判断されるにすぎない。では，新しい例を挙げよう。たとえば，健康的な生活スタイルに価値を置くという文脈では，暴力をふるうパートナーとつきあうこと，酔っているドライバーの車に乗ることは回避した方がよい。このような回避行動は，完璧に機能的なものである。

文脈によっては，回避行動が臨床的に問題となることがある。たとえば，公の場で，吐瀉物に接触するのを避けたがる人に，特に病理的なところはない。問題となるのは，嘔吐恐怖（emetophobic）のクライエントが，この状況的刺激を回避するために，自分が価値を置く人生を前に進めることができなくなってしまうようなときである。そして，さらに重要なことに，そのクライエントは嘔吐に関係する思考や感情を回避するようになる。嘔吐恐怖の問題は「私は，すべての吐瀉物を回避しなければならない」というルールとのフュージョンによって維持され，その人が公の場に出るときに感じる吐き気をアクセプトすることへの非ウィリングネスによって維持される。このアジェンダを持っている限り，この人が「今，この瞬間」に接触することはほとんどなく，未来の嘔吐の脅威や過去の嘔吐の記憶にとらわれてしまうことになる。また，この人は，自分の人生のテーマが，もっと大切な何かではなくて，嘔吐になっていることに十分に気づいていないのかもしれない。さらに，この人は，エクスポージャー・エクササイズが効果的であるにもかかわらず，嘔吐や嘔吐の潜在的脅威に対して自分をエクスポージャーする（さらす）ことにコミットするには，非ウィリングネスである可能性が高い。このようにして，この人は，非柔軟な心理的スペースに生きることになる。そのために，本来の人生を奪われているような状態にある。もし，この人が自分のゴールを明確化して，人生が与えてくれるすべて（もちろん，嘔吐さえも）を体験することにウィリングネスであれば，もっと自分の人生を高く評価するようになるだろうに……。

　文脈によって，回避が「問題なもの」になる，ということをもう一度強調しておこう。ここで，私たちのクライエントである，リックを例に取り上げよう。彼のアジェンダは，困惑するような状況や仲間の前で赤面してしまうことを回避したい，というものである。このアジェンダ自体は何も悪いところはない。というのも，リックにとって，人前で物笑いの種になることは何のメリットもないからだ。たとえば「恥をかくようなことは何もするな」といったルールに従うのは，一般的な社会的レパートリーとして，ほとんどの文脈において，合理的かつ機能的なものだろう。

問題なのは,「文脈」であり, ルールに従うと何が犠牲になるのか, ということである。「恥をかくようなことは何もするな」というルールを軽く持っている場合, 仕事でプレゼンテーションをすることや, 誰かをデートに誘うことに対して, より大きなウィリングネスを持つ必要が生じてくる。なぜなら, プレゼンテーションやデートの誘いという文脈では, 困惑の感情を持つことは自然なことであり, それを回避することはほとんど不可能だからである。「恥をかくようなことは何もするな」というルールから脱フュージョンする能力と, 困惑の感情を何度か体験することにウィリングネスであることは, 価値に方向づけられた生き方をさらに維持可能にするような柔軟なレパートリーなのである。「恥をかくようなことは何もするな」とフュージョンし, まったく困惑の感情をアクセプトしようとしないリックにとっては, 恐怖が残るだけではなく, 彼の人生のゴールに向かう前向きの動きは頓挫させられることになるだろう。非常に厄介なのは, このようなタイプの回避なのである。

　非ウィリングネスは, 回避行動の特性のひとつである。回避が臨床的に関係してくるのは, ルール支配行動によって, その人の個人的で, 全体的に願望された人生の結果との接触が減少している場合なのである。スケートの例では, その少女が, 転倒することや転倒について考えることへ非ウィリングネスであることによって, 転倒という嫌悪的な体験を減らすことができるかもしれない。しかし, 彼女は, スケートの滑り方の習得を犠牲にする代わりに, そのようにしているのだ。ここでの「キモ」をご理解いただけただろうか？　非ウィリングネスは, 本当に嫌悪的な体験を減少させる。しかし, それは多くの場合, 別の嫌悪的な状況を引き起こしてしまうのである。たとえば, ワクワクする人生を生きられないといった状況である！　その特定の文脈では, 解決策がその問題の一部なのである。

言語と非ウィリングネス

　ACT アプローチは, クライエントの心理的柔軟性を育むという努力を

していく。そして，心理的柔軟性が育まれることによって，そのクライエントが価値を置く人生を生き生きと過ごしていけるようになるのである。しかし，非ウィリングネスは，この目的の行く手を阻むものとなる。ネガティブな心理的事象と接触したままでいるということに非ウィリングネスであるために，臨床関連行動が生起してしまう場合，ACTセラピストにとって重要なのは，レスポンデント条件づけとオペラント条件づけという枠組みで環境を機能分析するだけではなく，クライエントの言語的行動の影響も分析する，ということである。換言すれば，もし，イヌ恐怖症のクライエントが，イヌの存在する環境だからという理由で公園や友人の家を回避していれば，セラピストはレスポンデントとオペラント・アプローチによる分析だけではなく，それ以上のことをする必要がある。もちろん，生理的で，レスポンデント的に条件づけられた不安反応を拮抗条件づけする（counterconditioning）ということを考えることは重要なことであるし，オペラント回避を維持している「負の強化」パラダイムに介入するために，徐々にイヌに接近していくという試みを「正の強化」をすることも有効である。

　加えて，ACTセラピストは，回避行動に影響する関係フレームの関与も検討するだろう。セラピストは，インフレクサヘックス・モデルの中にある「効果のないプライアンス」「回避的なトラッキング」そして「問題のあるオーギュメンティング」を検討する必要がある。クライエントは「もし，咬まれたら狂犬病になって死んでしまう！」のような思考を信じているかもしれない。あるいは，イヌに咬まれて醜くなってしまった自分自身のイメージさえも抱いているかもしれない。

　「コインの裏側」に位置する言語行動についても検討が必要である。セラピストがアセスメントするべきなのは，クライエントが，言語的に解釈された包括的な願望された人生の結果（つまり「価値」）を明確に持っているかどうか，ということである。というのも，「価値」によって，イヌのいる状況でも，心理的に柔軟な行動を選択できるようになるからである。クライエントの「体験の回避」（スケートをする代わりにじっと立ってい

る，イヌがいるかもしれない公園に近づかない）に対するトリートメントは，今までに確立された行動療法のテクニックを活用するだけでなく，脱フュージョン，マインドフルネス，アクセプタンスを用いて，言語行動の影響力を変容しようとすることを統合的に実施していくのである。

ケースの概念化における非ウィリングネス

作家であり教授でもあるレオ・ブスカーリア（訳注：Leo F. Buscaglia, 1924-1998；アメリカ合衆国の教育学者で『葉っぱのフレディ』の著者として世界的に有名）は，かつて「私たちが幸福の秘密と呼ぶものは，秘密というほどのものではない。私たちが，人生を選択することにウィリングネスを持つことと同じさ」と言った。クライエントにウィリングネスの秘密をもらすのは，どのようなものなのだろうか？（そもそも，私たちは，いつもこの秘密を分かち合っていると言えるだろうか？）トリートメントの中で，クライエントのウィリングネスを高めるために，人間の言語によって，どんなことができるだろうか？

ことばや思考との新しい関係を築くことは，クライエントが「体験の回避」のアジェンダに絡め取られた状態から脱出するということに有効である。このような観点から，ACT アプローチは，アクセプタンスと脱フュージョンのワークを実施するのである。実際，ウィリングネスとは「脱言語化の到達点」であると呼ばれている（Hayes et al., 1999, p.170）。

❀ケース・スタディ❀　うつに対する言語行動の影響力

ここで，ケンに登場してもらおう。彼は，中年の電気技師で，うつを抱えている。ケンは，頻繁に，「私は，人並み以下だ」「うまくいかなかったら，最悪だ」という独り言を言ったり，実際にセラピー中には口に出したりしている。特に昇給や昇進が求められる文脈や，勤めている会社に新しいアイディアを提案しているときに，そのような発言をすることが多い。

ケンは，失敗に対して非ウィリングネスであるばかりでなく，失敗について考えることにも非ウィリングネスである。彼は，自分をひどく低く評価し，「自分は優秀ではないから，上司や同僚は自分の意見なんか聞いてくれない」という思考を買っている（信じている）。また，なぜ，そのような状況を回避すべきなのか，という理由をセラピストに話したりする。

ACTの訓練を受けたセラピストの目には，フュージョン（Fusion），評価（Evaluation），回避（Avoidance），理由づけ（Reason giving）──FEAR（恐怖）という頭字語で表される──というものが，彼の発言の中に見て取れる。しかし，FEARの足場を切り崩していく方法（第6章参照）を使うだけでなく，ウィリングネスの土台を築くことにも着手していく必要がある。ケンは脱フュージョンのエクササイズを体験していくなかで，このような人生に甘んじていることの「理由（言い訳）」から説得力がなくなっていく（まるで，その牙が抜け落ちるように）ことに気づき始める。「私は，人並み以下だ」は，自分自身で勝手に作り上げていったものでしかなく，このような評価で振り回される必要などない，ということを知るに至る。そして，自分と，自分が下した評価の中身とは違うものであるし，そのように評価を口にしているのは「今，この瞬間」のことではなく，過去か未来に関係していることにすぎない（なぜ，そうなのかについては，第1章と第6章を参照のこと）ということに思い至る。彼は，尊敬され，会社に貢献するエンジニアになるという願望を持っていた。そして，彼が頻繁に口にしている言い訳は，そのような願望へと突き進まないでいることの理由づけとしては弱いものでしかない。というのも，その「私は，人並み以下だ」は，彼が会社に貢献しないことに対する妥当な理由とはならないからだ。さらには，よりACTに合致すると，その理由（言い訳）は単に言語的に作り出されたものにすぎないのであり，彼の価値に方向づけられた行動を無意味にしてしまうほどのものではないからだ。何かをしていないことの「理由（言い訳）」が減ってくると，何かを行うための「ゆとり（room；部屋）」が生まれてくる。ケンは「縮んでいく部屋」のメタファー（以下を参照）によく反応した。このメタファーの目的

は，まず FEAR に関するアセスメントにある。そのアセスメントによって，ウィリングネスに対する関係フレームづけの非建設的な影響力を減少させる方向を探るのである。また，このエクササイズによって，クライエントが体験することになるのは，柔軟性が欠如しているということと，幅広い環境へのアクセスが欠如しているということである。そして，それらは，役に立たないことばとフュージョンしているために生じているのである。「縮んでいく部屋」のメタファーは，思考や感情のような私的な体験の回避を呈しているクライエントに話すのがよいだろう。

クライエントのためのエクササイズ
縮んでいく部屋のメタファー

セラピスト：もし，この部屋があなたの世界だとしましょう。そして，その部屋にはあなたが持つことに気の進まない（ウィリングネスではない）ものがいくつか存在するとしましょう。あなたは，ぜったいにそれを見たり，それに出くわしたりしなくてすむように，あなたはいろいろと工夫をしていかなければなりません。たとえば，こんなふうに……あそこにある本棚が「私は人並み以下だ」としましょう。そして，その評価がホントすぎて，あなたはそれを持つことに積極的になれません（ウィリングネスではありません）。あなたは，それを完全に回避したい。では，ここに来て［クライエントに合図する］，この本棚に背を向けても，あなたは部屋の残り 80 ％を見渡すことができます。いずれにしても，あの「私は人並み以下だ」に関係した 20 ％を必要としている人なんて，誰もいませんよね？　そういえば，あそこにある，あのスタンドは「うまくいかなかったら，最悪だ」という考えでしたね。それにも注意しないと。

　さてさて，今まで，あなたがしてきたことで，効果のあったやり方をここでやってみましょう。「私は人並み以下だ」「うまくいかなかったら，

> 最悪だ」という考えを思い出させるすべてのものから背を向けるのです。きっと、うまくいくと思いますよ。今、あなたは部屋の60％ほどが見えていますよね、いい感じです、いけそうです。
> 　さぁ、ここからが肝心です。このような考えは、両方とも、何かに関係していませんか？　どうやっても、あなたが目にしている部屋の残りの部分は、あなたにあなたが背を向けたものを思い出させてしまいます。足下のマットはスタンドと本棚の両方に触っています——そうです、あの悪い考えに関係している、ということです——どうします？　マットから逃れるために、ソファの上に乗りましょうか。でも、スタンドの明かりは、四方の壁に当たっています。今度は、どうしましょう？　その明かりから逃れるために、部屋の隅に行って、目をつむることにしましょうか。「うまくいかなかったら、最悪だ」というスタンドの光を見ないように——確かに、まっとうな理由です。
> 　さて、もし、あなたがそのスタンドを持てるとしたら、どうですか？　スタンドを持ち、本棚を見て、マットの上に乗るのです。そのとき、あなたは、何を手にしたことになるでしょうか？　そうです、あなたの人生をあなたの手に取り戻したことになるのです！

　明確な「価値」を持てないでいるのは、体験の回避が及ぼすもうひとつの影響であろう。ケンも人生の中で立ちつくしている（スケート靴を履いたままで、立ちつくしている女の子のように）という状態と言えるかもしれない。というのも、彼は、そもそも自分が「なぜ、こうなってしまっているのか」という理由を知らないからだ。むしろ、スケートしているときの方が、滑るという目的がはっきりしているので、クライエントは転倒することに対して、よりウィリングネスになることができるだろう。なぜ、彼はエンジニアになったのか？　価値の明確化は、ヘキサフレックスの反対側から（訳注：ヘキサフレックスの6角形において、脱フュージョンの「対角」に位置するのが、価値の明確化である）、良い補助的な介入になるだろう。そもそも

彼をエンジニアになろうと思わせたものと接触させた方が，脱フュージョンのエクササイズに別の効果が生じる可能性もある。

　私たちが「名もなきヒーロー」を語るとき，どんな人たちを思い浮かべるだろうか？　たいてい思い浮かべるのは「どのような思考や感情が浮かぼうとも，自分の行為が価値と首尾一貫し，目の前にある利得，快適さ，時には自分の命さえも犠牲にすることにウィリングネスである人たち」のことである。多くの人たちにとって，消防士，兵士，警察官が「名もなきヒーロー」として心に浮かぶ。その理由は，彼らは公共の善に価値を置き，その一方で，人生の嫌悪事象を体験することにウィリングネスであるからだ。しかし，「あなたのヒーローは，誰ですか？」と尋ねられると，たいていの人たちは，高いリスクを伴う消防士，兵士，警察官を挙げたりはしない。その場合は，通常，自分の親や家族，教師やコーチ（価値のある何かを育むために，自らの寝食を犠牲にすることに対してウィリングネスである人たち）について語るものなのだ。仕事で疲れて帰ってきても，自分の幼い娘とボール遊びをすることにウィリングネスである母親は，次の日，筋肉痛になったり，くるぶしが痛くなったりすることにウィリングネスでもあるし，「今日，私があなたのためにもう十分に働いてきたことなんて，このチビちゃんにはわからないわよね……」という考えをアクセプトすることにウィリングネスでもあるものだ。

　このような母親の行為は，英雄的な行為ではないかもしれない。しかし，このようなささいな行為が積もり積もって，個人的英雄が生み出されるのである。そのような種類のウィリングネス，つまり，より大きな善のために，即時的な満足を差し控えることにウィリングネスであることは，本質的に言語的なものなのである。言語行動はウィリングネスをサポートすることができるのだ。

あなたが「何かをすること」にウィリングネスではないために…

　臨床家が，クライエントのことを「解決策自体が問題の一部になってい

る」と概念化したとしよう。その場合,「クライエントは『何かを持つこと』に非ウィリングネスである」と臨床家は予測することになるだろう。そして, 私的な体験の回避がいかに不毛であるかということを検討していくことによって, ウィリングネスを促進していくことが可能なのである。

あなたがそれを持つことにウィリングネスではないために, (結果的に) それを手に入れてしまう

　リックは, 自分の母親を訪問しないこと (他のこともあるが) に対して罪悪感を持ち, それを回避するために, マリファナを吸う。そして, ひとたびハイな (high) 状態になると, 母親に会わないで, 自分がハイになっていることに対して罪悪感を抱えることになる。リックの解決の仕方 (マリファナでハイになる) が, 彼自身の問題 (母親のもとを訪れる可能性を減らし, 非合法的で不健康な習慣を維持する) に寄与している。ハイになることは, 罪悪感を減らすことを目的にした体験の回避であり, それはさらなる罪悪感を生み, さらに嫌悪的で価値に方向づけられてもいない体験を生む。

　シャンドラも, 自分の人生のいくつかの領域で, 油断のならない「変化」のアジェンダにつながるような非ウィリングネスを示している。彼女は「チャールズは, 暴力をふるい, 自分を不幸な境遇にする」と言う。しかし, それでも彼がいなくなり, そのことで孤独を感じることには非ウィリングネスなのである。そのために, シャンドラは, 彼からの暴力を自分の人生に再び招き入れてしまうのである。加えて, 自分の子どもたちが成功していないことと, そのことに対して罪の意識を感じてしまい, そこから派生するさまざまな感情を持つことに対して非ウィリングネスでもある。彼女の解決策は, 子どもたちに金を与えることによって, そのような罪悪感から逃れるというものである。これは, 一見すると, 解決策のように見える。しかし, これによって, 子どもたちの依存的な行動は強化され, 結局は問題を維持・悪化させてしまうのである。これら2つの症例からわかるように, リックとシャンドラはいくつかの私的出来事を体験することに

非ウィリングネスなのである。このような状態を ACT では「あなたがそれを持つことにウィリングネスではないために，（結果的に）それを手に入れてしまう！」と言うのである。

> ☞ **チェックイン**
>
> 　第10章で，あなたは，うつを抱えたクライエントであるジョージにとって，解決策が問題の一部になっていること（第10章の「セラピストのためのエクササイズ：機能しない変化のアジェンダ」参照）と，あなたのクライエントに対する行動の中で回避行動となってしまっている例を考え，あなた自身にとっても，それが「解決策が問題の一部になっている」かどうか（第10章「チェックイン」）について答えてもらいました。このチェックインでは，先の質問へのあなたの答えを再検討して，あなたとジョージが持つことにウィリングネスではないものを検討してみてください。もし，ある方法でそれを感じたり，考えたりするウィリングネスがあれば，「解決策」は必要だったのでしょうか？　その是非を考えてみてください。

　不安障害を抱えるクライエントが，緊張することに非ウィリングネスであったとしよう。その場合，覚醒（arousal）の最初のサインが緊張を喚起することになる。不安をコントロールする言語的アジェンダは，過度の警戒のシステムと無限のフィードバック・ループを設定している。非ウィリングネスは，その人を警戒状態に置く。そのような状態になると，どのような覚醒がレーダーにとらえられても，実際に覚醒を維持するような強度でリアクションが起きる。不安は，それと戦って消そうとすればするほど，増殖していく。また，リックは，罪悪感を持つことと，「自分は負け犬だ」という思考を持つことに非ウィリングネスである。このような思考から逃避するために，彼はマリファナを吸引し，自分の母親を回避する。このように問題のあるサイクルは，私たちにとって，白黒はっきりしてい

る。セラピー・ルームにおいて，そしてケースを概念化していくときには，このようなサイクルを常に意識すべきである。このような種類の非ウィリングネスは，最も不条理な「変化」のための解決策につながる可能性があるからである。

あなたがそれを失うことにウィリングネスでないために，（結果的に）それを失ってしまう

　非ウィリングネスというこのテーマには，興味深いバリエーションがある。それは「あなたがそれを失うことにウィリングネスでないために，（結果的に）それを失ってしまう」というものである。これは，多くの状況に当てはまり，特に人からの尊敬を失うことに非ウィリングネスであるという文脈に当てはまる。トムの例を挙げてみよう。彼は，地元の音楽家や批評家からの崇拝や尊敬を獲得しようと，非常に努力した音楽家である。トムの演奏や歌は好評であったのだが，彼は演奏不安に陥ってしまった。彼は，自分自身と評価や心配とフュージョンしてしまい，自分に与えられた崇拝や尊敬を失うのを恐れるあまり，聴衆に対して音楽を演奏するのを回避するようになったのである。人がトムに演奏しない理由をきくと，彼はいい加減な理由を言ってごまかしていた。ほどなくして，彼は演奏しない理由を尋ねられそうな場所に行くのもやめるようになった。最終的に，彼はもはや演奏していないのに「他の音楽家は，私と私の過去の演奏を崇拝している」という信念とフュージョンしてしまった。彼は完全に間違っていた。尊敬と崇拝は，彼がそれを失わないように努力した結果，（皮肉にも）失われていったのである。

さまざまな臨床的な問題の中にみられる「体験の回避」の類似性

　さまざまな種類の「体験の回避」の背後にある言語的アジェンダはすべて，コアな（中核の）ところでは酷似している。うつの人にとって，社会的な罰子（punisher）と侮辱的なセルフ・トークを回避する確実な方法とは何だろうか？　また，眠ってしまうのが「機能する（work）」人もい

るだろうし，ありとあらゆる人を回避するのが「機能する」人もいるだろう。強迫的に確認をする人にとって，家のオーブンをつけたままにして来たかもしれないという心配をしずめる最善の方法は何だろうか？　家に帰って，何度も何度も確認すること！　広場恐怖の男性は，どうしたらパニックの発作が起きるのを防げるだろうか？　何週間もずっと，家に引きこもること。アルコール依存症者が二日酔いに？　仕事前に迎え酒を飲むのが，その問題への解決策になっている。もし，このような「コントロール」行動が継続すれば，私たちはそれらを，臨床関連行動が「負の強化」で維持されている事例と捉える。「強化」という語が「反応が生起する可能性を増加させる」という意味で使用されていることに注意！（Catania, 1992, p.391）。嫌悪刺激（侮辱的なセルフ・トーク／オーブンが発火するという心配／パニック・エピソードに対する恐怖／〔アルコールの禁断症状としての〕手の震え）を取り除く反応（また眠ってしまう／家に帰って確認する／ウィスキーを一気飲みする）は，このときも，嫌悪刺激が存在するとき，生起する可能性が高い。苦々しいほどに皮肉なことだが，「負の強化」で維持された行動によって，もともとの回避刺激が将来出現するようになるかもしれないのだ。たとえば，文脈によっては，一日中寝ているせいで，所属している社会的集団から自分自身を遠ざけたり，一日を「無駄にしている」として自責の念にかられたりする可能性がより高くなってしまうのである。先述した「確認者」は確認作業のせいで，連続して仕事を休むことになるかもしれない。そして，そのせいで，その人が永続的に心配して不安になるような職場環境を成立させ，それが最終的にはさらなる確認作業につながるのだ。（紙面の関係上，これ以上は検討しないが）広場恐怖のクライエントやアルコールを乱用するクライエントにとって，この問題のある「『変化』のアジェンダ」が永続化されている様子についても検討してみてはいかがだろうか。

👉 チェックイン

上述の4事例（うつ，OCD，広場恐怖，アルコール乱用）の人たちが，自分にとっては難題である体験を「変化」させようと試みないで，それを持つことにウィリングネスであったら，どうなっていただろうか？　事例を1つ選んで，そのクライエントの問題に対する ACT アプローチを検討してみてください。

　おそらく，以下の2つのことが，クライエントにとって教育的効果を持つだろう。それは「言語的内容で構成されていないような『不変で持続的な自己』から，思考や感情を持つことができる」と「生起するすべての私的出来事は『今』生じている」ということを学ぶことである。このようなマインドフルなスタンスが確立することによって，おそらく，その人は自分の奥底にある願望に向かって歩んでいくことができるだろう。そうなれば，その目的を求めることに向かって，この瞬間にコミットできるかもしれない。これは，もしかすると（もしかするとではあるが），生起している思考や問題のある「解決策」，そして評価に気づくことを意味するかもしれない。そして，この人は，これらを，全知全能の独裁者であるマインドからの命令としてではなく，ただのことばとして捉えるようになるだろう。このように方向づけられれば，感情や身体の状態に対して，今まさに生じている世界への自然なリアクションとして注目できるようになる。そして，感情や身体の状態が「持つことができる」ものになる。というのも，感情などを自己と区別できるようになり，確立した価値づけされた生き方から区別できるようになるからである。私たちが，うつ，OCD，広場恐怖，あるいはアルコール乱用を抱える人のうち，どの症状の人について語っているかは問題ではないのだ。適応的ではない行動を選択しているのは，何らかの「体験の回避」によるのである。そのため，ACT の目的は，そのような体験を持つための心理的柔軟性を生じさせることにある。その結

果，回避行動がもはや支持されなくなり，価値づけされた生き方が支持されるようになるのである。

> **✱セラピストのスタンス**
>
> - あなたがセラピストとして，行き詰まりを感じているとき，あなたに何が生じていますか？
> - あなたは，詐欺師症候群（imposter-syndrome；自分の成功や業績を自らの実力であると信じることができない）思考に悩まされていますか？
> - あなたのクライエントに対して，軽蔑的な思考を持っているのではありませんか？　とても厄介で，とても反抗的で，とても……とても，この惑星上の人ではない人物であるように。
> - あなたは，その思考（あなたのクライエントについての判断的な思考さえも，あなたとあなた自身のスキルについての軽蔑的思考さえも）を抱えながら，それでも臨床をやっていくなかで，価値づけされた方向に進み続けることにウィリングネスですか？

非ウィリングネスのためのウィリングネス

　セッション中，そしてセッションとセッションの間に，ケースの概念化を検討しているとき，クライエントが「体験の回避」のために言語的ウィリングネスを表現しているかどうかを注意深く観察する必要がある。この最も明白な例は，セラピー初期にかなり頻繁に起こる。それは，クライエントが「では，もし，私が衝動／思考／渇望／心臓の動悸／感情を受け容れれば，それはなくなるのですね？」と言うときである。確かに，これは理にかなった質問である。除去のアジェンダは，文化の中にはたくさんあ

る。そのため，ACTアプローチをあまり理解していないクライエントはおそらく，自分の不快を除去するためにセラピーを受けているのだ。

　あなたが，体験を除去しようとして，その体験を持つことにウィリングネスになろうとしたとしよう。その場合，そもそも，あなたは，その体験を持つことに，どのくらいウィリングネスなのだろうか？　ここには，重要なニュアンスがある。クライエントは，症状，思考，衝動，感情を持つことに，全面的にウィリングネスでなければならない。ここでのニュアンスとは，クライエントが関係づけの文脈で，それに苦しむ必要がない（クライエントは，そもそも，そのような疑問に悩まされる必要がない）ものなのである。つまり，クライエントは，まるでそれが現実の中で最も油断ならないものであるかのように，思考を信じ込んだり，症状に飲み込まれたりしなくてもよい，ということなのである。クライエントは，体験を，「それがそうである（as it is）」と言われるものとしてではなく，「それがそうである」と評価されるものとしてでもなく，「それがそうである」ものとして，そのままアクセプトする必要がある。クライエントがウィリングネスであると言っても，単にこれらの症状が消えてなくなることを希望しているだけなら，このような不一致はクライエントのためにならない！「それが消えてなくなるように」という目的だけで，それを持つことにウィリングネスであるとしたら，それに消えてなくなってほしいという望みは，まだ評価とフュージョンしているのである。そして，それは，出来事をアクセプトしていないことを意味している。つまり，言語によって絡め取られてしまっているものが，まだそこにあるのだ。

　「『未来は真っ暗だ』という思考をそのまま持ち，自分自身から，その思考を取り除こうとしない，ということはできますか？」と促されたときの，リックのリアクションを想像するのは難しくないだろう。リックが育てられた一般的な文化では，通常，そのような「原因」を引っかき回してでも探そうとし，アクセプトしないようにするものだからである。つまり，彼は，最初，このアクセプタンスに基礎を置く発想の仕方に抵抗するだろう，と私たちは予想できるのである。そして，第9章と第10章で，私たちが

「原因」について学んだことを思い出してみよう。「真っ暗な未来」は，「今，ここ」に実際に存在するものではなく，単に言語的に生み出されたものにすぎない。脱フュージョンとアクセプタンスの働きによって，リックに対して明確にできるのは，ことばはそのまま「持つ」ことが可能だ，ということである。そして，すべての思考が，生きるための最も重要な示唆を与えてくれるわけではない，ということである。もし，リックが「レモン，レモン，レモン」エクササイズと「悪い椅子」のメタファーのポイントに触れ，"thefut ureisble ak"（"the future is bleak"「未来は真っ暗だ」）のポイントに触れたなら，彼は「未来は真っ暗だ」を新たなる光の下で見ることができ，それを持つことにウィリングネスになることができるのである。

ウィリングネスと価値

　ウィリングネスは「真空状態」で促進されるわけではない。文脈が決定的に重要なのである。不快や苦痛を持つこと自体が目的ではないし，ACTはサディスティック／マゾヒスティックな努力を強いるものでもない。もちろん，ACTセラピストも，歯医者に行って「局所麻酔ですか？　必要ありません，大丈夫です。そんなもの，誰が必要とするんです？」と言ったりはしない。

　価値は，嫌悪的状況を体験することに対してウィリングネスであることに威厳を与える。価値なしにウィリングネスであろうとすれば，自分自身の首を絞めることにつながる。逆に，ウィリングネスなしに価値づけをしようとすれば，単純で，長続きしないものになる。もし，あなたが，障害物，チャレンジ，バリアを体験することにウィリングネスでなければ，人生を生き生きと過ごしているという可能性は非常に低いだろう。チャレンジしなければならないことは，常に現れる宿命にあり，バリアを持つことへのウィリングネスは，逆説的にも，価値に方向づけされた生き方を可能にするのである。

❂ケース・スタディ❂　低い動機づけ

　カルヴィンを検討してみよう。彼は「自分は無価値な人間だ」という思考に悩まされている大学1年生である。彼は，このような思考のせいで，授業や社会的なイベントに行くことに積極的になれない（ウィリングネスになれない）と訴えている。さて，ここからが，ケースの概念化で注意深く検討しなければならないところである。ウィリングネスを増すために，無価値であるという思考とその理由づけを脱フュージョンしていくこともできるだろう。これは（機能分析〔functional analysis〕が行われている限りにおいて），実施するに値するアプローチである。セラピストは「彼が，そのように自分のことを評価したり，回避反応をしたりするのは，何の関数（function；何に対する従属変数）となっているのだろうか？」と問う必要がある。彼の思考反応には，多くの影響（多くの独立変数）が存在している可能性がある。カルヴィンは，テストの点数で評価されるような学業的なスキル不全のせいで，大学に対して回避的なのかもしれない。あるいは，大学で好成績を修めることに個人的な動機づけがないのかもしれない。おそらく，彼は，学業や大学の仲間たちと仲良くやっていくことを支える「動因操作」が弱いと言える。セラピストは，彼と共に，そもそも彼が「なぜ，大学という靴を履こうとしたのか（訳注：「なぜ，大学に行こうと思ったのか」と同意。本章の冒頭にあったローラー・スケートのアナロジーとの「縁語」になっている）」という理由を再検討するであろう。

　セラピストは，カルヴィンに対して，価値のアセスメントを実施し，彼には自分で企業家として事業を起こすという強い願望がある，ということを発見した。彼が大学へ行こうとしたのは「大学へ行け」というルールに従っていただけだったのである。そのルールは，親や進路相談のカウンセラーによるものだったのだ。つまり，彼は，この方向性に価値を置いていなかった。幸いなことに，セラピストが適切なアセスメントを行ったために，彼が持っていた「自分は無価値な人間だ」という思考に対して，すぐに脱フュージョンを試みる必要がなかったのである。

価値のワーク（第8章と第12章）を実施することは，ウィリングネスの領域で，ケースの概念化を行う際に必ず必要である。もし，カルヴィンが自分自身の価値を犠牲にして，親の希望を叶えるために大学に在籍しているのなら，「自分は無価値な人間だ」という思考に悩まされるのも無理はない。まるで，見知らぬ国に迷い込んだ異邦人のようなものだからである。それでは，カルヴィンのケースを概念化していく場合，以下のことを検討していただきたい。彼が大学に適応できるように援助するため，「自分は無価値だ」や「私は大学に向いていない」のような思考から脱フュージョンするのを援助した方がよいのか？ それとも，彼の価値を突きつめていくために，「私は親を喜ばせねばならない」や「成功するためには，大学の学位を取る必要がある」から脱フュージョンする方がよいのか？

ウィリングネスとコミットされた行為

　ACTの文脈におけるウィリングネスは，心理的な困難に直面しながら，価値に方向づけられた目的に向かって行動していくことに関係している。バリアとウィリングネスに触れるためのエクササイズのひとつに「アイ・コンタクト」エクササイズというものがある（Hayes et al., 1999, pp. 244-245）。それは，クライエントと一緒に行うエクササイズである。

🌸 クライエントのためのエクササイズ
アイ・コンタクト

　このエクササイズでは，セラピストは，クライエントから真っ直ぐ正面に，膝が触れそうな距離に座って「これから数分間，目と目を合わせて（アイ・コンタクトをしながら），黙ったまま，私とあなたが『今，ここ』に存在している，ということを十分に味わってみましょう」と言う。目と目を合わせ始めながら，セラピストは「このエクササイズはとても難しいものです。あ

なたは『今，ここ』に存在していることを十分に味わうことを避けている……そうですよね？」と言う。たとえば，おそらく，クライエントは，よそ見をする，手をねじるように動かす，笑う，笑いを押し殺す，話す，といったことをし始めるだろう。セラピストは「別の人間と『今，ここ』に存在しているということを十全に味わうことが，どんなに難しいかということに注目してください。私が目の前にいることと，今あなたが感じている不快と一緒にいることに対して「開いて」いますか？（ウィリングネスですか？）」と言う。2，3分そのままにしておき，それからセラピストは「あなたは別の人間と『今，ここ』にいて，その別の人間があなたと『今，ここ』にいる。……なんとも，不思議な感じがしませんか？」と切り出す。それからセラピストは，クライエントに，このエクササイズ中にどんな体験をしたかについて質問し，その答えを一緒に整理していく。さらに，セラピストは，自分以外の人間と3分間一緒にいるだけでも，コミットされた行為のバリアとなることを指摘する。また，クライエントが，そのようなバリアを持つことにウィリングネスであったことを指摘する。これは，クライエントが，どのようにして，コミットされた行為に対するすべてのバリアを体験していくか，ということと類似している。というのも，クライエントはしばしば不快を感じるが，その不快を持ち，その場に一緒にいて，そして目を合わせ続けるという選択はなおも可能だからである。

　このエクササイズのポイントは，不快を感じること自体が目的ではない，ということである。その目的は，クライエントが不安に対して脱感作することでもない（実際，ベテランのセラピストでさえも，このエクササイズを行うとき不快を感じ続ける）。このスタンスは，伝統的な行動療法の中にあるエクスポージャーのトリートメントの新たな枠組みを提供する。現実（in vivo）エクスポージャーが不安障害に対する有効な介入であるということは，データから明らかである（Barlow, Raffa, & Cohen, 2002；Dougherty, Rauch, & Jenike, 2002）。また，エクスポージャーの一般的

な目標は症状を軽減することにある。多くの行動療法家が，一般的なトリートメントに対する従属変数の測度として，クライエントの自覚的不安尺度（subjective units of distress；SUDS）を用い，それを減らすことを目的にしている。というのも，このセラピーが，私たちの文化に典型的にみられる「ネガティブなものを除去・排除する」というアジェンダに基づいているため，そのような発想になることは無理からぬことであると言える。

　ここでの問題は何か？　それは，主たるトリートメントの目標を症状の軽減としてしまうことによって，逆に，私的な感情的・認知的事象がパワーを持ってしまう，ということなのである。なぜなら，このような事象は，持つものではなく，むしろ減らすものである，とアセスメントされるからである。今までの章で検討してきたように，私的出来事は除去することが難しく（重油の沼にはまってしまったときのように），振り払おうとしたり，取り除こうとしたりすればするほど，その努力にもかかわらず，それがネバネバとくっついたままである，とわかるだろう。このような私的出来事を臨床的関連行動としているものにしているのは，こういった自然な身体的・感情的事象に対する言語的評価なのである。私的出来事を除去するアジェンダは，このような事象をさらに嫌悪的なもの（「それらは取り除かれなくてはならないもの」）にするのである。

　ACTでも，エクスポージャーが使用され，自覚的不安尺度は下がるかもしれない。しかし，それは，主要な目的ではないのである。Eifert and Forsyth（2005）は「ACTにおけるエクスポージャーのエクササイズは，心理的柔軟性，体験的ウィリングネス，（心理的）開示性を育成するために設定されている。そのエクササイズは『成長していくこと（growth）』に焦点が当てられ，常にクライエントの価値やゴールのために行われるものである」と説明している（p.82）。先述したように，Eifert and Forsyth（2005）は，次のように述べている。エクスポージャーの目的は，クライエントに「**フィール・ベター**（つまり，不安をあまり感じない）ではなく，**フィール・ベター**（つまり，感じることが上手になる）になる」の

を学ばせること（p.82，強調原文どおり），であると。また，彼らは，エクスポージャーを，クライエントのレパートリーを拡大させるエクササイズとして捉え直し，FEEL（feeling experiences enriches living；体験を感じることは生きることを豊かにする）エクササイズと呼ぶことによって，そのアプローチを再定義している。

- <u>F</u>eeling…感じること（は）
- <u>E</u>xperiences…体験（を）
- <u>E</u>nriches…豊かにする
- <u>L</u>iving…生きること（を）

それでは，ここで，次の可能性について検討していただきたい。エクスポージャーのトリートメント（行動療法の「第1，第2の波」が採用してきた除去的なアジェンダによるケースの概念化に依拠して効果をあげてきた）が機能していたのは，条件性刺激の頻回な提示によって消去が生じたことによるだけでなく，より大胆な反応（その嫌悪的な条件性刺激に徐々に接近するという反応）がさらに強化されていったことによるものだろう。また，それだけでなく，おそらく，以前は反応クラスを狭めていた文脈で，反応レパートリーが拡大されていったことによっても，エクスポージャーのトリートメントが機能していた可能性がある。もちろん，そこには伝統的な行動療法の原理が作用している。そして，この状況に置かれた人を検討する場合，セラピストは，レスポンデント条件づけとオペラント条件づけの原理だけなく，人の言語能力や関係フレームづけの原理に基づいて検討することも可能である。価値に根ざした介入は，関連する問題を除去することよりも，より多くの体験をするような方向にトリートメントを動かしていくことを大切にするのである。以下の2つの事例は，価値に根ざした介入の使用を具体的に説明している。

❖ケース・スタディ❖　汚染の恐怖

　FEEL（feeling experiences enriches living；体験を感じることは生きることを豊かにする）アプローチを具体的に示すため，汚染恐怖を伴うOCDを抱えているクライエントの例として，マーティンを取り上げよう。彼を担当したACTセラピストは，レクレーションだけでなく社交のためにも公の場に参加することに対するウィリングネスを広げるために，エクスポージャーと儀式行動を予防するトリートメントを概念化した。彼が送りたい人生とは，異文化に対して理解のある国際人になり，他人と相互交流をして時間を過ごすことであった。マーティンは，汚染の恐怖があると訴えていた。さらに，彼は公衆洗面所を使ったり，レストランで食事をしたりすることができないために，遠出をすることができなかった。また，彼は握手をすることも回避していた。エクスポージャーの手続きは非常に明確なものであった。まず，公の場で食事をして，見ず知らずの他人に会い，その人と握手をするのである。トリートメント・プランには，公共施設のドアノブに触ることや，公衆トイレを使うことも含まれていた。ここでのエクスポージャーのデザインは，除去的なものではなく，価値に基づいたものであった。臨床的な問題として概念化されたのは「マーティンの，凝り固まり，幅が狭くなっているレパートリーをどのように拡大できるだろうか？　彼の願望された人生の『結果』に寄与し，彼がより多く行えるものには，どのようなものがあるのか？」というものであった。ここでの目的は，嫌悪的な強迫観念の頻度を下げることではない。エクスポージャーは，強迫行動を除去するためのものではない。「男性用トイレの中にあるものに触れるとエイズになってしまう」のような，以前には影響力のあった思考内容が浮かんでも公衆トイレの便器を使用することができ，かつその行為を行動柔軟性のレパートリーを拡大するためにやっているのなら，彼はウィリングネスを示しているのである。彼は，心拍数が上昇して，嘔吐をもよおす感情があっても，便器に触れることができる。さらに，汚染回避に関する個人的な言語ルールについても相対視できるのである。

セラピーの中で，このポイントに達するようマーティンを援助するには，「今，この瞬間」に触れ，内容としてではなく「視点としての自己」に気づき，身体感覚をアクセプトし，言語的内容から脱フュージョンするのである。彼は，この FEEL エクササイズの中で，人生が彼に差し出すありとあらゆるもの（便器も含む）に触ることができるという価値づけされた目的を持って，その他の非常に嫌悪的な刺激に対しても自分自身をエクスポージャーできるようになる。そのため，彼は自分のレパートリーを拡大し始めるようになるだろう。たとえ，便器が以前には「気分が悪くなるような」または「汚染された」という語と等位のフレームで関係づけられ，嫌悪的な機能を持つ可能性が高いものであったとしても，マーティンは便器（CS）に触れることにウィリングネスなのである。伝統的な行動療法の原理とプロセスは，確かに彼の改善に貢献している。そして，彼が持っている関係フレームに影響を与えることは，価値あるセラピーのゴールに向けて彼を動かしてもいるのである。

✿ケース・スタディ✿　罪悪感

ネルソンは，ネイティブ・アメリカンの男性で，居留地で犯した一連の重大な性犯罪の事後処理に対処している。彼は，法廷で争い，仕事を失い，自分の家族と部族から排斥されていた。彼の弁によれば，自分の性的な凶暴行為は，大量のアルコール摂取と猥褻なポルノグラフィに対する強い関心による影響だということである。ネルソンは，セラピーを受けることを選択した。つまり，それは裁判所の強制ではなかった。ACT でのワークを通じて，ネルソンは自分のアルコールとポルノグラフィを求める衝動をアクセプトするウィリングネスを育み始めた。そして，彼は，自分のネガティブなセルフ・トーク（しばしば，頭の中で，ぐるぐるセルフ・トークを巡らせ「うつ」へ落ちていった）から脱フュージョンし始めていた。セラピーの中で，彼は，家族，親密な人間関係，市民権，職業上の追求に関して自分の価値を明確化にした。彼は，断酒することを誓った（断酒する

ことにコミットした)。また，彼は，長きにわたるパートナーとの関係（自分の犯罪行為によって多くの意味で傷ついていた）を再構築し始めた。このような兆しがみられたことで，セラピーの中での議論やマインドフルネスの実践が促進された。

　セラピーが行き詰まったのは，彼の罪悪感にまつわるものであった。自分の犯罪行動を特定的に思い出させる諸々のことがらは言うまでもなく，裁判所や部族の役員と会うことや，身近な親族も含めて社会的接触が失われたことは，自分が凶悪犯の有罪者だということを常に思い出させた。しかし，さらに重要なのは，これらすべてのことが，彼の罪悪感を悪化させていったことである。そこで，ネルソンは，セラピストとの会話の中で自分の罪悪感を評価した。その会話には，以下のような「重いパソコンが入ったカバン」エクササイズが使用された。

　　ネルソン：俺は，あとどのくらい罪悪感を持たなきゃならないのかなぁ？　このことで罪悪感を持つのには疲れたんだ。[他の分野でウィリングネスであるにもかかわらず，アクセプタンスのレパートリーは，彼の罪悪感にまでは般化していなかった]
　　セラピスト：あなたは，どうやってそれを取り除きますか？
　　ネルソン：んん……罪悪感なんて持つ必要なんかないんだ，と自分自身に言い聞かせることかな……[セラピストは黙ったまま。「変化」のアジェンダに自分で気づくかどうかを見ているが]
　　ネルソン：あ……でも，罪悪感を持たないように自分に言い聞かせると，すぐあの夜のことを考えて，また罪悪感を持つんだ……（間）それに……チクショウ……ことばで自分に罪悪感を持たないようにうまくやっても……それがポルノに手を出す言い訳にしちゃうに決まってらぁ。そう……罪悪感ないみたいな……そう……みたいな……それって，実際，ここでのゴールじゃないっすよね？
　　セラピスト：自分が罪悪感を持たないようにするために，あなたができることは何でしょう？

ネルソン：こんなところから出てってやんのさ。もう……もう，オサラバだ。

セラピスト：それは「居留地（訳注：原語ではネイティブアメリカンの居留地を指す"reservation"に，制限，条件，束縛などの意味もある）から」出て行くということ？

ネルソン：（皮肉っぽく笑って）今，自分でも「うまいこと言った」と思っただろ。そうじゃねぇんだ。俺は，このクソみたいなもんは，もうコリゴリなだけなんだ。

セラピスト：どうやって，それを取り除く？

ネルソン：ああ，わかってるよ。取り除きぁしないよ。うつのようなもんだと言いたいんだろ［先週のセラピー・セッションに言及している］。俺が，罪悪感を持つのは，自然なことだから，それを……そいつを持てばいい，だろ？　でも……［「でも」と言ってしまったことに気づいて］おっと，いけねぇ……「そして」この罪悪感は重い，だったな。

セラピスト：「そして」それは重い。それを持とうとする，そして，あなたにはそれが重く感じる。重さは，これくらい？［とても大きなノート・パソコンが入ったカバンを指さして，肩ひもで持ち上げながら］このくらい？　このカバンを自分でどんどん重たくしちゃうことは簡単です。一番イヤなのは，このカバンが，自分の近くにいつもあること。「そして」，私は，このカバンを持つしかない。なぜかというと，人生には，どこへ行こうとしても，付いて来るものがあるから。だから，私は，このカバンを持ち運ばなきゃならない。「そして」，このカバンを自分から遠ざけておきたい。実際，そんなもの，見たくもない［セラピストは，腕を真っ直ぐに伸ばして重そうに，そのカバンをぎこちなく持ち上げ，それを持って，数歩歩く］そう，こうやって，人生を生きていくしかない。（皮肉っぽく）なんて，楽しいんだろう！　実際，こうやって，人生を歩んでいくしかない。

ネルソン：（皮肉っぽく）ああ，そうだな。

セラピスト：はい。では，人生をできるだけ十分に味わうためには，どうしたらいい？

ネルソン：カバンの肩ひもを使う。

セラピスト：［肩ひもを頭にくぐらせ，首でカバンを持って］ビンゴ！［手を叩いて，その手をネルソンの前に差し出し，両方の手のひらを上にして］さあ，見てください。手は自由です。しかも，歩ける。来るもの拒まず，これもできます。しかも，事を起こすこともできる。でも……おっと失礼（訳注：「でも」とセラピスト自ら言ってしまったため。おそらく意図的にそのように言っている）……このカバンは，すぐそばにあります。私は，これを自分の近くには置きたくない。その思考，その評価，その「悪さ」から解き放たれ，「そして」，それを持ったとき……自分は，それにちゃんと触れることができる。ビックリなことに，肩ひもを使えば，案外，重たくもないし。持ってみる？

ネルソン：（クスクス笑い，数分間，話題から脱線していく）……

セラピスト：［セラピストが軌道修正して］はい。さて，罪悪感の重さのことだけど。罪悪感と一緒に，何が起こりますか？ そして，それは，どんな感じ？

ネルソン：そうだな……まるで……まるで……ポルノみたいなもの。ポルノにふけることで，自分の罪悪感とうつから逃げることができるんだ。酔っ払うような感じ。ポルノを見ているとき，自分のことは忘れられる……それに，罪悪感から逃げるために，かなり飲んでもきました。酔っていると，罪悪感がなくなるから……朝になると，また罪悪感を持つようなことを，酔っている間にやらかしていたことに気づくんだ。

セラピスト：それを持つことにウィリングネスでないと……

ネルソン：わかってるよ。「私は，それを持ってしまう」だろ。

セラピスト：それだけじゃないんです，ネルソン。なぜ，この罪悪感を

　　　　取り除きたい？
　ネルソン：胸クソ悪いから。
　セラピスト：［沈黙する。クライエントが「評価している」ことに気づ
　　　　くかを見ている］それは，悪い，という意味？「悪い音楽」のよ
　　　　うに？

　このメタファーのレプリーゼ（訳注：音楽用語で「繰り返し」の意）は，特に当を得たものだった。ネルソンは，プロの音楽家であり，「悪い椅子」メタファーをアレンジして「悪い音楽」というメタファーというものを前回のセッションで使用したからである。では，先に，このメタファーを検討しよう。その後で，またネルソンの事例に戻ることとしたい。

■「悪い音楽」のメタファー

　誰かが何かを「悪い」と言うとき，その人は，実際に，まるで，そのモノが自然かつ直接的に条件づけられた嫌悪的特性を持っているかのように扱うかもしれない。もちろん，このように扱うことは，時には役に立つことがあるかもしれない。しかし，もし「悪い」という評価が完全に言語的なものであったとしたら，どうなるだろうか？

　あるタイプの音楽を「悪い」と言う人がいる一方で，その音楽を「悪く」ないという人がいる。あなたは，カントリー・ウェスタン，クラシック，ヘビー・メタルを軽蔑するかもしれない。しかし，ヘビー・メタル音楽のすばらしさや，クラシック曲の本質的な偉大さを激賞するような何千何万もの人が存在し，カントリー・ウェスタンにも実際に「寛容範囲だ」と考えるような非常に少数のファンがいるものだ。さて，冗談はこれくらいにしておこう。人は音楽を「良い，悪い」と言うことができる。だが，その人が部屋を出て，その音楽がまだ演奏中であるという場合，その音楽の「悪さ」は，その部屋には残らない。というのも，それは，その人が部屋からいなくなったときに，なくなるからである。つまり「悪い」とは，その人と音楽との間の相互作用の特性のことなのである。

「悪さ」は「評価」である。このことは「悪いカップ」のメタファー（Hayes et al., 1999, p.168）や第13章の「悪い椅子」のメタファーでも，同様に見られる。あらゆるものごとの「悪さ」とは，評価する人がいなくなれば消えてなくなるものなのである。それでは，ネルソンの続きを見ていくことにしよう。

ネルソン：そんなもんないよ，悪い音楽なんか。
セラピスト：はい。では……あなたは「これは胸クソ悪い」を持って，それを取り除こうとしないで，その感情に気づくことができる？ その感情を評価するんじゃなく，そのままに持てる？ もちろん，あなたは「これは胸クソ悪い」と考えてしまう。あなたは，今まで生きてきて，ものごとを評価してきました。場合によっては，評価とは素晴らしいときもあるし，そうではないときもあります。ちょっと教えてほしいんだけど，この評価，「これは胸クソ悪い」は，あなたをどこに連れて行きますか？
ネルソン：そうだな。それは，この居留地以外の場所へ連れて行く……「そして」それは，ホントは俺が望んでることじゃない。そうか……**悪く**感じさせる必要がある，と言っているわけじゃないんだな。**感じろ**と言っているんだろ。……ただ，感じるみたいな。何て言えばいいだろ……まるで……感情を**感じる**みたいな。
セラピスト：いや，私があなたにそうしろと言っているんじゃないのです……人生がそう言っているのです。それでは，あなたが他にすることとは何になりますか？

「重いコンピューターの入ったカバン」エクササイズ（クライエントが格闘している対象を，コンピューターのカバンではなく，囚人が足につける金属球のついた鎖にたとえ，「囚人の足かせ」エクササイズとして行うことも可能である）が最も有効であるのは，クライエントは実際に重い荷物を背負っているということを臨床家が指摘できることである。ネルソン

には，人生で対処すべき多くの困難な状況がある。セラピストは，それらの法的問題や社会的問題を身近なものとして捉えることによって，クライエントの重荷が軽くなるということを示唆しているのではない。セラピストは，それらが重荷であるという言語的で関係的な文脈を信じ込んで，そのような出来事を回避してしまうよりは，その重荷が運びやすいものになる，ということを示唆しているのである。

ケースを概念化するときにウィリングネスをどのようにアセスメントするか

　インフレクサヘックス・モデルを用いてケースの概念化をしていく場合，臨床的な問題に関しては，FEAR（フュージョン，評価，回避，理由づけ）プロセスについて検討しなければならない。そして，FEEL（体験を感じることは生きることを豊かにする）アプローチをどのように役立てることができるかをアセスメントしなければならない（ACTを概念化する簡潔な方法として，FEAR〔恐怖〕をFEELする〔感じる〕のを目的にする，というものがある）。それでは，FEARアプローチを用いて，マーティンの問題を見ていこう。

フュージョン

　マーティンが「男性用トイレにあるものに触れるとエイズになってしまう」ということばに反応するとき，明らかにフュージョンを示している。このような発言によって，彼が公衆トイレを回避していることは明らかである。このことをインフレクサヘックスの「ケースの概念化」ワークシートに書くのは賢明だろう。マーティンの臨床的な問題の一部は，コミュニティでの生活と伝染病に関する役に立たない歪んだルールを彼がフュージョンしていることだ。その思考を持つこと自体は，危険でもなければ，問題でもない。場合によっては，彼が内容とフュージョンしてしまうことさえも問題ではない。検討されねばならないのは，その問題のある内容との

フュージョンである。それによって，柔軟性が減少し，マーティンにとって価値のある生き方が妨害される。

評　価

　評価もまた，重要なウィリングネスの働きを妨害する可能性がある。自然に生起する感情，衝動，あるいは身体状態に評価が与えられると，その出来事に接触する程度が変容してしまうからである。不安発作が生じているときに呼吸を整えるのが難しいということが，悪い，恐ろしい，おぞましいと評価されてしまう可能性がある。身体症状（心臓血管のストレス）が，言語事象である「悪い」と関係フレームづけられる。そして，その「悪い」は嫌悪的事象と同じフレームの中にある。不安状態を言語的に評価することによって，いまや，その身体的事象は，持つことにウィリングネスなものではなくなり，逃避・回避すべきものになってしまう。さらに，ここに皮肉なねじれがある。呼吸を整えることが難しいということは，実際，一部の人たちから追求されており，「良い」ものとされているのである。実際，毎朝，何千何万人もの人たちが，似たような体験につながる有酸素運動をしている（訳注：ジョギングやマラソンという有酸素運動をすれば，当然，息苦しくなるため）。このような任意の文脈で，私的出来事が言語的に評価され，そのような評価によって，結果的にフュージョンが生じる。そのため，このような私的出来事を体験することにウィリングネスであることが難しくなってしまうのである。

回　避

　回避は，本章の根底に流れるテーマである。FEARという拡大鏡を使ってウィリングネスを検討していくとき，体験の回避が見られるということは，明らかにウィリングネスが存在していないことを示している。しかし，回避の具体的な内容は必ずしも明らかにはなっていない。概念化をしている間は，回避を助長してしまうウィリングネスを必ずアセスメントすべきである。FEARのアセスメントの間，クライエントから聞き出さな

くてはならない手がかりとは，内容を除去しようとしてウィリングネスになろうとしてはいないか，ということである。マーティンの場合，最初に彼は「もし，私がバイ菌について考えるということにウィリングネスになれば，汚染されるかもしれないという不安もなくなる，という意味ですか？」と質問した。これは，ウィリングネスの正反対なものである。Pema Chödrön には，家を悪魔たちに侵略されてしまった僧侶についての巧みな説話がある。言うまでもないが，その僧は，初めはガックリしてしまった。しかし，それから，僧侶らしく，悪魔たちにそのままでいてくれるようにお願いし，慈悲に関する説法をし始めた。当然，悪魔たちのほとんどは，そこから去って行った。1人を除いて……その残った1人は，僧侶の「取り除くためのウィリングネス」というやり方の弱点を突いたのである。今度は，彼は，この悪魔と本当に一緒に生きなければいけなくなった。いよいよ，悪魔が僧侶を口の中に入れ，まさに食べようとしたとき，彼は「どうぞ，お食べなさい。私を食べつくすがよい」と言い，まったく，抵抗もせずに，そのままでいたのである。すると，その真実のウィリングネスによって，悪魔は彼を吐き出し，去って行ったのであった。つまり，ウィリングネスは，掛け値なしにそうでなければならないのである。その下に，回避をはらんでいてはいけないのだ。

理由づけ

　理由づけは，非ウィリングネスのエビデンスとなる。というのも，理由づけを言う人たちは，自分の行動が私的出来事によって引き起こされた，と説明するからである。たとえば，むかつきを感じないようにするために，公衆トイレを使うのを回避する，とマーティンは説明する。自分の罪悪感を緩和するために，子どもたちにお金を与える，とシャンドラは説明する。自分が負け犬だと感じないようにするために，マリファナを吸引するとリックは説明する。3人とも（マーティン，シャンドラ，リック）が，理由づけをしている。自分の思考や感情に基づいて，自分の臨床関連行動を正当化しているのだ。説明はまっとうなものに見える。しかし，それは，不

完全で，しかも歪んでいる。その3人は，さまざまな環境的影響のせいで，問題のある行動を生起させているのである。その環境的影響と比べれば，理由づけは相対的にほとんど無力なのである。考えなくてはならない重要なことは，クライエントがある臨床関連行為に対して正当化する場合，何らかの私的な内容を持つことに対して非ウィリングネスである可能性が高い，ということなのである。FEARという頭字語は，非ウィリングネスを探知するために，この一連の言語的反応を検討する方法を提供している。FEELという頭字語は，クライエントの生き方が豊かになるような体験ができるようにするためにトリートメント・プランを考えていくのに役立つのである。

スケートをする（「ウィリングネスである」ということ）

ローラー・スケートをしている少女を再び考えてみよう。彼女は，評価的な内容とフュージョンしている可能性は低く，回避がみられず，回避に対する理由づけもしていない。言ってみれば，彼女はFEAR（恐れ）を持っていないのである。彼女は，スケートをすることにウィリングネスである。そして，彼女のウィリングネスは，存分の人生を生きるという，包括的で価値に根ざしたアジェンダに寄与している。ACTセラピストは，スケートをしていない方の少女をどうするであろう？ 彼女の回避は明白である。私たち著者は，あなたが次のように想像することができると確信している。それは「彼女の言語的報告は，スケートのダーク・サイドを評価した内容とフュージョンしており，自分がリンク上にいないでよいという理由に満ちている」というものである。ACT志向のローラー・スケートのコーチがいたなら，そのコーチはその子にスケートを教えるために，直接スキルを訓練したり，随伴性のマネジメントを使ったりするだろう。さらに，彼女がいろいろと悩んだりするせいでバランスを崩すのであれば，その子をサポートするために，きっと脱フュージョン，アクセプタンス，価値に方向づけられたモチベーションを使用するだろう。

私たちは皆，何らかの問題を解決するための道具を提供してくれるような環境の中で育ってきた。私たちのじゅうたんに綿ごみが溜まれば，掃除機を使って，それらを取り除こうとするだろう。川を渡る必要があったので，私たちは泳ぎ方を学び，ボートの作り方を学び，橋の架け方を学ぶのである。橋の維持コストによる借金を減らす必要があったので，私たちは料金徴収所を発明したのである。さまざまな方法で，私たちの言語は，多くの嫌悪的状況を排除することで問題を解決していこうとするのを援助してくれる。
　そして，問題解決はスムーズになっていき，即時に，多くの状況で利用可能なものとなっていく。そして，時には，私的（内的）な嫌悪的状態に直面することもある。先述したように，唯一の道具が金槌であるときには，すべてのものがクギのように見えてくる。そのため，私的出来事が生起したときにも，私たちは「問題」を何か取り除こうとするアジェンダで「解決」し始めるのである。たとえば，掃除機を使え！　橋を架けろ！といった具合に。感情的な状況で，怒りを感じたら，その怒りを正当化するか，減らすかするために，誰かにパンチを浴びせたいと思うかもしれない。うつのとき，一日中寝ていることもできるし，「忘れるために飲む」こともできる。不安な思考を抱えて，イライラしている人は，何か他のことを考えようとすることができる。このような何かを取り除こうとする対外的な方略は，その人が抱える内的問題の解決に効果があるだろうか？なぜ，効果がないのだろうか？
　怒りに任せて人を殴り，それが十分に強化されたとしよう。そのことで，その怒りという衝動はさらに頻繁に生じるようになるだろう。というのも，人を殴るということが，自分を怒らせた誰かを除去するために「機能する」ということがわかるからである。アルコール依存症の人は，寝ていることや飲んでいることを「悪い」ことだと感じている。そのため，ちょっとの間，「悪い」感じを持たないようにするために，また眠ったり，お酒を飲んで酔っぱらったりする。不安を抱える人は，不安以外のことについて長く考えられない。そして，自分の「変化」のアジェンダが効果的かど

うかをテストするためだけに「私は、まだXについて考えているのか？」と自問してしまう。そして、また、それについて考える。その繰り返しなのだ！　つまり「解決策」は、ここでは「問題の一部」になっているのである。

✱セラピストのスタンス

　時々、クライエントは、言語的事象の自動性を実感する必要があります。そして、臨床家も、時々、それを思い出す必要があります。言語は、私たちをとても素晴らしい問題解決者にしてくれます。しかし、言語が解決できないものもあり、問題を悪化させたり、自分の価値にまったく反するものにされたり、ということもあります。クライエントが言うことの中で、対処するには「荷が重すぎる」というものには、どのようなものがあるでしょうか？

　自分の子どもに障害があるとわかったときの親の体験を考えてみてください。「あなたのお子さんには発達障害があると診断されました」という知らせを手にしたとき、多くの親たちは、自動的に問題解決モードに入るものです。「どうやったら、この障害を取り除けるか？」や「治療法はあるのか？」などのように、問題解決は「何かを除去しようとする」ものとなるでしょう。これは、自然なリアクションだと言えます。このような状況で、実際に自分の子どもの死を願う親さえも出てくるくらいです（Price-Bonham & Addison, 1978）。これもまた、自然なリアクションであると言えるかもしれません。というのも、それは自然な言語的プロセスによるものだからです。多くの意味で、「酷な」ことをしてもらうことになりますが、ここで、想像していただきたいのです。親にとって、このような思考を体験することが、どれほどつらいことなのかを……これで、言語的事象の自動性が理解していただけたでしょうか？　もちろん、それを考えているのは、彼らのマインドなのです。なぜなら、マインドは問題を除去するように訓練されているからなのです。

　セラピストとして、このような思考を持つクライエントと一緒にその場に

いるということにウィリングネスであることはできるでしょうか？　除去のアジェンダがセラピーの中へと持ち込まれたときに，あなたはクライエントと共にあり，クライエントに対して共感的でいられるでしょうか？　あなたのACTセラピストとしての仕事は，クライエントにその思考を持ち，そのありのままを見据え，言葉の力を自覚するように教え，言葉の猛威を弱めるように力を貸すことなのです。あなたは，自分自身による評価や「解決策」を持ったまま，同じ荒波を泳いでいるもう一人の人間（クライエント）と共に存在することにウィリングネスでいられるでしょうか？

第15章
アクセプタンスとチェンジ

「アボイダンス（回避）とコントロール」の代わりとなるものが「アクセプタンスとチェンジ」である（訳注：英語では，"avoidance and control" "acceptance and change" であり，この2つの単語は，「韻」と「綴り」が多少類似しているため，ここでは，あえてカタカナで訳出した）。アクセプタンスあるいはチェンジは，ほとんどすべてのACTの介入に含まれている。一見したところ，アクセプタンスとチェンジは，反対のもののようである。つまり，状況をアクセプトするか，状況をチェンジするか，そのどちらかであるかのようだ。しかし，多くのクライエントにとって，アクセプタンスは究極のチェンジなのであり，アクセプタンスはチェンジするための文脈として機能する。この章では，臨床実践において，アクセプタンスとチェンジ方略を使われることに焦点を当てていく。

コントロール vs. アクセプタンス

「コントロールすることは，問題そのものであって，解決策ではない」（Hayes et al., 1999, p.116）というのが，ACTの捉え方である。しかし「コントロールしようとすることは効果的である」という考えは一般的に広く受け入れられている。というのも，実際に目に見える行動に対処するときには，確かにそうだからである。たとえば，私たちはスイッチを押して，部屋の照明をコントロールでき，それによって，歩いて何かにぶつか

るという弱化を避けることができる。また，私たちは，幼いころから，自分の感情はコントロールできなければならない，と教えられる。たとえば，「怒ったりしない！」とか「ニヤニヤしないの。みっともないわよ」と言われる。小さいころから，このように言われて大きくなった人に「私的出来事をコントロールするのは難しいものである」ということを理解してもらうのは簡単にはいかないだろう。もちろん，論理的に議論を重ねるという方法だけでクライエントを説得していこうとする必要はない。ユーモアを使った体験的なエクササイズを編み出すことができる。たとえば「私が銃を持っていて，それをあなたに向けているとします。そして『立て。立たないと撃つぞ』と私が言うところを想像してみてください。あなたはそうすることができますよね？　では，『私の持っている銃のことは考えるな。少しでも考えてみろ。そうしたら，おまえの命はないぞ』とか『この銃のことを絶対に気にかけてはならない。少しでも，気にしてみろ。そうしたら，おまえを撃つ。もちろん，心拍数が上がってもだ。上がったら撃つぜ』と言ったら，どうですか？　あなたは，自分の知覚，思考，感情をコントロールできますか？」（「ウソ発見器」のメタファーより；Hayes et al., 1999, pp.123-124）などというものである。論理的に説得していくのではなく，メタファーを使用することで，クライエントが「私的出来事のコントロールは不可能である」と体験できるのである。

　確かに，コントロール方略は，行動変化やコミットされた行為に対して有用なものである。行動変化をもたらすために，習慣の増減を考えたり，環境を整えたりすることが功を奏することもあるだろう。しかしながら，コントロール方略があまり有用ではない状況が数多く存在するのだ。たとえば，

- コントロール方略は，コントロールのプロセスとその「結果」と矛盾してしまう場合，役に立たない——たとえば，故意に思考を抑制しようとする場合。

- コントロール方略は、そのプロセスがルール支配行動ではない場合、役に立たない。たとえば、ダイエットをしている人は甘いものを食べるかどうかをコントロールできるが、甘いものが好きかどうかはコントロールできない。

- コントロール方略は、それが不健全な形態の回避につながる場合、役に立たない。たとえば、自宅から一歩も出ないということで、パニック発作をコントロールする人がいるとしよう。この人は、結果的に、多くの「正の強化」を得るチャンスを逃すだろう。

- コントロール方略は、出来事を変えることができない事実である場合、役に立たない。たとえば、離婚した人が、前の夫の再婚を認めようとしない場合が、そうである。

- コントロール方略は、チェンジの努力がそのゴールと矛盾する場合、役に立たない。たとえば、誰かが、もっと自信を持ちたい、もっと謙虚になりたいと思っているとしよう。しかし、そう思って何かをしたところで、そうなることはほとんどないだろう。なぜなら、自分に自信があるかどうかをチェックすることが、すでに自分に自信がないことを示しているからであり、自分が謙虚であるのを感じている時点で、それは謙虚ではないからである（Hayes et al., 1999, pp.65-68)。

コントロールとアクセプタンスについてリックに話す

実践において、アクセプタンスを促進する技法は、数多くある。たとえば、第12章で、リックが介護施設にいる母親を訪問することに罪悪感とためらいを持っていることはすでに見てきた。ここでは、彼が自分の母親を訪問することについて価値のワークをするだけでなく、それに関するコ

ントロールとアクセプタンスについても検討している。

リック：私は，母のところに行かないでいると，悪いなと感じます。母がひとりぼっちだということを知っているので。それに，私にずいぶんと良くしてくれたから。でも，訪問しても，悪いと感じるのです。何か他のことをやっていたらよかったとか，老人ホームってなんてうんざりする場所なんだとか，と考えてしまうからなんです。何をしようとも，私は悪いと感じるんです。もっとひどいことも考えているんですが，とても聞かせられません。私は人間のクズです。

セラピスト：無理に全部話さなくてもいいですよ。

リック：はい……何をしても，私は悪いと感じてしまうんです……私は……時々，私は……私は考えるんです……母が死んでしまえば，そうすれば，もう訪問なんかしなくていいし，というか，しないし，すべての「けり」がつくのに。（静かに，うなだれながら）私は，そういうクズなんです。

セラピスト：このことで，ずいぶんとあなたが思い悩んでいるのは，よくわかります。それに，そういったときであっても，あなたはお母さんを定期的に訪問しています。「母親が死んでしまえば，こんなふうに思い悩むこともないのに」と考えが浮かんだとき，次にどういったことが起こりますか？

リック：母のところに行くことを，こんなに悪く感じるべきではないし，「母親が死んでしまえば」とかいう「おぞましい」ことを考えるべきではない，と。それから，そんな自分にとても腹が立ちます。本当にうんざりして，何かを叩きたくなるような。だから，頭を冷やすためにマリファナを使ってしまいます。

セラピスト：「悪いと感じるべきではない」と自分に言い聞かせるってことですか？

リック：ええ。行く前に，自分に言い聞かせるんです。「良い気分でいるべきだ」って。その……母のために……自分の母親なんですから。

セラピスト：それで，どうですか？

リック：いいえ。全然（ダメです）。

セラピスト：考えたり，感じたりすることがコントロールできないものだとしたら，どうでしょう？　それに，考えたり，感じたりすることをコントロールしようとすることがうまくいかない，というだけでなく，そうしようとして，逆に，考えないように，感じないようにしていることを，さらに考え，感じてしまうとしたら？

リック：最悪ですね。それって，いつも母親に対して悪いなと思ってしまう，ということですよね。そして，私はいつも，そういうおぞましい考えを抱いてしまっているということでしょうね。

セラピスト：では，自分の母親に対して悪いと感じないでいられる理由は何でしょう？　自分の母親が介護施設にいて，自分の息子さえもわからなくなっている重度の認知症だとしたら，悪いと感じない人って，いるものなのでしょうか？

リック：オーケー。言いたいことはわかります。だからといって，それが，あのようなおぞましい考えを抱いてしまうことの言い訳にはならないでしょう？

セラピスト：では，あなたが「おぞましい思考」と呼ぶものを考えないようにしようとするとき，どうしていますか？

リック：「そんなことを考えるのはやめろ。間違っている」と自分に言い聞かせます。

セラピスト：その後，そのような考えをまだ持っているかどうかを調べるために，また自分をチェックするのですか？

リック：ええ，そうします。

セラピスト：自分自身をチェックして，「リック，お前はお母さんが死んでしまえばいいと考えているのか？」と自分に問いかけたとき，どんなことが起こりますか？

リック：どういう意味ですか？

セラピスト：自分をチェックし，自分自身に「お前は，お母さんが死ね

ばいいと考えているのか？」と尋ねた後，何について考えますか？ 次に，何を考えますか？

リック：母が死ぬことについて考えます！ そして，自分は最低最悪の人間だと感じます。

セラピスト：つまり，悪く感じないようにするのはうまくいかない。悪い思考を考えないようにするのも，結局，悪い思考を考えることにつながるし，自分が最低最悪だと感じることにつながるんですよね。

リック：でも，母を訪問しなくてもすむように，母が死んでしまえばいいなんてことを考えるのは，間違ったことでしょう？

セラピスト：正しいか，間違っているか，それはわかりません。今は，正しいか，間違っているか，という話ではないんです。そうではなくて，あなたがどのような体験をしているのかを検討してみよう，という話なんです。では，悪く感じないように感じないようにしてみて，お母さんが死ねばいいということを考えないように考えないようにしてみることで，実際に何かしらの効果はありますか？

リック：効果はない，と思います……はい，ないです。

　リックは，多くのクライエントと同じように，問題なのは，悪い思考や感情であり，問題を解決するためには，そのような悪い思考や感情を取り除かなければならないというスタンスに基づいて行動していたのである。ネガティブに評価された思考や感情を取り除くべきものとして捉えると，その「悪さ」の感覚が増えてしまう。そして，そのように感じないように努力をすると，かえって望まない思考や感情に多くの注意を払ってしまうようになりやすい。このようなプロセスは「あなたがそれを持つことにウィリングネスでないのならば，それを持ってしまうことになる」という結果につながる。

クリーンな不快とダーティな不快

ここで，臨床家は，「クリーンな（きれいな）不快 vs. ダーティな（きたない）不快」というコンセプトを，クライエントに紹介してもよいかもしれない（Hayes et al., 1999, p.136）。セラピストは，**クリーンな不快**を「生きていれば，必ず持ってしまうような痛くてイヤな体験の中で生じる不快のこと」であると描写するだろう。クリーンな不快は，それをコントロールしようとしても除去できないし，ある程度のクリーンな不快は，どのような人生においても回避することはできない。対照的に，**ダーティな不快**とは「クリーンな不快をコントロールしようとした結果として現れる，イヤな思考や感情のこと」である。つまり，私たちのコントロール・アジェンダがうまく機能しないと，ダーティな不快を体験する機会が生じることになる。

リックの場合，彼がコントロールしたかったのは，悪く感じることと，アクセプタンスできないと評価することであった。それでは，リックのクリーンな不快とは，いったい何だろうか？　リックのダーティな不快とは，いったい何だろうか？　次の節で，この疑問に答えることにしよう。

リックの体験におけるクリーンな不快とダーティな不快

リックの場合，病気の母親がいる，みすぼらしい老人ホームに訪問しているときに，彼が良い気分になれることなどないだろう。自分の愛する人が病んでいるときに良い気分でいられないというのは，クリーンな不快である。自分が大人になって，母親が自分の息子も認識しないようになり，十分な介護ケアを受けるために，今までと比べて住み心地が良いとは言えない環境で生活しなければならないことに対して，良い気分でいられないというのも，クリーンな不快である。一方，ダーティな不快は，リックが自分のネガティブに評価された思考をコントロールしようとするときに生

起する。ある程度までは，リックの悪い感情は，彼が母親を愛していないことを示しているのではない。そうではなく，悪い感情は，自分の母親に対する愛情の結果なのだ。彼は，母親を大切に思う結果として，悪く感じるのである。ここでのセラピーの目標は，リックが母親を訪問しているときに良い気分になることでもなければ，彼が母親の死について考えるのをやめるとか，違ったふうに考えるとか，ということでもない。というのも，機能的文脈主義の視点から言えば，コントロールというものは物理的世界で，顕在的な（overt）行動に関しては効果的である。しかし，思考や感情の領域では，コントロールというものは役に立たず，逆に問題を悪化させるのである（Hayes et al., 1999, pp.123-124）。さらに，ここでの目標は，自分の思考に対する評価を変えることでもない。たとえば，母親の死について罪悪感を持つことは問題がないと考えることではないし，母親の死について考えた後，「自分は人間のクズだ」と考えるのをやめるということでもない。ここでの目標は，①彼が自分の思考や感情をコントロールしようと試みることの不毛性を体験する，②彼がコントロールは解決策ではなく，問題であると体験する，③アクセプタンスを試すことにもっとウィリングネスになる，ということである。これは，ある結論にたどりつく論理的な理由づけの問題ではない。コントロールしようとすることは効果的ではない，そして，それが効果的ではないという証拠は自分の体験にあるという実証的な問題なのである。もし，リックがこれを理解すれば，彼はクリーンな不快を持つことにウィリングネスになるだろう。そして，思考や感情を，その内容の良し悪しではなく，思考を思考のままに，感情を感情のままに持つことにウィリングネスになるだろう。

🌼 クライエントのためのエクササイズ

モノ化

　リックが，彼のイヤな思考をコントロールしようというアジェンダを放棄することにウィリングネスになりましたので，セラピストは脱フュージョンとアクセプタンスを促進するために，モノ化エクササイズ（Hayes et al., 1999, pp.170-171）を使いました。また，クライエントも，脱フュージョン，あるいはアクセプタンスの実践のひとつとして，このエクササイズを自分で使うことができます。

セラピスト：目を閉じて，楽にしてください。そして，お母さんについての考えと一緒にいることを確認してみてください。その考えとは，お母さんが死んでしまえば，すべて「けり」がついて，あなたの格闘も終わるだろう，というものです。

リック：（顔を少しゆがめて）わかりました。その考えを思い浮かべています。

セラピスト：その考えを外に，あなたの前に出して，見ることができるものだとしてイメージしてみてください。あなたの目の前に，それがあるのが見えますか？

リック：なんとなく……。

セラピスト：その考えに色がついているとしたら，何色でしょう？

リック：とても暗い色……黒です。

セラピスト：いいですね。では，それは，どんな姿，形をしていますか？

リック：黒くて大きいだけ。部屋いっぱいになるくらいの大きさ。

セラピスト：なるほど。それには，手触りとか感触とかがありますか？

リック：重くて，外側がひどく湿ってジメジメしています。

セラピスト：では，それをよく見てください。それは「お母さんが死んでしまい『けり』がつけば，自分は，もう訪問なんかしなくてもいいし，自分の罪悪感は消えるだろう」という考えです。その大きな，黒い，

重い，部屋いっぱいのうんざりするような塊です。それが見えていますか？

リック：ええ，見えています。

セラピスト：では，その塊を持ち上げて，部屋の隅へ置くところをイメージしてほしいのですが，できますか？　もちろん，イメージの中で，です。

リック：できます。

セラピスト：今，その考えを脇に寄せました。次に，どんな考えが現れましたか？

リック：怒り，です！　もう，うんざりです！

セラピスト：なるほど。では，その怒りを外に，あなたの前に置いたら，どんなふうに見えますか？

リック：赤い。

セラピスト：他には？

リック：赤くて，白い斑点があります。目の前に点があるみたいに……部屋中を勢いよく動くようです。じっとしていません。

セラピスト：何か，他には？

リック：熱いです。ジュージューといっています。

セラピスト：では，その怒り，部屋を勢いよく駆け回っていて，赤くて熱いモノを捕まえることができますか？　捕まえられたら，それを持ち上げて，部屋の隅へ置けますか？　もちろん，イメージの中で。

リック：はい……他に何かあります……大きくて，イヤな感じがします。

セラピスト：それを見ることにウィリングネスになれますか？

リック：（涙ながらに）母に死んでほしくなんかないのです。私は，母に死んでほしくない。もう，母は私が誰なのかさえ，わかりません。もう，それほど長くはないでしょうし，自分が彼女のことを愛していることさえ，もう伝えることができない。

リックが望まない思考や感情と「共にある」ことにウィリングネスになったとき、彼は怒りや彼の母親が死ぬことについての思考よりも、さらに強く回避してきていた他の思考や感情と接触することが可能となった。モノ化は、思考や感情について語るのとは違い、体験的な方法であるため効果がある。それは、その感情や思考をセラピー・ルームに持ち込むことができるからである。一方、思考や感情について単に話すことは、それらを抽象的で他人事のように扱うことになりかねない。思考や感情を可視化するのを難しく感じるクライエントもいるが、試してみようとする人には有用なエクササイズとなるだろう。リックの場合、このエクササイズによって、母親の死に関係している苦痛や愛情といった感情と接触することができるようになった。リックは、これによって、自分の思考についての「悪さ（罪悪感）」の感覚が減少することになったのである。

アクセプタンスと似ているがアクセプタンスではないもの

クライエントが自分の思考に対する評価を変えるということが、アクセプタンスの目標なのではない。多くの場合、それはアクセプタンスの結果にすぎない。しかしながら、注意しなければならない重要なことがある。クライエントのネガティブに評価された思考と感情は、クライエントがコントロールしようとすることを断念してアクセプタンスの実践を始めると、減少することが多い。しかし、常に減少していくとは限らないのである。しばしば、クライエントはパニック発作、飲酒の衝動、強迫的思考などを持ち続ける場合がある。もちろん、望まない思考内容の頻度が下がることは喜ばしいことだ。しかし、早い段階でアクセプタンスできるようになることで、クライエントは、あるリスクを抱えるようになる場合がある。そのリスクとは、擬似アクセプタンスというものである。クライエントが感情をアクセプトすれば、感情を排除できると信じ、たとえば、不安を減らすという目的で不安をアクセプトしようとする場合、それはまったくアクセプタンスではなく、効果も生じないだろう。臨床家は、これに注意しな

ければならない。

　アボイダンス（回避）とコントロールは，不愉快で望まない私的出来事を減少させる方略であるとして誤解される可能性がある。場合によっては，アボイダンス（回避）は，短期的に成功することがある。たとえば，パーティに行かないで自宅にとどまる社交不安の人は，パーティに行った場合よりも，おそらく不安を感じることが少なくてすむだろう。数杯のウォッカも一時的には不安を減らすかもしれない。あるいは，ベッドの中にいることは，仕事に行くよりも気分がよいかもしれない。

　「アボイダンス（回避）は悪い」などと誰が言うだろうか？　「コントロールしようとすることは効果がない」とクライエントを言語的に説得するのは，多くの場合，アクセプタンスを促進する効果的な方法ではないからである。臨床家として，アクセプタンスを促進する最も有効な方法は，クライエントが自分の体験の中から見つけていくというものなのである。クライエントがトリートメント中であれば，コントロールの不毛性をすでに体験している可能性が非常に高い。ケースによっては，コントロールは機能していない，つまり，コントロール方略にもかかわらず，クライエントは望まない思考や感情を持っている場合がある。コントロール方略が一部の思考や感情をコントロールするためには機能していることもあるが，同時に，他の人生の領域ではネガティブな結果につながっている場合もある。さらに，クライエントは「正の強化」を得る機会を逃してまでも，一部の感情をアボイダンス（回避）して，生き生きとした状態になれないでいる場合もある。つまり，言語的な説得など使う必要はほとんどないのである。クライエントの体験は，コントロールとアボイダンス（回避）の方略が機能するものなのかどうかを測る最良の「物差し」なのである。

アクセプタンスと臨床家

　アクセプタンスは，クライエントのためのプロセスであると同時に，臨床家のためのプロセスでもある。セッションで自分自身の思考や感情をア

クセプトしない臨床家は，効果をあげることは低く，柔軟性のモデルを示すうえでも，うまくいかないだろう。また，臨床家のアクセプタンスは，クライエントにとってのモデル（の行動）として有益なものとなる可能性がある。ここの節の見出しを"ACT in Practice in Practice"（実践のなかでの「実践のなかでのACT」）としてもよいくらいである（訳注：原著のタイトルは"ACT in Practice"であり，メタ的な言い回しのフレーズになっている。つまり，「『ACTを実践する』という本の内容を実際に実践する」という意味である）。

セラピストがアクセプタンスしていない

　セラピストが，クライエントの行動に対して，何らかの思考や感情を持つのは当然のことである。その中には，セラピストがネガティブに評価する内容を持っているものもあるだろう。

✿ケース・スタディ✿　判断的な（評価的な）インターン生

　セラピーのインターン生であるアランは，スーパービジョンの中で，自分のクライエントに嫌悪感を感じていると報告した。物質依存と双極性障害という診断を受けている，このクライエントは，不衛生で，悪臭を放っていたからだ。アランは，このクライエントを怠惰な人物であると捉えていた。というのも，そのクライエントは，ホームワークを完成してこなかったり，課題を失くしたりしていたからである。彼はまた，クライエントが一生懸命に努力しているとは信じておらず，本人が望めばもっとうまくやれると捉えていた。スーパービジョンは，心理教育に焦点が当てられるかもしれない。たとえば，怠惰であるというよりも，ホームレスであることが，クライエントの衛生面とホームワークの困難につながっている可能性について話があるかもしれない。そして，おそらく，双極性障害と物質乱用に関する資料が提供されるだろう。このようなタイプのアプローチは，自分のクライエントに対するインターン生の信念を変えることや，共感の

増加につながるかもしれない。つまり，このアプローチは，インターン生が持っている思考内容を変えることを強調している。

　このアランのスーパービジョンの場合，スーパーバイザーが心理教育とACTアプローチを組み合わせた。資料を提供したとき，スーパーバイザーがアランに言ったのは「この読み物は，あなたの考えを変えるかもしれない。あなたはACTの訓練を受けてきたのだから『ある文脈では，何らかの思考は避けがたく生じてしまうものなのだ』なんてことを，わざわざ言う必要もないわね。どうやっても思考をコントロールしようとすることなんてできないのだから，あなたの思考がたとえ変わったとしても，その古い思考がどこかの文脈でまた生じるのも十分に考えられることだから」というものであった。スーパーバイザーは，アランに「このような考えが浮かんだとき，どんなことが生じたの？」とも聞いた。アランは，クライエントに対して，努力しているように見えないので怒りを感じる，と答えた。また，自分のクライエントが良くなっていないので，職場の他の臨床家たちから，ネガティブに評価されるのではないか，ということを恐れていると話した。また，自分の怒りの感情にとらわれてしまうと，クライエントの話をよく聞かなくなり，セッションでの自分の目標を見失ってしまうと述べた。スーパーバイザーがアランに対してした提案は，自分自身の行動に対してACTの実践を使いなさい，ということであった。つまり，自分の思考に注目し，「私は『自分のクライエントは怠惰だ』という思考を持っている」「私は『自分が他の臨床家から低い評価を得ているだろう』という思考を持っている」「私は自分のクライエントに怒りを感じている」という言い方をしてみる，という方略を使うことである。

　スーパーバイザーはインターン生に，自ら定期的なマインドフルネスの実践を始めるようにも勧めた。その結果は教訓的なものであった。アランは，自分のクライエントとのセッションの間，自分の思考に注目してアクセプトするようになると，クライエントに焦点を当て続けやすくなり，クライエントについての自分自身の思考内容とフュージョンしにくくなったと言うようになった。また，彼は，毎日マインドフルネスの実践をやって

第 15 章　アクセプタンスとチェンジ　465

はいるものの，成功はしていないとも報告した。しかし，実際には，ほとんど毎日，彼はマインドフルネスの実践をまったくしていなかった。そして，彼は「あまりマインドフルネスの実践をしなかったので，よりマインドフルになった，ということはありませんでした。しかし，私たちセラピストがクライエントに多くを求めすぎたことに気づいたんです。自分自身のホームワークができないというのに，クライエントがホームワークをしていなかったからといって，どうして，動揺しなければならないのでしょう？」と言った。ついに，あるセッションで，クライエントが「自分は良くなる見込みがないから，人生の落伍者のようなものだと感じている」と打ち明けたとき，アランはクライエントに，自分自身が抱えている失敗することに対する思考と恐怖のことを話した。そして，脱フュージョンと「評価を単なる評価」としアクセプトすることについての生産的なセッションを持てたのである。アランは，スーパーバイザーに「自分が『失敗してしまうのではないか』という考えにとらわれてしまうことに対して働きかけている，ちょうどその時に，クライエントが同じような考えについての話を持ち出したことは，偶然とはいえ幸運なことでした」と語った。すると，アランは，スーパーバイザーから，数セッション前のオーディオテープを見直すように言われた。実際に見てみると，アランはかなり驚いた。というのも，クライエントはその中で，数回，失敗することに関する思考を口にしていたからである。アランは，自分に対する意識が高まったことで，クライエントの格闘にも気づけるようになったのである。

　アランのケースは極端に思えるかもしれないが，実はそれほど珍しいものではない。私たちは自分自身の思考とフュージョンしていると，自分のクライエントと全面的に「共にある」ことが，さらに難しくなる。その結果として，私たちは適切なケースの概念化にとって重要な多くの内容をつかみ損ねてしまいかねない。あるいは，クライエントがセラピストの存在を感じたり，セラピストとの同盟関係を感じることができたりするような方法で，セラピストはクライエントとつながれないかもしれない。

　アランのケースが具体的に示しているのは，アクセプタンスに関する潜

在的なセラピストの問題である。しかし，別のタイプの問題も生じる場合がある。それは，セラピストがクライエントについてネガティブな考えを持っていて，その思考内容を信じ込みはしないものの，そのような考えを持ってしまう自分自身をネガティブに評価し，それをコントロールしようとする，という場合である。たとえば，次のようなセラピストを検討してみよう。彼は「このひどいボーダーライン（境界性パーソナリティ障害）のクライエントには会いたくない！」「物質依存者はセルフコントロールが欠けている」あるいは「このクライエントは，なんてカワイイんだ。この子と，どうにかならないかなぁ」のような考えを持っているとしよう。そして，彼は，自分のクライエントについて，「公序良俗に反する」思考を持つのは「悪い」ことだと知っているので，その思考を考えないようにしようとしているとしよう。臨床家に対してACTを使用した研究（Hayes, Bissett, et al., 2004）が示唆しているところでは，臨床家がクライエントに対してネガティブな思考を持つことは，まったく珍しいものではない。さらに，その研究知見によれば，自分自身のネガティブに評価された思考に対して，脱フュージョンとアクセプタンスを実践した臨床家は，自分の思考内容を変えようと試みた臨床家よりも，仕事での満足度は高く，バーンアウトは少ないということであった。ここでの教訓は「クライエントにとって良いものは，臨床家にとっても良いものだ」ということである。

　ACTが持っているテーマのひとつに「セラピストとクライエントとは，それほど違うものではない」というものがある。私たちセラピストは，クライエントと同じ文化の中で，言語を操る人間として生きている。そのため，セラピストも，フュージョンや回避を支持するような，同一の言語的・社会的プロセスの影響を強く受けている。「セラピストは強くてきちんとしているが，クライエントは弱くて混乱している」という図式を放棄するのは，（セラピストからすれば）力を奪われるような感じがするかもしれない。著者の体験から言うと，クライエントに対するACTセラピストの徹底的な（radical）敬意と平等のスタンスは，徹底的な自己のアクセプタンスから始まる。セラピストのあなたがそれに気づこうと気づくま

いと，クライエントはあなたのスタンスを体験しているのである。

🔱セラピストのためのエクササイズ

「アクセプタンス」vs.「コントロールとアボイダンス（回避）」

あなたが格闘してきた問題を検討してみてください。それから，その問題を解決するために，あなたが使用したあらゆる方略を書き出してみてください。ブレイン・ストーミングをしてみて，あなたの試したすべてのことを考え出してみてください。そして，各方略がどの程度の効果をあげたかを書いてください。

ここで，あなたの方略のリストを見て，アボイダンス（回避）あるいはコントロールの方略だと思われるものに注目してください。その他の方略と比べて，アボイダンス（回避）やコントロールの方略は，どの程度効果的だったか，ということも検討してみてください。

サンプル：問題は整理整頓ができないことだ。
解決策：今までと違う整理の仕方を使った。
解決策は効果があったか？：効果なし。そのやり方が長続きしなかった。
［新しい解決策が回避的であったことに注目せよ。実際に整理整頓するよりも，整理整頓できていないと感じることを減らしたかったのだ］
別の解決策：セルフ・ヘルプ本を読む。
解決策は効果があったか？：「効果あり」でもあり「効果なし」でもある。いくつかの方略は役に立った。
［部分的に回避的な方略に注目せよ。自分のオフィスを実際に整理整頓する代わりに，整理整頓の仕方についての本を読むことを選んだから］
別の解決策：経営のエキスパートに相談した。
解決策は効果があったか？：効果あり。彼女はいくつか素晴らしいアイディアを出してくれて，それが効果をあげた。
［ワークが実際に実行されたので，これは回避的ではないことに注目せよ］

> **別の解決策**：毎日，机を片づけると宣言した。
> **解決策は効果があったか？**：「効果あり」でもあり「効果なし」でもある。しばらくは効果があったが，その後，机を片づける代わりに，机の上のものをただ机の中に入れていた。よって，効果があるように見えただけであった。
> ［これは，部分的に回避的であったことに注目せよ。そして，整理整頓を実践し続けることへのコミットメントもある］
>
> 次に，ひとつひとつ，あなたのコントロールまたはアボイダンス（回避）の方略を確認し，代わりにアクセプタンス方略を使えるかを確認してみてください。

アクセプタンスのモデルを示す

セラピストは，共感的で効果的なセラピストになることへのバリアを排除するために，アクセプタンス，脱フュージョン，そして他のすべてのACTプロセスを使うかもしれない。そして，ACTの実践が臨床家に利益を与える方法はこれだけにとどまらない。ACTプロセスを自らに使うことは，セッションでACTプロセスのモデルを示す機会を提供することになる。たとえば，不安を感じたり，気がそれたと感じたりしたとき，あなたはこれらの出来事について，アクセプタンスと脱フュージョンのモデルを示すようなコメントができる。「ふう，黙っているのはいい感じがしませんよね！」「すみません，一瞬，気が散ってしまいました。もう一度，言ってもらえませんか？」「私も時々，同じことにとらわれてしまうんです。常にマインドフルでいることなんてできませんよね」などと言うことを恐れてはいけない。あるいは，話が脱線してしまったあとで，あなたは「私もそのような考えを信じ込みそうになりました！　少し話を戻してみましょう」「ふむ，それはあまり効果なかったみたいですね」などと言うかもしれない。私たちは，欠点や間違いを認めると無能に見えるのではないかと恐れてしまう。しかし，クライエントは，私たちの告白を新鮮で治

療的なものとして体験する可能性が高い。良いモデルとなることで，クライエントとの良い関係が築かれていくのである。

第 16 章
ACT というダンスの踊り方

　私たちは，これまで，さまざまな ACT のプロセスを個別に記述してきた。それは，あたかも，各プロセスがそれぞれ独立しているかのようである。しかし，実践において，各プロセスは，それほどきれいに分かれているわけではない。たとえば，1 つのエクササイズが，アクセプタンス，脱フュージョン，コミットされた行為，ウィリングネスを含んでいる場合もある。また，各プロセスは直線的なものでもない。つまり，セラピーは，あるプロセスから別のプロセスへと直線的に移行していくのではなく，コアなプロセスの間を行ったり来たりしながら進行していく。この章では，すべてのプロセスを一緒に検討した場合，トリートメントがどのように見えるかを探究していく。

どこからセラピーを始めたらよいのか？

　「今，ここ」にあれ。あなたと一緒に，そのセラピー・ルームにいる，目の前の人と共に，「今，ここ」にあれ。目の前の人を，あなたとは違う誰かとしてではなく，あなたと似ている誰かとして。
　「今，ここ」にあれ。自分の影のように，どこにでも付いてくる（もちろん，セラピー・ルームにさえも付いてくる），あなた自身の人間性と共に，「今，ここ」にあれ。
　「今，ここ」にあれ。今，この瞬間，この場所で，あなたと，あなたの

クライエントが一緒にいるという，時の流れと共に，場の広がりと共に，その「時空間」が交差するポイントと共に，「今，ここ」にあれ。

　セラピーの始まりを考えよ。あなたの目の前にいる，その人を見よ。その人は，人生のつらさもよろこびも知っている。そう，あなたと同じ。その人に，慈しみをもって挨拶し，温かみをもって向き合え。Rogers (1961) も，次のように教えている。

> 　私にはわかったことがある。それは，自分にとって，最も内的で，最も個人的で，それゆえに他人には最も理解されえないような，まさにそのような感情こそが，自分以外の多くの人たちに共鳴を引き起こす表現となる，ということである。そして，私はそのことがわかったので，新たに信じるようになったことがある。それは，私たちそれぞれが持っている，最も個人的でユニークなものこそが，（共有され，表現されさえすれば）他人に最も深く語りかける要素となる，ということである（p.26）。

　思いやりや親しみをもって，親身になって相手の話を聞け。Jung も次のように教えている。「可能な限り，いろいろな理論を学びなさい。しかし，生ける魂の奇跡に触れたときには，それを脇に置いてしまいなさい」(Jung, Baynes, & Baynes, 1928, p.4)

実践するときの注意点

　ACT セラピストが苦悩を軽減することに献身的であるということは「全人類の人生を改善することに捧げられた伝統」と「科学的な原理にしっかりと根ざした伝統」に由来している。そのため，ACT セラピーをどのように開始するかというより良い感覚を得るには，さらに膨大な研究の実施が必要とされる。しかしながら，今までの研究や臨床的経験が示してきたことによれば，セラピーにおいて，適切なアセスメントは重要な最初のステップであり（Hayes et al. 1987；Haynes & O'Brien, 2000)，包括

的なアセスメントはトリートメントに必要なものである（Clees, 1994；Rothbaum, 1992）。最初の数セッションのほとんどを使って，クライエントと向き合い，ラポールを構築し，心理的なアセスメントをし，機能分析をする。そして，それらは継続したプロセスでもある。また，次のような理解があれば，あなたは，同じ部屋にいて目の前に座っている人と本当の意味でやりとりができるようになる。その理解とは，「私たちはみな，同じスープの中にいる」という理解，「苦悩は私たちすべてが抱えるものである」という理解，そして「ノーマルな言語的プロセスによって，この苦悩が生じている」という理解である。

　クライエントはさまざまな問題を抱えて，あなたの前に現れるだろう。それゆえ「セラピーをどのプロセスから開始すればよいのか」に関する明確な指示があれば，なんとすばらしいことだろう。しかし，私たち著者が「ここから始めよ」と言うのは，ACT（のスタンス）と合致しない。それと同時に，価値のある言語的ルールを「今，ここ」で窓の外で放り捨ててしまうことも，ACT（のスタンス）に合致していない。ACTの主眼は心理的柔軟性である。そのゆえ，これはクライエントだけでなく，セラピストにとっても「真」なのである。それを心に留めて，私たち著者は一般的なガイドラインをいくつか提供する。しかし，そのガイドラインには，常に「ひとりひとりのクライエントはユニークである」という警告が伴っていることに注意されたい。クライエントの数だけ「どのプロセスから開始するか」ということの決定に影響する変数も存在するのである。以下に，一般的な検討事項を2つ挙げよう。

- 体験の回避を探し，それがどのように表面化しているかを探せ。

- チェンジ（変化）に対して，クライエントの「価値に方向づけられた」動機づけを検討せよ。

「絶望から始めよう」から始める

　セラピーに来ることを選択し，自分の人生におけるチェンジ（変化）を起こそうとしているクライエントには，「絶望から始めよう」がセラピーを始めるよい方法になるだろう。クライエントはセラピーを受ける動機づけをすでに持っている。そのため，自分の行動を変えるために今まで試したことについて話す準備があり，自分の苦悩に影響を与えてきたものを，より十全に検討する準備がある。そのクライエントは，おそらく，目的，つまり将来の「結果」に対する言語的なプランを持っているだろう。そのため，その目的の達成に向けた臨床家のガイダンスによって，より目的的で価値に方向づけられた行動の促進や実行が強化される可能性がある。もちろん，価値のワークは，セラピーの一部となるであろう。ただし，ここでは，価値のワークと共に現れる動機づけが最も重要なことではない。セラピーが始まったばかりの時点では，クライエントの価値がまだうまく統合されておらず，本人にも不明確なままであるかもしれない。しかし，ここで誤解をしてはならないことがある。私たちは，単にセラピーをどこから始めるべきかについて話をしているにすぎない，ということである。というのも，1回のセッションで，特に初回のセッションで，ヘキサフレックスのすべてのポイントについて整理することはとうてい無理な話だからである。

■苦悩のモデル

　トリートメントを受けることに対して高い動機づけを持っているクライエントは，自分自身の苦悩によって動機づけられていることが多い。そのようなクライエントがトリートメントを受けに来たのは，苦悩の状態にあったからである。それが，望まない思考や感情という主観的な苦悩であろうと，自分自身の行動の結果（たとえば，仕事や人間関係での失敗など）によって派生的に生じた苦悩であろうと，苦悩していたことには変わりはない。この種類の主訴を抱えるクライエントは，アクセプタンスや脱フュ

ージョンのワークから始めることが有効であるのと同様に,「絶望から始める」ことも有効である可能性が高い。

■価値のワーク

　ACT のワークは,必ず価値のワークによってクライエントを援助する。そうしなければ,ACT のワークは不完全なままである。このようなクライエントに対して,価値のワークは,多くの場合,「絶望から始めよう」,脱フュージョン,アクセプタンス,マインドフルネスのエクササイズを実施後に,スタートさせるのがよいだろう。この状況で,アクセプタンスや脱フュージョンに問題が生じている場合に,価値に対する方向づけをしようとすると,さらにそのワークを難しいものにしてしまう。セラピストとして,この助言を頭の片隅に留め,クライエントがセラピーに自発的に来談している場合,他の ACT アプローチの方が,クライエントのウィリングネスがより高く,実施することを受け入れやすいかもしれない,ということを検討するべきである。

　クライエントが,以前と比べて,自分の思考や感情とフュージョンしなくなり,私的出来事に対してアクセプタンスのスタンスを持つようになってからでないと,視点取り,価値,コミットされた行為といったワークをするには時期尚早であるかもしれない。6つのプロセスはそもそも分離することができない。そのため,脱フュージョンとアクセプタンスのワークは,コミットされた行為の一部なのであり,視点取りと価値の明確化を促進するのである。

「価値とコミットされた行為」から始める

　理想のクライエント候補は,トリートメントに対する動機づけが高い人物だろう。しかし,多くのセラピストは,トリートメントに対して動機づけが低いクライエントに出会う。入院している自発的でないクライエント

は，しばしばトリートメントに対して動機づけの低いクライエントの一例である。クライエントの中には，法的諸機関，雇用者，社会サービス従事者，あるいは「トリートメントか何かを受けに行きなさい」と言うフラストレーションのたまった配偶者によって，トリートメントを受けるように命じられた者もいる。たとえば，物質使用障害，慢性疼痛，あるいは怒り感情のマネジメントといった問題を抱えたクライエントは，多くの場合，他人によって紹介されて来談する。そのため，トリートメントを無理やりに受けさせられた，強制されたと感じている場合もある。青年期にある人たちは，通常，自分で照会して来談することはなく，トリートメントに参加することにほとんど関心を示さない場合もある。カップル・セラピーやファミリー・セラピーでは，カップル，あるいは家族のうちの1人のクライエントだけがトリートメントに高い動機づけを持っている場合が多い。このような種類のケースでは，価値やコミットされた行為を検討するところから開始するのが有効だろう（Bach et al., 2005）。

動機づけ面接

　動機づけ面接は，クライエントのトリートメントの動機づけを高めるために使用可能なアプローチのひとつである。そのアプローチは，クライエントの変化に対するレディネスの段階を検討することから開始される。そして，変化に対する動機づけを高めるためにさまざまな方略を用いる（Miller & Rollnick, 2002）。一方，価値に関するACTのワークは，変化に対する動機づけを高めるための方法のひとつとみなすことができる。別の意味では，価値のワークこそが変化なのである。

　クライエントがセラピーに興味を示さないときに「絶望から始めよう」から始めてしまうことを想像してほしい。裁判所の命じたセラピーに参加しているクライエントや，強要されてトリートメントを受けに来ているクライエントは，アクセプタンスのメタファーの視点に立って，自分の「問題」について考えるように促されたとしても，それに乗ってくる可能性は低い。臨床的な問題を「チャイニーズ・フィンガー・カフ（トラップ）を

はめているようだ」と比喩的に論じようとすることは，実際のところ，臨床家のために，それを指にはめているだけのように感じるかもしれない。この新しい考え方は，その形態だけでなく，その機能の点からもクライエントに拒絶されてしまうかもしれない。クライエントがセラピーに関心を持っていなければ，「レモン，レモン，レモン」エクササイズが，セラピストに対して，どれほどの効果を持つだろうか？　クライエントは，さまざまな意味でウィリングネスではない。そのため，クライエントをよりウィリングネスにするためにワークすることは，まるで新鮮味の欠けるものとみなされてしまう可能性が高い。

■動機づけを上げる方法としての「価値のワーク」
　価値に方向づけされたワークを用いて導いていくことによって，困難な状況がほぐれていく場合がある。クライエントがどのようなことに価値を置いているのかということ，つまりクライエントにトリートメントを「強制した」人物の望みではなく，クライエントの望みに対して焦点を当てることは，一緒にワークしていくことの導入となるだろう。「あなたは自分の人生のテーマを何にしたいですか？」という質問は，自発的でないクライエントや「半自発的な」クライエントに対して，より効果的な会話を動機づけることになるだろう。おそらく，いかに苦悩をアクセプタンスすべきかということを話し合うよりも，いかに苦悩を与える認知を脱フュージョンすべきかということを話し合うよりも，それは効果があるだろう。すべてを考え合わせると，セラピーがオープンな話し合いの場（スペース）となり，そのような場で，より幅広く，より活力のある人生を生きることについて話し合うことを方向づけることから，セラピーを始めるのがよいだろう。

■クライエントが予期しているアジェンダを変える
　動機づけの低いクライエントに対して，価値のワークからトリートメントを始めるのは，臨床家側の戦略的な意図がある。自発的でないクライエ

ントや，その他の何らかの理由でトリートメントに参加することを強制されたと感じているクライエントは，「あなたの行動は悪い。だから，あなたはそれを改めるべきだ。そのため，行動の変え方を示すことにしよう」といったことを言われるだろうと身構えている。それゆえ，価値のワークがまず「あなたは自分の人生のテーマを何にしたいですか？」という質問から始められ，トリートメントのアジェンダを設定するときにクライエントを「運転席に置く」ので，自発的でないクライエントにとって，それはとても新鮮に感じるだろう。セラピストは，クライエントに「何をするべきか」や「どのようにするべきか」ということを教えるのではなく，価値に焦点を当てるために，クライエントに以下のような質問をする。

- 「あなたは何がしたい？」

- 「あなたは望んでいるものを手にしようとして，どのくらい，実際に手にしてきましたか？」

- 「あなたは，自分の価値づけされた結果を達成しようとするときに，どのようなものがバリアとなりますか？ できるだけ多く，できれば全部，そのバリアを挙げてください」

■ アクセプタンスと脱フュージョン

　価値づけされた結果に対するバリアがすべて挙げられ，おそらく，そのバリアが体験の回避や心理的非柔軟性と関係していることがわかれば，セラピストは，トリートメントの焦点を，アクセプタンスと脱フュージョンのプロセスに対するワークに移せるようになる。同時に，クライエントからの暗黙の同意のもとに，それをしていけるようになる。クライエントが新しいトリートメントのアジェンダに乗ってくる可能性が高いのは，他人から変化を強要している文脈よりも，個人的な価値の文脈下にある場合である。多くの場合，クライエント本人の意に反してトリートメントに連れ

て来られたという問題が，そのまま価値に関連した問題になっている。そのため，この後者の文脈で話をしていく方が，クライエントはよりトリートメントに参加することにウィリングネスになれるだろう。

マインドフルネスから始める

あなたは「マインドフルネスと『視点としての自己』からトリートメントを始めるのは，いかがなものだろうか？」と言うかもしれない。著者も，この話題に関する研究知見をまったく知らない。そのため，ここで示唆できることは，マインドフルネスと視点取りのワークからトリートメントを始めても効果が期待できるクライエントは，以下の２つのカテゴリーに分類できそうだ，ということくらいである。

- 以前に心理療法を受けたことがあり，そのトリートメントによって利益を得たことのあるクライエントで，自己発見→回復→変化というプロセスに沿ってやっていきたいと考えている人。

- アボイダンス（回避）やコントロールに関して大きな問題を抱えていないクライエントで，価値の明確化が多少できており，自己改善や人生の向上のために，マインドフルネスに関心を持っている人。

とはいえ，つまるところ，どこからトリートメントを開始しても，あなたはヘキサフレックスにあるすべてのプロセスを使うことになるだろう。

ACT は直線的なものではない

ヘキサフレックスのモデルにある各プロセスが系統的に順番に使用されていき，６番目のプロセスが完了すれば，トリートメントが終結する，というようなコースをトリートメントが辿ることはほとんどない。実践では，あなたとクライエントは，すべてのプロセスを行ったり来たりする。トリ

ートメントの中で何か新しい問題が生じたら、すでに扱ったプロセスを再び実施するという可能性は高いのである。たとえば、物質依存のクライエントが、自分の「効果のない『変化』のアジェンダ」にマインドフルになるように教えられ、薬物を使用する衝動をアクセプトし、その使用に関連した思考から脱フュージョンしたとしよう。その後、このクライエントは、マインドフルネスの実践を継続し、視点としての自己に接触し、価値のアセスメントを実施される。そして、価値づけされた方向に向けて行動変化の方略が実行される。しかし、そのクライエントは、このような変化全体に関係した不安を新たに感じるようになり、その不安を回避し始める。そのため、トリートメントはアクセプタンスを焦点化したり、脱フュージョンに戻ったり、さらにはコミットされた行為に戻ったりする。1つのセッション内でも、あなたは、ヘキサフレックス・モデルの複数の領域に対して介入を行うこともあるだろう。また、1つのエクササイズが複数の領域にまたがった内容を含んでいる場合もあるだろう。

■ エクササイズを「オーダーメイド」化する

　ここで理解しておいてもらいたいことが1つある。それは、エクササイズの名前が、その中でクライエントによって体験されるプロセスの内容を必ずしも反映していない、ということである。たとえば、「モノ化」エクササイズを取り上げてみよう。

- このガイド付きの体験は、望まない思考や感情と、「今、この瞬間」に接触することを促進するために、臨床家によって使われるだろう。

- その体験は、思考や感情から脱フュージョンさせるために使われるだろう。

- その体験は、価値の探求や明確化の一部として役立つだろう。

また，このエクササイズは，クライエントとセラピストの側のマインドフルな注目も必要となる。つまり，単純に「問題Aは介入Bで解決可能である」とか「問題Cは脱フュージョンで解決できる」と言うことができないのである。というのも，ヘキサフレックス・モデルは，ACTについて語るひとつの方法にすぎないからだ。直線的な介入モデルよりも，ACTを実施するということは，はるかに豊かなものとなる。機能分析とケースの概念化に基づいて実践がなされ，スーパービジョンが行われれば，あなたのACTレパートリーは，あるプロセスから別のプロセスへと簡単かつ機能的にシフトすることができるくらいに，柔軟なものになるだろう。

拡張されたメタファー：バスの乗客たち

　ヘキサフレックスにある6つのプロセスは相互に関係している。そして，プロセスごとに，柔軟性を向上させるための介入がいくつか存在する。たとえば，「悪いカップ，悪い椅子，悪い音楽」のメタファーは，典型的に，評価からの脱フュージョンのために使用される。ただし，このメタファーは「ことばとは恣意的なものである」ということを示すだけではない。それは，自分に対する評価が，本当の姿ではなく，弱く空虚な内容でしかない，ということも観察させることになる。そのため，このメタファーは「視点としての自己」のワークにも使えるのである。セラピー文脈の中には，メタファーがより幅広く適用できるような余地を持っている場合がある。ただし，そうだからといって，メタファーの乱用を提唱しているわけではない。乱用とは，セラピストがエクササイズを機能的に用いることを検討せずに，ただクライエントにメタファーを投げつけるような使い方をしている場合のことを言うのである。実際，ある特定のクライエントや状況に対して，どのようなワークを適用すればよいのかわからないときに，セラピストは誤って（あるいは，時には誤ってではなく）メタファーを使用してしまうことがある。そのメタファーの使用は，セラピストにとって回避反応なのである。ここで言おうとしているのは，エクササイズやメタ

ファーを拡大的に適用して，それがクライエントにとって有効である場合，それによって，6つのプロセスの全領域に関わる各スキルが促進されることもありうる，ということなのである。その例として挙げられるのが「バスの乗客たち」メタファーである。

脱フュージョンとアクセプタンス

　Hayes, Strosahl, and Wilson（1999）における，このメタファーの記述では，クライエントがバスの運転手であり，そのバスは，思考や感情といった「乗客たち」で満員である，と想像するように求められる。乗客たちは，通勤途中のサラリーマンだけではなく，強面（こわもて）の客も乗っている。つまり，「強面」の乗客とは，クライエントが見たがらない，ネガティブに評価された思考や感情の内容である。乗客たちは，運転席に近づき，気をそらすようなことをし，「こっちの道を行け，あっちの道を行け」と命令し，「言うことを聞かないと，ひどい目にあわせてやるぞ」と脅迫してくる。そのため，バス運転手は，ひっきりなしに，乗客たちと言い争いとなり「邪魔しないでください。静かに座っていてください」と言わなければならない。そのようなことを運転手が言うためには，全面的に乗客たちに注意を向ける必要がある。そのために，運転するのをあきらめなければならなくなる。つまり，運転手は，もはや，バスを自分の価値づけた方向に運転してはいないのである。これは，乗客をコントロールしようとすることが，実際には，かえってコントロールを失わせることにつながってしまう，ということを示しているのである。ここで，クライエントが導かれるのは，次のようなところである。それは，どんなに乗客（思考や感情）が運転手を脅迫したところで，運転手自身の意思に反して，運転手に何かをさせることなど，彼らにはできやしない，ということである。彼らは乗客なのであり，運転手ではないからだ。

価　値

　先ほど見たように「バスの乗客たち」メタファーでは，脱フュージョンとアクセプタンスが目的とされていた。思考や感情を，人生という旅をいつも一緒にする「お伴の者」として捉え，アクセプできるようになるのである。しかし，そうだからといって，人生の行路を変える必要はない。もし，このメタファーの使用が功を奏せば，それによって，他のプロセス（たとえば，価値）が拡大される可能性がある。セラピストは，以下のように，そのことを説明するだろう。

　セラピスト：了解です。ここで，あなたはバスの運転手，あなたが格闘しているものは乗客，としましょう。それでは，質問です。ルートは，どうしましょうか？　バスの方向は誰が決めますか？　実際にバスを運転する前に，運転手のあなたは，自分でルートを決められます。そうそう，バスに乗ることは，あなたが何らかの方向に何らかの価値を置いている，ということなのです。どのルートにしようかと考えることは，価値に方向づけられたプロセスを意味します。そのルートを外れないで進んでいくことは，コミットメントとあなたの価値を生きることを意味しています。そして，あなたのボスは，バスの運転手である「あなた」なのです。停留所にひとつひとつ停車していっても，いくつか停留所を飛ばしていっても，誰からも文句は言われません。あなたは，バスの運転手として，自分のコミュニティ内の小さなルートを運行しても，国全体を横断するようなルートを選んでも，文句は言われません。あなたの手はハンドルを握り，足はアクセルを踏んでいます。あなたは，今までどのルートを運転してきましたか？　次は，どこへ行くつもりですか？　運転手は「あなた」。だから，行き先はあなたが選べます。後部座席にいる意地悪な乗客たちはあなたに寄ってきて，あなたの価値づけている方向から，あなたをそらそうと，話しかけてくるかもしれません。

それでも，ハンドルを握っているのは「あなた」。だから，乗客たちが「ああしろ，こうしろ」と言ったからといって，ブレーキを踏む必要はありません。あなたがバス運転手である限り，バスを運転するのは「あなた」なのです。うまく運転するということは，結果でもあり，プロセスでもあるのです。

「今，この瞬間」との接触

マインドフルネス・エクササイズは，典型的に「『今，この瞬間』との接触」のために用いられる。そして，「バスの乗客たち」メタファーが適切に機能すれば，セラピストはこの技能を以下のように強化できるだろう。

セラピスト：どこかに行こうとして運転しようとする場合，マインドフルな努力が必要となります。あなたは，瞬間瞬間，運転しています。確かに，長時間高速道路を運転していると，その間に起こったことをまったく忘れているという体験を誰もがしているでしょう。出口を見落としたり，完全に迷ってしまったりするということもあります。というのも，運転しているという瞬間との接触を失ってしまっているからです。人生もそのような過ごし方でよいでしょうか？ 重要な出来事を取り逃がしたり，ボーッとしてそのまま通過してしまったりしてよいでしょうか？ 運転することに，正面から向き合ってみましょう。今，瞬間瞬間を運転するようになって初めて，バスの運転手は目的に向かって運転することができるようになるのです。いつ，左折しますか？ 昨日，それとも明日ですか？ いいえ，左折するのは，今なのです。運転するという行為は，今，この瞬間も絶えず生じているのです。

視点としての自己

　同じように「視点としての自己」は通常，マインドフルネス・エクササイズによって促進される。そして「バスの乗客たち」メタファーは，その促進をアシストするのである。メタファーは拡大されることによって，運転手，乗客，そしてバスの間の関係を明白にするのである。

　　セラピスト：乗客がどんなに邪魔をしたり騒いだりしても，それに振り回されずに，そのまま体験することができる，ということを見てきました。その体験は持つことができるものであり，運転手が行く先や運転方法を変えなくてもよいのです。バスと乗客は運転手がいなければ，何ものでもないことにも注目しましょう。運転手がいなければ，バスは動きません。そして，運転手はバスではなく，乗客でもないことに注目してください。「バスの後部座席にいる，あのゾッとするような奴らを全員振り落としてしまいたいと，運転手が思っている」とあなたは思うかもしれません。そのアジェンダは，乗客が言うことと価値づけされたルートが示していることとを混同してしまうことから生じます。運転手は，乗客を乗せているだけにすぎないことに注目してください。誰がバスに乗り込んでこようとも，運転手は交代しません。

コミットされた行為

　クライエントが臨床関連行動を自分の価値に沿って変容するとき，心理的柔軟性は最もよく観察される。バスのメタファーが扱っているのは，まさに「動き」だからである。

　　セラピスト：バスが「前進」していくのが「鍵」なのです。バスの運転手は主に，価値づけされたルートに沿って動いていくことに関心が

あります。乗客たちが「止まれ！　さもないとずっと大声を上げて，お前を困らせ続けてやるぞ！」と叫んだとしても，アクセルの上に足をのせているのはバス運転手なのです。そのことは注目するに値します。そのルートは選択され，価値あるものです。乗客が厄介な場合もありますが，「乗せておく」ことはできます。その場合，運転手によって，今，まさにバスは前に進んでいます。というのも，運転手は，すべての乗客から，乗客たちの願望や欲望からも，切り離されているからです。運転手は，コミットしているのです。なぜなら，自らバスに乗り込み，エンジンをかけたからです。運転手は，そのルートにコミットしているのです。たとえ，どのような障害物があろうとも，どのようなヤジを乗客から言われようとも。運転手はアクセルを踏み続けることができるのです。

　メタファーは熟慮して用いられるべきである。というのも，上記の「バスの乗客たち」メタファーは，必ずしもすべてのクライエントに対して有用というわけではないからである。もし，これらのメタファーのある部分が機能するかもしれないと考えられるのであれば，実施してみる価値はあるだろう。ただし，クライエントの中には，このようなメタファーを多少「回りくどい」と感じる者もいる，ということにも注意が必要である。セラピストは，しゃべりすぎることにマインドフルであるべきだ。メタファーが最もしてはいけないのは，クライエントをさらに混乱させることだからである。必要以上に回りくどくならないように注意！　ほとんどの場合，メタファーとエクササイズは，クライエントに合わせて実施されるべきである。

新たにメタファーやエクササイズを作る

　野球のアナロジーは「手垢がついている」と言われるほど，世間一般で

広く使われている。とはいえ,「手垢がついている」というのも,セラピストの「評価」であるにすぎない。たとえセラピストが,その臨床作業の中で,あるACTメタファーやアナロジーを何億回も使ってきたとしても,クライエントがそれを耳にするのは人生で初めてかもしれない。そのため,セラピストであるあなたは,それに飽きてきていないかをチェックするのは重要なことである。もし,そうであれば,クライエントにとって効果的なものに変更するべきである。

ACTは,メタファーやエクササイズを行き当たりばったりに用い,それを何度も繰り返し使っていくというものではない。実際,アセスメントを実施せず,プランも立てずに,マニュアルどおりに臨床的なワークをしていっても,おそらくどこにも到達できないだろう。クライエントのバックグラウンドや能力にフィットするように,ACTアプローチを「オーダー・メイド」化することは,非常に有効である。以下に示すのは,一連のセッションからの例である。そこでは,臨床家がクライエントのレベルに合わせてACTを導入し,その臨床的に関連のある機能に合うように,クライエントとの対話の仕方を調整している。

❂ケース・スタディ❂　過度なシャイネス

　テッドは,17歳の高校生で,すばらしい成績をあげているスポーツ選手である。しかし,周りの同年代の同性やほとんどすべての成人に対しては,過度なシャイネスを示している。行動療法のトリートメントは,ショッピングモールにおける社会的やりとりに対するエクスポージャーを含むだろう。以下に示すACTのやりとりは,数回の異なるセッションから引用されている。ここでの標的は,(テッドのことばを借りれば)「人生が提供してくれる,すばらしいことすべてに,もっとオープンになる」という価値に向かって,テッドを動かすことを援助する,というものである。

野球のメタファー：アボイダンス（回避）とアクセプタンス

以下のやりとりは，アクセプタンスの概念について話し合っているときに生じたものである。ただし，このメタファーは，見た目の上では異なっているものの，本書で今まで登場してきた他のメタファーと機能的には類似している。

テッド：小さかったころ，バッティングの仕方を覚えたことを思い出しました。最初は良かったんです。プラスティックのウィッフルボール（穴を開けた軽いボール）のバットと軽い金属バットを使っていたときには。それで最初は練習して，上達してきたので木製のバットを使い始めました。自分が木のバットに変えたころには，相手のピッチャーも上手くなっていました。つまり，相手の球が速くなっていたんです。だから，今までよりも，もっと強く球を打つ必要がありました。今でも忘れられないのは，初めて，速球を木のバットで打ったときのことです。なんといっても，1回打つ度に，手に相当の衝撃がくるんです。その衝撃は，針を刺すように痛くて，それが肩まで響くんですよ。腕に，こうビビッと電気が走るような［嫌悪的な直接随伴性］。私は「うわっ，木のバットをギュッと握って打ったりしたら，手を痛くしちゃうよ」と思ったことを覚えています。それから，私はだんだんとゆるくバットを持つようになりました。手が痛くなるから，バットをギュッと握りませんでした［直接随伴性の回避］。そしたら，どうなったと思います？　ゆるく持つようにしたら，ますます手が痛くなったんです。それで，僕は，このリトルリーグで遠征していたときに，バットを持つのがだんだんとイヤになっていったんです。数日間，バッティング練習にも行かなかったくらいです［体験の回避］。でも，コーチは私に言いました。「バットはギュッと握らないといけないんだ。両手で，雑巾を絞るように」って［アクセプタンスの介入］。そのときは，それは

真逆なことのように思えたんです。でも，びっくりしたことに，そうする方が正しかったんです。それは，機能したんです。
セラピスト：「機能した」とは，どういう意味ですか？
テッド：ぇぇ……ひとつには，今までよりも上手に打てました。それに，それほど手が痛くならなかったんです。

このシナリオでは，テッドが ACT のアプローチを自分の過去の体験に結びつけて把握している。RFT の観点からは，彼のアナロジーによって，回避の随伴性を過去の野球体験から社会的なやりとりの体験へと生じさせている。1 つの言語的ネットワークが，別のネットワークと等位関係に置かれるようになった。そして，刺激機能の変換によって，社会的ネットワークも野球の随伴性に支配されるようになるかもしれないのだ。このアナロジーは，彼の個人的な体験に基づくものである。彼には「流砂」にはまり込んでしまった直接体験は持っていない。そのため，おそらく，不安との格闘は，流砂にはまったときの格闘（Hayes et al., 1999；Dahl & Lundgren, 2006）に似ているという有名なメタファーよりも，刺激機能の変換をうまく援助することができるだろう。

野球のメタファー：価値，ウィリングネス，そしてコミットされた行為

「クライエントの親しみのあるものを使う」というアプローチを採ったため，セラピストはテッドに再び野球の話を持ち出した。それは，価値とウィリングネスについて話しているときである。そのころには，テッドもメタファーを作り出すことに慣れてきていた。これによって，セラピー外でも，メタファーが機能するようになる確率が高まるのである。

セラピスト：テッド。あなたのコーチは，あなたの苦痛を取り去ろうとして，バットをもっとギュッと握るように教えたのですか？　それ

とも，あなたにもっとうまく打ってほしかったから？
テッド：うーん。どうだったんでしょうね。
セラピスト：私が「どう思っているか」を言ってもいい？［テッドがうなずく］思うに，コーチはあなたに「できるだけ，試合でうまくプレーしてほしかった」んじゃないかしら？ もし，コーチが苦痛の除去だけに注目していたとしたら，他にも多くのアドバイスをできたはず。つまり，あなたは，バッターボックスに立つのをただやめてしまうこともできたはず！ そうすれば，ボールをバットで打つことなんかなくなる。そして，刺すような手の痛みを感じることもなくなる。
テッド：ふむ。つまり，それは，私の苦痛を取り去るためではなかった……。
セラピスト：おそらく，部分的には。それに，実際に，それは功を奏したんですよね。もっと言うと，コーチはあなたがヒットを打てるように［ゴール志向で，比喩的に価値に方向づけられている］，あなたに何か新しいことを試す［行動の柔軟性を生む］ように求めたんです。あなたのやっていた「バットをゆるく持つ」というのでは，場外ホームランは打てません。あなたのマインドが「バットをギュッと握っちゃダメ（裏声で）」と言ったとしても［脱フュージョン］，思い切りバットを強く握らねばいけなかった［コミットされた行為］。わかりますよね，繰り返しますが，もし，手の痛みを回避することだけが重要なことだったのなら，コーチはあなたをベンチに座らせておけばよかったんです。もちろん，そうすれば，あなたは手を痛くすることはありません。これは，初対面の人と話をしようとするとき，あなたがしていることと，どこか似ているところはありませんか？
テッド：(少し間があって) ビビって，ホームベースから離れてバッターボックスに立っていただけなんです。何とかしようと思うのなら，私はベースにもっと近づかなければなりません。いい気分がしなく

ても。

セラピスト：[セラピストは，いい気分を感じられないものごとに対してアクセプタンスするという方向に援助することも可能だった。しかし，後からアクセプタンスに結びつけられるように，代わりに価値の導入を行った]野球をしたいから，バッターボックスに入る。実際に，あなたはそうしていますよね。でも，ヒットを打とうと思ったら，バットをもっとギュッと握らないといけません。なぜ，モールで FEEL エクササイズをやると思います？ あなたが，自分の人生をもっと何かに対して開いてもらおうとしているからなんです。だから，エクササイズをするんです。すべてのエクササイズが，あなたを困惑させようとして実施されるわけではないのです。もちろん，それは，困惑の感情を除去するためのものでもありません。エクササイズは，あなた自身を人生に向けてオープンにするのが目的なのです。すべて，そうなんです。

テッド：場外ホームランを打つために……。

セラピスト：ふむ，いつかは場外ホームランを打つために。最初から，そうできる人なんかいません。シングルヒットを打って，それから二塁打，そして，それが理に適えば，いつの日か，ホームランだって打てるようになります。そう願っています。でも今は，小さなステップに焦点を合わせていきましょう。ヒットを打つことも，ゲームの一部ですから。もし，ホームランにだけ焦点を当てていたら，シングルヒットでは満足しないでしょう[スモール・ステップは価値に方向づけられていることがある。任意の文脈における，ホームランを打つことだけにこだわってしまうのは，問題のあるルール支配行動であるかもしれない]。9回裏ノーアウト満塁，同点の場面なら，満塁ホームランよりも，確実にヒットを狙いにいく方がいいですよね？

テッド：[同意して頷きながら]もちろん！ すべては，状況次第です[柔軟性が必要であることを言語的に理解しているのを示している]。

野球のメタファー：「今，この瞬間」との接触と脱フュージョン

セラピスト：あなたは，投げられてもいないボールに対してバットを振ったりしますか？

テッド：いいえ。

セラピスト：一球前の球種を考慮に入れてスイングするのは，どのくらい有効ですか？

テッド：かなり有効だと思いますよ。もし，一球前にカーブを投げたら，続けてカーブは投げないでしょう。それに，速球にどのくらい球威があるのかも知る必要がありますから。

セラピスト：なるほど。すばらしい。過去から学ぶのはいいことですよね。それでは，ピッチャーが振りかぶって，あなたに新たな球を投げるまでの間に，一球前の球種について考える，ということについては，どうでしょう？　ピッチャーがたった今，カーブを投げても，続けてカーブを投げるかもしれません。バッティングに必要なのは，この一球に集中することですよね［「今，この瞬間」との接触］。何か，間違ったこと言っちゃいました？

テッド：いえ，間違っていません。ヨギ・ベラ（訳注：非常に高名なメジャーリーグ選手・監督）が言ったように「考えるな。打て！」ですから。

セラピスト：なるほど！　また，おかしなことに，ヨギは，こうも言っていますよね。「『ヨギが○○と言った』とされているほとんどのことを私は言っていない」って［セッションの中で，クライエントを訂正するのは無意味である。実際に，ヨギは「考えろ！　一体全体，どうやって考えることと打つことを同時にするんだ？」と言ったのである］。次の球は何が来るのかを考えながら打席に立ったとしたら，もっと悪いことに，その球を打ち損じてしまったらと考えながら打席に立ったとしたら，さらに悪いことに（息を切らして），「ああ，やばい。何が何でもこの球は打たなきゃ。打たなかったら，みんなから笑われ，最低と言われてしまう。最悪だ！」と考えながら

打席に立ったとしたら——それは，どういう結果になるでしょう？
テッド：そんなふうに考えていたら，三振するでしょうね。
セラピスト：では，どうしたらいいと思いますか？　あなたがバッターボックスに立って，三振したときに起きる多くの忌まわしい出来事について考えないように自分自身を抑え込むことはできますか？
テッド：いや。
セラピスト：できることと言えば，そのような考えが浮かんでいることに気づいて，それにとらわれないようにする，ということですよね？　先週やった「メリーさんの……」や「レモン，レモン，レモン」みたいなものです。世界は，あなたが「羊」と考えるようにし向けます——あなたにはどうしようもありません。そして……それは，ただのことばにすぎないのです。レモンなどと同じように。バッターボックスに立つことで，あなたは「ああ，やばい……，あれやこれや，なんだかんだ」とどうしても考えてしまうのです。そのようなマインドのささやきに振り回される必要はありません！　誰かと話をするときも同じです……。
テッド：ええ，それを使ってみたんです！　今週，私の通っているジムの新しいインストラクターに話しかける直前に，このインストラクターが自分をからかう様子を思い浮かべて，それをただ見つめたんです。ここでやったワード・マシーンのように，ただ言うに任せておいたのです……。それは，単なる自分のことばにすぎませんでした。
セラピスト：すばらしい！［彼が脱フュージョンを使ったことを強化している］
セラピスト：［ジムのインストラクターについて数分の間，話をした後で］ちょっと話を戻していいですか？［テッドがうなずく］あなたは，先ほど，「まだ投げられてもいない球には，バットを振らない」と言いましたよね。そして，相手投手の投球について考えを巡らすことは，あまり有益なことではないと言いましたよね。

テッド：ええ。
セラピスト：バッターにとって，存在しているのは「今」だけです。まさに，この一球です。私たちは「この瞬間」にスイングします。ジムのインストラクターと話をするときも，同じです。それは「この瞬間」に話をしたのです。あなたは，今まで，ジムのインストラクターとうまく話せなかったことに注目しながら，その新しいインストラクターと話をしたのではありません。実際，この新しいインストラクターに話しかけたら，どんなに多くの悪いことが起こりうるかを考えてしまったときでも，あなたはそれに注意を向けただけでした。あなたは「この瞬間」に，ただアクションした。そうしたら，うまくいった。そういうことです。食堂にいたり，パーティに出席していたりしていたら，次のことを思い出してください。あなたのマインドは，あなたにカーブを投げてきます。そのカーブによって，あなたは過去や未来に目を向けてしまいます。でも，ある状況に直面したら，その「状況の中に」入るのです——「もし〜なら，どうなる」とか「この前は〜」といったような「頭（マインド）の中に」入ってはいけません。あなたのマインドがそのようにまくしたて始めたら，それにただ注目して，それからあなたの人生（ライフ）に戻ってみてください。体験に対してオープンであってください。どのような体験に対しても。

野球のメタファー：視点としての自己

　先述したように，ヘキサフレックスのすべての領域は相互に関連している。セラピストとテッドが一緒にワークする目的は，テッドが自己に対して，より柔軟な視点を持てるように援助することである。そして，このアジェンダは，脱フュージョンとアクセプタンスのワークによってサポートされる。

テッド：チームの仲間たちが全員集まって，それから夕食に出かけます。そのお店で，女の子たちと出会うんです。僕は「自分は行けない。シャイすぎるから。自分は女の子から好かれることもないだろうし。他の男子のようにもなれないから」と言い続けています。「冷静になれ，自分は大丈夫だ」と自分に言ってみたりもするのですが，それを振り払うことができないんです。

セラピスト：それは，あなたのマインドが話しているのです。あなたは，自分の上にそういった多くのことばを……つまり評価を積み上げていっているのです。確かに，こういったことばによって，気が重くなりますよね。でも，それは，結局，ただのことばにすぎません。

テッド：ええ，でも……僕はシャイなんです。

セラピスト：あなたはシャイにふるまうことはあるでしょう。まるで「ことばの重みが，あなたの肩にのしかかっている」みたいに見えます。あなたは，自分に「シャイ」というラベルを貼る。すると，あなたは「それ」になってしまうのです。では，ここでもう一度，あなたのヒーロー「ヨギ・ベラ」のアプローチを採用してみましょう。

テッド：どういう意味ですか？

セラピスト：ヨギはかつて「スランプだって？ スランプなんかじゃないぜ……打ってないだけだ」と言いました。彼は「スランプ」ということばの重みをかわして，その行動を記述したのです。シャイだって？ あなたはシャイではありません……ただ，アサーティブにふるまっていないだけです。

テッド：わかっています。でも，時々，例の（馬鹿にするように）レモン，レモン，レモンで，それを断ち切ることができないんです。これは僕のことであって，レモンとかじゃない。「僕はシャイだ，僕はシャイだ，僕はシャイだ」みたいにはなりません。

セラピスト：オーケー。でも，なぜ，違うんでしょう？ じゃあ，ここで，別のスイングをしてみましょう。あなたが，自分自身の上に積

み上げるものすべて——シャイとか，好かれないとか，そういうすべてのこと［『概念としての自己』を指摘している］——が「あなた」じゃないとしたら？　つまり，テッド，今挙げたようなことは，あなたではないということです。そのあなたは，あなたではない。言いたいのは，「シャイ」や「好かれない」は，あなたのすべてですか？　まるで……［見せ物小屋のMCのように］「さぁさぁ，寄ってらっしゃい，見てらっしゃい。こちらにいるテッドと呼ばれる人物をご覧あれ！　彼こそ，シャイで，どんな人からも相手にされない人間そのものなのです！」。つまり，あなたには，ことばとか評価では定義できないような，コア（核）となるものがあるのです。それは，今までのあなたの全人生にわたって，ずっと存在してきました［視点としての自己へとつながる見方を促進する］。それは，あなたの5歳の誕生日にもそこにありました。それは，学校でもあなたと一緒でした。お母さんと一緒のときにも，病気のときも元気なときも，驚き，怒り，悲しみ，幸せを感じているときも，あなたと共にありました。何ものによっても変えることのできない，あなたのコア（核）があるのです。それは，私があなたに知ってもらいたいと思っている「あなた」なのです。それは，「シャイな」とか「好かれない」とかといったものに，すっかりくるまれているのではありません。あなたが，そのあなたに何か呼び名を与えた途端に，そのようなことが起きていると気づくあなた，つまり「視点」が存在しませんか？　このあなたこそ，あなたが人生を体験するのを可能にする「場」なのです。

テッド：（釈然としない様子で）わかるような，わからないような……。

セラピスト：それならば，こういう話はどうでしょう？　野球の試合の真っ最中だとしましょう。そのカードは，トレド・シャイズ（訳注：トレドはオハイオ州の地名。シャイズとは「シャイな人たち」という野球チーム名のこと。もちろん，そのようなチームは実在しない）vs.アトランタ・ブレーブス（訳注：実在するメジャー・リーグのチーム名）です。（双方と

も笑う。しかし，そのほとんどがセラピストの笑い）これは，やめましょう。もとい，はじめから。対戦カードは，「アンライカブルズ（Unlikables；好かれない人たち）」対「コンビンサーズ（Convincers；説得者たち）」です。そして，それはすべて，ここ［頭を指す］で起きています。この試合は延長戦になるでしょう。何時間も，何日も，何年でもプレーすることになります。あなたのマインドの一部は「アンライカブルズ」を応援し，その他の部分は「コンビンサーズ」を応援しています。つまり，そのような試合がずっと続いているのではないですか？ 女の子から好かれることなんかないという思考が浮かび，それが（裏声で）「私はシャイだから，好かれない」と言い，それに対して説得的な思考は（ドラ声で）「いや，違うぞ」と反論し，そのバトルはいつまでも続いていくのです。

テッド：なるほど。

セラピスト：よかった。では，この試合が行われて，あなたはコンビンサーズ（説得者たち）のペナントを振っていて，正しい説得的な思考がこの試合に勝たせようとダッグアウトにいます。そして，その試合は何年も続いている。そうですよね，テッド？［彼は頷いて同意する］では，これをちょっと違うように見てみると，どうなるでしょう？

テッド：アンライカブルズ（好かれない人たち）を応援する側に回るんですか？

セラピスト：いいえ，そうではないんです。試合全体を見渡す視点を採ってみる，というのは，どうでしょう？ どちらの味方をするというのではなく！ あなたの役割がわかりますか？——あなたは「球場」なのです。

テッド：球場が僕？

セラピスト：そのとおり。あなたが，ダイアモンド（内野）であり，マウンドであり，外野なのです。あなたは，試合が行われる場所その

ものなのです。球場は，誰が勝とうがまったく関係ありません。どちらかのチームを応援しないし，直接，試合にも参加はしません——でも，試合が行われることを認めています。それに球場がないと試合をすることができません。では，自分自身をそこに置いたところを想像してみてください。そこから，上を見上げてください。まるで，あなたがこのスタジアムの土台であるかのように。アンライカブルズ-コンビンサーズの試合を見てください。あなたが，その「私は好かれない」という思考……いいえ，そのような評価を抱えていることを見てください。そして，「あなたは好かれないのではない」という説得的な思考のことも見てみてください。「好かれない」という思考を振り落とそうとして，あなたが言うような，ありとあらゆることを見てください。それは，長編小説のような気が遠くなるようなバトルを繰り広げています。そして，あなたはそのバトルを体験しています。しかし，あなたは，そのバトルの中にはいません。

テッド：うーん。

セラピスト：それでは，この話は，あなたが問題にしていることと，どのような関わりがあると思いますか？

テッド：僕のシャイは僕そのものではない。（長い間がある。その間，セラピストからの介入はなし）「**僕＝シャイ**」ではないと。僕は，自分がシャイだと考えている，ということがわかるからです。

セラピスト：いいですね——それでは，別のことを試しましょう。［セラピストは「観察者」エクササイズの実施に対するインフォームド・コンセントを取り，それを使って，そのプロセスを深める（Hayes et al., 1999, pp.193-195）］

　テッドのセラピーがうまく進展したのは，①良いラポールが形成されていた，②彼の問題を新しい方法で考えることに対してウィリングネスであった，という文脈があったからである。ヘキサフレックスの領域（コアと

なるすべてのプロセス）は，実際にエクスポージャーを体験させる前に，数週間かけて検討された。最終的に，セラピストは，彼と地元のショッピングモールに行き，常連客や店員に話しかけさせた。そのエクスポージャーには，魅力的な女性や威嚇するような外見の大人と会話することも含まれていた。テッドは，それぞれのエクスポージャーしたときの障害になったことについて報告した。そして，価値づけされた方向へと自分の旅を支援するため，「今」，視点としての自己，そして脱フュージョンし，アクセプタンスする能力を再方向づけした。彼のコミットされた行為は，決して排除のアジェンダ（伝統的エクスポージャー・セラピーで典型的に示される）を持って行われなかった。換言すれば，セラピーは不安の感情を減らすためのものではなかったのである（不安を減らそうとするアプローチは，不安にその威力を再び与えてしまうであろう）。ACTでのエクスポージャー・セラピーの目的は，私的出来事の軽減ではない。価値ある人生の追求が目的なのである。これは，第13章で述べたFEELアプローチ（Eifert & Forsyth, 2005）である。彼のコーチの話に戻れば，テッドは刺すような痛みを止めるためではなく，塁に出るためにバットを強く握る必要があったのである。

　すべてのエクササイズの目的は，クライエントと，クライエントが実際に存在している場所で出会うことにある（訳注：クライエントがリアリティを感じられるような状況をセラピー内に生じさせることを意味する）。野球のメタファーとエクササイズは，テッドには適切であった。あなたのクライエントの場合，「家の掃除メタファー」「料理メタファー」「車で旅するメタファー」「釣りに行くメタファー」といったものになるかもしれない。さまざまなACTのエクササイズやメタファーに慣れ親しみ，機能的に考えて，クライエントが存在している場所でクライエントと会う必要がある。このアプローチでは，あなたとクライエントが，有用なメタファーやエクササイズを実践の中で創出していくのである。

どのように，私は…

　ACTモデルを学んでいる間，セラピストはしばしば「どのように，私は価値のワークを行うのか？　どのように脱フュージョンのワークを開始したらよいのか？」などと質問をしてくる。しかし，このような質問は，簡単に答えられるものではない。というのも，ACTは，振りつけられた一連のダンスのステップではないからだ。あらかじめアレンジされたルーティーン（所定のステップ）ではないからだ。それは，そのたびに違って見えるものなのである。パートナーは同じでも，そのたびに，テンポも違えば，リズムも違う。リードをとるのがパートナーなのかも，決まっていない。それでもなお，そのパートナーは，ヘキサフレックスによって自分たちなりにダンスを踊り，各領域を出たり入ったりするワルツを踊るのである。どの1つのステップも，新たな方向につながっていく可能性がある。以下の節で，私たちはヘキサフレックスのどの1つのポイント（領域）も，他の5つのポイント（領域）へのワークを通じ，支援あるいは到達できる様子を探究していく。

どのように，価値に到達したらよいのか？

　価値のワークは，トリートメントの開始に近い時点で行われる場合もあれば，アクセプタンスや脱フュージョンなど，他のプロセスへのワークをいくらか実施した後で行われる場合もある。価値のワークは，クライエントが特定のコミットされた行為を選ぶのを援助する。さらに，望まない体験が価値づけされた「結果」に関係している場合，そのワークは，望まない思考や感情をアクセプトするためのウィリングネスを高めることができる。セラピストはクライエントに，以下のような価値に関係した「鍵となる質問」に答えるように導いて，価値のワークを開始するだろう。

- 「あなたは,自分の人生のテーマを何にしたいですか? 快適かどうかという感情や,その行動についてどう考えるかとか,その理由がどうであるかに基づいて,それを決めないでください。また,あなたの役割に基づいて,それを決める必要もありません。あなたがお父さんの息子であるからとか,ある地域に住んでいるからという理由で,自分の価値づけるものを決めなくてもいいのです」

- 「あなたが,自分の体験のすべてが生じている『場所』であることに注目してください。さらに,注目してほしいのは,その『場所』から,あなたはコミットメントに基づいて行動している,ということなのです。ここでは,その内容は何でもよいのです。しかし,全面的にコミットメントに基づいていることが大切なのです。次は,何をしますか?」

- 「あなたは,どこに行くことを選択しますか?」

どのように,アクセプタンスに到達したらよいのか?

　クライエントのアクセプタンスを向上させようとしているセラピストは,次のようなところから始めるだろう。それは,自分の人生のテーマを何にしたいのかを明確化するという領域に移って,今もコミットされた行為のコースが残っている可能性があるということをクライエントに理解させる,というものである。自分が「内容」ではなく,ある「視点」であるということを理解するように,クライエントを導く必要がある。自分は,さまざまな思考や評価を持っていることに気づかせ,レモン,レモン,レモンのように,それらが恣意的な音にすぎないことに気づかせるように,クライエントに援助すべきである。それには,以下のような質問をするとよい。

- 「それでは,感情,衝動,プレッシャーが姿を現したら,それらを

- 「なぜ，それらを除去するのですか？」

このような私的出来事が，価値に方向づけられていて，コミットされた行為に内在していることに気づき，体験できるように，クライエントを援助すべきである。感情，衝動，思考などを持つことに抵抗があれば，以下のような論点が役立つだろう。

- 「あなたが体験している，このようなものごとは，あなたの「今」なのです。それは，今，ここにある時間と体験なのです」

- 「あなたは，そのような感情，衝動，プレッシャーによって，どうにかなってしまうことなんてありません。そして，あなたは，それらを，自分のことばで評価しています。でも，自分のことばに振り回される必要なんてありません。評価してしまうと，感情などがもともと持っていた内容以上のものになってしまうからなのです」

- 「それでは，望まない私的出来事が生じたら，あなたはそれを持つことにウィリングネスになれますか？」

どのように，脱フュージョンに到達したらよいのか？

脱フュージョンは，多くのACTエクササイズに組み込まれている。たとえば，クライエントは，自分が脱フュージョンしている内容をアクセプトすることによりウィリングネスになれるだろう。クライエントは，コミットメントをしているときや，価値を探求しているときに，フュージョンされた思考に出くわすことになるかもしれない。たとえば「私はそれを達

成することができない。私は失敗するだろう」という場合である。「今，この瞬間」に触れているクライエントは，私的出来事とフュージョンしていればいるほど，その課題をより難しく捉えてしまう可能性が高い。脱フュージョンを促進するために，あなたは以下のように質問すべきである。

- 「あなたは，それらの思考に対して，あなたのマインドに感謝できますか？ 生き生きとした人生を送ろうとしていても，さまざまな思考（感情も同様）が浮かんできます。それは，価値づけされた方向に進んでいくのを阻むバリアとして，あなたの前に立ちはだかるかもしれません。というのも，それが言語の持つもともとの働きだからです。つまり，言語は評価をし，問題解決をするのです。そして，あなたは価値づけされた方向に向かって積極的にアクションを起こし，前に進みながら，そのような思考にも注目できますか？」

- 「あなたの価値に基づいて，浮かんでくる思考，感情，そして身体感覚に対して，ただ注目し，とにかく前進できますか？」

どのように，「今，この瞬間」との接触に到達したらよいのか？

「今，この瞬間」との接触は，セラピーにおけるやりとりの中で，とても骨の折れる作業になってしまうことがある。それ以外の領域を使うことで，それを促進することができるだろう。たとえば，アクセプタンスと脱フュージョンのエクササイズを使うことで，クライエントに影響を与えるのである。そのエクササイズがクライエントに体得させようとするのは「思考は，必ずしもクライエントのすべての行動に影響を及ぼさない」や「身体的反応と感情的反応は防衛なしにそのまま持つことができる」ということである。また，「視点としての自己」のワークを使って，以下のようなことを示唆することができる。

- 「あなたは,自分の思考,記憶,役割,身体感覚などではありません。あなたは内容ではないということにマインドフルに理解してみてください」

また,価値のワークとコミットされた行為によって,クライエントに以下のように求めるべきである。

- 「そのまま進んでみてください。そして,人生の方向性に注意深くなってみてください。それから,そのライフスタイルにコミットしてみてください」

そこからは,「今,この瞬間」との接触がより可能になる。あなたのクライエントに,以下のことをするように要求すべきである。

- 「あなたの行動が,いつ,どこで,開いていくか,ということに注目してみてください」

- 「過去や未来は,あなたが行動する場所,大事にする場所ではないことに注目してみてください」

クライエントが,全面的に「今」と接触しているときには,機能しない,非柔軟な変化のアジェンダに,それほど引き込まれず,言語によってもそれほど引っ張られない,ということに気づくように,クライエントを援助する必要がある。

どのように,視点としての自己に到達したらよいのか？

同様に,その他の5つの領域でワークアビリティ(機能できている状態)を促進させることは,この課題でも有用である。クライエントがひと

たび私的出来事との格闘に気づき,「その綱引きで,綱を放す」ことにウィリングネスになり,現在の格闘(アクセプタンス,脱フュージョン,「今,この瞬間」との接触)を体験することや,そして非常に重要だ(コミットされた行為と価値)と思うものごとを行うことにもウィリングネスになったときに,以下のように尋ねる必要がある。

- 「今,自分の私的体験に注目できますか?」

- 「あなたは,自分の思考,評価,感情ではないと気づけますか? 行ったり来たりする,それらの思考や感情に注目しているのは誰か? それに注目してみてください」

- 「あなたの身体,役割,思考,感情,信念,行動,価値さえも,時間経過とともに変化していきます。その一方で,場所,位置,視点,あなたが**自分**と呼ぶ『あなた』が存在している,ということを体験できますか? 場所と時間を超越する,そのあなたを体験することができますか?」

- 「この視点は,安全で長く続いていく場所です。それは,そこから前に進んだり,完全にあなたであり続けたりする場所でもあります。あなたはこの視点を体験できますか?」

どのように,コミットされた行為に到達したらよいのか?

コミットされた行為に影響を与えることは,クライエントが価値づけされた方向と,その価値づけされた方向に動くことへのバリアの両方を特定したとき,その結果として可能になることである。そのとき,あなたは以下のように質問できる。

- 「あなたはバリアを持つことにウィリングネスですか？」

- 「望まない思考や感情は，あなたが生きている限り，好むと好まざるとにかかわらず，人生から手渡されるものです。あなたは，そのような思考や感情をアクセプトすることにウィリングネスですか？」

あなたは次のような質問もできるだろう。

- 「あなたは，新しい領域に足を踏み入れたときに抱える，自分に対する疑心暗鬼に対してウィリングネスですか？ どのような自己評価もあなたとイコールではないと気づくことにウィリングネスですか？」

このような質問は，他の領域での柔軟性を増加させ，特定のコミットされた行為を実行する機会につながる。それについては，以下のように質問してもいいだろう。

- 「あなたの価値をコンパスとして，あなたはアクセプトし（accept），選択し（choose），そして行動を起こせ（take action）ますか？ つまり，それをコンパスとしてACTできますか？」

- 「あなたが本当に大切に思うことに役立つように，今，あなたは何ができますか？ あなたに対して現れるどのようなバリアがあったとしても，その方向に向かって動けますか？」

コミットされた行為は，実証的に支持されたトリートメント・プランを通じて，クライエントの価値を実践的に実行し，コミットされた行為へのバリアを同定することから始められる。たとえば，OCDのトリートメン

トにおいて，セラピストは，クライエントが以下のような質問に関係する行動をとるのを援助するように，セラピーを設定するだろう。その質問とは「不安の感情と回避の思考が浮かんでいる状態でも，自分が本当に大切に思うような人生の中へと進んでいくために，あなたは，まさに今，この公衆の場にあるドアの取っ手に触れることができますか？」

　注意しなければならないのは，特定の領域でクライエントを援助することは，以下の２つのやり方で実行可能だ，ということである。つまり，①本書の全体にわたって紹介されている多数のエクササイズを機能的に応用する，②ヘキサフレックスの他の領域のスキルを形成・促進させる，という方法である。上記の箇条書きされた点のひとつひとつが，そのセクションの領域に特化して書かれている。しかし，その他の領域でも，同様に実施される。

ヒントと示唆：サジェスタフレックス・ダイアグラム

　本書の全体にわたって論じられてきたメタファーやエクササイズは，柔軟に用いられることを意図されている。シャンドラのケースで，「トラの赤ちゃんにエサを与える」メタファーを検討したとき，そのメタファーは「絶望から始めよう」とアクセプタンスで彼女を援助するために使用された。この同じメタファーは，コミットされた行為を検討しているときに使用可能である。つまり，私たちはシャンドラに，「トラにエサを与える」以外に彼女のできること（たとえば，子どもたちに対してアサーティブな反応を実行するなど）を話すことができる。また，セラピストが「あなたは，このトラへのエサやりを人生のテーマにしたいのですか？」という質問について話し合いをする場合にも，このメタファーが価値の明確化に役立つのである。

　シャンドラが「視点としての自己」に触れるのを援助するために，「チェス盤」のメタファーを使用することについて検討した。黒い駒と白い駒は互いに相反することばや感情であるということ，そしてそれに振り回さ

れる必要がないということに焦点を当てて，このメタファーを脱フュージョンやアクセプタンスを促進させるために使用することも可能である。リックとの「緑のペン」エクササイズでは，緑のペンを使うことを重要であると思っているかのように行動するように彼に求めた。そのなかで，彼は価値が感情とは違うものなのだと学んでいった。また，このエクササイズは，認知的フュージョンをほぐし，強い感情があるにもかかわらず，レパートリーを拡大する。このエクササイズが提供する，今までとは異なる捉え方とは，たとえ自分の感情や思考が直接的にサポートしなくても，人はある方法でアクションすることができる，ということである。

　ここで，以上のようなエクササイズやメタファーを柔軟に使用していくことを強調するとともに，あるヘキサフレックスの領域に対して，どのエクササイズが最も影響力を持つか，ということについてヒントと示唆を提供しよう。あなたは，自分のクライエントの「インフレクサヘックスの『ケースの概念化』ワークシート」を検討し，どのプロセスがそのクライエントの行き詰まりに影響を与えているのか，ということについて大まかな全体像をつかみかけていたとしよう。そのような場合，図16-1のサジェスタフレックス・ダイアグラム（付録Dも参照）に従うとよいだろう。なぜなら，それによって，あなたは，問題のあるプロセスに取り組むために使用できるACTエクササイズを思い出すことができるからである。しかし，そのダイアグラムは示唆であるにすぎず，リストは網羅的なものではない。さらなる研究によって，各クライエントが抱えている臨床的な問題に対して，セラピストがどのエクササイズを使うべきか，正確に把握できるようになるまでは，このダイアグラムがリマインダーとして役立つだろう。つまり，それは，どのメタファーが問題の分野に最も効果的であるかということを思い出させてくれるのである。

　忘れないように，次のように表現してみよう。**ACTはクッキーの型抜きのようなアプローチではない**。あなたが体験の回避と格闘しているクライエントを担当しているときに，このダイアグラムを兵器庫として使い，在庫がなくなるまでそれぞれのメタファーを使い続けるべきではない。と

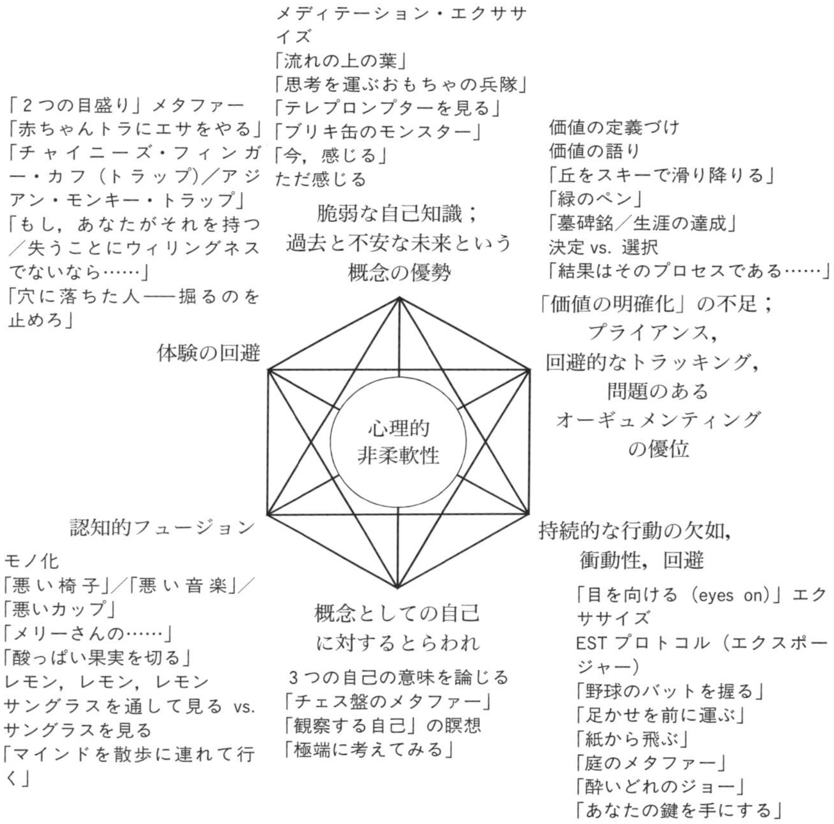

第 16 章　ACT というダンスの踊り方　　509

「2 つの目盛り」メタファー
「赤ちゃんトラにエサをやる」
「チャイニーズ・フィンガー・カフ（トラップ）／アジアン・モンキー・トラップ」
「もし，あなたがそれを持つ／失うことにウィリングネスでないなら……」
「穴に落ちた人——掘るのを止めろ」

体験の回避

メディテーション・エクササイズ
「流れの上の葉」
「思考を運ぶおもちゃの兵隊」
「テレプロンプターを見る」
「ブリキ缶のモンスター」
「今，感じる」
ただ感じる

脆弱な自己知識；
過去と不安な未来という
概念の優勢

価値の定義づけ
価値の語り
「丘をスキーで滑り降りる」
「緑のペン」
「墓碑銘／生涯の達成」
決定 vs. 選択
「結果はそのプロセスである……」

「価値の明確化」の不足；
プライアンス，
回避的なトラッキング，
問題のある
オーギュメンティング
の優位

心理的
非柔軟性

認知的フュージョン
モノ化
「悪い椅子」／「悪い音楽」／「悪いカップ」
「メリーさんの……」
「酸っぱい果実を切る」
レモン，レモン，レモン
サングラスを通して見る vs. サングラスを見る
「マインドを散歩に連れて行く」

概念としての自己
に対するとらわれ
3 つの自己の意味を論じる
「チェス盤のメタファー」
「観察する自己」の瞑想
「極端に考えてみる」

持続的な行動の欠如，
衝動性，回避
「目を向ける（eyes on）」エクササイズ
EST プロトコル（エクスポージャー）
「野球のバットを握る」
「足かせを前に運ぶ」
「紙から飛ぶ」
「庭のメタファー」
「酔いどれのジョー」
「あなたの鍵を手にする」

図 16-1　サジェスタフレックス・ダイアグラム

いうのも，ダイアグラムは単に，ケースの概念化やトリートメントのプランニングを援助してくれるヒューリステックな（発見的な）方法にすぎないからである。また，覚えておいてもらいたいのは，このダイアグラムはすべての可能な介入の完全なリストでは決してない，ということである。そして，特定の領域のためだけに作られたエクササイズやメタファーは何ひとつとしてない，ということである。このサジェスタフレックスに含まれているのは，本書で今まで検討してきたエクササイズと，Hayes et al.

(1999) の本で論じられているエクササイズから選ばれた。

ACT ワークの第一歩を踏み出す

　このワークの目的は，価値に方向づけられたセラピーに対して，いくつかの選択肢を開いておくことである。ACBS のミッション・ステートメント（訳注：目標をかかげた宣言のこと）にあるように，ACT のコミュニティは，心理学を「人間の状態が抱えるさまざまな問題に対して，よりふさわしい」ものとして創造することを目指している。セラピストであるあなたにとって，この本が ACT のケースの概念化に対して教育的効果を持ち，より効果的なセラピストになることを援助することを私たち著者は希望している。また，凝集力のある，効果的なセラピー・アプローチによって，コミュニティ全体が利益を得るものと私たち著者は信じている。そして，このような行動療法の「波」は，その生命力ある方向へと柔軟に動いている。この目的のために，私たち著者は ACT を実践することをあなたに勧めたい。

エピローグ

さようなら，シャンドラとリック！

　リックは，マリファナを吸うのを止めた後で，トリートメントを終結した。デートをするようになり，職場では以前より積極的に関わるようになった。18ヵ月後，彼は「調整（tune-up）」セッションを受けた。マリファナは今も吸わない状態を維持しており，仕事に関しても価値づけされた方向に進んでいた。しかし，彼は，母親の死後，やる気がわかず，気分が落ち込んだままの状態が続き，そのような感情と格闘していた。リックは，5回の付加的なセラピーの後，今までどおりになったような気がする，と言うまでになった。

　シャンドラは，トリートメントが終結するころには，娘との関係を改善していた。そして，再び社会的生活を持てるように，ボウリング・リーグと読書クラブに入った。さらに，彼女は，ボーイフレンドとも完全に別れた。息子が服役中に実施されていた薬物依存症のリハビリプログラムを終えたため，シャンドラは彼を引き取り，立ち直れるまで面倒を見ることにした。ただし，息子には，自分で働き，家賃を払い，6ヵ月以内にシャンドラの家から出て行けるように計画を立てるようにと言ってある。

　全般的に，シャンドラとリックは幸せに——そして，不安，罪悪感，喜び，悲しみ，希望，ウィリングネスを持って，そして柔軟に——暮らしていた。これからも，ずっと。

付録 A

ABC 機能分析シート

以下の枠内に，あなたが問題となっている状況を観察する間に何が起こっているか，ということを書き入れてください。「先行事象（A）」の枠には，ある特定の問題行動の前に生じている出来事を書いてください（たとえば，あなたが怒りと格闘をしているならば，怒りが爆発する前に何が起こっていたかを書いてください）。「行動（B）」の枠には，問題行動がどのように見えるのか，正確に書いてください。最後に，「結果（C）」の枠には，問題行動の後に生じる出来事を書いてください（たとえば，あなたの怒りの爆発で，誰かが部屋から立ち去りましたか？　あなたは自分自身に何と言い，その時の自分の感情はどのようなものでしたか？）。

氏名：＿＿＿＿＿＿＿＿＿＿＿＿＿＿＿＿

先行事象（A） 行動の<u>前</u>に何が起こったか？	行動（B） 何を<u>した</u>か？	結果（C） 行動の<u>後</u>で何が起こったか？
日時：		
日時：		
日時：		
日時：		
日時：		
日時：		
日時：		

付録 B

インフレクサヘックスの「ケースの概念化」ワークシート

付録B

「価値の明確化」の不足；
プライアンス、
回避的なトラッキング、
問題のある
オーギュメンティング
の優位

持続的な行動の欠如、
衝動性、回避

脆弱な自己知識；
過去と不安な未来という
概念の優勢

心理的
非柔軟性

概念としての自己
に対するとらわれ

体験の回避

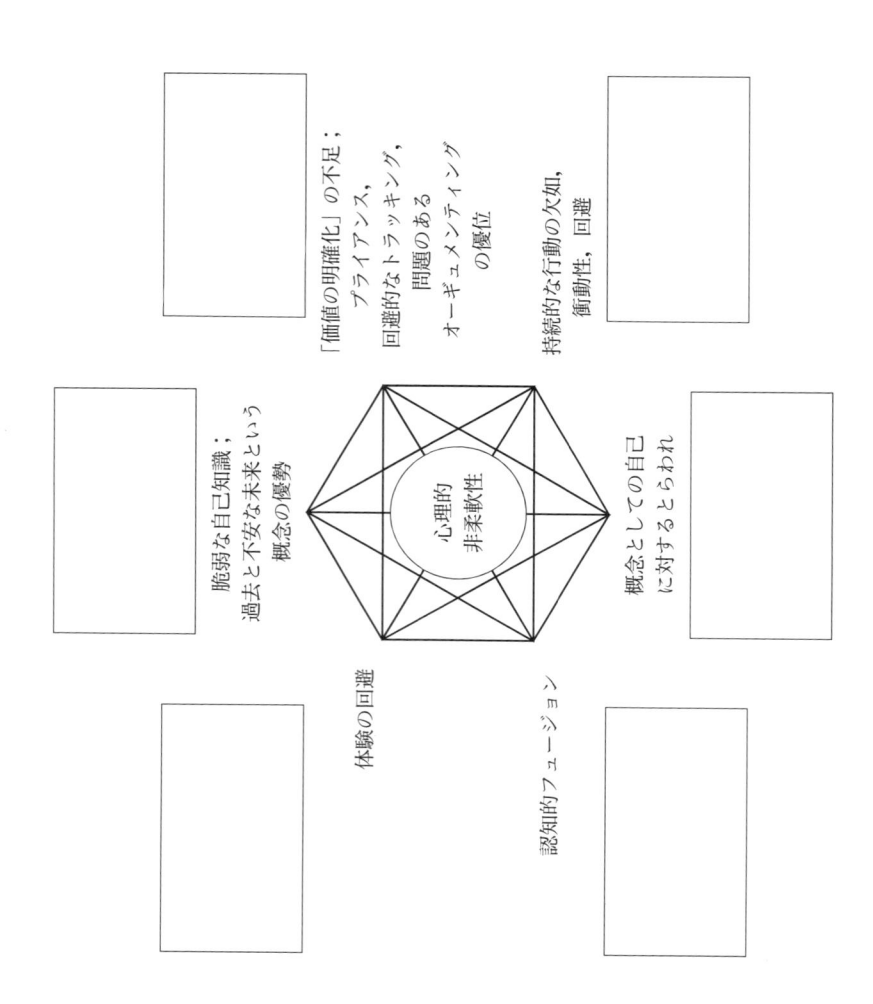

認知的フュージョン

付録C

イベント・ログ（出来事の記録）

氏名：＿＿＿＿＿＿＿＿＿＿＿＿
標的となっている問題：＿＿＿＿＿＿＿＿＿＿＿＿＿＿＿＿

　以下の枠内に，問題となっている状況で，何が起こっているかについて，あなたが観察したことを書き込んでください。「いつ？／評価」の枠には，その出来事の日時を書いて，その問題を0（まったく存在していない，まったく問題ない）から10（いつも存在している，最も問題である）までで評定してください。「出来事の前」の枠には，当該の出来事の直前に起こっている，あなたが気づいたことを書いてください（たとえば，あなたがパニック発作やアルコールの使用に対する衝動と格闘しているのであれば，パニック発作や衝動に気がつく直前に起こったことを書いてください）。「出来事の後」の枠には，その出来事の後で，あなたの行動がどうであったか，について正確に書いてください（たとえば，あなたがパニック発作を耐えたのか，あるいはビールを3本飲んだのか，について書いてください）。最後に，「結果」の枠には，その次に起こった出来事を書いてください（たとえば，パニック発作がおさまって，友人から「もう，大丈夫？」と質問された，あるいはあなたが酔っぱらって意識を失った，といったことを書いてください）。

いつ？ 評価	その出来事の **直前に** 何が起こったか？	その出来事の **直後に** 何をしたか？	それから 何が起こったか？ **結　果**
日時： 評価：			
日時： 評価：			
日時： 評価：			
日時： 評価：			
日時： 評価：			
日時： 評価：			
日時： 評価：			

付録 D

サジェスタフレックス

付録D

価値の定義づけ
価値の語り
「縁のペン」
「丘をスキーで滑り降りる」
「墓碑銘／生涯の達成」
決定 vs. 選択

「結果はそのプロセスである；……」

「価値の明確化」の不足；
プライアンス、
回避的なトラッキング、
問題のある
オーギュメンティング
の優位

持続的な行動の欠如、
衝動性、回避

「目を向ける（eyes on）エクササイズ」
ESTプロトコル（エクスポージャー）
「野球のバットを握る」
「足かせを前に運ぶ」
「紙から飛ぶ」
「庭のメタファー」
「酔いどれのジョー」
「あなたの鍵を手にする」

メディテーション・エクササイズ
「流れの上の葉」
「思考を運ぶおもちゃの兵隊」
「テレプロンプターを見る」
「ブリキ缶のモンスター」
「今、感じる」
ただ感じる

脆弱な自己知識；
過去と不安な未来という
概念の優位

心理的
非柔軟性

概念としての自己
に対するとらわれ
3つの自己の意味を論じる
「チェス盤のメタファー」
「観察する自己の瞑想」
「極端に考えてみる」

認知的フュージョン

体験の回避

「2つの目盛り」メタファー
「赤ちゃんトラにエサをやる」
「チャイニーズ・フィンガー・カフ（トラップ）」
「アジアン・モンキー・トラップ」
「もし、あなたがそれを持つ／失うことに
ウィリングネスでないなら……」
「穴に落ちた人――掘るのを止める」

モノ化
「悪い椅子」／「悪い音楽」／「悪いカップ」
「メリーさんの……」
「酸っぱい果実を切る」
レモン、レモン、レモン
サングラスを通して見る vs. サングラスを見る
「マインドを散歩に連れて行く」

文　献

Abramowitz, J. S. (1997). Effectiveness of psychological and pharmacological treatments of obsessive-compulsive disorder: A quantitative review. *Journal of Consulting and Clinical Psychology, 65,* 44–52.

American Psychiatric Association. (2000). *Diagnostic and statistical manual of mental disorders,* text revision (4th ed.). Washington, DC: Author.

Augustine of Hippo. (2002). *The confessions of St. Augustine.* Translated by A. C. Outler. New York: Dover. (Original work written in AD 397)

Ayllon, T. (1963). Intensive treatment of psychotic behavior by stimulus satiation and food reinforcement. *Behavior Research and Therapy, 1,* 53–61.

Ayllon, T., & Azrin, N. H. (1964). Reinforcement and instructions with mental patients. *Journal of the Experimental Analysis of Behavior, 7,* 327–331.

Ayllon, T., & Azrin, N. H. (1968). *The token economy: A motivational system for therapy and rehabilitation.* New York: Appleton-Century-Crofts.

Azrin, N. H., & Nunn, R. G. (1973). Habit reversal: A method of eliminating nervous habits and tics. *Behavior Research and Therapy, 11,* 619–628.

Bach, P. (2005, May). Impaired perspective taking in persons with psychosis. Paper presented at the Association for Behavior Analysis Annual Meeting, Chicago, IL.

Bach, P., & Hayes, S. C. (2002). The use of acceptance and commitment therapy to prevent the rehospitalization of psychotic patients: A randomized controlled trial. *Journal of Consulting and Clinical Psychology, 70*(5), 1129–1139.

Bach, P., Gaudiano, B. A., Pankey, J., Herbert, J. D., & Hayes, S. C. (2005). Acceptance, mindfulness, values, and psychosis: Applying acceptance and commitment therapy (ACT) to the chronically mentally ill. In R. A. Baer (Ed.), *Mindfulness-based treatment approaches: Clinician's guide to evidence base and applications* (pp. 94–116). Burlington, MA: Elsevier.

Baer, D. M., Wolf, M., & Risley, T. R. (1968). Some current dimensions of applied behavior analysis. *Journal of Applied Behavior Analysis, 1,* 91–97.

Baer, R. A., & Krietemeyer, J. (2006). Overview of mindfulness- and acceptance-based treatment approaches. In R. A. Baer (Ed.), *Mindfulness-based treatment approaches: Clinician's guide to evidence base and applications* (pp. 3–27). Burlington, MA: Elsevier.

Baer, R. A., Smith, G. T., & Allen, K. B. (2004). Assessment of mindfulness by self-report: The Kentucky Inventory of Mindfulness Skills. *Assessment, 11*, 191–206.

Baer, R. A., Smith, T., Hopkins, J., Krietemeyer, J., & Toney, L. (2006). Using self-report assessment methods to explore facets of mindfulness. *Assessment, 13*, 27–45.

Barlow, D. H. (1988). *Anxiety and its disorders: The nature and treatment of anxiety and panic.* New York: Guilford.

Barlow, D. H., Raffa, S. D., & Cohen, E. M. (2002). Psychosocial treatments for panic disorders, phobias, and generalized anxiety disorder. In P. E. Nathan & J. M. Gorman (Eds.), *A guide to treatments that work* (2nd ed.). New York: Oxford University Press.

Barnes-Holmes, D., Hayes, S. C., & Dymond, S. (2001). Self and self-directed rules. In S. C. Hayes, D. Barnes-Holmes, & B. Roche (Eds.), *Relational frame theory: A post-Skinnerian account of human language and cognition* (pp. 119–139). New York: Plenum.

Barnes-Holmes, D., O'Hora, D., Roche, B., Hayes, S. C., Bissett, R. T., & Lyddy, F. (2001). Understanding and verbal regulation. In S. C. Hayes, D. Barnes-Holmes, & B. Roche (Eds.), *Relational frame theory: A post-Skinnerian account of human language and cognition* (pp. 103–117). New York: Plenum.

Baron, A., & Galizio, M. (1983). Instructional control of human operant behavior. *Psychological Record, 33*, 495–520.

Baum, W. (1994). *Understanding behaviorism: Science, behavior, and culture.* New York: HarperCollins.

Beck, A. T. (1963). Thinking and depression: Idiosyncratic content and cognitive distortions. *Archives of General Psychiatry, 9*, 324–333.

Beck, A. T., Rush, A. J., Shaw, B. F., & Emery, G. (1979). *Cognitive therapy of depression.* New York: Guilford.

Beck, A. T., Steer, R. A., & Brown, G. K. (1996). *Beck Depression Inventory manual* (2nd ed.). San Antonio, TX: Psychological Corporation.

Beevers, C. G., Wenzlaff, R. M., Hayes, A. M., & Scott, W. D. (1999). Depression and the ironic effects of thought suppression: Therapeutic strategies for improving mental control. *Clinical Psychology: Science and Practice, 6*, 133–148.

Bentall, R. P. (2001). Social cognition and delusional beliefs. In P. W. Corrigan & D. L. Penn (Eds.), *Social cognition and schizophrenia* (pp. 123–148). Washington, DC: American Psychiatric Association.

Berman, P. B. (1997). *Case conceptualization and treatment planning: Exercises for integrating theory with clinical practice*. Thousand Oaks, CA: Sage Publications.

Bijou, S. W., & Baer, D. M. (1961). *Child development: A systematic and empirical theory. Vol. 1*. Englewood Cliffs, NJ: Prentice Hall.

Bond, F. (2006). *Acceptance and action questionnaire* (2nd ed.). Unpublished manuscript. Retrieved October 18, 2007 from http://www.contextualpsychology.org/acceptance_action_questionnaire_aaq_and_variations.

Borkovec, T. D., & Roemer, L. (1994). Cognitive behavioral treatment of generalized anxiety disorder. In R. T. Ammerman & M. Hersen (Eds.), *Handbook of prescriptive treatments for adults* (pp. 261–281). New York: Plenum.

Brown, K. W., & Ryan, R. M. (2003). The benefits of being present: The role of mindfulness in psychological well-being. *Journal of Personality and Social Psychology, 84*, 822–848.

Brown, R. A., & Lewinsohn, P. M. (1984). A psychoeducational approach to the treatment of depression: Comparison of group, individual, and minimal contact procedures. *Journal of Consulting and Clinical Psychology, 52*, 774–783.

Calkin, A. (2005). Precision teaching: The standard celeration charts. *The Behavior Analyst Today, 6*(4), 207–215.

Callaghan, G. M., Naugle, A. E., & Follette, W. C. (1996). Useful constructions of the client-therapist relationship. *Psychotherapy, 33*(3), 381–390.

Carlson, L. E., & Brown, K. W. (2005). Validation of the Mindful Attention Awareness Scale in a cancer population. *Journal of Psychosomatic Research, 58*(1), 29–33.

Carr, E. G. (1977). The origins of self-injurious behavior: A review of some hypotheses. *Psychological Bulletin, 84*, 800–816.

Carr, E. G., Landon, M. A., & Yarbrough, S. C. (1999). Hypothesis-based intervention for severe problem behavior. In A. Repp & R. H. Horner (Eds.), *Functional analysis of problem behavior: From effective assessment to effective support* (pp. 9–31). Belmont, CA: Wadsworth.

Carrascoso Lopez, F. J. (2000). Acceptance and commitment therapy (ACT) in panic disorder with agoraphobia: A case study. *Psychology in Spain, 4*(1), 120–128.

Casacalenda, N., Perry, J. C., & Looper, K. (2002). Remission in major depressive disorder: A comparison of pharmacotherapy, psychotherapy, and control conditions. *American Journal of Psychiatry, 159*, 1354–1360.

Catania, A. C. (1992). *Learning*. Englewood Cliffs, NJ: Prentice Hall.

Catania, A. C., Matthews, B. A., & Shimoff, E. (1982). Instructed versus shaped human verbal behavior: Interactions with nonverbal responding. *Journal of the Experimental Analysis of Behavior, 38*, 233–248.

Chadwick, P., Hember, M., Mead, S., Lilley, B., & Dagnan, D. (2005). *Responding mindfully to unpleasant thoughts and images: Reliability and validity of the Mindfulness Questionnaire.* Unpublished manuscript.

Chambless, D. L., Baker, M. J., Baucom, D. H., Beutler, L. E., Calhoun, K. S., Crits-Christoph, P., et al., (1998). Update on empirically validated therapies, II. *The Clinical Psychologist, 51*(1), 3–16.

Chambless, D. L., & Ollendick, T. H. (2001). Empirically supported psychological interventions: Controversies and evidence. *Annual Review of Psychology, 52*, 685–716.

Chödrön, P. (2000). *When things fall apart: Heart advice for difficult times.* Boston: Shambhala.

Chödrön, P. (2001). *Start where you are.* Boston: Shambhala.

Chödrön, P. (2002). *The places that scare you: A guide to fearlessness in difficult times.* Boston: Shambhala.

Chung, T. C., & Bruya, B. (1994). *Zen speaks: Shouts of nothingness.* New York: Anchor.

Ciarrochi, J., & Bilich, L. (2006). *Process measures of potential relevance to ACT.* Unpublished manuscript, University of Wollongong, NSW, Australia.

Ciarrochi, J., & Blackledge, J. T. (2005). *Social values survey.* Unpublished manuscript. Retrieved October 19, 2007 from http://www.contextualpsychology.org/personal_values_questionnaire.

Cicero, M. T. (1914). *De finibus bonorum et malorum.* Translated by H. Rackham. Cambridge, MA: Harvard University Press. (Original work written in 45 BC)

Clees, T. J. (1994). Self-recording of students' daily schedules of teachers' expectancies: Perspectives on reactivity, stimulus control, and generalization. *Exceptionality, 5,* 113–129.

Cloud, J. (2006, February 13). Happiness isn't normal. *Time, 167*(7), 58–67.

Cooper, J. O., Heron, T. E., & Heward, W. L. (1987). Applied behavior analysis. Upper Saddle River, NJ: Prentice Hall.

Dahl, J. C., & Lundgren, T. L. (2006). *Living beyond your pain: Using acceptance and commitment therapy to ease chronic pain.* Oakland, CA: New Harbinger.

Dahl, J. C., Wilson, K. G., & Nilsson, A. (2004). Acceptance and commitment therapy and the treatment of persons at risk for long-term disability resulting from stress and pain symptoms: A preliminary randomized trial. *Behavior Therapy, 35,* 785–802.

Davis, M., Eshelman, E. R., & McKay, M. (2000). *The relaxation and stress reduction workbook.* Oakland, CA: New Harbinger.

Deikman, A. J. (1982). *The observing self: Mysticism and psychotherapy.* Boston: Beacon Press.

Dobson, K. S., & Khatri, N. (2000). Cognitive therapy: Looking forward, looking backward. *Journal of Clinical Psychology, 56*(7), 907–923.

Dougher, M. J., & Hayes, S. C. (2000). Clinical behavior analysis. In M. J. Dougher (Ed.), *Clinical behavior analysis* (pp. 11–26). Reno, NV: Context Press.

Dougherty, D. D., Rauch, S. L., & Jenike, M. A. (2002). Pharmacological treatments for obsessive-compulsive disorder. In P. E. Nathan & J. M. Gorman (Eds.), *A guide to treatments that work* (2nd ed.). New York: Oxford University Press.

Eells, T. D. (1997). *Handbook of psychotherapy case formulation*. New York: Guilford.

Eifert, G. H., & Forsyth, J. P. (2005). *Acceptance and commitment therapy for anxiety disorders: A practitioner's treatment guide to using mindfulness, acceptance, and values-based behavior change strategies*. Oakland, CA: New Harbinger.

Elkin, I., Shea, M. T., Watkins, J. T., Imber, S. D., Sotsky, S. M., Collins, J. F., et al., (1989). National Institute of Mental Health Treatment of Depression Collaborative Research Program: General effectiveness of treatments. *Archives of General Psychiatry, 46*, 971–982.

Ellis, A. E. (1958). Rational psychotherapy. *Journal of General Psychology, 59*, 35–49.

Ellis, A. E. (1962). *Reason and emotion in psychotherapy*. New York: Lyle Stuart.

Ellis, A. E. (1975). How to live with a "neurotic." North Hollywood, CA: Wilshire.

Ellis, A. E. (2003). Cognitive restructuring of the disputing of irrational beliefs. In W. O'Donohue, J. Fisher, & S. C. Hayes (Eds.), *Cognitive behavior therapy: Applying empirically supported techniques in your practice* (pp. 79–83). Hoboken, NJ: John Wiley.

Emmelkamp, P. M. G., Bouman, T., & Blaauw, E. (1994). Individualized versus standardized therapy: A comparative evaluation with obsessive-compulsive patients. *Clinical Psychology and Psychotherapy, 1*, 95–100.

Eysenck, H. J. (1964). *Experiments in behaviour therapy: Readings in modern methods of treatment of mental disorders derived from learning theory*. New York: Pergamon Press.

Feldman, G. C., Hayes, A. M., Kumar, S. M., & Greeson, J. M. (2004). *Development, factor structure, and initial validation of the Cognitive and Affective Mindfulness Scale*. Manuscript submitted for publication.

Foa, E. B., Davidson, J. R. T., & Frances, A. (1999). Treatment of posttraumatic stress disorder: The expert consensus guideline series. *The Journal of Clinical Psychiatry, 60*(16), 1–76.

Foa, E. B., Franklin, M. E., & Kozak, M. J. (1998). Psychosocial treatment for obsessive-compulsive disorder: Literature review. In R. P. Swinson, M. M. Anthony, S. Rachman, & A. Richter (Eds.), *Obsessive-compulsive disorder: Theory, research, and treatment* (pp. 258–276). New York: Guilford.

Foa, E. B., Steketee, G., Grayson, J. B., & Doppelt, H. G. (1983). Treatment of obsessive-compulsives: When do we fail? In E. B. Foa & P. M. Emmelkamp (Eds.), *Failures in behavior therapy* (pp. 10–34). New York: John Wiley.

Follette, W. C., Naugle, A. E., & Linnerooth, P. J. (2000). A functional alternative to traditional assessment. In M. J. Dougher (Ed.), *Clinical behavior analysis* (pp. 99–125). Reno, NV: Context Press.

Forsyth, J. P. (2000). A process-oriented behavioral approach to the etiology, maintenance, and treatment of anxiety-related disorders. In M. J. Dougher (Ed.), *Clinical behavior analysis* (pp. 153–180). Reno, NV: Context Press.

Forsyth, J. P., Palav, A., & Duff, K. (1999). The absence of relation between anxiety sensitivity and fear conditioning using 20% and 13% CO_2-enriched air as unconditioned stimuli. *Behavior Research and Therapy, 37*, 143–153.

Freud, S. (1953). Fragment of an analysis of a case of hysteria. In *The standard edition of the complete psychological works of Sigmund Freud: Vol. 7 (1901-1905). A case of hysteria, three essays on sexuality and other works* (translated by J. Strachey, pp. 1–122). London: Hogarth Press.

Freud, S. (1963). From the history of an infantile neurosis. In *The standard edition of the complete psychological works of Sigmund Freud: Vol. 17 (1917–1919). An infantile neurosis and other works* (translated by J. Strachey, pp. 1–124). London: Hogarth Press.

Friman, P. C., Hayes, S. C., & Wilson, K. G. (1998). Why behavior analysts should study emotion: The example of anxiety. *Journal of Applied Behavior Analysis, 31*(1), 137–156.

Galizio, M. (1979). Contingency-shaped and rule-governed behavior: Instructional control of human loss avoidance. *Journal of the Experimental Analysis of Behavior, 31*, 53–70.

Geiser, D. S. (1992). *A comparison of acceptance-focused and control-focused psychological treatments in a chronic pain treatment center.* Unpublished doctoral dissertation, University of Nevada, Reno.

Gifford, E., Hayes, S. C., & Strosahl, K. D. (2005). Cognitive defusion. Retrieved November 23, 2007, from www.contextualpsychology.org/cognitive_defusion_deliteralization.

Goldman, A., & Greenberg, L. (1992). Comparison of integrated systemic and emotionally focused approaches to couples therapy. *Journal of Consulting and Clinical Psychology, 56*, 962.

Greco, L. (2006). *Revised Avoidance and Fusion Questionnaire for Youth* (AFQ-Y). Retrieved October 18, 2007, from http://www.contextualpsychology.org/revised_avoidance_fusion_questionnaire_for_youth_afq_y_greco_murrell_coyne_2005.

Greco, L., Murrell, A., & Coyne, L. W. (2005). *Avoidance and Fusion Questionnaire for Youth* (AFQ-Y). Retrieved October 18, 2007 from http://www.contextualpsychology.org/revised_avoidance_fusion_questionnaire_for_youth_afq_y_greco_murrell_coyne_2005.

Gregg, J. (2004). *Development of an acceptance-based treatment for the self-management of diabetes.* Unpublished doctoral dissertation, University of Nevada, Reno.

Hackman, A., & McLean, C. (1975). A comparison of flooding and thought stopping in the treatment of obsessional neurosis. *Behavior Research and Therapy, 13,* 263–269.

Harris, R. (2007). *The happiness trap: Stop struggling, start living.* Wollombi, NSW, Australia: Exile Publishing.

Hayes, A. M., & Harris, M. S. (2000). The development of an integrative treatment for depression. In S. Johnson, A. M. Hayes, T. Field, N. Schneiderman, & P. McCabe. (Eds.), *Stress, coping, and depression* (pp. 291–306). Mahwah, NJ: Erlbaum.

Hayes, S. C. (1984). Making sense of spirituality. *Behaviorism, 12,* 99–110.

Hayes, S. C. (1988). Contextualism and the next wave of behavioral psychology. *Behavior Analysis, 23,* 7–23.

Hayes, S. C. (1992). Verbal relations, time, and suicide. In S. C. Hayes & L. J. Hayes (Eds.), *Understanding verbal relations* (pp. 109–118). Reno, NV: Context Press.

Hayes, S. C. (1994). Content, context, and the types of psychological acceptance. In S. C. Hayes, N. S. Jacobson, V. M. Follette, & M. J. Dougher (Eds.), *Acceptance and change: Content and context is psychotherapy* (pp. 13–32). Reno, NV: Context Press.

Hayes, S. C. (2004). Acceptance and commitment therapy, relational frame theory, and the third wave of behavioral and cognitive therapies. *Behavior Therapy, 35,* 639–665.

Hayes, S. C. (2006a, July). Beginner workshop. Workshop presented at the meeting of the Association for Contextual Behavioral Sciences World Congress II, London, England.

Hayes, S. C. (2006b). Theory of psychopathology. Retrieved October 10, 2007, from http://www.contextualpsychology.org/theory_of_psychopathology.

Hayes, S. C. (2007, July). The state of the ACT evidence. Address presented at the ACT Summer Institute III, Houston, TX.

Hayes, S. C., Barnes-Holmes, D., & Roche, B. (Eds.). (2001). *Relational frame theory: A post-Skinnerian account of human language and cognition.* New York: Plenum.

Hayes, S. C., & Berens, N. M. (2004). Why relational frame theory alters the relationship between basic and applied behavioral psychology. *International Journal of Psychology and Psychological Therapy, 4,* 341–353.

Hayes, S. C., Bissett, R., Roget, N., Padilla, M., Kohlenberg, B. S., Fisher, G., et al. (2004). The impact of acceptance and commitment training and multicultural training on the stigmatizing attitudes and professional burnout of substance abuse counselors. *Behavior Therapy, 35,* 821–835.

Hayes, S. C., Brownstein, A. J., Haas, J. R., & Greenway, D. E. (1986). Instructions, multiple schedules, and extinction: Distinguishing rule-governed from schedule-controlled behavior. *Journal of the Experimental Analysis of Behavior, 46,* 137–147.

Hayes, S. C., & Feldman, G. (2004). Clarifying the construct of mindfulness in the context of emotion regulation and the process of change in therapy. *Clinical Psychology: Science and Practice, 11*(3), 255–262.

Hayes, S. C., Fox, E., Gifford, E. V., Wilson, K. G., Barnes-Holmes, D., & Healy, O. (2001). Derived relational responding as learned behavior. In S. C. Hayes, D. Barnes-Holmes, & B. Roche (Eds.), *Relational frame theory: A post-Skinnerian account of human language and cognition* (pp. 21–50). New York: Plenum.

Hayes, S. C., & Hayes, L. J. (1989). The verbal action of the listener as a basis for rule-governance. In S. C. Hayes (Ed.), *Rule-governed behavior: Cognition, contingencies, and instructional control* (pp. 153–190). New York: Plenum.

Hayes, S. C., Hayes, L. J., & Reese, H. W. (1988). Finding the philosophical core: A review of Stephen C. Pepper's *World hypotheses: A study in evidence. Journal of the Experimental Analysis of Behavior, 50,* 97–111.

Hayes, S. C., Luoma, J. B., Bond, F. W., Masuda, A., & Lillis, J. (2006). Acceptance and commitment therapy: Model, processes, and outcomes. *Behavior Research and Therapy, 44,* 1–25.

Hayes, S. C., Masuda, A., Bissett, R., Luoma, J., & Guerrero, L. F. (2004). DBT, FAP, and ACT: How empirically oriented are the new behavior therapy technologies? *Behavior Therapy, 35,* 35–54.

Hayes, S. C., Nelson, R. O., & Jarrett, R. B. (1987). The treatment utility of assessment: A functional approach to evaluating assessment quality. *American Psychologist, 42*(11), 963–974.

Hayes, S. C., & Shenk, C. (2004). Operationalizing mindfulness without unnecessary attachments. *Clinical Psychology: Science and Practice, 11,* 249–254.

Hayes, S. C., & Smith, S. (2005). *Get out of your mind and into your life: The new acceptance and commitment therapy.* Oakland, CA: New Harbinger.

Hayes, S. C., Strosahl, K. D., Bunting, K., Twohig, M., & Wilson, K. (2004). What is acceptance and commitment therapy? In S. C. Hayes & K. D. Strosahl (Eds.), *A practical guide to acceptance and commitment therapy* (pp. 3–29). New York: Springer.

Hayes, S. C., Strosahl, K., & Wilson, K. G. (1999). *Acceptance and commitment therapy: An experiential approach to behavior change.* New York: Guilford.

Hayes, S. C., Strosahl, K. D., Wilson, K. G., Bissett, R. T., Pistorello, J., Toarmino, D., et al. (2004). Measuring experiential avoidance: A preliminary test of a working model. *The Psychological Record, 54*, 553–578.

Hayes, S. C., Wilson, K. G., Gifford, E. V., Follette, V. M., & Strosahl, K. (1996). Emotional avoidance and behavioral disorders: A functional dimensional approach to diagnosis and treatment. *Journal of Consulting and Clinical Psychology, 64*, 1152–1168.

Hayes, S. C., Zettle, R. D., & Rosenfarb, I. (1989). Rule-following. In S. C. Hayes (Ed.), *Rule-governed behavior: Cognition, contingencies, and instructional control* (pp. 191–220). New York: Plenum.

Haynes, S. N., & O'Brien W. O. (2000). *Principles of behavioral assessment: A functional approach to psychological assessment.* New York: Plenum/Kluwer.

Haynes, S. N., & Williams, A. E. (2003). Case formulation and design of behavioral treatment programs: Matching treatment mechanisms to causal variables for behavior problems. *European Journal of Psychological Assessment, 19*(3), 164–174.

Hersen, M., & Porzelius, L. K. (2002). *Diagnosis, conceptualization, and treatment planning for adults.* Mahwah, NJ: Erlbaum.

Hollon, S. D., & Kendall, P. C. (1980). Cognitive self-statements in depression: Development of an automatic thoughts questionnaire. *Cognitive Therapy and Research, 4*, 383–395.

Iwata, B. A., Dorsey, M. F., Slifer, K. J., Bauman, K. E., & Richman, G. S. (1994). Toward a functional analysis of self-injury. *Journal of Applied Behavior Analysis, 27*, 197–209.

Jacobson, E. (1929). *Progressive relaxation.* Chicago: University of Chicago Press.

Jacobson, N. S., & Christensen, A. (1996). *Acceptance and change in couple therapy: A therapist's guide to transforming relationships.* New York: W. W. Norton.

Jacobson, N. S., Dobson, K. S., Truax, P., Addis, M., Koerner, K., Gollan, J., et al. (1996). A component analysis of cognitive behavioral treatment for depression. *Journal of Consulting and Clinical Psychology, 64*, 295–304.

Jacobson, N. S., Wilson, L., & Tupper, C. (1988). The clinical significance of treatment gains resulting from exposure-based interventions for agoraphobia: A reanalysis of outcome data. *Behavior Therapy, 19*, 539–552.

Jones, M. C. (1924). A laboratory study of fear: The case of Peter. *Pedagogical Seminary, 31*, 308–315.

Jung, C. G., Baynes, H. G., & Baynes, C. F. (1928). *Contributions to analytical psychology.* London: Routledge & Kegan Paul.

Kanfer, E. H., & Grimm, L. G. (1977). Behavior analysis: Selecting target behaviors in the interview. *Behavior Modification, 1*, 7–28.

Kantor, J. R. (1959). *Interbehavioral psychology: A sample of scientific science construction*. Bloomington, IN: Principia.

Kantor, J. R. (1963). *The scientific evolution of psychology*. Chicago: Principia.

Kashdan, T. B., Barrios, V., Forsyth, J. P., & Steger, M. F. (2006). Experiential avoidance as a generalized psychological vulnerability: Comparisons with coping and emotion regulation strategies. *Behavior Research and Therapy, 9*, 1301–1320.

Kashdan, T. B., & Breen, W. E. (2007). Materialism and diminished well-being: Experiential avoidance as a mediating mechanism. *Journal of Social and Clinical Psychology, 26*(5), 521–539.

Kastak, C. R., & Schusterman, R. J. (2002). Sea lions and equivalence: Expanding classes by exclusion. *Journal of the Experimental Analysis of Behavior, 78*(3), 449–465.

Kastak, D., & Schusterman, R. J. (1994). Transfer of visual identity matching-to-sample in two California sea lions (*Zalophus californianus*). *Animal Learning and Behavior, 73*, 427–435.

Kazdin, A. E. (2001). *Behavior modification in applied settings*. Belmont, CA: Wadsworth/Thompson Learning Publishers.

Kazdin, A. E., & Wilson, G. T. (1978). Criteria for evaluating psychotherapy. *Archives of General Psychiatry, 35*(4), 407–416.

Keller, F. S. & Schoenfield, W. N. (1950). *Principles of psychology: A systematic text in the science of behavior*. New York: Appleton-Century-Crofts.

Kingdon, D., & Turkington, D. (1994). *Cognitive-behavioral therapy of schizophrenia*. Hove, UK: Erlbaum.

Koerner, K., & Linehan, M. M. (1997). Case formulation in dialectical behavior therapy for borderline personality disorder. In T. Eells (Ed.), *Handbook of psychotherapy case formulation* (pp. 340–367). New York: Guilford.

Kohlenberg, B. S. (2000). Emotion and the relationship in psychotherapy: A behavior analytic perspective. In M. J. Dougher (Ed.), *Clinical behavior analysis*. Reno, NV: Context Press.

Kohlenberg, R. J., Kanter, J., Bolling, M., Parker, C., &. Tsai, M. (2002). Enhancing cognitive therapy for depression with functional analytic psychotherapy: Treatment guidelines and empirical findings. *Cognitive and Behavioral Practice, 9*, 213–229.

Kohlenberg, R. J., & Tsai, M. (1991). *Functional analytic psychotherapy: Creating intense and curative therapeutic relationships*. New York: Plenum.

Kupfer, D. J., First, M. B., & Reiger, D. A. (2002). Introduction. In D. J. Kupfer, M. B. First, & D. A. Reiger (Eds.), *A research agenda for the DSM-V* (pp. xv–xxiii). Washington, DC: American Psychiatric Association.

Kuyken, W. (2006). Evidence-based case formulation: Is the emperor clothed? In N. Tarrier (Ed.), *Case formulation in cognitive-behavioural therapy: The treatment of challenging and complex cases*. New York: Routledge/Taylor & Francis Group.

Lazarus, A. A. (1972). *Behavior therapy and beyond*. New York: McGraw-Hill.

Lazarus, A. A. (1973). *Multimodal behavior therapy*. New York: Springer.

Lazarus, A. A. (1984). On the primacy of cognition. *American Psychologist*, 39, 124–129.

Lewinsohn, P. M., Hoberman, H. M., Teri, L., & Hautzinger, M. (1985). An integrated theory of depression. In S. Reiss & R. Bootzin (Eds.), *Theoretical issues in behavior therapy* (pp. 331–359). New York: Academic Press.

Lewinsohn, P. M., Munoz, R., Youngren, M. A., & Zeiss, A. (1986). *Control your depression*. Englewood Cliffs, NJ: Prentice Hall.

Lewinsohn, P. M., Youngren, M. A., & Grosscup, S. J. (1979). Reinforcement and depression. In R. A. Dupue (Ed.), *The psychobiology of depressive disorders: Implications for the effects of stress* (pp. 291–316). New York: Academic Press.

Lindsley, O. R. (1956). Operant conditioning methods applied to research in chronic schizophrenia. *Psychiatric Research Reports*, 5, 118–139.

Lindsley, O. R. (1963). Free-operant conditioning and psychotherapy. In J. H. Masserman (Ed.), *Current psychiatric therapies: Vol. 3* (pp. 47–56). New York: Grune and Stratton.

Lindsley, O. R. (1968, March). Training parents and teachers to precisely manage children's behavior. Address presented at the C. S. Mott Foundation Children's Health Center, Flint, MI.

Linehan, M. M. (1993). *Cognitive behavioral treatment of borderline personality disorder*. New York: Guilford.

Longmore, R. J., & M. Worrell. (2007). Do we need to challenge thoughts in cognitive behavior therapy? *Clinical Psychology Review*, 27, 173-187

Luborsky, L., & Crits-Christoph, P. (1998). *Understanding transference: The core conflictual relationship theme method* (2nd ed.). Washington, DC: APA Books.

Luoma, J. B., Hayes, S. C., & Walser, R. D. (2007). *Learning ACT: An acceptance and commitment therapy skills-training manual for therapists*. Oakland, CA: New Harbinger.

Machiavelli, N. (1984). *The prince*. Translated by D. Donno. New York: Bantam Classics. (Original work written in 1513 and published in 1532)

Marlatt, G. A. (2002). Buddhist philosophy and the treatment of addictive behavior. *Cognitive & Behavioral Practice*, 9, 44–49.

Marlatt, G. A., & Gordon, J. R. (Eds.). (1985). *Relapse Prevention: Maintenance strategies in the treatment of addictive behaviors*. New York: Guilford.

Martell, C. R., Addis, M. E., & Jacobson, N. S. (2001). Depression in context: Strategies for guided action. New York: W. W. Norton.

McCracken, L. M. (1998). Learning to live with the pain: Acceptance of pain predicts adjustment in persons with chronic pain. *Pain, 74,* 21–27.

McCracken, L. M., & Eccleston, C. (2006). A comparison of the relative utility of coping and acceptance-based measures in a sample of chronic pain sufferers. *European Journal of Pain, 10*(1), 23–29.

McCracken, L. M., Vowles, K. E., & Eccleston, C. (2004). Acceptance of chronic pain: Component analysis and revised assessment method. *Pain, 107,* 159–166.

Menzies, R. G., & Clarke, J. C. (1995). The etiology of phobias: A nonassociative account. *Clinical Psychology Review, 15,* 23–48.

Merriam-Webster. (2003). *Merriam-Webster's Collegiate Dictionary* (11th ed.). Springfield, MA: Author.

Meyer, V., & Turkat, I. D. (1979). Behavior analysis of clinical cases. *Journal of Psychopathology and Behavioral Assessment, 1*(4), 259–270.

Michael, J. (1993). Establishing operations. *The Behavior Analyst, 16,* 191–206

Miller, W. R., & Rollnick, S. (2002). *Motivational interviewing: Preparing people for change.* New York: Guilford.

Miltenberger, R. G. (2001). *Behavior modification: Principles and procedures.* Belmont, CA: Wadsworth.

Mineka, S., & Zinbarg, R. (1996). Conditioning and ethnological models of anxiety disorders: Stress-in-dynamic-context anxiety models. In D. Hope (Ed.), *Nebraska symposium on motivation* (pp. 135–210). Lincoln, NE: University of Nebraska Press.

Moran, D. J., & Tai, W. (2001). Reducing biases in clinical judgment with single subject design methodology. *The Behavior Analyst Today, 2*(3), 196–203.

Mowrer, O. H. (1950). *Learning theory and personality dynamics.* New York: Ronald Press.

Nathan, P. E,, & Gorman, J. M. (2002). *A guide to treatments that work* (2nd ed.). New York: Oxford University Press.

Paclawskyj, T. R., Matson, J. L., Rush, K. S., Smalls, Y., & Vollmer, T. R. (2000). Questions About Behavioral Function (QABF): A behavioral checklist for functional assessment of aberrant behavior. *Research in Developmental Disabilities, 21,* 223–229.

Paul, G. L. (1969). Behavior modification research: Design and tactics. In C. M. Franks (Ed.), *Behavior therapy: Appraisal and status* (pp. 29–62). New York: McGraw Hill.

Pavlov, I. P. (1927). *Conditioned reflexes.* New York: Liveright.

Pepper, S. C. (1942). *World hypotheses: A study in evidence.* Berkeley, CA: University of California Press.

Persons, J. B. (1989). *Cognitive therapy in practice: A case formulation approach*. New York: W. W. Norton.

Persons, J. B. (1991). Psychotherapy outcome studies do not accurately represent current models of psychotherapy: A proposed remedy. *American Psychologist, 46*(2), 99–106.

Porzelius, L. K. (2002). Overview. In M. Hersen & L. K. Porzelius (Eds.), *Diagnosis, conceptualization, and treatment planning for adults* (pp. 3–12). Mahwah, NJ: Erlbaum.

Price-Bonham, S., & Addison, S. (1978). Families and mentally retarded children: Emphasis on the father. *Family Coordinator, 27*(3), 221–230.

Rincover, A., & Devany, J. (1982). The application of sensory extinction procedures to self-injury. *Analysis & Intervention in Developmental Disabilities, 2*, 67–81.

Rogers, C. (1951). *Client-centered therapy*. Boston: Houghton Mifflin.

Rogers, C. (1961). *On becoming a person*. Boston: Houghton Mifflin.

Rothbaum, B. O. (1992). The behavioral treatment of trichotillomania. *Behavioral Psychotherapy, 20*, 85–90.

Salzinger, K. (1975). Behavior theory models of abnormal behavior. In M. L. Kietman, S. Sutton, & J. Zubin (Eds.), *Experimental approaches to psychopathology* (pp. 213–244). New York: Academic Press.

Sandoz, E. K., & Wilson, K. G. (2006). *Body Image Acceptance Questionnaire: Embracing the "normative discontent."* Unpublished manuscript, University of Mississippi at Oxford.

Schulte, D., Kunzel, R., Pepping, G., & Schulte-Bahrenberg, T. (1992). Tailor-made versus standardized therapy of phobic patients. *Advances in Behavior Research and Therapy, 14*, 67–92.

Segal, Z. V., Williams, J. M. G., & Teasdale, J. D. (2002). *Mindfulness-based cognitive therapy for depression: A new approach to preventing relapse*. New York: Guilford.

Shafran, R., Thordarson, D. S., & Rachman, S. (1996). Thought-action fusion in obsessive compulsive disorder. *Journal of Anxiety Disorders, 10*, 379–391.

Shimoff, E., Catania, A. C., & Matthews, B. A. (1981). Uninstructed human responding: Sensitivity of low-rate performance to schedule contingencies. *Journal of the Experimental Analysis of Behavior, 36*, 207–220.

Skinner, B. F. (1953). *Science and human behavior*. New York: The Free Press.

Skinner, B. F. (1969). *Contingencies of reinforcement: A theoretical analysis*. New York: Appleton-Century-Crofts.

Skinner, B. F. (1974). *About behaviorism*. New York: Random House.

Skinner, B. F., Solomon, H., & Lindsley, O. R. (1954). A new method for the experimental analysis of the behavior of psychotic patients. *Journal of Nervous and Mental Disease, 120*, 403–406.

Smari, J., & Holmsteinssen, H. E. (2001). Intrusive thoughts, responsibility attitudes, thought-action fusion, and chronic thought suppression in relation to obsessive-compulsive symptoms. *Behavioral and Cognitive Psychotherapy, 29*(1), 13–20.

Smith, N. W. (2001). *Current systems in psychology: History, theory, research, and applications.* Belmont, CA: Wadsworth/Thompson Learning Publishers.

Sperry, L., Gudeman, J. E., Blackwell, B., & Faulkner, L. R. (1992). *Psychiatric case formulations.* Washington, DC: American Psychiatric Press.

Spiegler, M. D., & Guevremont, D. C. (2003). *Contemporary behavior therapy* (4th ed.). Belmont, CA: Thomson Higher Education.

Steketee, G. S. (1993). *Treatment of obsessive compulsive disorder: Treatment manuals for practitioners.* New York: Guilford.

Strosahl, K. D., Hayes, S. C., Wilson, K. G., & Gifford, E. V. (2004). An ACT primer: Core therapy processes, intervention strategies, and therapist competencies. In S. C. Hayes & K. D. Strosahl (Eds.), *A practical guide to acceptance and commitment therapy* (pp. 31–58). New York: Springer.

Sturmey, P. (1996). *Functional analysis in clinical psychology.* New York: John Wiley.

Task Force on Promotion and Dissemination of Psychological Procedures. (1995). Training in and dissemination of empirically validated psychological treatments. *The Clinical Psychologist, 48*(1), 3–23.

Turkat, I. D. (1985). *Behavioral case formulation.* New York: Springer.

Tversky, A., & Kahneman, D. (1974). Judgment under uncertainty: Heuristics and biases. *Science, 185,* 1124–1131.

Twohig, M. P., Hayes, S. C., & Masuda, A. (2006). Increasing willingness to experience obsessions: Acceptance and commitment therapy as a treatment for obsessive-compulsive disorder. *Behavior Therapy, 37*(1), 3–13.

Twohig, M. P., & Woods, D. W. (2004). A preliminary investigation of acceptance and commitment therapy and habit reversal as a treatment for trichotillomania. *Behavior Therapy, 35*(4), 803–820.

Urasenke Foundation. (n.d.). *Chanoyu, the art of tea.* Retrieved November 23, 2007, from www.urasenkeseattle.org/page 22.

Walen, S., DiGiuseppe, R., & Dryden, W. A. (1992). *A practitioner's guide to rational emotive therapy.* New York: Oxford University Press.

Watson, J. B., & Rayner, R. (1920). Conditioned emotional reactions. *Journal of Experimental Psychology, 3*(1), 1–14.

Weerasekera, P. (1996). *Multiperspective case formulation: A step towards treatment integration.* Malabar, FL: Krieger Publishing Company.

Wegner, D. M., Schneider, D. J., Carter, S. R., & White, T. L. (1987). Paradoxical effects of thought suppression. *Journal of Personality and Social Psychology, 53*(1), 5–13.

Wegner, D. M., & Zanakos, S. (1994). Chronic thought suppression. *Journal of Personality, 62*(4), 615–641.

Wenzlaff, R. M., Wegner, D. M., & Klein, S. B. (1991). The role of thought suppression in the bonding of thought and mood. *Journal of Personality and Social Psychology, 60*(4), 500–508.

Wilson, K. G. (2006a). *Valued Living Questionnaire working manual.* Unpublished manuscript. Available on www.contextualpsychology.org/clinical-resources.

Wilson, K. G. (2006b). *Creating a home: Who are we, what do we want to be?* Symposium presented at the meeting of the Association for Contextual Behavioral Sciences World Congress II, London, England.

Wilson, K. G. & Byrd, M. R. (2004). ACT for substance abuse and dependence. In S. C. Hayes & K. D. Strosahl (Eds.), *A practical guide to acceptance and commitment therapy* (pp. 153–184). New York: Springer.

Wilson, K. G., & Groom, J. (2002). The Valued Living Questionnaire. Available from K. G. Wilson at the Department of Psychology, University of Mississippi, Oxford, MS.

Wilson, K. G., Hayes, S. C., Gregg, J., & Zettle, R. D. (2001). Psychopathology and psychotherapy. In S. C. Hayes, D. Barnes-Holmes, & B. Roche (Eds.), *Relational frame theory: A post-Skinnerian account of human language and cognition* (pp. 221–238). New York: Plenum.

Wolpe, J. (1958). *Psychotherapy by reciprocal inhibition.* Stanford, CA: Stanford University Press.

Wright, J. H., & Davis, D. (1994). The therapeutic relationship in cognitive-behavioral therapy: Patient perceptions and therapist responses. *Cognitive and Behavioral Practice, 1*, 25–45.

Wulfert, E., Greenway, D. E., Farkas, P., Hayes, S. C., & Dougher, M. J. (1994). Correlation between a personality test for rigidity and rule-governed insensitivity to operant contingencies. *Journal of Applied Behavior Analysis, 27*, 659–671.

Yates, A. J. (1970). *Behavior therapy.* New York: John Wiley.

Zettle, R. D., & Rains, J. C. (1989). Group cognitive and contextual therapies in treatment of depression. *Journal of Clinical Psychology, 45*, 438–445.

監訳者あとがき

　本書は，アクセプタンス&コミットメント・セラピー（ACT）を実施するうえで必要となるケース・フォーミュレーション（ケースの概念化）を主として解説する専門書である。一方，近日邦訳公刊される『ACTをまなぶ』は，セラピストの機能的な臨床スキルを確立するための専門書である。

　ACTを実際に行う場合，3つの次元からセラピストのストレングス（strength）をできるだけバランスよく高めていく必要がある。その次元は，比喩的に"Heart, Head, Hand（3 H）"として表現することができる。換言すれば，①援助者としてのハート，②科学者としての分析力，③技術者としての柔軟なスキルである。さらに，この3つのストレングスは有機的に統合される必要がある。その統合に寄与するのが，ヘキサフレックスとインフレクサヘックスのモデルである。このモデルは，パソコンのアナロジーで言えば，OS（オペレーティング・システム）に相当する。そして，このデュアル・モデルの具体的な使用方法（OSの使い方）を述べているのが，まさに本書なのである。

　以下に，3つのACTストレングスを具体的に伸ばしていくための書籍を列挙していく。ACTを学び，使いこなすための何かの参考になれば幸いである。①の「ハート」については，『〈あなた〉の人生をはじめるためのワークブック：「こころ」との新しいつきあい方・アクセプタンス&コミットメント』（武藤　崇・原井宏昭・吉岡昌子・岡嶋美代共訳，ブレーン出版，2008年）を実際に自分に対して行うことをお勧めしたい。また，可能な限り，体験的なACTワークショップに参加することも必要である。②の「ヘッド」については，少なくても『臨床行動分析のABC』（松見淳

子監修，武藤　崇・米山直樹監訳，日本評論社，2009年）と『アクセプタンス＆コミットメント・セラピーの文脈：臨床行動分析のマインドフルな展開』（武藤　崇編著，ブレーン出版，2006年）を繰り返し通読することをお勧めしたい。③の「ハンド」については，『ACTをまなぶ』（熊野宏昭・高橋　史・武藤　崇共訳，星和書店，2009年刊行予定）を演習形式で使用していくことをお勧めしたい。

　また，上述した書籍を「難しい」と感じる方には，『季刊　こころのりんしょう à・la・carte／第28巻1号（特集：ACT（アクト）＝ことばの力をスルリとかわす新次元の認知行動療法）』（熊野宏昭・武藤　崇編著，星和書店，2009年）と『二十一世紀の自分探しプロジェクト：キャラの檻から出て，街に出かけよう』（熊野宏昭著，サンガ新書，2009年）に当たられることをお勧めしたい。

　最後に，校正作業にお手伝いいただいた，茂本由紀さん，吉川真衣さん（立命館大学）に，この場をお借りして感謝申し上げたい。ありがとうございました。

　　　　監訳者を代表して　2009年6月28日

　　　　　　　　　　　　　　　　　　　　　　　　　　　　　　武藤　崇

索 引

欧　語

3項随伴性　34
ABC機能分析シート　90, 194
Accept　209
Choose　209
FEAR　188, 420, 444
FEEL　436, 444
Skinner　27
Take Action　209

日本語

あ　行

アクセプタンス　10, 97, 267, 451
イベント・ログ　198
「今，この瞬間」との接触　12, 99, 210
インフレクサヘックス・モデル　152
インフレクサヘックスの「ケース概念化」ワークシート　188
ウィリングネス　407, 414, 431
オーギュメンティング　126, 174
オペラント心理学　34

か　行

概念化された自己　225
概念としての自己に対するとらわれ　161

回避　300, 409
確立操作　85
過去と不安な未来という概念の優勢　181
価値　15, 235, 345, 431
「価値の明確化」の不足　168
関係的文脈　121
関係反応　107
関係フレーム　103, 105, 119
機械主義　53
機能的文脈　121
機能的文脈主義　54, 65
機能分析　68
強化　34
クライエント中心療法　137
形態　57
ケースの概念化　133
結果　34
言語的な「時」　215
構造的アプローチ　62
行動療法の「第1の波」　29
行動療法の「第2の波」　33
行動療法の「第3の波」　51
コミットされた行為　13, 255, 433
コントロール　451

さ　行

サジェスタフレックス　507
恣意的に適用可能な　111
刺激機能の変換　115

刺激性制御　87
思考抑制　49
指示的関係　223
持続的な行動の欠如，衝動性，回避　165
実証的に支持されたトリートメント
　　　58, 141, 260
私的出来事　271
視点としての自己　14, 229, 332
視点取り　99, 223
消去　36
消去バースト　37
条件性弁別　107
真理基準　55
随伴性形成行動　122
精神分析　136
正の強化　34, 35
正の罰　36
セッティング事象　84
絶望から始めよう　296
相互的内包　113

た 行

体験的な「時」　213
体験の回避　9, 74, 153
脱フュージョン　11, 98, 281, 370, 377
動因操作　34, 85
動機づけ面接　476
トラッキング　124, 174

な 行

認知再構成法　128, 286
認知的フュージョン　11, 157, 370
認知療法　140

は 行

派生的関係反応　109
罰　34
反応　34
非ウィリングネス　417
複合的内包　114
複数の範例による訓練　162
負の強化　34, 35
負の罰　36
フュージョン　370
プライアンス　125, 174
プロセスとしての自己　227
分析のユニット　54
文脈　57
ヘキサフレックス・モデル　10
弁別刺激　34

ま 行

マインドフルネス　319

や 行

予測と影響　26
予測と制御　26

ら 行

理由づけ　269, 302
臨床的バイアス　145
ルール　122
ルール支配行動　122
レスポンデント条件づけモデル　30

著者紹介

パトリシア・A・バッハ
Patricia A. Bach, Ph.D.

2000年にネバダ大学より博士号を取得。イリノイ・テクノロジー研究所の心理学准教授であり，そこでACTとRFTの研究を行い，臨床心理学専攻の学生をトレーニングしている。また，ミッドアメリカン心理学研究所でACTを実践し，ACTセラピストの訓練をしている。

ダニエル・J・モラン
Daniel J. Moran, Ph.D., BCBA（認定行動分析家）

1998年にホフストラ大学から博士号を取得。1994年にACTのトレーニングを始め，2003年にイリノイ州のジョリエットで，ミッドアメリカン心理学研究所を創始した。トリニティ・サービスの一部門である，ファミリー・カウンセリング・センターの所長であり，そこで未来の臨床家をトレーニングし，臨床行動分析を実践している。

●監訳者紹介●

武藤　崇（むとう　たかし）

埼玉県生まれ。臨床心理士。
1992年に筑波大学第二学群人間学類を卒業，1998年に筑波大学大学院心身障害学研究科修了（博士〔心身障害学〕；筑波大学）。1998年に筑波大心身障害学系技官，助手を経て，2001年4月から立命館大学文学部准教授，現在に至る。
『季刊 こころのりんしょう à・la・carte（第28巻1号）特集号　ACT＝ことばの力をスルリとかわす新次元の認知行動療法』（熊野宏昭との編著，星和書店，2009年）
『臨床行動分析のABC』（米山直樹との共監訳，日本評論社，2009年）
『アクセプタンス&コミットメント・セラピーの文脈：臨床行動分析のマインドフルな展開』（編著，ブレーン出版，2006年）

吉岡　昌子（よしおか　まさこ）

京都府生まれ。
2002年に立命館大学文学部哲学科心理学専攻を卒業，2007年に立命館大学文学研究科修了（博士〔文学〕；立命館大学）。2007年に立命館大学文学部助手，現在に至る。
『季刊 こころのりんしょう à・la・carte（第28巻1号）特集号　ACT＝ことばの力をスルリとかわす新次元の認知行動療法』「ケース・フォーミュレーション」「職場のストレス・マネジメントへの適用」（武藤　崇と分担執筆，星和書店，2009年）
『〈あなた〉の人生をはじめるためのワークブック：アクセプタンス&コミットメント』（武藤崇，原井宏明，岡嶋美代との共訳，ブレーン出版，2008年）

石川　健介（いしかわ　けんすけ）

秋田県生まれ。臨床心理士。
1992年に埼玉大学教育学部カウンセラー養成コースを卒業，1999年に金沢大学大学院社会環境科学研究科修了（博士〔学術〕；金沢大学）。1999年に金沢工業大学助手，その後，専任講師を経て，2003年4月から准教授（金沢工業大学心理科学研究所），現在に至る。
『臨床行動分析のABC』第13章「実践の原則（2）行動的心理療法」（武藤　崇，米山直樹監訳，日本評論社，2009年）

熊野　宏昭（くまの　ひろあき）

石川県生まれ。医師，臨床心理士。
1985年に東京大学医学部卒業，1995年に東京大学博士（医学）取得。東京大学心療内科医員，東北大学大学院医学系研究科人間行動学分野助手，東京大学大学院医学系研究科ストレス防御・心身医学（東京大学医学部附属病院心療内科）助教授・准教授を経て，2009年4月から，早稲田大学人間科学学術院教授。

『季刊 こころのりんしょう à・la・carte（第28巻1号）特集号　ACT＝ことばの力をスルリとかわす新次元の認知行動療法』（武藤　崇との編著，星和書店，2009年）
『二十一世紀の自分探しプロジェクト』（サンガ新書，2009年）
『ストレスに負けない生活』（ちくま新書，2007年）

●訳者紹介●

武藤　崇
第7，8，9，14，15，16章

吉岡　昌子
第1，2，12，13章

石川　健介
第3，5章

大月　友（おおつき　とむ）
第4章
千葉県生まれ。臨床心理士，認定行動療法士。
2007年広島国際大学大学院総合人間科学研究科修了（博士〔臨床心理学〕；広島国際大学）。
早稲田大学人間科学学術院助教。

木下 奈緒子（きした　なおこ）

第4章
神奈川県生まれ。
2008年早稲田大学人間科学部卒業。
早稲田大学大学院人間科学研究科修士課程大学院生。

酒井 美枝（さかい　みえ）

第7, 10, 11章
兵庫県生まれ。
2008年琉球大学教育学部生涯教育課程卒業。
琉球大学大学院教育学研究科臨床心理学専攻修士課程大学院生。

黒澤 麻美（くろさわ　あさみ）

第1章～第16章，付録A～D
東京都生まれ。
1989年慶應義塾大学文学部卒業。
1990年英国オックスフォード大学留学（～1993年）。
1991年慶應義塾大学大学院文学研究科修士課程修了。
帰国後，複数の大学で英語講師として勤務。
2005年北里大学一般教育部専任講師。
訳書：『境界性人格障害＝BPD実践ワークブック』（共訳，星和書店，2006年），『認知行動療法を始める人のために』（共訳，星和書店，2007年）

ACT(アクセプタンス&コミットメント・セラピー)を実践する

2009年8月24日 初版第1刷発行

著　者　パトリシア・A・バッハ，ダニエル・J・モラン
監訳者　武藤　崇，吉岡昌子，石川健介，熊野宏昭
発行者　石澤雄司
発行所　㈱星 和 書 店
　　　　〒168-0074　東京都杉並区上高井戸1-2-5
　　　　電話　03(3329)0031(営業部)／(3329)0033(編集部)
　　　　FAX　03(5374)7186
　　　　http://www.seiwa-pb.co.jp

© 2009　星和書店　　Printed in Japan　　ISBN978-4-7911-0719-3

《季刊》こころのりんしょう á・la・carte

第28巻1号

[編集] 熊野宏昭／武藤 崇

B5判　204頁　本体価格1,600円

〈特集〉**ACT**（アクト）（アクセプタンス＆コミットメント・セラピー）
＝ことばの力をスルリとかわす
新次元の認知行動療法

ACTは、認知行動療法の第3の波といわれる最新の心理療法。言葉へのとらわれという面から、症状、生きにくさをとらえ、症状をときほぐす。驚きの治療効果‼

【主な目次】特集にあたって／ACT　Q&A集／座談会「ACTとは何か？」／ACTとRFTにおけるカッティング・エッジ（最先端）の探求
〈基礎編〉臨床家のための「関係フレーム理論」入門／マインドフルネスとACT／価値とACT／治療関係とACT　ほか
〈臨床編〉ACTに関する実証研究の展望／全般性不安障害に対する適用／思春期の初発統合失調症に対してACTを適用した症例／青年期の問題への適用／職場のストレスマネジメントへの適用／ターミナル・ケアへの展望／糖尿病治療への展望　ほか

発行：星和書店　http://www.seiwa-pb.co.jp　価格は本体（税別）です